Uni-Taschenbücher 1468

UTB
FÜR WISSEN
SCHAFT

Eine Arbeitsgemeinschaft der Verlage

Wilhelm Fink Verlag München
Gustav Fischer Verlag Stuttgart
Francke Verlag Tübingen
Harper & Row New York
Paul Haupt Verlag Bern und Stuttgart
Dr. Alfred Hüthig Verlag Heidelberg
Leske Verlag + Budrich GmbH Opladen
J. C. B. Mohr (Paul Siebeck) Tübingen
R. v. Decker & C. F. Müller Verlagsgesellschaft m. b. H. Heidelberg
Quelle & Meyer Heidelberg · Wiesbaden
Ernst Reinhardt Verlag München und Basel
K. G. Saur München · New York · London · Paris
F. K. Schattauer Verlag Stuttgart · New York
Ferdinand Schöningh Verlag Paderborn · München · Wien · Zürich
Eugen Ulmer Verlag Stuttgart
Vandenhoeck & Ruprecht in Göttingen und Zürich

Lehrbuch der systematischen Psychopathologie

Band III

Theoretische Psychopathologie und Theorie der Psychiatrie

Von

Johann M. Burchard

Mit 11 Abbildungen und 1 Tabelle

Schattauer Verlag Stuttgart – New York

Johann M. Burchard wurde 1927 in Frankfurt a. M. geboren. Studium der Medizin 1949–1954 in Hamburg, Montpellier und Freiburg. Promotion bei H. Bürger-Prinz 1957. Habilitation für Neurologie und Psychiatrie 1963 in Hamburg, 1970 Ernennung zum Professor. Seit 1972 Leitender Oberarzt an der Psychiatrischen und Nervenklinik der Universität Hamburg. Autor von Einzelarbeiten und Monographien auf den Gebieten der Suchtforschung, der sexuellen Verhaltensstörungen, der Psychopharmakologie, der Entstehung von Psychosen und zur Grundlegung einer systematischen Psychopathologie. 1980 Lehrbuch der systematischen Psychopathologie.

CIP-Kurztitelaufnahme der Deutschen Bibliothek

Burchard, Johann M.:
Lehrbuch der systematischen Psychopathologie /
von Johann M. Burchard. – Stuttgart, New York: Schattauer.
(UTB für Wissenschaft: Uni-Taschenbücher: 1468)
Bd. 3. Burchard, Johann M.: Theoretische Psychopathologie und Theorie der Psychiatrie. – 1987.

Burchard, Johann M.:
Theoretische Psychopathologie und Theorie der Psychiatrie / von Johann M. Burchard. – Stuttgart; New York: Schattauer, 1987.
(Lehrbuch der systematischen Psychopathologie
Johann M. Buchard; Bd. 3)
(UTB für Wissenschaft: Uni-Taschenbücher: 1468)
ISBN 3-7945-1179-4.
NE: UTB für Wissenschaft / Uni-Taschenbücher

Printed in Germany
Satz und Druck: Laub GmbH & Co, Brühlweg 28, D-6957 Elztal-Dallau

Hinweis für den Leser

Band III ist die Fortsetzung von Band I (Einführung und Allgemeine Psychopathologie) und Band II (Spezielle Psychopathologie). Die theoretische Psychopathologie und Theorie der Psychiatrie von Band III setzen eine Lektüre von Band I und Band II voraus, da ich mich bemüht habe, mit möglichst wenig Wiederholungen auszukommen.

Hamburg, 1987 Johann M. Burchard

Vorwort

Mehr als 6 Jahre nach dem Erscheinen der ersten beiden Bände des Lehrbuches der systematischen Psychopathologie lege ich den III. Band vor. In ihm wird die Arbeit an einer Strukturtheorie, die aus der klassischen Psychiatrie herausgewachsen ist, fortgesetzt. In den ersten Kapiteln geht es um die Begründung der strukturalistischen Arbeitsweise und in den folgenden um eine Herausarbeitung der Eigenschaften des gestaffelten Instinktsystems des Menschen, dessen Erkenntnis in den ersten beiden Bänden vorbereitet wurde. In dem vorliegenden Band vertritt der Verfasser die klare Auffassung, die psychopathologischen Phänomene in ihrer Gesamtheit seien Ausdruck eines gestaffelten Instinktsystems beim Menschen, das bisher meist geleugnet oder für unmöglich gehalten wurde. Aus dieser Strukturtheorie folgen Anweisungen für die diagnostische Arbeit, für die Erziehung und die Therapie, welche Gegenstände der letzten Kapitel sind. In einem eigenen Kapitel wird eine Theorie über die Wirkungsweise des gestaffelten Instinktsystems bei Gesunden vorgelegt. Am Schluß folgt eine Zusammenfassung, die inhaltlich mit einem Referat auf der DGPN-Tagung in Bayreuth am 3.10.1986 identisch ist.

Nach dem Erscheinen der ersten beiden Bände haben mich viele Briefe von führenden Fachvertretern erreicht, die mich zur Fortsetzung dieser Arbeit ermunterten. Indessen hätte ich mir mehr Besprechungen gewünscht. Ich vermute, daß die Ratlosigkeit über den neuen Ansatz größer war als die Bereitschaft, ihn zu begrüßen oder abzulehnen. Der hier vorgelegte III. Band könnte geeignet sein, Zweifel über die Absichten des Verfassers zu zerstreuen, denn die Instinkttheorie der Psychosen, Neurosen und Achsensyndrome ist eindeutig. Sie bietet einige Vorteile, so kann sie z. B. die Herkunft der endogenen Psychosen erklären. Diese entstehen nach unserer Theorie durch eine Manifestation instinktiver Verhaltensweisen in Verbindung mit einer Reduktion des Gesamtumfangs der Person. Die Psychosen und Neurosen gehen durch pathologischen Funktionswandel aus dem Referenzsystem, wie das gestaffelte Instinktsystem beim Gesunden genannt wird, hervor.

Die psychischen Krankheiten sind nach unserer Theorie nicht sinnlos, sondern stellen Alarmsyndrome dar, die Gefahren abwehren und Hilfe mobilisieren wollen. Beim Gesunden wird dem gestaffelten Instinktsystem eine protektive Funktion in der Gefahrenmeidung und -abwehr zugeschrieben.

Die 3 Bände des Lehrbuches der systematischen Psychopathologie sind aus der wissenschaftlichen und Vorlesungstätigkeit des Verfassers hervorgegangen. Einige Dutzend Arbeiten dienten der Vorbereitung. Die Umsetzbarkeit in die Lehre wird von mir seit über 20 Jahren erprobt, wobei ich mich von der Lehrbarkeit dieser Begriffe und Theorien überzeugt habe. Nach der Erfahrung mit den ersten beiden Bänden ist das Lehrbuch für Psychologie- und Medizinstudenten geeignet, ebenso für Psychiater und Neurologen in der Weiterbildung. Ich hoffe, daß auch erfahrene und wissenschaftlich tätige Kollegen sich mit der nun abgeschlossenen Theorie beschäftigen mögen. Aus ihr folgt eine Therapeutik, die im Kapitel „Rekonstruktive Psychotherapie“ nur in ihren Prinzipien geschildert werden konnte.

Hamburg, im Januar 1987 Johann M. Burchard

Inhaltsverzeichnis

IV. Theoretische Psychopathologie und Theorie der Psychiatrie

1. Einleitung

Die Psychopathologie hat den größten Anteil an der Psychiatrie und ist unter allen ihren Gliedern das führende. Mit der Hilfe ihres Begriffssystems und ihrer Sprache werden die unterschiedlichsten Einflußgrößen und Veränderungen beschrieben. So wird in der Psychopathologie das Verhältnis zwischen Organismus und Umwelt faßbar, dabei die Auswirkung fördernder und schädigender Einflüsse; weiterhin werden Zustände des Organismus, soweit sie im Nervensystem gespiegelt und mitvollzogen oder in krankhaften Veränderungen ausgedrückt werden, erfaßt; drittens werden Erkrankungszustände des Gehirns zuerst und in entscheidendem Maße während des gesamten Verlaufs in psychopathologischen Veränderungen faßbar; schließlich und viertens werden vor allem dynamische und strukturelle Veränderungen der seelischen Funktionen, die sich aus dem Strukturganzen und der Dynamik seiner Teile heraus entwickeln, beschreibbar und verstehbar. Nur mit psychopathologischen Ausdrucksmitteln und Begriffen wird der Verlauf bei den psychischen Krankheiten zur Sprache und damit zur Kontrolle gebracht. Auch die Einflüsse von Personen und Gruppen auf das Individuum werden in psychopathologischen Veränderungen faßbar und mit dem Sprachsystem der Psychopathologie beschrieben, wenn bestimmte Grenzen von Toleranzen und Normen überschritten werden.
Die Psychologie ist aufgerufen, das Wechselspiel der gleichen Einflußgrößen mit dem komplexen Ganzen zu beschreiben. Sie erfüllt jedoch diese Aufgabe nicht voll. Sie hat sich dem Operationalismus und Funktionalismus verschrieben. In unseren Jahrzehnten ist die wissenschaftliche Überprüfung strukturalistischer Aussagen in der Psychologie so gut wie vergessen. E. Rothacker legte in den dreißiger Jahren eine umfassende psychologische Strukturlehre vor, die ihrerseits auf den Erkenntnissen der Psychiatrie zur Zeit von E. Kretschmer, K. Jaspers und A. Hoche beruhte. Die Philosophie der damaligen Zeit ging von einem umfassenden Strukturtheorem, z. B.

im Werk von N. Hartmann, aus. Seit etwa 10 Jahren kommt zögernd eine psychologische Strukturrenaissance in Gang (U. Baumann, 1971; Th. Herrmann, 1976). Eine „Diagnose der Diagnostik" (K. Pawlik, 1976) wird angefragt.

Die Psychiatrie selbst ist schon seit Jahrzehnten im Besitz eines Strukturtheorems. K. Jaspers und E. Kretschmer haben in ihren Arbeiten das **klassische psychiatrische Strukturtheorem** formuliert, das in der Vorstellungswelt der Psychiater unseres Jahrhunderts mehr oder weniger deutlich einen Bezugsrahmen abgibt, an dem sich die Urteile über Kranke und ihre Veränderungen bewahrheiten lassen.

Die Weiterarbeit im klassischen psychiatrischen Strukturtheorem hat jedoch nur wenige interessiert. 1948 bis 1954 veröffentlichte H. Ey seine „Études psychiatriques". 1959 brachte W. Janzarik seine „Dynamischen Grundkonstellationen in endogenen Psychosen". In Anlehnung an Janzarik entwarf P. Berner seine „Psychiatrische Systematik" (1977). 1980 erschien die „Systematische Psychopathologie" des Autors.

Mit diesen Persönlichkeiten und ihren Werken ist der dünne Überlebensstrang der psychiatrischen Strukturlehre schon so gut wie vollständig beschrieben. Er beginnt bei Ch. Darwin, der 1859 nicht nur die Evolutionstheorie, sondern auch eine in diese inkludierte Strukturlehre von Überschichtungen älterer Erwerbungen der Organismen durch jüngere veröffentlichte. 1866 formulierte E. Haeckel das „biogenetische Grundgesetz", welches den grundlegenden Vorgang der Entwicklung von Organismen beschreibt: Auf dem Wege vom Ei zum Erwachsenen werden in verkürzter Form Schritte vollzogen, die während der etwa 4 Milliarden Jahre langen Evolution durch Überlebensergebnisse erworben wurden.

Von Ch. Darwin war H. Jackson inspiriert, der im Abbau der zentralnervösen Funktionen durch Krankheiten entwicklungsgeschichtlich bedingte Überschichtungen entdeckte (1863). Von Darwin und Jackson waren I. P. Pawlow (Arbeiten ab 1887) und S. Freud (mit Breuer „Studien über Hysterie" 1895) beeinflußt. Pawlow begründete eine strukturelle Psychophysiologie, die ebenfalls auf der Unterscheidung von phylogenetisch entwickelten und ontogenetisch exprimierten Schichten des Zentralnervensystems beruht. Die Bedeutung von Freud liegt ebenso in der von ihm entwickelten Struktur- und Entwicklungslehre wie in der Therapieform der psychoanalytischen Methode.

Chronologisch folgen nun die oben genannten klassisch-psychiatrischen Autoren Jaspers (1913), E. Kretschmer (1922) und H. Ey (1948 bis 54). Henri Ey entwickelte um die Jahrhundertmitte mit der organodynamischen Lehre eine noch weiter fortgeschrittene Systemanalyse als die vor ihm arbeitenden Wissenschaftler. Seine Erkenntnisse wurden jedoch kaum in die Praxis umgesetzt, da sie im Niveau einer philosophischen Lehre gleichen. In den fünfziger und sechziger Jahren folgen strukturell orientierte Arbeiten von K. Conrad, F. Llavero (1953) und W. Janzarik (1959), schließlich bedeutende strukturalistische Analysen von H. J. Barahona Fernandes (1981). 1967 legte P. Berner die „Psychiatrische Systematik" vor, welche sich durch die Trennung von Achsensyndromen und Psychosen, in die sie inkludiert sind, auszeichnet.

Eine Lehre vom System des Organismus wurde immer wieder versucht. 1936 nannte J. S. Haldane diese Bemühungen „Holismus". 1932 bis 1942 entwickelte L. v. Bertalanffy eine biologische Systemtheorie, die eine Biophysik offener Systeme beinhaltet. In Fortsetzung der Arbeiten von Freud hat J. Piaget strukturalistische Prinzipien des komplexen Ganzen ausgearbeitet (1968). J. G. Miller (1975) krönte die Entwicklung der Systemtheorie mit einem hierarchischen Funktionskatalog der „general systems theory". Das jüngste Werk dieser Denkrichtung schrieb L. Ciompi (1982) unter dem Titel „Affektlogik". N. Wiener entwickelte 1948 die Kybernetik als mathematische Grundlagenwissenschaft der Systemtheorie.

Die klinische Psychopathologie selbst als Erkenntnisquelle für den systemischen Aufbau zu nutzen, wird seit G. E. Störring (1900) versucht. Der Grundgedanke solcher bis ins Philosophische führenden Bemühungen (z.B. bei L. Binswanger, 1957) ist die einfache Überlegung, daß die psychischen Krankheiten einzelne der sonst im harmonischen Ganzen verborgenen Funktionen in den Vordergrund treten lassen. Ein systematischer Vergleich dieser Syndrome kann zur Rekonstruktion des Ganzen der menschlichen Struktur, also zu einer Anatomie der menschlichen Seele, führen. K. Bonhoeffer (1910) hat als erster eine vergleichende Syndromatologie dieser Art durchgeführt. E. A. Hoche (1912) folgte ihm mit der Herausarbeitung des Begriffs Achsensymptom, welchen wir heute im Achsensyndrom (P. Berner, J. M. Burchard) zur Präparation grundlegender Unterschiede zwischen Grundzustand und psychotischem Syndrom nutzen.

In den ersten beiden Bänden meines Lehrbuchs (1980) habe ich die

Vollendung des klassischen psychiatrischen Strukturtheorems im Sinne einer Arbeit der Strukturaufklärung auf einem zuletzt von H. Ey begangenen Weg beschrieben. Kernstück meiner Lehre ist eine strukturalistische Anordnung der Syndrome in der Ab- und Aufbaureihe der Psychosen und Neurosen, welche eine Ab- und Aufbaureihe der Achsensyndrome inkludiert (s. Abb. 1).

Die Herausarbeitung von **Ab- und Aufbaureihen** der Psychosen und Neurosen und der in diese eingeschlossenen Achsensyndrome ist ein entscheidender Schritt in der Rekonstruktion des vielfach gegliederten Ganzen. Im folgenden zweiten Kapitel untersuchen wir die Entstehung des klassischen psychiatrischen Strukturtheorems und seine Weiterentwicklung zu einer Strukturtheorie und im dritten Kapitel die Funktionsweise und Bedeutung dieser Struktur.

Das Ziel der Strukturaufklärung ist nicht allein die Erkenntnis des Systems, sondern diese ist die unabdingbare Voraussetzung für den Erwerb von Techniken der Erkennung seelischer Zustände und deren Veränderungen, um die psychisch Kranken heilen zu können. In der Psychiatrie besteht bis heute eine nicht geringe Verwirrung über die anzuwendende Erkenntnismethode. Das epistemologische Problem der Psychiatrie ist ungelöst. Die Aufgabe der Beherrschung des Problems erscheint übermenschlich. Der Entwicklung einer Epistemologie haben beträchtliche, zum Teil religiös bedingte Tabus entgegengestanden. Wir werden diese im folgenden Kapitel untersuchen.

Der heutige Stand der **psychiatrischen Epistemologie** (oder Erkenntnistheorie) ist nur als ein Neben- und Durcheinander unterschiedlichster Ansätze und Entwicklungsgrade zu bezeichnen. Die Grundleistung der Erkenntnistätigkeit, das Nebeneinandererkennen und zugleich Denkenkönnen von mehreren Dimensionen, welche schon vor über 60 Jahren von E. Kretschmer gefordert wurde, ist bis heute so gut wie nicht zu bewältigen. Vorurteile, Ängste und Monismen beherrschen die Psychiatrie. Es ist, als ob Mediziner einen Kranken heilen wollen, ohne dessen Anatomie zu kennen. Ein Konsil der Psychiater verschiedener Richtungen am Bett eines Kranken könnte heute noch so ablaufen wie zur Zeit Ludwigs XIV. Zu diesem wurden 6 Ärzte gerufen und umstanden den königlichen Patienten. Wegen der abdominellen Beschwerden riet der eine zum drastischen Abführen, der andere zum Stopfen und Beruhigen des Darmes, der dritte zu kalten Umschlägen, der vierte zu heißen, der fünfte zu einem Aderlaß und der sechste zu einem Einlauf. Ein siebter hätte

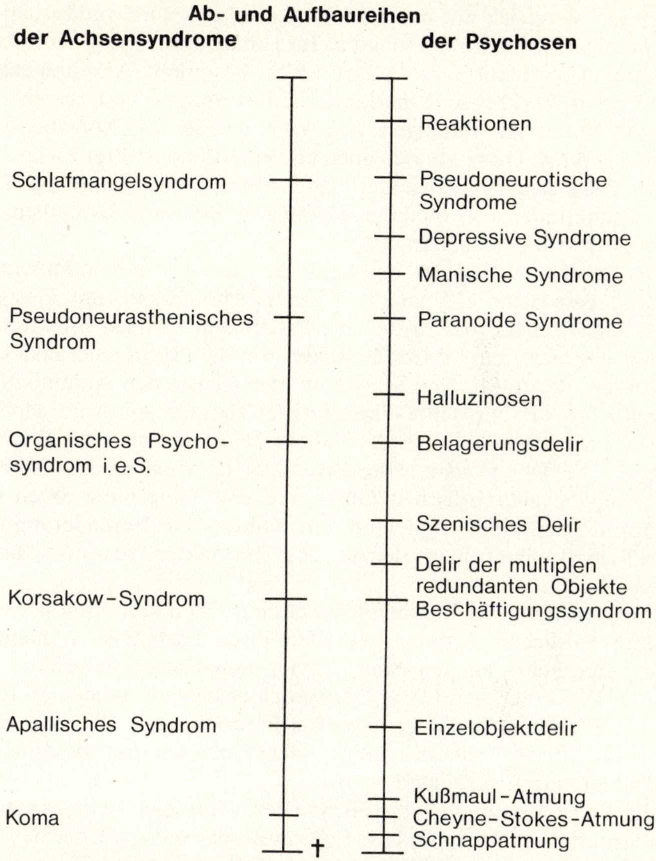

Abb. 1. Ab- und Aufbaureihe der Achsensyndrome (links) und Ab- und Aufbaureihe der Psychosen und Neurosen (rechts). Aus: J. M. Burchard: Systematik der exogenen Syndrome unter besonderer Berücksichtigung des Parkinson-Syndroms. In: P. A. Fischer (Hrsg.): Psychopathologie des Parkinson-Syndroms. Basel 1982.

Schröpfköpfe ansetzen können, ein achter Blutegel, ein neunter ein Brechmittel empfehlen können und ein zehnter mehrtägiges Fasten. Keiner aber wußte, welches Organ der Majestät in welcher Weise erkrankt war.

Auch ein Vergleich mit den Handwerkern kann die Grundsituation der heutigen Psychiatrie andeuten. Im Handwerk besteht heute keine Uneinigkeit mehr über die Art der für bestimmte Arbeiten anzuwendenden Werkzeuge. Eine Jahrtausende umfassende Entwicklung hat zu klaren Zuordnungen von Werkzeugen für Aufgabenstellungen geführt. Diese können noch verbessert und in ihrer Mechanik durch Zusatzaggregate leichter handhabbar gemacht werden. Die Grundfunktionen von Meißeln, Hämmern, Bohrern, Schraubenziehern usw. wird beibehalten.

In der Psychiatrie dagegen empfiehlt der eine Arzt einem Patienten Familiengespräche, der andere Einzelpsychotherapie mit Gesprächen nach Rogers, der dritte eine Psychoanalyse nach Freud oder Adler, der vierte eine Entziehungskur, um die Psychopharmaka loszuwerden, der fünfte eine Scheidung, der sechste den Aufenthalt in einem Kurheim, der siebte eine klinische Therapie mit Neuroleptika und der achte leugnet, daß der Patient überhaupt an einer Erkrankung leidet. Der gleiche achte Psychiater oder ein neunter könnte die Aufgabe aller irdischen Güter und eine Enterbung durch die Eltern als Heilmittel empfehlen, ein zehnter eine Veränderung der Gesellschaft oder einen Beitritt des Erkrankten zu einer Basisgruppe.

Die Entwicklung der Medizin hat sich in solchen halb- und pseudowissenschaftlichen Ansätzen in allen ihren Fachgebieten manifestiert. Die heute am höchsten entwickelten Fächer reduzieren ihr kausales und therapeutisches Denken einerseits auf molekularbiologische Vorgänge, andererseits auf strukturell genau definierte Systemerkenntnisse, die das Ganze des Patienten mit bestimmten Grundvorgängen verbinden.

In der Psychiatrie und ebenso auch in der Neurologie ist die **Aufgabe der Strukturaufklärung** und die Erkenntnis der wahren Ursachen der Krankheiten eine noch schwierigere Aufgabe als in den Fächern der Medizin, die sich nicht primär mit Störungen im Zentralnervensystem beschäftigen. Das menschliche Nervensystem ist unter den übrigen Organen durch seine Aufgabe und seinen Bau als informationsverarbeitendes, kybernetisch wirkendes Gewebe einmalig, das einerseits den gesamten Organismus unter Kontrolle und damit in der Regulation hält und gleichzeitig dessen Eingliederung in die Umwelt in allen dazugehörigen Belangen garantiert. Die Zahl der Nervenzellen wird auf 50 Milliarden geschätzt. Ihr Verbindungsgrad, die Vermaschung untereinander, ist so hoch, daß pro Zelle mit

Zehntausenden von Kontaktstellen anderer Nervenzellen gerechnet werden muß.
Diese sehr subtilen Vorgänge werden noch kompliziert durch regionale Unterschiedlichkeiten, selbst in einem prinzipiell homogen aufgebauten Gewebe, wie der Großhirnrinde. Neurophysiologie, Neuroanatomie, Neurobiochemie, Neuroradiologie, Neurochirurgie, Neuropathologie und Neurologie arbeiten an der Strukturaufklärung der Gewebsfunktion des zentralen und peripheren Nervensystems und seiner Verbindung mit den übrigen Organen. Der Psychiatrie und in ihr hauptsächlich der Psychopathologie ist es aufgegeben, über das Selbstinnewerden der Materie im Menschen, über sein Selbsterleben und Fremdverstehen, über sein Sichmitteilenkönnen und Fragen die Geheimnisse der Seele des Homo sapiens abzulauschen, zu verstehen und in die heilende Tat umzusetzen.
Bis zu unseren Tagen ist die Möglichkeit, durch vergleichende und systematische Psychopathologie die Struktur der menschlichen Seele und mit ihr den Funktionsgang seines Organismus aufzuklären, nicht wirklich konsequent ausgenutzt worden. H. Ey trennte nicht sorgfältig genug die nosologischen Aspekten von den psychopathologischen, so daß seine Schichtenlehre ein Gemisch von nosologischen und strukturalistischen Aspekten bietet. Nach meiner Überzeugung kann jedoch eine konsequente Nutzung aller Erkenntnismöglichkeiten, die von mir schon in den ersten beiden Bänden der systematischen Psychopathologie exponiert wurden, zu einer vollen Strukturaufklärung im Sinne einer wissenschaftlichen Anthropologie beitragen. Diese kann die Grundlage für Psychiatrie und Psychologie und für eine philosophische Anthropologie bilden.

2. Die Entwicklung der psychiatrischen Strukturtheorie

Dem Entwicklungsstand eines Fachgebietes entspricht die Qualität seiner Systematik. In dieser werden die Objekte nach strukturellen Gesichtspunkten geordnet. Gleichzeitig drückt sich in der Systematik der Entwicklungsstand der **Systemanalyse** aus. Das Ziel solcher Erkenntnisvorgänge ist der Zugang zur Manipulation des Systems, deren Möglichkeiten mit dem Ausmaß der Kenntnis wachsen. In der Geschichte einiger Wissenschaften, wie der Zoologie und der Botanik, besonders deutlich in der Entwicklung der Physik, können wir diese Zusammenhänge finden.

In der Entwicklung der **Zoologie** und **Botanik** finden wir zunächst ein Sammeln und Benennen der Einzelobjekte, der zahlreichen Tier- und Pflanzenarten. Im 18. Jahrhundert beginnt eine Erforschung der Anatomie der unterschiedlichen Arten, welche zur Aufdeckung von Verwandtschaftsbeziehungen führt. C. v. Linné faßte die Erkenntnisse 1758 zu einer Systematik zusammen. Aus dieser entwickelte sich innerhalb eines Jahrhunderts die Evolutionstheorie von Ch. Darwin und A. R. Wallace (1858/59). Im folgenden Jahrhundert werden die Mechanismen der Evolution erforscht. In unseren Jahren steht die molekularbiologische Erforschung der Auswirkung der Gene, ihre Botenstoffe, ihre Effektor-Zellorgane und der Zusammenhang dieser einzelnen Vorgänge mit dem gesamten System des menschlichen Stoffwechsels und seiner Homöostase im Vordergrund der wissenschaftlichen Untersuchungen. Eine vollständige Strukturaufklärung sowohl des Entwicklungsmechanismus als auch der Funktionen der Erhaltung des Individuums aus Erbkonstrukten, die eine milliardenjahrelange Entwicklungszeit hinter sich haben, steht bevor oder ist bereits erreicht.

In der **Physik** und **Chemie** kam es ebenfalls zu einem Sammeln und Benennen der Minerale und übrigen Stoffe, die man finden kann. Bis zur Mitte des 19. Jahrhunderts wurden aus diesen Stoffen die meisten chemischen Elemente isoliert und dargestellt. 1869 entwickelten J. L. Meyer und D. I. Mendelejew eine systematische Ordnung der Elemente, welche als periodisches System bezeichnet wurde. Zugrunde gelegt wurden wiederum die Verwandtschaftsbeziehungen, Ähnlichkeiten und Unterschiede der Elemente. Aus dem periodischen System folgte 1911 bis 1913 der Entwurf des Rutherford-Bohrschen Atommodells. Im Anschluß an diese Theorien wurden die einzelnen Atombausteine dargestellt. Bis heute führt die Kernphysik zu immer neuen Teilchen, wobei die Suche nach letztlich invarianten Grundelementen sehr kleiner Art noch nicht abgeschlossen ist. Gleichzeitig wird die Natur der Bindungskräfte von der Gravitation über den Magnetismus bis zu den die Elektronen bindenden Kräften und den Kernkräften sowie den in den einzelnen Elementarteilchen herrschenden Kohäsionen erforscht. Eine vollständige Strukturaufklärung der Materie zum Zweck der Energiemanipulation ist zu erwarten.

Grundlegend für die zoologisch-botanischen Analysewege, wie auch für den in der Physik und Chemie geleisteten, ist ein einheitlicher Ansatz. Zunächst wird eine Symptomatologie oder Phänomenologie betrieben. Dann folgt eine vergleichende Phänomenologie, die die Grundlage einer systematischen Phänomenologie bildet. Daran schließt sich die **strukturalistische Phase** an, die wieder verschiedene Strukturanalyseschritte enthält.

Mit grundsätzlich ähnlichen Entwicklungswegen müssen wir auch in der Psychiatrie rechnen. Sie gelten auch für die Medizin als Ganze, die eine Strukturaufklärung des menschlichen Organismus mit Hilfe einer vergleichenden und dann strukturalistischen Systematik betreibt, um zum Ziel einer vollständigen Beherrschbarkeit des in dieser Weise klar erkannten Systems und seiner pathologischen Variationen zu gelangen.

Die **Strukturanalyse komplexer Systeme** geht unvermeidlich den Weg einer schrittweisen Annäherung. Die Entwicklung der psychiatrischen Systemanalyse ist prinzipiell gleichartig verlaufen. Wir benutzen bei unserer Untersuchung dabei allgemeine Strukturbegriffe, wie Systemtheorie und Systemanalyse, die inhaltlich neutral sind. Das gleiche gilt für den Begriff Strukturalismus. Einzige Voraussetzung zur richtigen Anwendung dieser Begriffe sind das Vorliegen eines hochkomplexen und damit gleichzeitig kybernetischen Systems und die Suche nach systemadäquaten Methoden.

Die wissenschaftliche Methode zur Entwicklung einer Methodologie, welche ein höchst komplexes, probabilistisches System erfassen läßt, wird als kybernetische Modellmethode bezeichnet. Hierbei werden Konstrukte an das kybernetische System herangetragen, nachdem sie modellhaft formuliert und dann mit der Realität des Systems verglichen werden. Neue Informationen durch die ersten Untersuchungen werden sogleich in eine Veränderung des Modells selbst umgesetzt. Dieser Vorgang ist beliebig oft wiederholbar, bis das Modell dem kybernetischen Objekt entspricht.

In der Psychopathologie liegt eine Fülle von Material über das System Mensch vor, welches durch Variationen der gesamten Struktur entsteht. Die Varianten gehen auf eigentümliche Weise aus dem gegliederten Ganzen hervor. Aus dem gesamten strukturellen Gebilde werden dabei verkleinerte Unterganze gebildet, indem Strukturteile ineffektiv gemacht und abgeschaltet werden. Nun treten Strukturteile in den Vordergrund, die zuvor in dem gegliederten Ganzen eine sehr diskrete Rolle spielten.

Die Psychopathologie bietet eine Fülle derartiger Variationen in Gestalt der vom komplexen Ganzen abgeleiteten verkleinerten Unterganzen an, die in der Psychiatrie als **Syndrome** bezeichnet wer-

den. Der Syndrombegriff deckt sehr unterschiedlich komplexe Unterganze und ist hinsichtlich seiner Genauigkeit und Reichweite nicht exakt definiert. Prinzipiell bezeichnet er einen Alarmzustand, der eine Gefährdung des Organismus anzeigt.
Versuchen wir den gegenwärtigen Entwicklungsstand der psychiatrischen Systemanalyse zu bewerten, so scheint er dem der somatischen Medizin vor Einführung der pathologischen Anatomie und der klinischen Chemie zu entsprechen oder etwa dem der Physik vor der Aufstellung des periodischen Systems der Elemente durch Meyer und Mendelejew.
In der Psychiatrie herrscht als Folge dieser Rückständigkeit große epistemologische Not. Man argumentiert heute noch etwa wie folgt: „Schizophrene kann man an Symptomen erkennen, die für Schizophrenie typisch sind". Wir verfügen über ein nosologisches System mit hunderten von Positionen. Dieses ist jedoch so primitiv, daß es von informierten Laien ebensogut gehandhabt wird wie von berufserfahrenen Psychiatern, wie K. D. Sulz und G. Gigerenzer 1982 experimentell zeigen konnten.
Grundlage unserer Diagnostik ist das **nosologische System** von E. Kraepelin. Diese impliziert einen Glauben an die nosologische Spezifität der Phänomene, ohne den sie haltlos wäre. Diese einfache Systematik ist für einen gewissen klinischen Pragmatismus brauchbar, unsere theoretischen Bedürfnisse befriedigt sie jedoch in keiner Weise. Von besonderer Bedeutung ist eine hemmende Wirkung des traditionellen psychiatrischen Nosologismus auf die Entwicklung einer systemgerechten Psychopathologie. Eine solche wird allein deshalb benötigt, weil der größte Teil der psychiatrischen Krankheiten bis heute ausschließlich psychopathologisch definiert ist. Nur im Gebiet der exogenen Psychosyndrome glauben wir über einige nosologische Klarheit zu verfügen. Eigentlich ist aber auch hier Psychopathologie alles, worüber wir an objektiven Feststellungsmöglichkeiten verfügen, denn die exogenen Syndrome werden ebenfalls psychopathologisch formuliert und können nosologisch nur durch außerpsychiatrische Fakten, wie Blutbefunde, Röntgenbilder, bakteriologische Ergebnisse oder anamnestische Daten, sicher bestimmt werden.
Die Psychiatriekritik hat sich an der nosologischen Prätention, von der die Psychiatrie tatsächlich durchdrungen ist, erhitzt. Die Psychiatrie muß deshalb jetzt die Zeit nutzen, ihre Ordnung zu verbessern und eine Systematik zu entwickeln, die besser fundiert ist als die bisherige. Welche Schritte hat sie auf diesem Wege zu gehen?

Zoologie und Botanik, Physik und Chemie haben zunächst ihre Individuen bestimmt und dann klassifiziert. Gibt es in der Psychiatrie etwas Vergleichbares? Ja. Sind damit etwa die einzelnen psychisch Kranken gemeint, die untereinander verglichen werden sollen? Nein.

Die Individuen der Psychiatrie sind die Symptome, die Syndrome und die Zustands-Verlaufs-Einheiten (diese nach K. L. Kahlbaum, 1874, und E. Kraepelin, 1892). Einzelne Kranke zeigen einzelne dieser Erscheinungen besonders deutlich, der modellhafte Charakter von Symptomen, Syndromen und Zustands-Verlaufs-Einheiten ist jedoch überindividuell.

Die **Symptome** sind Antworten des Organismus auf diagnostische Fragen, die wir an ihn stellen. Je mehr Untersuchungen wir anstellen, um so mehr Symptome erscheinen. Bei bestimmten Psychosen kann man Hunderte klar unterscheidbare Einzelsymptome herausarbeiten. Jedes Symptom ist in sich bereits ein komplizierter Gegenstand, da es ähnliche, aber unterscheidbare Symptome bei verschiedenen Erkrankungen gibt, wie z.B. Phänomene mit gehobener Stimmungslage oder Phänomene der Kontinuitätsunterbrechung des Bewußtseins (J. M. Burchard, 1965). Sie sind die kleinsten Strukturteile, die jedoch nicht isoliert auftreten können. Die **Syndrome** sind deutlicher als die Symptome komplexe Unterganze, da sie die oben beschriebenen verkleinerten Ausgaben des Gesamtsystems darstellen. Die negative Symptomatologie eines Syndroms repräsentiert die abgeschalteten Teile des Gesamtsystems, die positive Symptomatologie die isoliert hervortretende Einzelleistung, wie einen Wahnzustand, ein depressives Krankheitsbild oder ein apallisches Verhalten.

Die **Zustands-Verlaufs-Einheiten** sind idiografisch faßbare, einmalige Abfolgen von Syndromen unter ständiger Variation in wechselnden oder stets gleichen Richtungen. G. Huber, G. Gross und R. Schüttler (1979) unterscheiden 400 solcher Verlaufstypen bei der Schizophrenie. Unter den 502 Patienten der Bonner Langzeitstudie wurden 159 dieser Verlaufstypen tatsächlich gefunden. Demnach liegt zwar ein überindividuelles Geschehen „für Schizophrenie gehaltenes Leiden" vor, das jedoch vollständig der individuellen Gestaltung unterliegt.

Bei einem einzelnen Menschen können verschiedene Syndrome im Verlauf der Zeit auftreten, wie manische, depressive, mischbildhafte, paranoide und paranoid-halluzinatorische. Sowohl vor der schweren Erkrankung an einer Psychose als auch im Intervall und nach Erkrankungsende können pseudoneurotische und pseudopsychopathische Zustände auftreten. Daraus ergibt sich die Frage, wie behauptet werden kann, es handele sich bei den Syndromen um die Individuen der Psychopathologie?

Die Individuen der Botanik, Zoologie, Chemie und der Physik sind unterschiedliche Stufen einer maximalen Ausprägung. Bei den Lebewesen liegt eine evolutionär bedingte Aufgliederung bestimmter Grundtypen vor, so daß alle Lebewesen vermutlich untereinander verwandt sind und bestimmte Grundeigenschaften, wie DNS- und RNS-Moleküle, gemeinsam haben. Die Individuen des Tier- und Pflanzenreiches sind also Zweigspitzen eines in der Zeit gewachsenen, bisher unsterblichen Baumes „Leben“, dessen Stamm durch Ausgrabungen und erhalten gebliebene Primitivformen erkundet werden kann.

Bei den chemischen Elementen liegt eine Auf- und Abbaureihe vor, ausgehend von einem Grundtypus, den das Wasserstoffatom darstellt. Dieses ist in alle anderen Elemente inkludiert, ebenso wie alle folgenden Elemente Inklusionen von Elementen mit niedrigerer Ordnungszahl enthalten.

Auch bei den Lebewesen gilt diese Inklusionsregel. Der menschliche, tierische und pflanzliche Organismus enthält als altbewährte Formen frühen Lebens amöboide Zellen in Gestalt bestimmter Leukozytenarten, Flimmerzellen in den Luftwegen, Geißeltierchen als Spermien. In jeder Zelle sind die Urbestandteile der lebenden Welt, die DNS- und RNS-Moleküle eingeschlossen. Die Zellorganellen sind die gleichen wie bei primitiven und niedrig organisierten Lebewesen (Ribosomen, Mitochondrien, Zellkern, Zellwand). Besonders im Nervensystem wird die Inklusion evolutionär früher Zustände in das heutige komplexe Ganze eines Menschen oder Tieres deutlich. Die Nervensysteme der Chordatatiere sind vergleichend-anatomisch vollständig untersucht und ergeben eine im Grundmodell extrem konservativ anmutende Reihe von immer weiter fortschreitender rostraler Vergrößerung und Strukturverbesserung bis zu den höheren Säugern, insbesondere zu den Primaten und Walen.

Durch die **Struktur der Ab- und Aufbaureihen** kann gezeigt werden, daß phylogenetische und ontogenetische Relikte einen funktionellen Ausdruck in Syndromen niederen Ranges finden. In den psychopathologischen Ab- und Aufbaureihen gilt ebenfalls die Inklusionsregel: die funktionellen Eigentümlichkeiten niederer Syndrome sind in denen komplexerer aufgehoben. Beim Abbau werden funktionelle

Merkmale höherer Syndrome exkludiert, so daß durch Abschaltung weiter Funktionsbereiche die psychopathologischen Syndrome entstehen. Dieser Abbau beginnt bereits bei neurotischen und depressiven Syndromen.

Die psychopathologischen Syndrome verhalten sich also wie physikalisch-chemische oder botanisch-zoologische Individuen, indem sie untereinander Inklusionen bilden. Exklusionen sind beim Phänomen der Atomspaltung die Grundlage. Sie werden in der Tier- und Pflanzengestalt in Form von Embryonalstadien und in Phänomenen des Atavismus sowie bei der vegetativen und geschlechtlichen Vermehrung und bei Krankheiten, die durch Funktionsverluste den Gesamtbestand bedrohen, gefunden.

Bei der psychopathologischen Exklusion handelt es sich um eine Programmumschaltung, um einer speziellen Aufgabe die volle Aufmerksamkeit zuwenden zu können. Gleichzeitig bleibt jedoch das Erleben eines Verlusts bis zu einem gewissen Grad des psychopathologischen Abbaus erhalten. Am intensivsten und zugleich qualvoll ist das Verlusterlebnis bei der Depression und bei bestimmten schizophrenen Zuständen. In Band I der systematischen Psychopathologie habe ich die **Inklusions- und Exklusionsregeln** erstmals formuliert.

Nach diesen Überlegungen sind wir also jetzt zu dem Gedanken gelangt, daß die psychopathologischen Syndrome als Individuen behandelt werden können. Wir sind in der Lage, sie untereinander zu vergleichen und sie danach zu systematisieren (vgl. meine Arbeit „Vergleichende Psychopathologie“, 1966). Die Individuen in der Physikochemie, der Zoologie-Botanik und in der Psychopathologie sind evolutionär-ontogenetisch entstanden. Geschichtete Systeme entstehen durch Inklusionen älterer Baustufen. Exklusionen jüngerer Erwerbungen sind die Regel in der Atomphysik und bei den zentralnervösen Funktionen. Pascual Jordan zog einen ähnlichen Vergleich in seinem Buch „Verdrängung und Komplementarität“ (1947).

Die Systematisierung wird nach der kybernetischen Modellmethode, wie oben beschrieben, durchgeführt und läßt eine Ordnung der Psychopathologie als eines weitreichenden Gebietes mit hohem Komplexitätsgrad erkennen. In der geschichtlichen Entwicklung der Psychiatrie finden sich nacheinander die verschiedensten Stufen, da auch in unserer Wissenschaft durchgehend über die Jahrhunderte weiter gedacht worden ist. Die ersten psychiatrischen Zeitschriften mit fortlaufender Bandnumerierung beginnen im mittleren 18. Jahrhundert und gehen bis ins 19. Jahrhundert. Die Theoriediskussionen in der Psychiatrie beginnen ebenfalls in der Mitte des 18. Jahrhunderts als durchgehende Problemarbeit.

Ich unterscheide vier verschiedene Stadien (s. auch Abb. 2, S. 22):

A. Die symptomatologische Phase

Die symptomatologische Phase erreicht im mittleren 19. Jahrhundert ihren Höhepunkt, etwa mit den Arbeiten von W. Griesinger (1843), C. Wernicke (1874) und der Assoziationspsychologie. Die meisten der uns heute geläufigen psychopathologischen Phänomene wurden von bestimmten Autoren sorgfältig beschrieben und sind seither als Termini bekannt, wenn auch viele von ihnen später einen anderen Gehalt finden. Ein Beispiel ist die Neurasthenie, 1880 von G. M. Beard als „American nervousness" beschrieben. Die Neurasthenie umfaßte Erschöpfungszustände, subdepressive Verstimmungen, Neurosen, hysterische Zustände und leichtere psychopathische Übel. Nachdem diese einzelnen Krankheiten später durch Umgruppierungen, besonders durch das Kraepelinsche System neue Bedeutungen fanden, starb der Begriff der Neurasthenie selbst aus, blieb aber als pseudoneurasthenisches Syndrom bis auf unsere Tage erhalten. Dieses Syndrom ist ein Achsensyndrom, das in Depressionen, Manien, leichtere schizophrene Zustände und in Folgezustände von Hirnkrankheiten inkludiert ist.
Ein weiteres Beispiel ist die Pseudohalluzination. Der Begriff stammt von F. W. Hagen und wurde für „Psychische Halluzinationen" angewandt. Hiermit waren ursprünglich Gedankensuggestionen oder aufgezwungene Gedanken (Baillarger) gemeint. Hagen nannte sie in Pseudohalluzinationen um. Victor Kandinski, ein psychisch kranker russischer Psychiater, der in Paris lebte, veröffentlichte 1885 „Kritische und klinische Betrachtungen im Gebiet der Sinnestäuschungen". Hierbei setzte er sich mit seinen eigenen Halluzinationen auseinander und war bemüht, möglichst viele von ihnen als solche zu erkennen. Diese bezeichnete er als Pseudohalluzinationen. K. Jaspers (1911) übernahm diese Definition von Kandinski, jedoch gleichzeitig auch dessen irreführende Klassifikation als eigentlich leichte Störung. Kandinski wollte damit sein Leiden mindern oder zumindest in seiner Publikation kaschieren, indem er die Pseudohalluzinationen so darstellte, als ob sie von den Halluzina-

tionen selbst weit entfernt seien. Dies ist jedoch in der Realität nicht der Fall, sondern es handelt sich um Halluzinationen, die gleichzeitig oder nachträglich als solche erkannt werden. Jaspers durchschaute dieses Bemühen von Kandinski nicht und ordnete die Pseudohalluzinationen als nicht leibhaftige Trugwahrnehmungen, denen der Charakter der Objektivität fehlt, falsch ein. Infolge dieser Übernahme der Kandinski'schen Dissimulation entsteht ein verwirrender Eindruck in dem berühmten Jasperschen Kapitel des Lehrbuches der allgemeinen Psychopathologie über Trugwahrnehmungen.
Auch K. Jaspers war mit der einen Seite seines Wesens Symptomatologe und war nicht allzu weit von der Assoziationspsychologie entfernt. Er neigte dazu, strukturalistische Zusammenhänge zu leugnen und errichtete in seinem Eingangskapitel starke dogmatische Sperren gegen ein Denken in der Struktur. Der Psychopathologe suche entweder Befriedigung im Wissen vom Sein oder fühle sich im offenen Horizont unendlicher Bewegung. Entweder habe der Psychopathologe sein Schwergewicht in einer Theorie des Seins, die er zu erkennen glaube, oder in einer Systematik bewußter Methoden, mit denen er in das unendliche Dunkel hineinleuchtet. Entweder lasse der Psychopathologe alle Methoden als vorübergehend notwendige Gerüste fallen, um vermeintlich die Sache selbst, die man erobert zu haben glaubt, zu besitzen oder man löst alle Seinsdogmatik als vorübergehend unerläßlichen Irrtum wieder auf zugunsten der Erkenntnisbewegung, die nie geradezu und vollendet da ist, aber grenzenloser Erfahrung und Erforschung offensteht.
Die Seinsdogmatik schließe uns ab in ein Wissen, das sich wie ein Schleier vor alle Neuerfahrungen lege. Mit dieser „Seinsdogmatik" meinte Jaspers Aussagen über die Struktur des Seins, wie sie von den von ihm stark kritisierten und heftig angegriffenen S. Freud, E. Kretschmer und M. Heidegger formuliert wurden. Die beiden ersten Autoren entwarfen komplexe Strukturlehren, die eine tiefgreifende Kenntnis des Sachgebiets verraten. Heidegger schrieb eine Ontologie, die sich nach Rückübersetzung in die deutsche Wissenschaftssprache, die dem Text des deutschtümelnden Heidegger guttut, als strukturalistische Psychologie/Philosophie des Seins, d.h. des menschlichen seelisch-geistigen Lebens darstellt. Heidegger weist starke Beziehungen zu Freud und Kretschmer auf.
Die Assoziationspsychologie glaubte, daß die Elemente des Psychischen durch Assoziationen in unterschiedlichem Maße untereinander verbunden würden. Dadurch entstünde die jeweilige Komplexität.

Die Psychopathologie entstünde durch Trennung der Teilchen (Sejunktion). In Wahrheit gibt es eine vorgegebene Komplexität, die sich in unterschiedlichem Maße manifestiert und äußert und die von den verschiedensten Standpunkten aus begriffen werden kann. Das komplexe Ganze kann auch zerfallen und minimale Unterganze übriglassen, wie das Koma oder das apallische Syndrom. Jaspers war derartigen Klassenbegriffen abhold und warnte vor komplexeren Gedanken. Einzig eine Methodenlehre ließ er zu. Dabei ging er vom Bild des Seemannes aus, der in der strukturlosen Weite des Meeres nur mit Methoden zurechtkommen kann. Er kann nicht glauben, am Wasser selbst seinen Weg erkennen zu können. Jaspers war in seiner Jugend häufig auf Norderney und war von dem Erlebnis der Nordsee tief durchdrungen. Sie wurde ihm zum Modell der Bühne seines Denkens. Das Symptom steht bei Jaspers der exogenen Ursache, der Lokalisation oder der Veranlagung zu Krankheiten nahe, es ist ursachenbezogen, aber nicht sichtbarer Teil eines komplexen Systems. Insgesamt wird in der symptomatologischen Phase die Bedeutung des Symptoms herausgearbeitet, die Komplexität wird noch nicht recht gefunden oder durch assoziative Mechanismen hergestellt. Vor der Erkenntnis des komplexen Ganzen wird gewarnt, wie wir dies deutlich bei K. Jaspers finden. Es gibt noch eine weitere Seite des bedeutenden Psychopathologen und Philosophen, die wir im übernächsten Abschnitt kennenlernen.

B. Die syndromatologische Phase

Die syndromatologische Phase wurde von K. Bonhoeffer und A. Hoche eingeleitet. Bonhoeffer entwickelte aufgrund von sorgfältigen Studien an exogenen Erkrankungen und aus dem Gewirr der nosologischen Begriffe des 19. Jahrhunderts, daß seine Brom-, Syphilis-, Alkohol-, Blei-, Antimon-, Fieber-, Typhus- und Influenzapsychosen nach zugleich nosologischen wie auch psychopathologischen Gesichtspunkten konstruiert hatte, eine systematische Syndromatologie und arbeitete den „akuten exogenen Reaktionstypus“ heraus. Er fand, daß nur wenige exogene Psychosen tatsächlich vorkommen, so der Dämmerzustand, das Korsakow-Syndrom, die Halluzinosen, der katatone Erregungszustand und das delirante Syndrom. Bei den vorgenannten Bindestrichpsychosen waren diese psychopathologischen Syndrome mit anderen Erscheinungen nicht psychopathologischer Art in einem Krankheitsbild zusammen gesehen worden, so daß eine Pseudospezifität herauskam. Bonhoeffer stellte damit klar,

daß es auf dem gesamten Gebiet der organischen, symptomatischen und exogenen Psychosen nur wenige Reaktionstypen gibt.
Der an Bedeutung rasch zunehmenden Kraepelinschen Lehre setzte E. A. Hoche eine scharfe Kritik entgegen und schrieb 1910, daß es die nosologischen Entitäten von Kraepelin gar nicht gäbe. Real seien vielmehr ausschließlich präformierte Symptomenkomplexe, die Syndrome. Diese würden, wie Kahlbaum schon herausgearbeitet hatte, in bestimmten Abfolgen im biografischen Längsschnitt als Krankheitsverläufe erscheinen. Existent seien aber nur die Syndrome und nicht so etwas wie „die schizophrene Krankheit".
In der damaligen Zeit hegte man große Hoffnungen auf eine baldige Entlarvung der Ursache der Schizophrenie, der manisch-depressiven Krankheit und der Depressionen, nachdem kurz zuvor andere für endogen gehaltene Psychosen als Körperkrankheiten entlarvt worden waren. Bei der progressiven Paralyse, die einmal als endogene Psychose mit Verblödung und Lähmungen galt, erfolgte die Entlarvung rasch nacheinander durch Auffinden einer positiven luesspezifischen Serum- und Liquorreaktion und anschließend durch den Befund von Spirochäta pallida, dem Syphiliserreger in der Großhirnrinde durch den Japaner Noguchi (1913). Fast gleichzeitig folgten die Entdeckungen der luesspezifischen Salvarsan-Therapie (P. Ehrlich, 1907) und die Malariakur der Paralyse (J. Wagner-Jauregg, 1917).
In der gleichen Zeit wurde erkannt, daß die Epilepsie eine Hirnkrankheit und nicht eine endogene Psychose ist. 1929 entdeckte H. Berger den Alpharhythmus im Elektroencephalogramm und stellte fest, daß bei Epileptikern bestimmte steile Abläufe, häufig verbunden mit verlangsamten Wellen, das Auftreten von Anfällen im EEG anzeigen. Sowohl die syphilitische progressive Paralyse als auch die neurologische Krankheit Epilepsie werden heute weitgehend beherrscht, nachdem die Penicillintherapie die Paralyse heilbar gemacht hat und die antiepileptische Therapie fast alle Epileptiker anfallsfrei und vielfach unbehindert leben läßt.
E. Kraepelin arbeitete in den späteren Auflagen seines Lehrbuches der Psychiatrie die Hocheschen und Bonhoefferschen Gedanken ein, das Gesamtgebäude blieb jedoch nosologistisch. Dies wurde insbesondere von K. Schneider weitergeführt, der in seiner klinischen Psychopathologie (1946) eine Reihe nosologischer Spezifitäten behauptete, die sich bei kritischer Durchsicht als unhaltbar erweisen. Besondere Schwierigkeiten bereiteten Schneider die Definitionen der gegenseitigen Abgrenzung von Neurosen, Psychopathien, affek-

tiven und schizophrenen Psychosen. Hier verwickelt sich der Autor in erhebliche Widersprüche. So schrieb Schneider (11. Auflage, Seite 36): „Neurosen, abgesehen vielleicht von groben akuten psychogenen Körperstörungen nach lebhaften Affekten, wachsen immer auf anlagemäßig abnormen, psychopathischen Persönlichkeiten und haben in ihnen zumindest *eine* ihrer Bedingungen. Es ist erstaunlich genug, wie man das übersehen kann."

Hierbei setzt Schneider also zunächst Neurose und Psychopathie gleich, danach sind Neurosen die manifesten Symptome von Psychopathen.

An anderer Stelle (S. 17) schreibt er, daß die abnormen Persönlichkeiten Abweichungen von einer uns vorschwebenden Durchschnittsbreite von Persönlichkeiten seien. „Maßgebend ist also die Durchschnittsnorm, nicht etwa eine Wertnorm. Überall gehen abnorme Persönlichkeiten ohne Grenze in die als normal zu bezeichnenden Lagen über. Aus den abnormen Persönlichkeiten schneiden wir als psychopathische Persönlichkeiten diejenigen heraus, die an ihrer Abnormität leiden oder unter deren Abnormität die Gesellschaft leidet. Beide Arten überschneiden sich. Wissenschaftlich allein wesentlich ist der Begriff der abnormen Persönlichkeit, in dem der Begriff der psychopathischen Persönlichkeit aufgehoben ist, weshalb wir auch beide Begriffe gelegentlich neben- und füreinander verwenden." Wenig später heißt es: „Abnorme (und damit psychopathische) Persönlichkeiten sind in unserem Sinne nichts ‚Krankhaftes'. Es besteht keinerlei Anlaß, sie auf Krankheiten oder auf Mißbildungen zurückzuführen . . . Abnorme Persönlichkeiten sind von den mit guten Gründen als krankhaft postulierten zyklothymen und schizophrenen Psychosen grundsätzlich scharf zu trennen. Es gibt keine Übergänge, wenn auch die Deutung des Einzelfalles mitunter Schwierigkeiten macht. Dennoch kann man für diese Psychosen eine gewisse Persönlichkeitsdisposition anerkennen." Seite 35 schreibt Schneider: „Es gibt, wie schon Kahn sah, auch psychopathische Episoden, seien es vom Untergrund in unserem Sinne endogen getragene, seien es reaktive."

Der kritische Leser hat hier den Eindruck, einem Taschenspieler zuzuschauen, der zunächst einmal Karten aufschlägt, sie dann verschwinden läßt und sie am Ende plötzlich dem Zuschauer aus der Nase zieht. Kennzeichnend für Schneider ist auch der Satz: „Daß es außer den abnormen Spielarten seelischen Wesens und den durch Krankheit begründbaren seelischen Abnormitäten auch noch diese

‚endogenen Psychosen' gibt, ist das Ärgernis der Human-Psychiatrie."
Die Syndromatologie hat den Nosologismus bis heute zum Feind. Auch bei G. Huber finden wir noch ähnliche Probleme bei der Deutung der von ihm und seinen Mitarbeitern erhobenen psychopathologischen Befunde bei Schizophrenen. Ein Teil dieser Befunde wird als prozeßnah bezeichnet, wobei an einen Hirnprozeß gedacht wird. Tatsächlich finden sich auch bei besonders schwer erkrankten Schizophrenen vermehrt Hirnatrophien mit Substanzverlusten im Großhirn, besonders im Temporallappen und damit im limbischen System. Diese Befunde können jedoch auch durch Entwicklungsstörungen in früher Kindheit oder durch frühkindliche Hirnschäden unterschiedlichster Art hervorgerufen worden sein.
G. Huber und seine Mitarbeiter glauben nun gerade, daß uncharakteristische adynamische Zustände charakteristisch für basisnahe Prozeßsymptome sind. An anderer Stelle ihrer Werke gestehen die Verfasser aber ein, daß diese uncharakteristischen Basissyndrome sich auch bei anderen als schizophrenen Erkrankungen finden. Trotzdem glauben sie, mit ihren Untersuchungen dem Morbus schizophreniae nahezukommen. In dieser methodologisch und praktisch schwierigen Situation führt nur eine saubere Trennung von Syndromen einerseits und Nosologie, Hirnphysiologie und Neuropathologie andererseits weiter (vgl. Bd. I, Kapitel 7).
Die Syndromatologie wurde seit Beginn des Jahrhunderts ununterbrochen weiterentwickelt. Zahlreiche Autoren trugen dazu bei. Zunächst waren es Bonhoeffer und Hoche, dann Kretschmer, W. Mayer-Groß, H. Bürger-Prinz, G. Ewald, C. Schneider, K. Conrad und W. Janzarik, die den psychopathologischen Syndromgedanken weiter förderten und neue Symptombeschreibungen und Methodologien beisteuerten.
In den ersten Jahrzehnten des 20. Jahrhunderts vermissen wir noch Ideen zur Ordnung der Syndrome. E. Kretschmer hatte einige Ansätze zu einer Schicht-Psychopathologie in seiner klinischen Psychologie vorgearbeitet. Die Psychiater der dreißiger Jahre lasen E. Rothacker und übernahmen einige der Begriffe. So schrieb H. Bürger-Prinz in verschiedenen seiner Arbeiten von der „Vitalschicht". Unter dieser verstand man eine Matrix für die Affekte und die affektiven Psychosen, womöglich auch für die Triebe und Drangzustände.
Erst in den Arbeiten von H. Ey (Études psychiatriques, 1948–54) wird die Modellmethode ernsthaft durchgeführt. Allerdings hat Ey

in den Études nosologische und psychopathologische Begriffe ungetrennt miteinander vermischt, so daß wir es mit einer Hybridtheorie zu tun haben. Der hybride Charakter geht noch darüber hinaus und führt zu bestimmten Philosophismen, die durch reale Überprüfungen aufhebbar sind. So glaubt Ey im tiefsten Grunde des psychopathologischen Abbaues beim „Delire confuso-onirique" einen Gestaltzerfall finden zu können. Ähnliches glaubte K. Conrad, der den Gestaltzerfall als letzte Stufe des Abbaus herausarbeitete. Beiden Autoren entging, daß beim Abbau nicht nur die höheren Gestalten zerfallen, sondern eigenartige Gestalten niederer Schichten neu hervortreten, so daß das vollkommene Verschwimmen und Verwischen der psychischen Einzelvorgänge im tiefsten Grunde der psychopathologischen Abbaureihen nicht stattfindet. Vielmehr finden wir klar heraustretende Instinkthandlungen nach Art von Hand-Mund-Bewegungen, Greifbewegungen und bestimmte Blickmechanismen, wie den Blick schräg zur Seite, den Blick in der Mittellinie, den Blick nach oben. Es gibt auch bestimmte Mundbewegungen, wie Saugen, Abwehren und Beißen sowie Knabbern, welche das höchste verbliebene, zerebrale Leistungsniveau darstellen. Ausführlich sind die hierher gehörigen strukturellen Eigentümlichkeiten in meinen „Untersuchungen zur Struktur symptomatischer Psychosen" (1965) anhand des Studiums von Modellpsychosen beschrieben (vgl. bes. Bd. III, S. 7 ff.).

C. Systematische Psychopathologie

Die dritte Phase, die der systematischen Psychopathologie, beginnt im Grunde schon bei H. Jackson (1863), bei S. Freud (Arbeiten ab 1895) und bei I. P. Pawlow (1895). Die Vertikalität der Phänomenanordnung wurde bei neurologischen und zur gleichen Zeit bei psychodynamischen Vorgängen erkannt. Die nosologische Psychiatrie, welche schon gegen den syndromatologischen Gedanken kämpfte, leistete dem systematischen Gedanken heftigen Widerstand, wie wir oben bei der Kritik an K. Jaspers gesehen haben. Gleichzeitig gehört Jaspers jedoch ebenfalls zu den Systematikern. Nach dem grundlegenden Veto gegen den Strukturalismus auf den ersten 30 Seiten seines Buches bekennt sich Jaspers auf Seite 512 (Allgemeine Psychopathologie, 4. Auflage, 1946) zum „diagnostischen Vorrang der Symptome in der Gruppenfolge". Jaspers stellt eine wichtige Inklusionsregel auf, die der komplexen (nosologischen) Krankheitsdiagnostik dienlich gemacht werden soll. Das Prinzip medizinischer Diagnostik sei, daß alle Krankheitserscheinungen in einer einzigen Diagnose getroffen werden sollen. Wenn mannigfache Erscheinungen zusammen bestünden, so sei die Frage, welchen in der Diagnose der Vorrang gegeben werden solle, derart, daß die anderen Erscheinungen als abhängig oder sekundär oder beiläufig gelten. So gebe es Neurosen häufig bei organischen Erkrankungen, sei das Anfangsbild von Schizophrenie oder manisch-depressiver Krankheit manchmal scheinbar rein neurotisch, komme die Zwangskrankheit nicht nur essentiell bei Psychopathen vor, sondern auch akzidentell bei Schizophrenie, Encephalitis usw. Man spreche ferner von Überlagerungen des Grundprozesses durch neurotische Phänomene. Bei der Diagnose habe also immer die frühere Gruppe den Vorrang. Man diagnostiziere Neurosen und psychopathische Persönlichkeiten, wenn man keine Anhaltspunkte für einen Prozeß und keine körperlichen Symptome einer das ganze begründenden organischen Krankheit finde. Einen schizophrenen Prozeß diagnostiziere man, solange körperlich Kennzeichnendes fehle. Seien jedoch solche körperlichen Zeichen vorhanden, denke man zunächst daran, auf den körperlichen Vorgang, etwa die Encephalitis, alles zurückzuführen. Man könne sich die Lage durch ein Bild veranschaulichen: Die Krankheitssymptome liegen wie Ebenen übereinander, oben die neurotischen Symptome (das Psychasthenische, das Hysterische), dann die manisch-depressiven, dann die Prozeßsymptome (das Schizophrene), schließlich die organischen (psychischen und körperlichen) Symptome. Die tiefste Schicht, die bei der Untersuchung des Einzelfalls erreicht wird, gibt den Ausschlag für die Diagnose. Was zuerst als Hysterie erschien, erweist sich so als multiple Sklerose, eine Neurasthenie als Paralyse, eine melancholische Depression als Prozeß usw.

Jaspers bringt hier also eine Inklusionsregel, die aussagt, daß tiefgreifende Veränderungen leichteren Ausmaßes zu Krankheitsbildern führen, die eine höhere syndromatisch-nosologische Zuordnung vortäuschen. Bei Zunahme der Erkrankung verschwindet das pseudoneurotische oder pseudopsychopathische Krankheitsbild wieder. Diese Möglichkeiten des Organismus werden dann exkludiert.

Die Entwicklung der systematischen Psychiatrie wurde fortgesetzt von H. Ey, K. Conrad, F. Llavero (1953), W. Janzarik (1959), J. M. Burchard (1980), Barahona Fernandes (1981). Das Ziel der systematischen Phase ist erreicht, wenn die schichtförmige Anordnung der Syndrome in verschiedenen Variationsreihen bekannt ist. Wir unter-

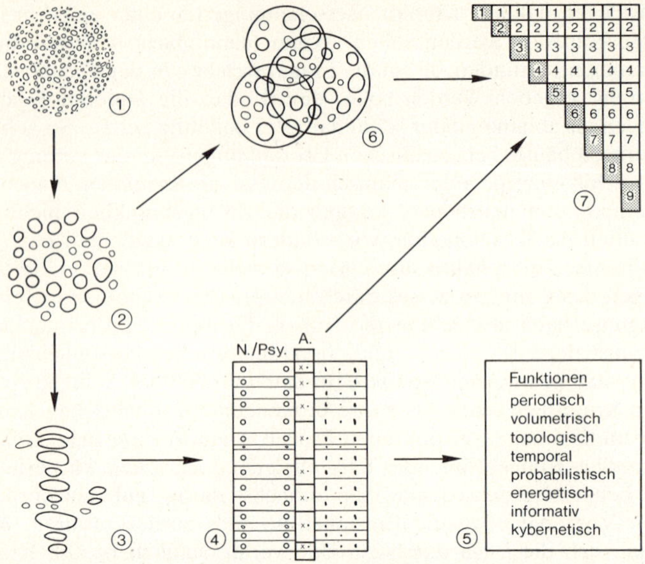

Abb. 2. Entwicklung der psychopathologischen Strukturlehre (1–5) und Entwicklung der psychiatrischen Krankheitslehre (6 und 7). Erklärungen im Text der dazugehörigen Kapitel.
1: Symptomatologische Phase; 2: Syndromatologische Phase; 3: Systematische Phase; 4: Strukturalistische Phase; 5: Das Referenzsystem (als „black box" schematisch dargestellt). Nosologische Systematik: 6: Traditionelle Nosologie; 7: Strukturalistisches nosologisches Schema nach K. Jaspers und J. M. Burchard. Nach J. M. Burchard: Systematics and system analysis in psychopathology and psychiatric nosology. Symposion über systematische und systemische Psychopathologie, Weltkongreß für Psychiatrie, Wien 1983. Psychiatry. The State of Art. P. Pichot, P. Berner, R. Wolf, K. Thau (Hrsg.).

scheiden die Ab- und Aufbaureihe der Achsensyndrome, die Ab- und Aufbaureihe der Psychosen und Neurosen sowie die Ab- und Aufbaureihe der Bewußtseinsstörungen (Koma, Benommenheit, Sopor, Somnolenz verschiedener Schweregrade).
Bisher ist man nicht gewohnt, die genannten Autoren unter dem Begriff der **systematischen Psychopathologie** zitiert zu hören. Tatsächlich haben sie aber dazu beigetragen, eine systemgerechte Anordnung der Krankheitserscheinungen zu erkennen und eine natürliche Systematik vorzubereiten. H. Ey faßte 1963 die Idee der hirnana-

logen Systematiker wie folgt zusammen: Grundlage einer systemischen Lehre ist die Erkenntnis einer außergewöhnlichen Komplexität der Krankheiten, die Erkenntnis eines Kontinuums zwischen den Hauptgruppen der Krankheitslehre, das Zugrundeliegen einer Hierarchie von Strukturschichten und die Entwicklung von Krankheiten aus einem Entordnungsprozeß, der seinerseits unspezifisch ist, aber die Schichten in ihrer Reihenfolge hervortreten läßt.
Das Ziel der systematischen Psychopathologie ist eine systemgerechte Anordnung der psychiatrischen Krankheitsbilder, welche gleichzeitig die Eigenschaften und Modifikationen des komplexen Modells abbildet. Mit dem Übergang zu dieser Frage kommen wir zu einer weiteren Entwicklungsphase:

D. Strukturalistische Psychopathologie

Diese fragt nach denjenigen Strukturen im Menschen, also auch im gesunden, deren Veränderung durch den pathologischen Funktionswandel die psychopathologischen Erscheinungen hervorbringt. Ich bezeichne diese Strukturen als Referenzsystem. Es kann nicht länger richtig sein, diese Frage zu umgehen. Therapeutische Probleme und die Theorie der Psychiatrie können ohne die Strukturaufklärung des Grundmodells, das ich Referenzsystem nenne, nicht weiter gefördert werden, ebensowenig die Ätiopathogenese.
Die Weiterentwicklung der systematischen zur strukturalistischen Psychopathologie kündigt sich in letzter Zeit besonders deutlich in dem gesteigerten Interesse der Forscher an den sogenannten Achsensyndromen an. Besonders sind es P. Berner (1977) und seine Schule, die Achsensyndrome bei endogenen und exogenen Psychosen herausarbeiten. Auch andere Autoren interessieren sich für die synonymen Basisstörungen, wie B. Llopis (1960), H. Rennert (1965, 1982), J. F. Poljakov (1973), L. Süllwold (1977), G. Huber und Mitarb. (1977). Meist wird nach Grundstörungen gesucht, die die Natur des pathogenen Prozesses offenbaren oder die wenigstens pathognomonisch sind. Gegen derartige Versuche muß sich die Kritik aus strukturalistischer Sicht wenden. **Achsensyndrome und Basisstörungen** sind weder verläßliche Prozeßsymptome noch besitzen sie Syndromspezifität. Vielmehr sind sie schichtspezifisch. Ich weise auf Band I dieses Lehrbuches, Seite 22 ff., wegen der Unterscheidung von Syndrom- und Schichtspezifität hin.
Die Autoren, welche nach Grundstörungen suchen, die prozeßnahe sein sollen, glauben immer noch, daß das psychische System gewis-

sermaßen von der Krankheit befallen wird, wie man Mehltau auf Blättern sieht. In Wahrheit handelt es sich um Störungen, die aus der Struktur heraus entstehen und, wie wir sehen werden, aus der Struktur heraus auch ihre Erklärung finden. Die Autoren, die wir kritisieren, glauben an die Wahrheit tautologischer Schlüsse. Ein Musterbeispiel dieser Denkrichtung finden wir wiederum bei K. Schneider (1946), der bei der Schizophrenie Symptome ersten Ranges herausarbeitete. Diese sollen für die Schizophrenie beweisend sein. „Es handelt sich um Gedankenlautwerden, Hören von Stimmen in der Form von Rede und Gegenrede, Hören von Stimmen, die das eigene Tun mit Bemerkungen begleiten, leibliche Beeinflussungserlebnisse, Gedankenentzug und andere Gedankenbeeinflussungen, Gedankenausbreitung, Wahnwahrnehmung sowie alles von anderen Gemachte und Beeinflußte auf dem Gebiet des Fühlens, des Strebens (der Triebe) und des Wollens. Wo derartige Erlebnisweisen einwandfrei vorliegen und keine körperlichen Grundkrankheiten zu finden sind, sprechen wir klinisch in aller Bescheidenheit von Schizophrenie. Man muß nämlich wissen, daß sie wohl alle auch einmal bei psychotischen Zuständen auf dem Boden einer faßbaren Grundkrankheit vorkommen können: Bei den Alkoholpsychosen, im epileptischen Dämmerzustand, bei anämischen und anderen symptomatischen Psychosen, bei den verschiedenen Hirnprozessen."

Die Symptome ersten Ranges sind nichts als **syndromspezifische Zeichen** des paranoid-halluzinatorischen Syndroms. Die Behauptung, sie seien für Schizophrenie beweisend, wenn keine organischen Befunde vorliegen, ist deshalb völlig irreführend. Der Nachweis organischer Befunde kann außerdem fehlen, wie ein nicht erkannter kleiner Tumor in der Mittellinie am Hirnstamm oder wenn eine verheimlichte chronische Intoxikation mit psychotomimetischen Substanzen oder eine psychogene Erkrankungsursache vorliegen. In Wahrheit verrät ein Symptom ersten Ranges also nur das Bestehen eines paranoid-halluzinatorischen Syndroms und ist mit diesem teilweise identisch, nach weiteren Symptomen dieses Syndroms kann nun gesucht werden. Diese Erkenntnis führt wiederum zu der Feststellung, daß das Bauteil für paranoid-halluzinatorische Syndrome, ein angeborener Instinkt, übererregt ist. Die Übererregung liegt nicht in leichter Form vor, sondern in schwerer, „psychotischer" Form. Gleichzeitig sind die übrigen Anteile der Persönlichkeit stark zurück-, wenn nicht abgeschaltet.

Strukturalistisch können also die Autoren, die nach Achsensyndromen und Basisstörungen suchen, nur in soweit genannt werden, als sie im psychopathologischen Befund eine Grundunterscheidung zu treffen bereit sind. Die Achsensyndrome sind in die Psychosen inkludiert, konsequenterweise auch in die Neurosen, wie wir später sehen werden. In den beiden folgenden Kapiteln werden wir die Struktur der beiden Abbaureihen für Achsensyndrome und Psychosen/Neurosen untersuchen. Nur durch solche Überlegungen, wie wir sie hier und weiter unten anstellen, kann dem „Befall-Denken" eine verbesserte Erkenntnis entgegengesetzt werden.

Die strukturalistische Phase wird nicht mit einem Schritt erreicht, wie wir bereits in diesem Unterkapitel gesehen haben. Strukturalismus bedeutet im wissenschaftlichen Denken, so in der Ethnologie, in der Linguistik und in der Systemtheorie, ein Überwinden der bloßen phänomenologischen Annäherung. Die strukturalistische Phase beginnt also bereits im syndromatologischen Stadium, schreitet im systematischen Stadium fort und findet ihren Höhepunkt in der Feststellung, daß mittels der kybernetischen Modellmethode unter Ausnutzung der Vielfältigkeit der psychopathologischen Erscheinungen, deren Erkenntnis als Individuen, ihrer Systematisierung und Klassifizierung eine Strukturaufklärung der pathologischen Varianten des Referenzsystems, welches im Gesunden lebenswichtige Funktionen erfüllt, erfolgen kann. Die Abgrenzung der Achsensyndrome als auch isoliert vorkommende, meist aber inkludierte Zustandssyndrome bedeuten den Eintritt in die strukturalistische Psychopathologie, wenn dabei nicht gleichzeitig auf eine gesamtursächliche Grundstörung spekuliert wird; dies wäre dann wieder nichts als frühphänomenologischer Nosologismus.

Ergebnis dieses Kapitels ist die Erkenntnis, daß die strukturalistische Psychopathologie nach den gleichen Prinzipien aufgebaut werden kann, die wir in der Chemie-Physik und in der Botanik-Zoologie vorfinden. Die strukturalistische Psychopathologie beschäftigt sich mit einer weiteren Komplexion der materiellen Zusammenballung, wie wir sie im Menschen vorfinden. Die evolutionären Prinzipien der Materie werden dabei weiter verfolgt. Auch die Elemente gehen durch Evolution auseinander hervor. Die kosmologischen Theorien enthalten die Annahme, daß aus der Urmaterie eines Sterns oder des ganzen Kosmos durch Kondensation zunächst die Elemente niedriger Ordnungszahl wie Wasserstoff, Kohlenstoff, Stickstoff und Helium entstehen, bei Abkühlung des Gemisches die zunehmend schwereren Elemente. Dieser chemisch-physikalischen Evolution folgt eine pflanzlich-tierische Evolution. Bei dem Aufbau des komplexen Organismus von Tier und Mensch werden die gleichen Prinzipien beibehalten. Die Prinzipien sind:

D1. Inklusion

Durch evolutionäre Vorgänge bestätigte Strukturteile werden bei Zunahme der Komplexität inkludiert und erfüllen im Rahmen des größeren Modells neu gefaßte, aus den alten abgeleitete Aufgaben. Die Inklusion niederer Strukturteile dient generell zur Konstruktion hochkomplexer Atome, von Molekülen zunehmender Größe, von Lebewesen höchster Komplexität. Das primitivste tierisch-pflanzliche Sein, das wir kennen, hat die Form nackter DNS-Moleküle, die als Plasmide bezeichnet werden. Sie leben symbiotisch in Pflanzen und stehen noch unter den bereits hochkomplexen Viren hinsichtlich der Gestaltetheit. Noch kleiner sind Viroide, die aus nackter einfacher RNS bestehen. Im menschlichen Organismus finden sich zahlreiche derartige Inklusionen. Faszinierend ist der vom Zellkern nach außen ansteigende Salzgehalt, der auf dem Weg über die extranukleäre Zellflüssigkeit und die Blutflüssigkeit, welche 0,9% NaCl enthält, ein Abbild des seit der Bildung der Gewässer mit der Zeit zunehmenden Salzgehalts darstellt. Diese Systeme, also die von der Kernmembran und der Zellmembran umschlossenen Räume und der Blutkreislauf, haben sich jeweils bei bestimmten Salzgehalten gebildet und konservativ ihre Strukturen auf eine bestimmte Ionendichte eingestellt.

Zu den zahlreichen inkludierten Früherwerbungen gehört auch notwendigerweise die niedrige Temperatur, bei der die menschlichen Spermien heranreifen. Dies wird durch die Unterbringung in dem temperaturregulierenden Skrotum garantiert und erinnert an die niedrige Reifungstemperatur der Spermien bei Reptilien, Amphibien und Fischen.

In der menschlichen Psychopathologie wird in einzigartiger Weise die höchste Komplexität der Materie erkennbar, sprachlich faßbar und mittelbar gemacht. Wir erforschen diese Sprache des Organismus, um den Kranken, die an systemischen Störungen des Organismus leiden, heilen zu können. Die Inklusionsregel ist das für das Verständnis des Organismus wegweisende Prinzip. Die Schichten des Gehirns gehen aus Inklusionen primitiver Bauprinzipien, die durch lateralen und rostralen Zuwachs überformt werden, hervor. Das Psychische ist dem Gehirn isomorph geschichtet (H. Ey).

D2. Die Exklusion

Die maximale Komplexität des psychischen Gesamtmodells ist nicht ständig durchhaltbar. Bei Erregung in Ausnahmesituationen, im Schlaf, bei körperlichen Krankheiten und insbesondere bei den psychischen Erkrankungen nimmt der Modellumfang ab. Phylogenetisch neu erworbene Strukturen, wie die Großhirnrinde oder die Kleinhirnfunktion, verlieren ihre Arbeitsmöglichkeit und werden teilweise (beim organischen Psychosyndrom und beim Korsakow-Syndrom) oder vollständig (beim apallischen Syndrom und beim Koma) abgeschaltet. Die phylogenetisch und ontogenetisch jüngeren Teile der zentralnervösen Organisation werden herab- oder ausgeschaltet. Dies ist die Exklusion. Sie beruht auf einem im gesamten Organismus eingebauten Sicherheitssystem, das immer dann Notfallfunktionen einspringen läßt, wenn höhere und zugleich jüngere und kompliziertere Strukturen nicht mehr arbeitsfähig sind, gleichgültig ob eine äußere Bedrohungssituation vorliegt oder eine organische Schädigung.

Die in der Evolution inkludierten Bestandteile bleiben Schädigungen gegenüber widerstandsfähiger als die jüngsten Erwerbungen. Die Bewährungszeit uralter Strukturen geht in die Milliarden von Jahren, die entsprechende Zeit für jüngere Strukturen erst in einige Dutzend Millionen Jahre. Der cerebrale Cortex entwickelt sich erst bei den Säugetieren, deren primitivste Vertreter noch überwiegend ein Riechhirn als höchste Integrationsstufe aufweisen. Bei den Fischen, Amphibien und Reptilien finden wir ebenfalls ein Riechhirn, wenn auch in primitiverer Form.

Die Bedeutung der Exklusion ist also die der Freisetzung von reaktivierten Notfallfunktionen, welche manifest werden und mit dem Überleben der Organismen entscheidend zusammenhängen. Das Verständnis der menschlichen Psychopathologie wird eröffnet durch das Studium der psychischen Krankheitsbilder als Notfallreaktionen und der mit ihnen verbundenen Negativsymptomatologie, also der durch Exklusion fehlender Teile der Gesamtorganisation, welche nur von geringer Spezifität in bezug auf die Realität sind. Der Zusammenhang mit Informationen, die der einzelne Mensch im Verlauf seines Lebens aufgenommen hat, und die Bedeutung der gegenwärtigen Lebenssituation sind dabei von gleichgroßer Bedeutung für die Entstehung von Neurosen und Psychosen wie die in jedem Menschen angelegten Notfallfunktionen selbst.

D3. Auforganisation

Am zentralen Nervensystem des Menschen spielen sich evolutionsartige Vorgänge nicht nur im ontogenetischen Aufbau seit dem Embryonalstadium ab, sondern auch im Tages-, Stunden- und Sekundenbereich. Die Sekundenvorgänge wurden 1952 von F. Sander als Aktualgenese bezeichnet. Von Vorgestalten in niederen Persönlichkeitsschichten, womöglich in bestimmten sensorischen Zentren, steigt blitzschnell ein Vorgang auf und endet in der vollen Gestalt, bei der ein Figur-Hintergrund-Verhältnis festzustellen ist. Die Gestaltpsychologie wurde seit 1890 von deutschen Psychologen, wie von H. Ehrenfels (1890), M. Wertheimer (1912) und K. Koffka, entwickelt.

Im Sekundenbereich entstehen auch die Bewußtseinsvorgänge insgesamt. Beim Erwachen Gesunder aus dem Schlaf heraus kann innerhalb von einer Sekunde eine volle Bewußtseinsstruktur aufgebaut werden, in der Aufmerksamkeit auf Störreize, Denkvorgänge hierzu und sofortiges sich Erheben aus dem Bett möglich sind. Der Blutdruck wird ebenfalls blitzschnell auf die erforderliche Höhe gebracht, es findet eine Blutzuckersteigerung statt. Ferner strafft sich der Muskeltonus, die Pupillen stellen sich auf die Beleuchtungsverhältnisse ein.

Die psychischen Vorgänge insgesamt sind aktualgenetischer Natur und entstehen in Zeiten um eine Sekunde und kürzer. Die Wahrnehmung eines einfachen Gegenstandes kann schon aufgrund einer Expositionszeit von nur 0,001 Sekunden tachistoskopisch geleistet und nachfolgend benannt werden.

Andere Vorgänge benötigen Minuten, Stunden oder Tage. Dabei kommt ein Gedanke zustande, eine geistige Klarheit entsteht, ein Gefühl von innerem Schmerz, Enttäuschung oder Bedrücktheit können überwunden werden. Eine neue Position wird vom Individuum eingenommen und schließt die bisherige Erfahrung mit ein. Auch Verdrängungsvorgänge benötigen ihre Zeit, hier wird dann eine Vermeidungshaltung gegenüber dem engrafierten Gehalt und seinem Objekt eingenommen. Die Auforganisation im therapeutischen Gespräch und Handeln wirkt unmittelbar lindernd und erleichternd auf Zustand und Gemüt der Kranken, in manchen Fällen sogar auf das Bewußtsein.

In der Psychopathologie werden evolutionäre Vorgänge i.S. der Auforganisation im Bereich von Stunden, Tagen, Wochen, Monaten und Jahren beobachtet, wenn Psychosen unter geeigneter kombinierter Behandlung mit Psychopharmaka, Umweltbeschränkung, Psychotherapie und Rehabilitationsbehandlung in einen Zustand, der der seelischen Gesundheit des Individuums entspricht, überführt werden. Hierbei wird allmählich die Persönlichkeitsstruktur wieder aufgebaut.

Die Aktualgenese, der mittelfristig rasche Wiederaufbau und langfristigere Vorgänge können zusammengefaßt als Auforganisation bezeichnet werden. Die evolutionär entstandene geschichtete Struktur wird ununterbrochen aktualgenetisch aufgebaut, kann aber auch langsamere Aufbauvorgänge durchführen. Im Falle schwerster Deformationen bei Psychosen wird ein allmählicher Wiederaufbau durch Beseitigung der intern gebildeten Störreize, die als Erregung und Anspannung erscheinen, durch geeignete Behandlungen ermöglicht.

In den Vorgängen der Auforganisation wird ein evolutives Geschehen unmittelbar an der eigenen Person oder an anderen Menschen vollziehbar und feststellbar. Die psychiatrische Krankenbehandlung strebt danach, das therapeutische Handeln so einzurichten, daß ein Wiederaufbau möglich ist. Alle Handlungen, Einstellungen oder Störungen der Atmosphäre, die einen Aufbau hemmen, werden ausgeschaltet. Dadurch wird eine Optimierung des Auforganisationsvermögens des zentralen Nervensystems erreicht. Die heute gegebenen Psychopharmaka wirken bei richtiger Anwendung auforganisierend. Man kann einen mitigierenden Effekt (s. Band I, Seite 129 ff.), einen Reorganisationseffekt, einen Rehabilitationseffekt und einen Psychotherapieeffekt an der Wirkung der Psychopharmaka unterscheiden.

Auforganisation ist eine Grundfunktion des menschlichen und sicherlich auch des tierischen Nervensystems, in der die Evolution noch unmittelbarer und auch intensiver als bei den langfristigen Vorgängen der Artentwicklung und des individuellen Wachstums zum Ausdruck kommen.

D4. Desorganisation

Eine Desorganisation des komplexen Aufbaues findet durch Anspannung, Überrumpelung, Reizüberflutung und massive materielle Noxen statt. Auch bei Gesunden spielen derartige Vorgänge eine Rolle. Blitzartig wird das Persönlichkeitsvolumen verkleinert. Durch plötzliche Erregung werden Denkvorgänge abgeschaltet, Emotionen blockiert und durch einfacher strukturierte Affektlagen und eine blitzschnell auftretende Handlungsbereitschaft mit Wahrnehmungskomponenten ersetzt. Hierbei handelt es sich um Alarmschaltungen. Auch die Abbauzustände bei psychisch Kranken, die grundsätzlich reversibel sind, wenn nicht eine Zerstörung von Gehirnzellen oder -teilen vorliegt, weisen auf eine Desorganisation hin. Bei den Psychosen und Neurosen handelt es sich um eine Desorganisation weiter Persönlichkeitsbereiche. Die psychopathologische Ab- und Aufbaureihe der Achsensyndrome enthält die dergestalt systemisch verkleinerten Persönlichkeitsvolumina, welche die Handlungsdispositionen mit Grundlagen des Antriebs, der Emotion und des Denkens versorgen.

Durch psychische Krankheiten kann langfristig eine Niveausenkung eintreten. Bei akuten Erkrankungen kommt es zu plötzlichen Abbauvorgängen. Diese zeitlich unterscheidbaren Veränderungen führen zu strukturell ähnlichen Resultaten. Die langsamer entstehenden endogen-psychotischen Defektzustände werden heute als reversible Verluste aufgefaßt und sind einer rekonstruktiven Therapie zugänglich.

D5. Ab- und Aufbau zentralnervöser Funktionen und anderer höherer Gebilde

Ab- und Aufbau zentralnervöser Funktionen und anderer höherer Gebilde wurden schon im vorigen Jahrhundert von europäischen Wissenschaftlern als solche erkannt. Der erste war Hughlings Jackson, welcher unter dem Einfluß von H. Spencer, einem philosophischen Evolutionisten, in der zweiten Hälfte des 19. Jahrhunderts eine Reihe bedeutender Entdeckungen veröffentlichte. Später waren es K. Goldstein (1918 bis 1920), K. Conrad (um 1950) und H. Ey, die den evolutionistischen Aspekt betonten. Untersuchungen der Wahrnehmungs- und Sprachstörungen von Hirnverletzten standen bei Goldstein und Conrad im Vordergrund des Interesses.

Durch das Studium evolutiver Vorgänge erschließt sich erst das Verständnis der psychischen Krankheiten, ihrer Entstehung, ihrer Form und ihrer Heilung. Der evolutionär entstandene schichtförmige Aufbau spiegelt sich in einigen psychopathologischen Erscheinungen unmittelbar wider. Bei den Kongruenzerscheinungen werden höhere Schichten von einem pathologischen Vorgang mitgerissen, die höheren Vorgänge werden dabei umgeformt. Bei zunehmender Krankheitsintensität verschwinden die höheren Leistungen vollständig. In Band I dieses Lehrbuches sind diese strukturdynamischen Mechanismen ausführlich behandelt worden. Ein übergeordneter Begriff ist das Transzendieren, dem beim Kranken ein Nicht-Transzendieren-Können gegenübersteht (Seite 108 ff.). Ab- und Aufbau sind Prinzipien des Seins (des Menschen) und des Kosmos zugleich.

Unsere theoretische Untersuchung ergibt also vier unterschiedliche Bereiche evolutiver Vorgänge:

a) im **atomaren und molekularen Bereich** finden sich bereits In- und Exklusionen und eine Entwicklungsgeschichte höherer Elemente in bestimmten Stadien der Sternevolution. Gegenüber den einfachsten Bausteinen, wie dem Wasserstoffatom, kommt es zu einer gewaltigen Größenzunahme der Atome und zum Entstehen völlig neuer Eigenschaften. Chemische Veränderungen sind vielfach Exklusionen, wie die Ionenbildung oder die von Radikalen. Die Kernspaltung ist ebenfalls eine Exklusion. Im Kosmos wird von Schwarzen Löchern Materie inkludiert, von Supernovae exkludiert.

b) **Pflanzen und Tiere** sind Nachkommen selbsterhaltener und reproduktionsfähiger kybernetischer Systeme und unterliegen einer Evolution über etwa 4 Milliarden Jahre. Eine allmähliche Komplexitäts- und Größenzunahme gipfelt in einer Hoch- und -Größenentwicklung zentraler Nervensysteme bei verschiedenen Tierstämmen. Die Evolution der Organismen arbeitet mit dem Prinzip der Inklusion bewährter Strukturteile. Exklusionen im Sinne von Atavismen entwickeln sich in geringem Umfang. In der Entwicklung einiger Arten werden Neuerwerbungen wieder aufgegeben, wie bei Parasiten und Meeresschildkröten. Bei der Fortpflanzung werden ständig Baupläne (Gameten) exkludiert aus realisierten Systemen (Elterntieren).

c) Die **komplexen höheren Nervensysteme** sind nach dem Prinzip der Inklusion evolutiv erworbener Systeme aufgebaut, wobei evolutiv jüngere Integrationsorgane eine erweiterte Umwelt und höhere Leistungen ermöglichen. Gleichzeitig ist eine Funktionsexklusion realisiert. Ältere bewährte Strukturen werden als Notfallfunktionen beibehalten. Ohne ihr Inkrafttreten als Notfallfunktion arbeiten sie als programmleitende Subsysteme und als energieliefernde Anteile.

d) In der **menschlichen Psychologie und Psychopathologie** wird das evolutive Auf und Ab, das In- und Exkludieren von Subsystemen zum führenden Funktionsprinzip, das die Vorgänge von Aktualgenese über mittelfristige bis zu langfristigen Veränderungen der normal-gesunden seelischen Lebenswelt und ebenso auch die Breite der psychopathologischen Erscheinungen umfaßt. Höchster Ausdruck des evolutionären Bau- und Funktionsprinzips beim Menschen sind die Kreativität und der Gottesgedanke. Durch die Kreativität werden der Umwelt und der geistigen Welt neue Bestandteile hinzugefügt. Der Kalkül des menschlichen Lebensraumes und seiner geistigen Überdachung wird vergrößert.

*

Die Gottesidee übertrifft alles den Menschen Erreichbare und Vorstellbare und die Summe aller Einzelschicksale soweit, daß eine Relativierung aller menschlichen Werte und Probleme eintritt. Sie sind inkludiert in ein hierarchisches Wertsystem, das gleichzeitig durch immer höhere Abstraktionen immer weitere Bereiche abdeckt. Auch die Naturwissenschaften und die Mathematik erarbeiten ein hierarchisches Begriffssystem, das schließlich alle Vorgänge zwischen Elementarteilchen und Kosmos beschreiben kann. Dazwischen oder darüber noch liegt die hierarchische Welt des Lebendigen. Je höher gelegen die geistigen Konstrukte sind, um so schwerer werden sie verstanden und um so leichter werden sie vergessen (exkludiert).

Das **Suprematieprinzip** ist jedoch das höchste überhaupt Existierende oder sich in werdenden Strukturen Manifestierende. Es ist immerwährend wirksam. Die Konzeption eines Entropieprinzips (R. Clausius, 1865) ist eine mechanistische Gegenstrebung, die für die Dauer des Lebens auf kosmischen Körpern, wie der Erde, nicht gilt. Es findet in ihm eine unaufhörliche Auforganisation statt, die überindividuell im Lebensstamm fortwirkt. Auch bei der Entstehung von Materie aus Urmaterie behaupten die heutigen kosmologischen Theorien eine Auforganisation der Teilchen bis zu großen Atomen, Molekülen, Zellen, komplexen Organismen. Das der wachsenden Komplexität, der Inklusion, der Auforganisation zugrundeliegende Wesen, das wir als Suprematieprinzip bezeichnen, wirkt in allen Lebensbereichen des Menschen. Der Mensch ist immerwährend mit seinem Aufbau befaßt und neigt deshalb seit jeher dazu, „über seine Verhältnisse" zu leben. Wenig später glückt doch vielen, diese Verhältnisse ihre eigenen nennen zu dürfen. Bei Überforderung kommt es jedoch zum Exkludieren von Zuwächsen, zur Regression, zum Alarmzustand psychosomatischer, neurologischer (Epilepsie und Randformen) und psychopathologischer Art, die die Überforderung schlagartig beenden. Meist wird dann in kleineren Dimensionen weitergelebt, sei dies ein Herzinfarktfolgezustand, ein Restmagen nach Billroth II, eine Colitis ulcerosa, eine Rezidivgefahr synkopaler und epileptischer Anfälle, ein Achsensyndrom unterschiedlichsten Regressionsgrades oder eine neurotische oder psychotische Symptomatik von gewisser Dauer.

Die Wiederbelebung aufgegebener Lebensbereiche und Rekonstruktion der Seele durch Behandlungen bedient sich wiederum der Verheißung des Suprematieprinzips, um den Therapeuten Kraft und Richtung, den Kranken Selbstheilungskräfte und Reorganisation, Wiederwachstum zu ermöglichen. Die Medizin ist die Nachahmerin der Religionen und imitiert diese freilich oft mit wenig Überzeugungskraft und um so mehr Manipulation des Systems Organismus Mensch.

Mit der extremen systemischen Kompliziertheit des menschlichen Organismus und seiner psychischen, psychophysiologischen und psychopathologischen Phänomene hängt es zusammen, daß in der Psychiatrie methodologische Unsicherheit, Dogmatisierung, Tabuisierung und tautologisches Denken eine noch heute erhebliche Rolle spielen. Der hochkomplizierte Gegenstand wirft ein ebenso vielfältiges epistemologisches Problem auf. In der Psychiatrieliteratur unserer Zeit versuchen sich die Autoren allzu oft noch mit Gegensatzpaaren und Hilfskonstruktionen an der Ungelöstheit des epistemologischen Problems vorbeizubewegen. Die wichtigste Tautologie ist das Gegensatzpaar von **Verstehen und Erklären**.

Jaspers hat diese beiden Begriffe in die Psychiatrie eingeführt. Er griff dabei auf Arbeiten von Dilthey, Spranger und M. Weber zurück. Jaspers Argument für diese begriffliche Trennung lautet: Ziel der Naturwissenschaft ist es, Kausalzusammenhänge zu finden. Dies sei in der Psychologie und mit ihr in der Psychopathologie nicht möglich. In der Psychologie finde das Erkennen im Erfassen einer ganz anderen Art von Zusammenhängen seine Befriedigung. Dabei gehe Seelisches aus Seelischem in einer für uns verständlichen Weise hervor. So werde zum Beispiel der Angegriffene zornig und mache Abwehrbewegungen, der Betrogene werde mißtrauisch. Dies könne man genetisch verstehen. Mit genetisch wird hier „Entwicklung" gemeint. Auf diese Weise würden Erlebnisreaktionen, die Entwicklung von Leidenschaften, die Entstehung von Irrtümern verstanden. Auch der Inhalt von Traum und Wahn, von Wirkungen der Suggestion, der schicksalhafte Gang des Lebens abnormer Persönlichkeiten könne verstanden werden. Dabei sei die Evidenz des genetischen Verstehens etwas Letztes. Diese Evidenz werde aus Anlaß

der Erfahrung gegenüber menschlichen Persönlichkeiten gewonnen, aber nicht durch Erfahrung, die sich wiederholt, induktiv bewiesen. Das Verstehen finde seine Überzeugungskraft in sich selbst.
Im weiteren unterscheidet Jaspers zwei Arten von Verstehen. Beim rationalen Verstehen würden die Inhalte der Gedanken eines Menschen nach den Regeln der Logik erkennbar auseinander hervorgehen, z.B. beim Verstehen von Gesprochenem. Das eigentliche psychologische oder einfühlende Verstehen komme dagegen zum Zuge, wenn Gedankeninhalte von Stimmungen, Wünschen und Befürchtungen abgeleitet würden. Das rationale Verstehen führe immer nur zur Feststellung, daß ein rationaler, ganz ohne alle Psychologie verständlicher Zusammenhang Inhalt einer Seele war, während das einfühlende Verstehen in seelische Zusammenhänge selbst hineinführe. Jaspers hielt das Erklären für grenzenlos. Das Erklären oder kausalpsychologische Denken finde Anwendung auf bestimmte Elemente, die als Ursachen oder als Wirkungen eines Vorgangs angesehen werden können. Z.B. könne ein körperlicher Vorgang die Ursache einer Halluzination, die dann die Wirkung darstelle, sein. Hierbei würden Begriffe der Phänomenologie und der verstehenden Psychologie in das kausale Denken hineingenommen.
Umgekehrt sei das Verstehen begrenzt. Verstehen könne man z.B. nicht die besonderen seelischen Anlagen einer Person, die Regeln von Erwerb und Verlust der Gedächtnisdisposition, die Wandlung der seelischen Verfassung eines Menschen im Rahmen seiner Biografie. Auch alles übrige, das als Unterbau des Seelischen bekannt sei, könne man nicht verstehen, sondern nur erklären. Jaspers unterscheidet das geistige, das existentielle und das metaphysische Verstehen. Dem Bereich des Verstehbaren steht gegenüber das unverständliche der Seinsweise der zugrundeliegenden körperlichen Funktionen.
Jaspers warnt vor einem Zuviel an Verstehen und beschuldigt die Psychoanalyse, sich so zu verhalten. Im Rahmen der Behandlung von Verstehen und Erklären bringt Jaspers aber selbst eine geschichtete Trieblehre, die an Kompliziertheit dem psychoanalytischen Persönlichkeitsbild nicht nachsteht. Jaspers stand also in einem eigentümlichen Konflikt, in dem er das Modelldenken tabuisierte, aber gleichzeitig auf modellhafte Vorstellungen zurückgriff.
Der Gegensatz zwischen Erklären und Verstehen ist aus systematischer Sicht ein scheinbarer. Beide werden aufgehoben in einem tertium comparationis, im **strukturalistischen Systemdenken**. Dieser

methodologische Ansatz beruht auf der universellen Anwendbarkeit der kybernetischen Modellmethode. Im Bereich des Verstehens im Sinne von Jaspers wird nur so viel begriffen, wie die bisherige Erfahrung eines Beobachters und eine darüber hinaus weisende Intuition an Strukturkenntnis hergeben. Unverständlich muß dabei erscheinen, was der Beobachter sich als sinnvoll nicht zusammenreimen kann. In Wirklichkeit handelt es sich beim Verstehen im Sinne von Jaspers also um ein Erklären aus der Kenntnis der psychologischen oder psychopathologischen Struktur, wobei die Methode des Verstehens bei Jaspers auch auf somatische Vorgänge, soweit sie psychophysiologischer Ausdruck seelischen Geschehens sind, ausgedehnt wird. Wesentlich ist, daß Jaspers aber das Vorhandensein eines Modells beim Beobachter leugnet. Dieser soll also auf seine bescheidene Empirie von sich selbst und von Menschen, die er kennt, zurückgreifen. Konsequenterweise empfiehlt Jaspers die Lektüre der Werke bedeutender Schriftsteller wie Goethe, Shakespeare oder Balzac. Hierdurch würden die Grundlagen des Verstehens verbreitert. Diesen Bildungsausflügen entsprechend wurden noch in meiner psychiatrischen Jugendzeit bestimmte hebephrene Krankheitsbilder für ophelienhaft erklärt, ein recht oberflächlicher Vergleich angesichts von schweren und destruktiven Psychosen bei jungen Mädchen. Eigentümlich mutet vor allem das Jasperssche Denkverbot für Psychiater an, die jedoch bei anderen Denkern Rat suchen dürfen.

Kernpunkt des Problems ist also die Ablehnung strukturalistischer Vorstellungen im psychischen Bereich. Dagegen wird die Strukturierung im somatischen Bereich zugelassen. Was aus diesen Bereichen heraus an Ereignissen faßbar ist, wird für erklärbar gehalten, so, wenn z. B. ein Tumor ein Psychosyndrom bedingt.

In der strukturalistischen Psychopathologie werden diese Gegensätze aufgehoben. Auch für den psychologisch-psychopathologischen Bereich im „reinen" Sinne, also ohne Beimengung somatischer oder nosologischer Begriffe, sind modellhafte Vorstellungen zulässig. Tatsächlich sind die Psychiater immer von Modellen ausgegangen, diese waren jedoch identisch mit den Krankheitsbildern und mit den Krankheitsbegriffen. Insofern hat die klinische Psychiatrie der letzten Jahrzehnte insgesamt einen tautologischen Charakter, weil typisch für Zwangsneurose eben zwanghaftes Verhalten sein soll, typisch für Schizophrene eben schizophrene Symptomatik. Der Kritik an den Auffassungen von K. Schneider, die in diesem Kapitel bereits geäußert wurde, ist zum Nachweis der Schizophrenie-Tautologie noch hinzuzufügen, daß auch Schizophrene ohne Symptome ersten Ranges vorkommen. Dies sind oligosymptomatische Schizophrenien, wie die Schizophrenia simplex und die zönästhetische Schizophrenie.

Sowohl die Wahrnehmung wie das Denken und die Vorstellung sind von der Existenz **modellhafter Vergleichsstücke** im Engrammvorrat des Gehirns abhängig. Die diagnostische Arbeit eines Psychiaters ist insofern nichts anderes, als das alltägliche Erkennen und Benennen, das Ein- und Aussortieren in bezug auf Klassifikationen. Nur hat dieses Vorgehen noch keinen wissenschaftlichen Rang. Das Stadium der Wissenschaft wird erst erreicht, wenn das Strukturmodell zum eigentlichen Forschungsgegenstand erklärt wird. Erst mit seiner Rekonstruktion können überprüfbare Aussagen und auch Voraussagen gemacht werden.

Geht man in der Psychiatrie diesen Weg nicht, kommen eigentümlich abstruse Schlußfolgerungen zustande. So wird befürchtet, die Persönlichkeit des Arztes könne durch die Weiterentwicklung der medizinischen Wissenschaft zerstört werden (R. Degkwitz, 1984). Auch glaubt man, der einzelne Kranke könne nicht naturwissenschaftlich erfaßt werden, sondern nur mit der hermeneutischen Methode der Geisteswissenschaft (derselbe). Aus dieser Sicht wird der Psychiater also vom Fortschritt der Medizinwissenschaft entmenscht, es sei denn, er betreibt mit Eifer ein deutend-wertendes Verstehen, das er durch die Annahme, diese Methode sei geisteswissenschaftlich, zu legitimieren versucht. Wären das Verstehen und Intuieren Geisteswissenschaft, müßten einige meiner Nachbarinnen zu Professorinnen der Philosophie ernannt werden. Sie verfügen über mehr Menschenkenntnis als einige Psychiatriefachleute, die ich kenne.

Die strukturalistische Psychopathologie geht von zwei Bereichen aus, die beide mit der **Modellmethode** beschrieben und verifiziert werden können. Es sind die neurochemisch-neurophysiologisch-neuroanatomisch ausdrückbaren Tatbestände über das Nervensystem des Menschen und die psychologisch-psychopathologisch beschreibbaren Strukturen. Beide Bereiche sind nicht voneinander trennbar, vielmehr drücken sie in zwei verschiedenen Sprachen den gleichen Vorgang aus. Die Rekonstruktion der bioelektrischen und biochemischen Gehirnvorgänge ist dabei nicht weniger schwierig als die der psychopathologischen. Die psychopathologische Methode hat den Vorteil, jederzeit angewandt werden zu können, während Direktuntersuchungen am menschlichen Nervensystem aus ethischen Gründen begrenzt sind. Beide Bereiche können sich gegenseitig fördern, so daß schließlich ein recht klares Bild entstehen kann. So ist das motorische Sprachzentrum von Broca schon vor Jahrzehnten beschrieben worden. In Abhängigkeit von der Größe einer Läsion in diesem Bereich entstehen bestimmte sprachliche und psychopathologische Veränderungen. Mit der modernen Methode der Thermografie läßt sich das Sprachzentrum in Abhängigkeit von verschiedenen Tätigkeiten ebenfalls darstellen. Die thermografischen Bilder lassen passives Zuhören, aktives Sprechen oder Zählen deutlich an unterschiedlichen Mustern in Einklang mit den Kenntnissen der Neurologie und der Psychopathologie verifizieren.

Beide Wissenschaftsanteile werden auch dadurch verbunden, daß die strukturalistische Psychopathologie zu einem hirnanalogen Funktionsmodell des Gehirns, ausgedrückt in psychologisch-psychopathologischer Sprache, führt. Die Psychopathologie führt also, soweit sie systematisch und dann strukturalistisch wird, zu einem Funktionsbild, das dem schichtförmigen Aufbau des Nervensystems und seiner phylogenetisch-ontogenetischen Entwicklungsgeschichte entspricht. Wegweisend für diese Rekonstruktion ist die Aufstellung der Abbaureihen der Achsensyndrome und der Psychosen und Neurosen.

3. Die topologische Struktur der Ab- und Aufbaureihen der Psychosen und Neurosen

Das klassisch-psychiatrische Strukturtheorem ist ein hirnanaloges Konstrukt. Seine Bestimmungsstücke wurden im Verlauf von Jahrzehnten entdeckt. Die Literatur darüber ist verstreut, so daß sie wie ein Puzzle zusammengesetzt werden muß. Hier einige Beispiele:

Die wichtigsten Beiträge kommen aus der hirnpathologischen Neuropsychiatrie, die ein eigenständiges Wissensgebiet darstellt. Schon im 19. Jahrhundert waren Psychosen, die in einer Demenz enden, bekannt. Um 1900 begann man, zwischen organischen Hirnkrankheiten, die diesen Verlauf bedingen, und der Schizophrenie zu unterscheiden. Bei dieser Psychose gibt es nach unbehandeltem Verlauf in nicht wenigen Fällen auch ein demenzartiges Bild. E. Bleuler unterschied diese Symptome aber von den Verläufen mit Demenz.

Die Verläufe bei längerdauernden organischen Hirnkrankheiten beginnen fast gesetzmäßig mit leichteren Psychosyndromen. Im leichtesten Fall besteht ein Erschöpfungssyndrom oder ein pseudoneurasthenischer Zustand. Auch neurotische Krankheitsbilder treten als Folge der Hirnkrankheit auf. Einige Erkrankungen, wie die Chorea Huntington, beginnen mit pseudopsychopathischen Krankheitsbildern.

Zahlreiche Beispiele liefert die progressive Paralyse. Diese syphilitische Erkrankung des Gehirns beginnt ebenfalls mit pseudoneurasthenischen, pseudoneurotischen und pseudopsychopathischen Krankheitsbildern, häufig jedoch darüber hinaus mit depressiven, manischen oder schizophrenieähnlichen Psychosen. Bei diesen Erkrankungen fand man, daß die Behandlung im psychotischen Stadium noch zu einer Vollremission ohne das Zurückbleiben dementiver Relikte führen kann. Unbehandelte Verläufe gehen mit dem Abklingen dieser psychotischen Syndrome in delirante Krankheitsbilder oder in ein dementives Verblödungsstadium über. Neuropathologisch findet man nach dem Tode ein Verschwinden der Zellen in der Großhirnrinde und in subkortikalen Kernen.

P. Gamper beschrieb ein Neugeborenes, welches er als Mittelhirnwesen bezeichnete. Das gesamte Endhirn war nicht entwickelt. Einige Fähigkeiten waren erhalten. E. Kretschmer veröffentlichte 1940 die Beschreibung des apallischen Syndroms, bei dem nach schweren Hirnverletzungen, aber auch nach Gehirnentzündungen oder schwerer Gehirnarteriosklerose die Funktionen des Großhirn-Zwischenhirn-Systems ausgefallen sind und ebenfalls Mittelhirnfunktionen übrigbleiben. Es besteht eine Ähnlichkeit zu neugeborenen Kindern, im Vergleich zu diesen fehlt den Kranken aber die rasche Lernfähigkeit und Kontaktfähigkeit.

Auch Verläufe nach Hirntraumen gaben Auskunft über schichtförmig angelegte Fähigkeiten, die nach ihrem Ausfall stufenweise wieder in Gang gebracht werden können. Nach einem schweren Hirntrauma besteht ein komatöser Zustand, später eine Benommenheit. Aus dieser heraus entwickelt sich eine Kontusionspsychose, die einem delirant-amentiellen Krankheitsbild entspricht. Nach Abklingen der Psychose besteht ein Korsakow-Syndrom, das sich zum organischen Psychosyndrom mildern kann. Bei schwersten Hirnverletzungen liegen nach dem Erwachen aus der Bewußtlosigkeit apallische Syndrome vor.

Umgekehrt können leichtere Hirnschädigungen, wie eine mehrjährig unbehandelte Epilepsie, zu chronischen pseudoneurasthenischen

Syndromen (G. Huber) führen. Dies sind sehr leichte Einschränkungen der Persönlichkeitsmanifestation (vgl. Band II, Seite 24 ff.). Auch Infektionskrankheiten, schwere Operationen, Hungerzustände hinterlassen ein pseudoneurasthenisches Syndrom.

Häufige epileptische Anfälle und längerer unbehandelter Verlauf führen zur epileptischen Wesensänderung, die identisch ist mit dem organischen Psychosyndrom i.e.S. (vgl. Band II, Seite 20 ff.). Auch Hirntraumen können zu persistierenden organischen Psychosyndromen mit Hirnleistungsschwäche und organischer Wesensänderung führen. Das gleiche gilt für hirnatrophische Prozesse im mittleren und höheren Lebensalter, die nach pseudoneurotischem oder pseudoneurasthenischem Beginn über ein organisches Psychosyndrom i.e.S. zu Demenz, in schweren Fällen zum apallischen Syndrom führen, ebenso für Kranke mit Hirntumoren und anderen destruktiven Prozessen.

Endogene Psychosen verschwinden bei Überdosierung von Psychopharmaka, statt dessen treten delirante Syndrome auf, die abklingen, wenn die Pharmaka reduziert werden. Bei der Insulinkomatherapie, beim Elektroschock und Cardizol-Schockverfahren werden die endogen psychotischen Kranken vorübergehend in einen komatösen Zustand versetzt. Nach dem Abklingen der Hirnstörung tritt die endogene Psychose allmählich wieder auf. Ähnlich ist der Verlauf bei endogen psychotischen Kranken, die einen Selbstmordversuch durch Strangulation überlebt haben. Nach hirnorganischen Syndromen, wie einem apallischen Syndrom oder einem Korsakow-Syndrom, erscheint die Psychose allmählich wieder als Zeichen der Gehirnerholung, wenn nur geringe Hirngewebsschäden entstanden sind.

Endogene Psychosen können autochthon, jedoch in ähnlicher Form auch bei leichteren Hirnerkrankungen auftreten. Besonders hirnorganische Störungen durch exogene Giftstoffe führen häufig zu Psychosen, die mit autochthon-endogenen Fällen identische Krankheitsbilder aufweisen. Schwerere Hirnschäden schließen „endoforme“ Psychosen aus.

Bei den schweren Formen der Oligophrenie, bei Idioten und Imbezillen findet man Unterentwicklungen der Persönlichkeit der Kranken, die einerseits an frühkindliche Entwicklungsstufen erinnern, aber auch identisch sein können mit schweren hirnorganischen Psychosyndromen, wie dem apallischen Syndrom. Manche Kranke bleiben im Neugeborenenstadium stecken, wenn das Gehirn mißgebildet ist oder sich nicht regelrecht in der Feinstruktur entwickelt hat.

Bei experimentellen Psychosen mit atropinähnlichen Substanzen hat sich eine Dosisabhängigkeit der Schwere des exogen-psychotischen Bildes ergeben. 5 mg Ditran führen zu einem Korsakow-ähnlichen Zustand, 15 mg zu einem apallischen Stadium, das über ein Beschäftigungssyndrom und Korsakow-ähnliche Zustände innerhalb von zwei Stunden abklingt.

H.-H. Wieck konnte bei Selbstmordversuchen mit barbiturathaltigen Schlaftabletten eine hohe positive Korrelation des Barbituratspiegels im Blut mit dem bestehenden Durchgangssyndrom nachweisen. Er teilte die Ausfallserscheinungen in drei Schweregrade ein, entsprechend einem leichten, mittleren und schweren Durchgangssyndrom.

In der Anästhesiologie werden die Narkosemittel so dosiert, daß sie zu einem soporösen, aber nicht zu einem komatösen Zustand, welcher Atmung und Kreislauf beeinträchtigen könnte, ausreichen. Auch im soporösen Zustand wird vom Kranken die Verletzung durch die Operation nicht wahrgenommen.

Von besonderem Interesse sind Beobachtungen an schizophrenen Kranken. Bei den schwersten chronisch-psychotischen Formen treten auch optische Halluzinationen auf, die strukturell dem szenischen Delir entsprechen. Die Kranken sind ebenso wie die Delirpatienten verworren, sind nicht rapportfähig, verlieren die Orientierung, legen sich in fremde Betten und gehen an fremde Nachttische. Sonst findet man diese Verhaltensweisen auch bei Korsakow-Patienten.

Alle endogenen Psychosen können sich bis zu einem höchsten Steigerungsgrad mit völliger Verworrenheit entwickeln. So kennen wir eine sehr schwere Form der agitierten Depression mit dem Befund vollständiger Inkohärenz, den man als amentiell bezeichnet, ebenso amentielle Manien, wesentlich häufiger amentiell-verworrene Schizophreniekranke.

Bei schizophrenen Psychosen findet man manische, depressive, pseudopsychopathische und pseudoneurotische Krankheitsbilder. Bei manisch-depressiven Erkrankungen finden sich auch depressive Phasen, pseudopsychopathische und pseudoneurotische Stadien. Auch bei der Depression findet man pseudopsychopathische und pseudoneurotische Vor- und Remissionsstadien. Bei Langzeittherapie werden diese Stufen heute remissionsfähig. Umgekehrt gehen chronifizierte, nicht psychotherapeutisch behandelbare Neurosen terminal in eine Depression über. Bei der pseudoneurotischen Schizophrenie befinden sich die Kranken noch im pseudoneurotischen

Stadium, wenn sie sich in Therapie begeben. Unter der Behandlung entwickeln sich dann schizophren-psychotische Krankheitsbilder.
Die moderne Langzeittherapie der schizophrenen Psychosen hat den Verlaufscharakter vielfach gemildert, so daß nach M. Bleuler heute häufiger phasische als prozeßhafte Verläufe zu finden sind. Früher wurden phasenförmige Verläufe mit weitgehender Wiederherstellung fast ausschließlich bei manisch-depressiven und bei monopolar-depressiven Krankheiten festgestellt.
Bei akut auftretenden Alkoholdelirien können rasch nacheinander verschiedene Schweregrade der deliranten Psychose durchlaufen werden. Manche Patienten beginnen mit Stimmenhören und Beziehungswahn, machen dann ein Stadium des Belagerungsdelirs durch, in dem sie Verfolger rings ums Haus wähnen, und werden dann in die Klinik eingeliefert, wenn sich ein szenisches Delir mit Gewalttätigkeit und schwerer Erregung eingestellt hat. Früher beobachtete man bei längerer Krankheitsdauer eines Alkoholdelirs ein Verschwinden der optischen Halluzinationen und den Übergang in ein psychotisches Bild, das im Niveau dem apallischen Syndrom entspricht. Die Patienten nesteln und greifen, sind stumm, können ferner liegende Objekte nicht mehr wahrnehmen.
Wenn im vorigen Jahrhundert ein Hausarzt einen schwer Fieberkranken, vielleicht Tuberkulösen, behandelte, wurden bestimmte Zeichen für Stadien der Heilung, andere für Stadien des Todes gehalten. Ein langer Schlaf konnte die Heilung einleiten, wieder erwachender Appetit und Umweltzuwendung sprachen für eine Besserung des Verlaufs. Umgekehrt gerieten von der Krankheit immer mehr entkräftete Patienten in einen Schwächezustand, in dem dennoch letzte Regungen bestanden. Auch hier wurde wieder ein Nesteln, Greifen, Fädenziehen bei gleichzeitigem Verlust der Sprachkommunikation für ein Zeichen des herannahenden Endes gehalten. Das Flockenlesen wies darauf hin, daß bald ein Priester geholt werden mußte.
H. Ey und K. Conrad legten unterschiedliche Rekonstruktionen des aus diesen Einzelerkenntnissen einleuchtenden Gesamtaufbaus vor. H. Ey nahm eine schichtförmig aufgebaute Struktur an, deren Ebenen aus bestimmten Krankheitsbildern und Zuständen abgeleitet wurden. Zuunterst liegen bei Ey Schlaf und Traum, es folgt die traumhafte Verwirrtheit, dann die Dämmerzustände, dann Wahnerleben und halluzinatorische Spaltung, schließlich Depersonalisation und zuoberst manisch-depressive Zustände. Die Abbaustufen gehen

durch Destruktion des Bewußtseinsfeldes aus der ganzen Struktur hervor.
K. Conrad orientierte sich am Gestaltzerfall und fand in der untersten Schicht Vorgestalten. Die einzelnen psychotischen Ebenen gehen durch Gestaltwandel aus dem Bewußtsein und dem aktuellen Erlebnisfeld hervor. Conrad griff auf Grundbegriffe des englischen Neurologen H. Head zurück, der in tieferen Schichten eine andere Funktionsweise, die er protopathisch nannte, fand. Die höheren Funktionsprinzipien wurden als epikritisch bezeichnet. „Aus einer Leistungsstufe normaler, differenzierter, hochintegrierter, spezialisierter Leistung baut sich die Leistung ab auf tiefere Stufen einer entdifferenzierten, desintegrierten, kollektivierten Leistung" (K. Conrad). V. v. Weizsäcker untersuchte den Verfall der Tastleistung und fand ebenfalls einen gesetzmäßigen Abbau der normalen epikritischen zur gestörten, abgebauten, abgewandelten, enddifferenzierten, kollektivisierten, desintegrierten protopathischen Leistung.
Die grundlegende Kritik an den Arbeiten von H. Ey und K. Conrad setzt an der gemeinsamen Verwendung des Gestaltzerfalls ein. Beide Autoren vermuten im tiefsten Grunde, der durch Abbau bloßgelegt wird, chaotische, verschwimmende, inkohärente, unverständliche Gestaltbildungen. Eigene Arbeiten* haben jedoch gezeigt, daß auf jeder Abbaustufe auch eigene Strukturgesetze herrschen. Deshalb kann der Abbau nicht nach dem Modell der Verfallserscheinungen der höheren Schichten, wie bei Ey und Conrad, beschrieben werden. Nach der Exklusion höherer Funktionen bleiben sonst integrativ eingebaute niedere Funktionen übrig, die nicht chaotisch, sondern gut geformt sind.
Die einzelnen Stufen des psychopathologischen Abbaus wie auch des Aufbaus gehen gesetzmäßig auseinander hervor. Im klassisch-psychiatrischen Strukturtheorem waren diese Begriffe und diese Schau der psychopathologischen Verwandlung anerkannt. Eine fast magische Scheu vor der Ganzheit, die nach meiner Überzeugung religiöse Wurzeln hat, verhinderte jedoch die ständige Weiterarbeit am klassisch-psychiatrischen Strukturtheorem. Auch war die Zeit bis in die Gegenwart hinein noch nicht reif für systemisches Denken. Die von Jaspers eingeführte **Phänomenologie** beherrschte bisher das Feld (Heimann). Die Strukturarbeit wurde deshalb vernachlässigt, die Freudsche Strukturtheorie von der offiziellen Psychiatrie abgelehnt.

* Untersuchungen zur Struktur symptomatischer Psychosen, 1965

Die Phänomenologie wird gesetzmäßig vom **Strukturalismus** abgelöst. Strukturalismus bedeutet Rekonstruktion des Ganzen unter Anwendung von ganzheitlichen Strukturprinzipien. Als solche haben wir die Exklusion höherer Schichten und die Inklusion niederer Schichten kennengelernt. Zusätzlich müssen wir bei der Rekonstruktion der Abbaureihen noch kybernetische Aspekte berücksichtigen. Diese wurden schon vor Jahrzehnten eingeführt. J. v. Uexküll (1930) beschrieb bei den Tieren und Menschen eine Struktur-Umwelt-Kohärenz. Aus dem Aufbau eines Tieres geht hervor, welche Umwelt es wahrnehmen und mit seinen Aktivitäten erreichen kann. Umwelt und Binnenstruktur erläutern sich gegenseitig.

Ähnliche Schlüsse zog V. v. Weizsäcker mit seinem Werk „Der Gestaltkreis". In den letzten zwei Jahrzehnten sind die neurophysiologischen und biochemischen Forschungen soweit fortgeschritten, daß an der kybernetischen Funktionsweise des Organismus kein Zweifel mehr besteht. Wir können also diese Prinzipien auch auf das Gebiet der Psychopathologie anwenden, wie auch P. Berner (1977) bestätigt, ebenso L. Ciompi (1984).

Maßgeblich für die richtige Einordnung von psychopathologischen Syndromen ist die **Analyse der Subjekt-Objekt-Beziehungen** und dabei besonders die Suche nach dem Objekt unter kybernetischen Aspekten. Die übrigen Merkmale einer Abbaustufe oder eines Syndroms müssen also zu dem Objekt, das auf dieser Stufe erlebbar ist, in Beziehung gesetzt werden. Damit folgen wir J. v. Uexküll und der heutigen Tierverhaltensforschung, in der Strukturmerkmale des Tieres und ökologische Informationen miteinander in Beziehung gesetzt werden. Erlebt werden kann von einem Menschen oder Tier nur, was in seinem Nervensystem auf Anlagen und deren Weiterentwicklung stößt. Mit der Reduktion der Gesamtstruktur in der menschlichen Psychopathologie verschwinden bestimmte Objektmöglichkeiten zugunsten anderer. Gleichzeitig verändert sich das Verhalten. Wir können dabei mit H. Ey Niveaus der Destruktion des Bewußtseinsfeldes oder besser der Gesamtstruktur finden, aus denen bestimmte Objektbeziehungen und Verhaltensweisen hervorgehen. Daneben können wir den Verfall von Einzelleistungen im Rahmen der Exklusion höherer Schichten durch die Entstehung psychopathologischer Syndrome verfolgen.

Wir unterscheiden dabei **drei prinzipielle Stadien des Verfalls** einer Einzelleistung: Auf der ersten Stufe besteht ein labiles Gleichgewicht; die Erfüllung von Leistungen geschieht im Rahmen regulatorischer Umweltbeziehungen.

Die zweite Stufe ist gekennzeichnet durch Desintegration bei absinkender Informationsaufnahme des Systems. Hierbei verlieren die Programme zunehmend den Kontakt mit der Realität.
In der dritten und letzten Stufe kommt es zum Regulationsausfall und zum Funktionstod.
Die Grundlage der Strukturanalyse ist eine vergleichende Untersuchung verschiedener Syndrome, um Anhalte für ihre systematische Einordnung zu finden. Bei dieser Arbeit kommt uns die Natur der menschlichen psychopathologischen Syndrome entgegen. Die „syndromspezifischen Umwelten in der Psychopathologie" (Burchard, 1964) sind von der Seinsweise des gesunden und normalen Menschen weit, und zwar unterschiedlich weit entfernt. In ihnen gelten nicht mehr die gleichen Gesetze, die auf der höchsten Stufe der vollen Bewußtheit und bei aktualgenetischer Gestaltreife festzustellen sind. Das Objekt wird mit zunehmender Abbautiefe immer dringlicher, nimmt immer ausschließlicher den Raum des Bewußtseins ein. Der Hintergrund der Figur „Objekt in der Umwelt" wird immer weiter zurückgestutzt, bis das obligate Einzelobjekt, welches hintergrundlos ist, übrig bleibt (vgl. Band I). Die **syndromspezifischen Umwelten** stehen zu dem Rest des psychopathologischen Syndroms auf der Subjektseite in einem sehr änlichen Verhältnis wie die tierspezifischen Umwelten zu den **Binnenstrukturen** des Tierorganismus. Wenn wir also eine Analyse der Objektbeziehungen in Relation zu dem Restinformationsgehalt von Psychosen oder Achsensyndromen setzen, können wir ebenso wie in der Tierökologie die Finalität und den Sinn bestimmter aus dem Verborgenen aufgetauchter Strukturen erkennen.
Mit dem Studium der Abbaureihen können wir also die **Sinnfrage** und die **Zweckfrage** verbinden. In der Tierökologie können solche Finalitätsaussagen gemacht werden. So verfügen die Wale über eine dicke Speckschicht, um Wärmeverluste des Körpers an das umgebende Kaltwasser zu verhindern, in dem die Nahrung, der Krill, schwimmt. Die Ohren der Fledermäuse sind so geformt, daß eine Ultraschallanalyse sich bewegender Kleintiere millimetergenau möglich ist.
Bei diesen Fragestellungen geht es nicht um Kausalität. Die Tiergestalt ist ein Evolutionsergebnis, wobei die einzelnen Tierarten in bestimmte Lebensräume hineinwachsen. Außer Merkmalen der jeweiligen Tierfamilie finden wir sensorische Fähigkeiten, Motorik, Körpergröße, Extremitäten und Stoffwechselspezifitäten, welche auf bestimmte Umwelten eingestellt wurden.

Jetzt können wir uns die Frage stellen, ob die menschlichen psychopathologischen Syndrome einen ähnlich zweckgerichteten Charakter aufweisen wie die tierischen Organismus-Umwelt-Beziehungen. Könnten wir uns bei S. Freud Rat holen, würde er uns dazu ermutigen. Bei seiner eigenen Strukturanalyse fand er, daß das Hauptobjekt, der wesentliche und Liebespartner, in der frühen Kindheit noch nicht wahrnehmbar ist. Es wird nur mit Partialtrieben partiell erreicht. Eine gelungene Individualentwicklung führt zur Unterordnung aller Partialtriebe unter das Ich und zur Bündelung im Sexualtrieb, der den Weg zum Partner führt. Freud ging dabei von neurotischen, psychopathischen und depressiven Personen aus, die er meist mehrjährig untersuchte. Auch hypnoide Veränderungen untersuchte Freud. Die Erlebniswelt eines psychiatrischen Klinikers war ihm jedoch fremd.

Die klinische Psychopathologie ermöglicht die Untersuchung von Syndromen, die sich mit den Begriffen der Freudschen Strukturlehre nicht mehr hinreichend erfassen lassen. Freud hatte nur einen kleinen oberen Teil der Tiefenwelt des Unbewußten analysiert. Auch er ging von chaotischen Verhältnissen in der Tiefe aus. Nur durch Komplexe werde darin einiges geordnet. Ein regulierter Datenabruf werde garantiert durch den Zensor, der durch die Verdrängung nur bestimmte Informationen durchkommen lasse. Die Hauptordnung des Unbewußten geschehe nach dem Libidoprinzip. Um die Einzeltriebe in Schach zu halten, wurden Abwehrmechanismen (A. Freud, 1936) angenommen. Man unterschied Verdrängung, Sublimierung, Kompensation, Identifikation, Regression, Isolierung, Introjektion, Projektion, Verschiebung, Askese, Intellektualisierung, Verneinung, Verleugnung, Vermeidung, Reaktionsbildung, Rationalisierung, Ungeschehenmachen, Wendung gegen die eigene Person, Verkehrung ins Gegenteil, Konversion.

Die Untersuchungen der Psychoanalytiker fanden an größtenteils intakten Menschen zur Neuordnung bei leichteren Funktionsbeeinträchtigungen nach Art der Neurose oder psychosomatischer Syndrome statt. Demgegenüber erfordert die Analyse klinischer Bilder bis in den exogen-psychotischen Bereich hinein ein diesen Seinsweisen entsprechendes Vorgehen. So kann bei den zutagetretenden psychopathologischen Syndromen direkt nach den Objektbeziehungen gesucht werden. Sie werden nicht wie in der Psychoanalyse berichtet oder durch Deutung gewonnen, sondern treten offen zutage und werden vom Beobachter am Kranken und von diesem selbst erlebt.

Die Psychoanalyse ist vergleichbar mit dem Blick in eine komplizierte Struktur von oben, wobei viele Teile verdeckt sind und nur indirekte Zeichen geben. Psychopathologische Strukturanalyse entspräche in diesem Bild einem Blick von der Seite her in bloßgelegte Strukturen. Durch die Exklusion werden integrierende und überformende Schichten abgetragen.
Beide Untersuchungswege beziehen sich auf dieselben komplexen Strukturen. Sie müßten also auch zu ähnlichen Resultaten kommen. Die psychopathologische Strukturanalyse kann sogar zu weitergehenden Schlüssen führen, wenn sie sich der systematisch-vergleichenden Methode bedient und die Syndrome wie Individuen behandelt, welche nach Klassifizierungsgesichtspunkten in eine bestimmte Ordnung gebracht werden.
Eine Untersuchung der Abbaureihen der Achsensyndrome und der Psychosen und Neurosen ergibt Anhalte für eine durchgehende und sinnvolle Gliederung der Syndrome. In den Abbaureihen sind Handlungs- und Wahrnehmungsmöglichkeiten und dazugehörige Persönlichkeitsdispositionen nachweisbar, **die auf eine topologische Gliederung und Funktionsordnung hinweisen**. Die psychopathologischen Syndrome in den Reihen scheinen als Subsysteme eine jeweils geschlossene und auf bestimmte Umweltgegebenheiten abgestimmte Form zu besitzen. Den einzelnen Objekten kommen Richtungswerte, Ortswerte und modellhafte Identitäten zu. Mit zunehmender Tiefe des Abbaus wird der zu den einzelnen Stufen und Syndromen gehörende Persönlichkeitsbereich immer weiter eingeengt; wir verfolgen die in verschiedene Niveaus gegliederten psychopathologischen Achsensyndrome weiter unten. Sie weisen ebenfalls eine sinnvolle Gliederung auf.
Wir unterscheiden bei Psychosen und Neurosen folgende Stufen:

1. Protostomiale Syndrome
2. Atmungssyndrome
3. Orale Syndrome
4. Handsyndrome
5. Syndrome der multiplen redundanten Objekte
6. Szenische Syndrome
7. Belagerungssyndrome
8. Akustische Syndrome
9. Wahnsyndrome
10. Syndrome der Haut
11. Manische Syndrome

12. Depressive Syndrome
13. Neurotische Syndrome
14. Psychosomatische Syndrome.

Eine systematische Darstellung dieser Syndrome wurde bereits in Band II anhand der Krankheitsgruppen angegeben. Wir untersuchen in den folgenden Abschnitten die Syndrome strukturalistisch in ihrer geschichteten Abfolge unter dem Gesichtspunkt der Topologie ihrer Objektbeziehungen:

3.1. Protostomiale Syndrome

Die protostomialen Syndrome werden bei den Neurosen behandelt (s. S. 83 ff.).

3.2. Atmungssyndrome

Die einfachste, mit dem Leben noch knapp vereinbarte Umweltbeziehung ist die der Atmung im Koma. Alle anderen Bezugsmöglichkeiten sind abgeschaltet, ob sie nun durch einen Gewebsschaden vernichtet oder nur im Rahmen einer Programmabschaltung ausgefallen sind. Der Komatöse reagiert weder auf akustische noch auf optische, statische oder Berührungsreize. Er nimmt seine Umwelt nicht mehr wahr. Die Definition des Komas ist die der Reflex- und Reaktionslosigkeit. Auch Schmerzreflexe sind nicht mehr auslösbar. Die letzte verbleibende Umweltbeziehung ist die Atmung, welche verschiedenen Störungen unterliegen kann. Bei gestiegenem Sauerstoffbedarf durch Verbluten oder Stoffwechselstörungen, wie sie beim Diabetes mellitus im Koma vorkommen, wird das Atmungszentrum auf der ersten pathologischen Funktionsstufe zu vermehrter Tätigkeit angeregt. Es kommt zum Phänomen der **großen Atmung**, bei der ohne Pause tiefes Ein- und Ausatmen bei gleichzeitig gesteigerter Atemfrequenz stattfindet. Die Finalität liegt in der vermehrten Sauerstoffaufnahme und der Möglichkeit vermehrter Kohlensäureabgabe sowie des Abatmens von dazu geeigneten giftigen Stoffwechselprodukten.

Eine schwerere Störung als die der großen Atmung nach Kussmaul ist die **periodische Atmung**. Hierbei ist das Atemzentrum bereits selbst geschädigt. Perioden gesteigerter Atmung wechseln ab mit apnoischen Zuständen, in denen flach oder gar nicht geatmet wird.

Beim Aussetzen des Atemzentrums tritt **Schnappatmung** auf. Ähnlich wie bei niederen Wirbeltieren wird dabei nach Luft geschnappt, also mit dem Mund ausgeholt und die Luft in den Rachen gedrückt.

Der Nachweis von Schnappatmung gehört zur Phänomenologie des Sterbens und kündigt den bevorstehenden Tod im **Atemstillstand** an, wenn nicht intensivmedizinische Hilfe kommt.
Die drei beschriebenen **Atemstörungen** geschehen in bewußtlosem Zustand. Das normale Atmen Gesunder geschieht ebenfalls ohne Zutun des Bewußtseins. Die Atmung kann jedoch durch bewußte Anstrengung forciert werden und wird dann als Hyperventilation bezeichnet, oder bewußt unterdrückt werden, wie man dies beim Tauchen braucht. Die Atmung wird durch **Emotionen** erheblich beeinflußt. Bei ängstlicher Anspannung beobachtet man ein verkrampftes, flaches Atmen, das mit dem Gefühl des Lufthungers verbunden sein kann, wenn es einige Zeit gedauert hat. Bei **ängstlicher Erregung** kommt es zur Hyperventilation, die bei Hysterikern so weitgehende Folgen hat, daß der Säuregehalt des Blutes bis zur Bewußtseinstrübung abgesenkt wird. Beim Asthma bronchiale wird durch eine Verkrampfung der Muskulatur der luftleitenden Wege unter heftiger Anstrengung eingeatmet. Das Ausatmen ist verlängert, da die Luft die verengten Bronchien schlechter passieren kann. Die Kranken leiden dabei unter Erstickungsangst.
Der Gedanke oder der Traum, nicht atmen zu können, erzeugt eine Todesangst, hinter der alle anderen Gefahren zurückstehen müssen. Erstickungsangst und wahnhafte Angst vor giftigen Gasen erleben viele Neurose- und Psychosekranke, ebenso die Angst, beim Duschen oder Wannenbad zu ertrinken.
Beim epileptischen Anfall ereignet sich ein so schwerer Funktionszusammenbruch der zentralnervösen Programme, daß auch das Atemzentrum aussetzt. Gleichzeitig besteht ein Koma. Beim Erwachen stellt sich große Atmung ein, sobald das Atemzentrum den mittlerweile aufgetretenen Sauerstoffmangel und Kohlensäureüberschuß registrieren kann.
Bei der Verlegung der Atemwege setzt ein heftiges instinktives Geschehen ein. Befindet sich ein Fremdobjekt innerhalb oder unterhalb des Kehlkopfs, werden so lange Hustenstöße ausgelöst, bis das Objekt wieder herausbefördert ist. Befinden sich Hindernisse in der Nase, setzt heftiges Niesen ein. In beiden Fällen kommt es zu heftigen und von hohem Ausgangsdruck ausgehenden Luftströmungen.
Beim **Rauchen** wird die Atmung zum Vehikel neurotischer Regression zusammen mit einem Saugvorgang, beim Schnupfen von Tabak geschieht etwas ähnliches über den Niesreflex.
Eine Bedrohung des freien Atmens schafft eine Gefahrensituation,

die vordringlich vor allen anderen erledigt werden muß. Dementsprechend ist das Atemzentrum infolge seiner hohen Abbauresistenz am stärksten abgesichert und funktioniert selbst noch nach Abschaltung aller übrigen Teile des Nervensystems. Die erste Handlung und Kontaktaufnahme mit der Umwelt nach der Geburt ist der erste Atemzug. Sofort danach setzt die Beziehung zur Mutter durch heftiges Schreien, das nach Fürsorge ruft, ein. Die Atmung geht im Tiefschlaf in Schnarchen über. Dieses wirkt bedrohlich-erregend und soll Feinde vom Tief-, Lang- und Heimschläfer Homo fernhalten; meist trifft dies nur Familienmitglieder.

3.3. Orale Syndrome

Auf das Koma folgt in der Abbaureihe der Achsensyndrome nach oben das apallische Syndrom, bei dem über die im Koma erhaltenen Rautenhirnfunktionen hinaus das Mittelhirn arbeitet. E. Kretschmer stellte 1940 die Abwesenheit aller Großhirn-Zwischenhirn-Leistungen fest. Der Leistungsumfang gleicht dem eines neugeborenen Kindes mit dem Abstrich, daß eine Unfähigkeit zur Auforganisation vorliegt und daß die Lernfähigkeit weitgehend brachliegt. Im Vordergrund der Fähigkeiten dieser wachen, nicht aber geistig aufnahmefähigen Kranken stehen sensumotorische Einzelleistungen im Bereich eines Mundfeldes und eines Hand-Mundfeldes. Die sich auf diesem Niveau etablierende Psychose habe ich als Einzelobjektdelir bezeichnet und in Band II beschrieben. Die Erregung der Kranken bezieht sich auf Objekte in der Nähe des Mundes oder im Greifbereich der Hände vor der Mittellinie des Körpers in Brusthöhe. Es werden imaginäre Fäden gezogen, scheinbar Flocken gelesen. Hierbei handelt es sich um halluzinierte Objekte. Bei Berührung des Mundes mit dem Finger beginnen einige Kranke, daran zu saugen, andere machen den Mund rüsselförmig zu und wehren das Objekt ab. Einige Patienten knabbern auch mit den Zähnen zart an dem dargebotenen Finger herum. Bei Annäherung der Hand an den Mund wird dieser geöffnet, so daß viele Kranke leicht zu füttern sind.

Das **apallische Syndrom** tritt als Folge schwerer reversibler oder irreversibler Hirnschädigungen im Bereich höherer Abschnitte des Nervensystems, vor allem im Großhirn-Zwischenhirn-System auf. Die Kranken können nicht stehen und gehen, da sie ausschließlich auf orale und Handobjekte eingestellt sind. Erst in der Zurückbildung des apallischen Syndroms werden die genannten motorischen

Fähigkeiten wieder aufgebaut. Nun wird nicht selten das orale Verhalten an Personen herangetragen. Jeder Ankommende wird geküßt und umarmt. Patienten von Wiener Nervenkliniken waren in diesem Stadium freigiebig mit Handküssen, so daß von einer Handkuß-Schablone gesprochen wurde.

Das **Neugeborene** besitzt eine ähnliche Grundausstattung von Hand-Mund-Fähigkeiten, die jedoch rasch ausgebaut werden. Die Oralität wird besonders im Zusammenhang mit dem Milchsaugen aus der Brust oder aus dem Fläschchen zur wichtigsten motorischen Tätigkeit des Säuglings, außer dem Schreien bei Unzufriedenheit und einem lächelnden Glucksen nach Stillung und frischer Wäsche. Man hat bei Säuglingen pendelnde Kopfbewegungen gefunden, die in ihrer Bewegungsbreite der Größe der mütterlichen Brust entsprechen. Bei deren Annäherung setzen weitere Suchbewegungen ein, wobei ein der Breite der Brustwarze angemessener feinerer, sehr rasch ablaufender Kopfpendelmechanismus zu dem Ziel führt, die Milchquelle zu finden und kräftig anzusaugen.

Auch diese Suchbewegungen können bei abgebauten Kranken beobachtet werden.

Das Hand-Mund-Feld ist in großen Teilen des Nervensystems vertreten, da Lippen, Zunge, Mundschleimhaut und Hände eine Überrepräsentation in den verschiedenen sensorischen und motorischen Zentren des Gehirns besitzen. Der **Penfield'sche „Homunculus"** besitzt groteske Maße: gewaltige Hände, Lippen und Augenlider, verschwindend winzigen Hinterkopf, Rücken, Gesäß und Beine (vgl. Band I, Seite 61).

Bei der Berührung des eigenen Mundes mit der Hand werden große Teile des Penfield'schen Homunculus kurzgeschlossen. Dies scheint eine stillende Wirkung auszuüben. Menschen, die sich konzentrieren möchten, berühren häufig die Mundgegend mit den Fingern. Kleine Kinder lutschen am Daumen oder Schnuller und sind gestillt, so lange der Kontakt dauert. Beim Rauchen wird ständig das Hand-Mund-Feld in Anspruch genommen, ebenso im Trinken.

Nervosität wirkt sich häufig im Mundbereich aus. Es kommt zu Speichelfluß oder Mundtrockenheit, Verkrampfung der Kiefermuskeln und der Wangenmuskulatur. Aus innerer Unruhe heraus wird an der Lippe geknabbert, mit den Zähnen geknirscht, werden Nägel gekaut oder das Nagelbett abgenagt.

Beim **Zahnprothesensyndrom** sind Lippen, Zunge und Kiefer in ständiger Bewegung, um den neu eingesetzten Fremdkörper hin und

her zu bewegen und zu betasten, weil er stört. Das Prothesensyndrom kann schon durch Einsetzen von Zahnbrücken und Teilprothesen ausgelöst werden. Der Oralsinn wehrt sich heftig gegen den Fremdkörper, der ganze Mund brennt wie nach Gifteinbringung.
Der **Oralsinn** ist hochgradig angstbeladen. Die Sicherheit im Mundbereich genießt hohe Priorität. Unerwünschte oder scharfe Fremdkörper, wie etwa Glassplitter, werden vom Mund sofort ausgestoßen. Die noch stärker abgesicherte Atmung wird für kurze Zeit abgeschaltet. Genießbares wird von Ungenießbarem, Giftigem und Bitterem oder anderweitig Schlechtschmeckendem durch Ausspucken oder Erbrechen unbekömmlicher Objekte getrennt. Die Vorstellung, fremden Schmutz oder Kot in den Mund zu bekommen, ruft heftigste Abwehr hervor. Das Erlebnis, ein ekelhaftes oder gefährliches Objekt im Mund zu haben, würde alle anderen Tätigkeiten sofort unterbrechen. Bei neurotischen, depressiven und schizophrenen Kranken wird im Oralbereich eine Gefahrenabwehr imaginiert, es kommt zu Nahrungsverweigerung und Anorexie, Vergiftungswahn.
Die psychoanalytische Theorie (S. Freud, K. Abraham) sieht in der oralen Phase die erste Entwicklungsstufe, deren Ende durch Reifungsvorgänge des infantilen Ich gekennzeichnet ist. In der darauf folgenden analen Phase wird bereits eigenständig nicht Eßbares von Genießbarem unterschieden, der Kot wird kontrolliert abgesetzt, so daß er auf keinen Fall mit dem Essen vermengt werden kann. In der oralen Phase kann noch Kotschmieren und -essen vorkommen. Manche schwer psychotische Kranke führen solche Handlungen aus. Man findet die Erscheinungen sowohl bei Demenzzuständen als auch bei schwerst destruierten Schizophrenen. Durch die moderne psychopharmakologische Behandlung werden derartige Handlungsweisen praktisch nicht mehr gesehen.
Bei den oralen Syndromen hat die Hand die Funktion eines Zulieferers. Sie steht im Dienste der Mundfunktionen und deren Sicherung.

3.4. Handsyndrome

Ein stärkeres Eigengewicht gewinnt das Greifen und Anfassen bei den Handsyndromen. Die Handlungen werden ohne optische Kontrolle durchgeführt, so das Packen von Bettzeug oder der Nachtwäsche im Brustbereich. Darüber hinaus neigen die Patienten zu Greifen, Befummeln, Tasten und Hantieren sowie zu Suchbewegungen. Bei Korsakow-Kranken mit enthemmter Handmotorik wird

durch das Handgeben ein so heftiges **Zupacken** ausgelöst, daß die Kranken auch bei strikten Gegenbefehlen („Lassen Sie los!“) nicht den Griff lösen können. Man kann die Kranken, je heftiger man seine Hand zu befreien versucht, um so eher hinter sich herziehen. Es scheint eine hohe Angst zu bestehen, das Ergriffene loszulassen und zu verlieren. Die Sprache wird dabei nicht aufgefaßt, bleibt bedeutungslos, während die Kranken in Gesprächssituationen schon punktuell rapportfähig sind. Bei diesem Verhalten scheint sich die Hand zu verselbständigen, Greifen und Anfassen gehen vor, höhere Fähigkeiten werden exkludiert. Ähnliches Verhalten besteht beim **Beschäftigungssyndrom** (s. Bd. II).
Auch sehr junge Säuglinge können kräftig zupacken und an den Händen hochgezogen werden. Die rein orale Orientierung wird in den ersten Lebenswochen bald durch eine Aktivität der kleinen Hände ergänzt. Dabei steht zunächst das Heranziehen von Objekten an den Mund und die Aufnahme in den Mundbereich im Vordergrund. Später löst sich die Hand allmählich vom Mund und wird unter optischer Kontrolle eingesetzt. Bei Säuglingen wird auch der Umklammerungsreflex nach Moro festgestellt. Er tritt bei heftigem Schlagen auf die Unterlage, auf der der Säugling liegt, auf und beinhaltet ein Nachvornebringen der Arme und ein Öffnen der Hände zum Zugreifen, ohne Zweifel eine phylogenetische Reminiszenz.
Ein **Gefahrenverhalten im Handbereich** sehen wir im blitzartigen Zupacken, Schlagen und Abwischen, wenn Insekten oder andere Kleintiere am Körper entdeckt oder vermutet werden. Auch bei wütender Erregung wird die Handmotorik enthemmt und setzt Umklammerungen, Schlagen, Werfen, Zerstören von Objekten oder Personen frei, ebenso bei Selbstverteidigung und Angriff. Schon bei gesteigerter Unruhe im Rahmen der Nervosität gewinnen die Hände ein Eigenleben. Unkontrolliert werden Gegenstände ohne Sichtkontrolle monoton mit den Fingern bestrichen, Konturen nachgezeichnet oder Greif- bzw. Umklammerungsbewegungen an Objekten durchgeführt. Auch das Anfassen eigener Körperteile gehört zum beunruhigten Verhalten. Hinzu kommen Kopfkratzen, Nasebohren, den Finger in den Mund stecken oder das Sichkratzen an Körperteilen. Auch Berührungen der eigenen Genitalregion werden bei beunruhigten oder gelangweilten Männern beobachtet. Diese Handaktivitäten sind weitgehend vom Ich unabhängig. Auf die enthemmte Handaktivität angesprochen, schämt sich der Betroffene, dessen Ich bei diesen **„Trieb“-handlungen** nicht mitgewirkt hatte. Über-

haupt werden Instinkthandlungen durch Schamhaftigkeit geschützt und damit dem Mißbrauch durch andere entzogen.
Die mit den Händen zu bewältigenden Gefahren besitzen Vorrang gegenüber weiter entfernten Objekten. Wenn ich jetzt eben ein Kleintier, etwa eine Spinne oder ein mir unbekanntes Lebewesen an meinem Körper oder auf einem Bissen wahrnehme, den ich zum Munde führe, schlage ich blitzschnell zu oder wische es ab, ohne Rücksicht auf die übrige Situation. Die Gefahr muß sofort beseitigt werden. Der Mund wird dabei geschlossen, die Atmung kann kurzzeitig aussetzen. Diesem Vorrang der **Handschablone** entspricht insbesondere ihr Auftreten bei schwersten Abbausyndromen. Je größer die Gefahrenwahrscheinlichkeit, um so abbauresistenter, aber auch um so tiefer im ZNS angelegt und phytogenetisch älter ist eine derart gerichtete Struktur.
Der Einsatz der menschlichen Hand zu komplizierten, vom Großhirn-Zwischenhirn-System gesteuerten Tätigkeiten geschieht als Überformung dieser primitiven Handaktivitäten. Wie weit sich in der willkürlichen Handmotorik unbewußter Einsatz an Objekten verbirgt, kann man auch an der Vielzahl von Objekten, die ohne gesteigerte Aufmerksamkeit gleichzeitig mit den Händen gehalten und getragen werden können, beobachten. Der Hand kommen offenbar **Haltefunktionen** zu, die durch die phylogenetische Entwicklung jetzt meist nicht mehr aktuell sind, aber bei anderen Primaten noch dem Halt am Baum oder an der Mutter dienen.
Zum vierfüßigen Gehen eignen sich die menschlichen Hände wenig, es schmerzt bald das Handgelenk. Die Beine sind zu lang und die Arme zu schwach für eine längere Durchführung. Es bereitet aber keine Schwierigkeit, einen vierfüßigen Wechselgang, sogar einen Galopp einzuschlagen, wobei die Hinterextremität zeitlich vor der Vorderextremität erst auf der einen Seite und dann auf der anderen nach vorne gesetzt wird. Paßgang, den Bobtailhunde im Schritt bevorzugen, ist sehr viel schwieriger. Auch beim Gehen werden die Arme wechselgängig gependelt.

3.5. Syndrome der multiplen redundanten Objekte

Die Greifbewegungen des Handstadiums finden noch in unmittelbarer Nähe des Körpers statt und stehen vielfach mit dem Mundfeld in Verbindung. Die Abwehr bedient sich naheliegender motorischer Möglichkeiten. Ein anderes Gefahrenabwehrverhalten setzt ein,

wenn in bedrohlicher Nähe, aber nicht mehr im Griffbereich, gefährliche und angstmachende Objekte auftauchen. Bei deliranten Psychosen finden sich diese Objekte als weiße Mäuse, graubraune Ratten und massenhafte Spinnen oder Fluginsekten. Die Patienten sind bei deren Anblick stumm und wie gebannt oder versuchen, mit den Händen nach den Tieren zu schlagen. Die hauptsächliche Abwehr wird jedoch durch Flucht versucht. Eine Trinkerin flüchtet vor den anstürmenden Ratten auf einen Stuhl und stellt zu ihrem Entsetzen fest, daß sie ihr auch dorthin folgen. Sie flüchtet auf den Tisch und erlebt nochmals die Annäherung der Verfolger.
Diese kleinen Tiere, um die es sich fast immer handelt, können nicht so schnell laufen, daß eine Fluchtdistanz von einigen Metern nicht schon Erleichterung brächte. Es handelt sich dabei um so viele Tiere, daß sie durch Totschlagen nicht mehr vernichtet werden können. Die Massenhaftigkeit der kleinen Feinde hängt mit ihrer vollständigen Einheitlichkeit zusammen, da auch beim tatsächlichen Auftauchen eines Schwarms oder einer Horde von kleinen Tieren eine Differenzierung sinnlos wäre. Deshalb nennen wir diese Psychose das Delir der multiplen redundanten Objekte. Es tritt bei Schwankungen der Organisationshöhe im Rahmen szenischer Delirien auf. Der Grundzustand entspricht nicht mehr dem des apallischen Syndroms. Komplexere Gehalte werden schon wahrgenommen. Die räumlichen Möglichkeiten sind gegenüber der oralen und der Handschablone erweitert, wobei das Einzelobjekt in multiplizierter Form erscheint. Bei der Schablone der multiplen redundanten Objekte scheint es sich um eine angeborene Erlebnisweise, eine **Kleintierschablone** zu handeln. Bei Neurosen und bei ängstlichen Gesunden treffen wir auf die Angst vor kleinen Tieren, die unter heftigem Ekel und intensiver Angst auf Distanz gebracht werden sollen. Auch einzelne kleine Tiere, wie Mäuse oder Spinnen, können diese Angst auslösen. Man beobachtet etwa im Zimmer eine Spinne mit ängstlichem Abscheu, wagt aber nicht, sie zu töten oder ins Freie zu transportieren. Beruhigung tritt ein, wenn die Spinne hinter einen Schrank kriecht. Diese kleinen Tiere lösen eine Faszination der Unheimlichkeit aus. Zu den berühmtesten Schreckensszenen in bestimmten Filmen gehört das Bekrochenwerden des Helden durch eine Vogelspinne, eine Tarantel oder einen Skorpion. Der Angegriffene darf sich nicht wehren, er muß angstvoll-schwitzend abwarten, bis die Gefahr vorüber ist (James Bond in Dr. No), damit die Filmszene Angst und Spannung erzeugt. Richtiges Verhalten wäre ein blitzschneller tangentialer

Schlag mit der Hand.
Ein eigentümliches Verhalten ist auf ähnlichem Niveau das **Beschäftigungssyndrom*** (vgl. Band II, Seite 29 ff.). Hier wird unter optischer Kontrolle gegriffen und zugepackt. Die Kranken versuchen, etwas zuwege zu bringen, können aber noch keine geistige Übersicht aufbieten. Die Informationsaufnahmefähigkeit ist so gering, daß nur kleine Objektausschnitte wahrgenommen werden. Wenn solche Kranke versuchen, ihr Bett zusammenzulegen, entsteht ein heilloses Durcheinander. Das Bettzeug knüllt sich, während der Kranke versucht, Kante auf Kante, Ecke auf Ecke zu legen. Bei aufkommender Erregung i.S. einer **Katastrophenreaktion** nach Goldstein werden von Korsakow-Kranken irgendwelche naheliegenden Objekte ergriffen und inadäquat behandelt. Hierbei besteht Stummheit, da die kortikalen Sprachfunktionen noch nicht oder nicht mehr aktiviert sind.
Das Beschäftigungssyndrom steht dem Delir der multiplen redundanten Objekte nahe. Bei beiden Syndromen stehen kleine bis maximal handgroße Umweltausschnitte, die uniform zu sein scheinen, der Person gegenüber. Deren Handlungsmöglichkeiten sind auf manuelle und Fluchtreaktionen begrenzt, ein rationaler Umgang mit den Objekten ist noch exkludiert.

3.6. Szenische Syndrome

Bei Zuständen geringeren Abbaugrades, die das apallische Stadium hinter sich lassen, setzen eine Reihe menschlicher Grundbefähigungen wieder ein, wenn eine Aufbaureihe durchlaufen wird, oder bleiben erhalten, wenn kein Abbau stattgefunden hat. Dabei werden die einzelnen primitiven Objekte und deren massenhafte Fülle, die im Delir der multiplen redundanten Objekte im Vordergrund stehen, inkludiert. Die Unmittelbarkeit des Oralen mit seinen kleinen, mundgängigen Objekten und die noch große Nähe der Greifobjekte treten zurück gegenüber einer Umgebung, die eine **geschlossene Szene** darstellt. Die Szene wird optisch, akustisch und mit dem Geruchssinn erfaßt und ist von der Größe eines Zimmers oder einer sichtbaren Umgebung in einem dichten Wald. Flucht ist innerhalb von einigen Sekunden möglich, wenn in der Szene bedrohliche Vorgänge oder Objekte wahrgenommen werden. Dies ist beim klassischen szenischen Delir häufig der Fall.

* Kleists iterative Beschäftigungsunruhe

Die erlebte Gefährdung geht in der Szene von größeren Tieren oder Menschen aus. Von den szenisch Delirierenden werden **große Tiere**, wie Löwen oder Tiger, halluziniert, die im umgebenden Raum auftauchen und die Kranken bedrohen. Auch reale **Personen** werden illusionär als Bedrohung empfunden und unter Umständen im schwersten Erregungszustand angegriffen. Das Pflegepersonal kann gefährdet sein. Eine ähnliche **unmittelbare Bedrohung** durch Personen kann auch im Rahmen von Halluzinationen erlebt werden.

Das Verhalten der Kranken wird durch **Fluchtbewegungen** und Orientierungssuche gekennzeichnet. Bei den früher psychopharmakologisch unbehandelten Kranken wurden Matratzen auf den Boden gelegt, damit die Patienten sich nicht verletzen können, da die räumliche Orientierung im Delir unsicher ist und die Motorik plötzlich durch Halluzinationen zu Reaktionen gebracht werden kann, die den Kranken gefährden. Ein Patient von E. Bleuler nahm eine schöne grüne Wiese in Richtung der Wand wahr, wollte in diese wohl flüchten und rannte mit dem Kopf gefährlich gegen die Mauer. Bei euphorischen oder emotional stumpfen Delirien werden auch angenehme oder neutrale Vorgänge im Raum erlebt. Die Szene in der Kneipe, die eigene Wohnung oder der Arbeitsplatz werden erlebt. Manche Kranke gehen auch einer scheinbar geordneten Tätigkeit nach, die an halluzinierten Objekten verrichtet wird (Beschäftigungsdelir).

Die halluzinierte Szene kann mit den realen Raumkoordinaten des Krankenzimmers zusammenfallen und aus Realwahrnehmungen, illusionären Verkennungen und Halluzinationen zusammengeflickt aufgebaut werden. Bei anderen Kranken steht der halluzinierte Raum schräg oder senkrecht zu den realen Räumlichkeiten. Dies beobachtet man z.B. bei fixierten Kranken (vgl. Band II, S. 32 ff.).

Die deliranten Kranken sprechen mit den Personen, die sie im Zimmer halluzinieren. Diese finden sich in manchen Fällen in einer konstanten räumlichen Beziehung zum Kranken, wie wir experimentell nachweisen konnten (s. Band II, S. 34 ff.). Auch bei schizophrenen Psychosen kommt es zu szenischen Halluzinationen.

Bei **phobischen Neurosen** kann der unmittelbar umgebende Raum, vor allem bei den zahlreichen Formen der Klaustrophobie, ebenfalls als gefährdend erlebt werden. Dies ist auch der Fall, wenn agoraphobe Patienten im Rahmen einer Generalisation schließlich nicht nur weite Plätze und Straßen fürchten, sondern jetzt auch den Hausflur und das bewohnte Zimmer, schließlich sogar das Heben des Kopfes im Bett.

Die **szenische Schablone** entspricht also einer kleinen Bühne, die unmittelbar zum Handeln und Reagieren disponiert und in der die Entscheidung, ob ein Freund oder ein Feind sich nähert, sofort gefällt werden muß.
Analog erscheint die Situation eines Autofahrers, dessen Fahrzeug plötzlich zu schleudern anfängt. Er reagiert wie automatisch mit Bewegungen des Lenkrads und des Bremspedals, kann aber nicht gleichzeitig auf andere Fahrzeuge achten. Es wird blitzschnell und ohne Nachdenken gearbeitet, mit dem Ziel, das Auto zum Stehen oder zum Weiterrollen in der bisherigen Richtung zu bringen. Der Kampf um die neue Balance ist wortlos, blitzartig und besteht hauptsächlich im Zugreifen und Treten. Die Szene ist ins Wanken geraten. Nachdem der Kampf erfolgreich bestanden ist, kann im positiven Fall dankbar empfunden werden, daß kein anderes Fahrzeug aufgefahren ist. Eine starke Einengung der Wahrnehmungsmöglichkeit hätte die Feststellung bedrohlich näherkommender anderer Fahrzeuge kaum zugelassen.
Gefährdungen werden durch **heftige motorische Aktionen** bewältigt. Die Szene ist aber auch gleichzeitig die Umgrenzung eines Raumes, in dem das Gespräch stattfindet und eine liebevolle Annäherung möglich erscheint. Die Szene weist sozusagen familiäre Maße auf, wie etwa im Zimmer oder im Aufzug. Es ist fast unmöglich, bei dieser Distanz auf anwesende Personen nicht zu reagieren. Nichtreagieren wäre schon gleichbedeutend mit verhaltener Aggressivität im Gewande der Gleichgültigkeit. In der szenischen Distanz kann auch der Geruch anderer Menschen wahrgenommen werden; auf größere Entfernung spielt es keine Rolle, ob jemand gut oder schlecht riecht, ein Stück Verbindlichkeit ist damit verschwunden. Bei der **Eigengeruchshalluzinose** oder beim entsprechenden Wahn spielt die szenische Dimension eine entscheidende Rolle: beim Betreten eines Zimmers bemerkt der Kranke sofort die Reaktion einer anwesenden Dame auf seinen üblen Geruch.
In der Realität der szenischen Delirien treten noch häufig multiple redundante Objekte auf. Gleichzeitig kommen im Rahmen von Schwankungen auch außerszenische Erlebnisse vor, die schon auf die folgende Raumschablone hinweisen, wie Rufe durch die Tür oder der Wahn, draußen warte die Familie. Das Achsensyndrom im szenischen Delir ist das Korsakow-Syndrom in unterschiedlich schwerer Ausprägung. Dementsprechend sind alle Ereignisse kurzläufig. Sie dauern meist nur Sekunden. Die Reaktionszeit auf reale szenische

Gefahren liegt ebenfalls im **Sekundenbereich**. Ein auftauchender Feind kann innerhalb weniger Sekunden gefährlich werden, wenn ich ihn nicht abwehre. Von gleicher Zeitdauer im Sekundenbereich ist die Zeitkapazität der delirierenden Korsakow-Patienten. Nach wenigen Sekunden reißt der Bewußtseinsstrom ab, völlig neue Erlebnisse können auftauchen. Die Aktualgenese arbeitet hier diskontinuierlich. Die Aufrechterhaltung eines Zeitkontinuums ist noch nicht möglich, wahrscheinlich im Rahmen der zugrundeliegenden Instinktschablone auch nicht sinnvoll. Wenn sich jemand mit einem Messer in der Hand auf mich stürzt oder mein Auto ins Schleudern gerät, bleibt mir keine Zeit mehr, nachzudenken.

3.7. Belagerungssyndrome

Beim **Belagerungsdelir** nach R. Bilz wird die Szene wieder als konstant und mit kleinen Abstrichen der Realität entsprechend projiziert. Mit der Raumkontinuität tritt auch die Zeitkontinuität auf. Über Stunden, Wochen und Monate bleibt ein schizophrener oder seniler **Belagerungswahn** erhalten. Die Einzelaktionen sind aber noch von extrem kurzer Dauer.
Die hinter der Szene verborgenen Feinde, oft als Gruppen gewähnt, führen blitzartige Aktionen gegen den belagerten Kranken durch. Sie bohren fast unsichtbare Löcher durch die Wände und blasen Gift und üble Gerüche in den Raum. Sie dringen nach dem Verlassen des Zimmers sekundenschnell ein, bringen etwas in Unordnung, stehlen etwas. Sie verbergen sich hinter der Zimmertür, hinter der Wohnungstür, draußen im Garten. Gelegentlich werden ganze Verfolgerscharen bei Dunkelheit draußen im Garten, auf der Straße, auf dem Nachbargrundstück wahrgenommen. Es sind Kommunisten, Polizisten, Geheimdienstler, Nazis usw. Der Kranke hört Befehle, Gesänge, Geflüster. Optische Verfolgerhalluzinationen werden angegeben, scheinen aber selten zu sein.
Ängstliche Menschen fürchten mitunter, unter ihrem Bett sei ein fremder Mann verborgen, und müssen deshalb beim Zubettgehen die Beine schnell unter die Decke strecken, um nicht angegriffen zu werden. Nach dem Zubettgehen und nachdem nichts passiert ist, wird dann ruhig eingeschlafen. Ähnlich ist die **Kellerangst**, welche viele Kinder erleben. Die Stille im früher meist schlecht beleuchteten Keller ist unheimlich, es besteht eine vage Befürchtung, jemand könnte sich dort verborgen halten und von hinten heranschleichen. Die Angst wird im Nacken gespürt. Beim Betreten von unbe-

wohnten Gebäuden, Ruinen und Höhlen werden ähnliche Erlebnisse berichtet. Auch im Schrank könnte sich jemand versteckt haben.
Die Abwehr der **Belagerer** wird durch sorgfältiges Abschließen der Tür oder Anbringen zusätzlicher Schlösser geleistet. Die Flucht wird in die als sicher und beruhigend angenommene Szene angetreten. Scharfe Beobachtung muß klären, ob hinter den sichtbaren Begrenzungen der Szene jemand verborgen sein könnte. Dies geschieht durch Lauschen und angespanntes Abwarten. Beim Belagerungsdelir der Alkoholiker und anderer Hirnkranker kommt es zu heftigen Erregungszuständen und zur Panik, wenn die Belagerungserlebnisse immer intensiver werden. Durch laute Hilferufe werden Nachbarn aufmerksam, man holt die Polizei oder Feuerwehr.
Unter der Behandlung verschwinden die Belagerungserlebnisse schnell, während der Wahn, belagert worden zu sein, länger aufrechterhalten bleiben kann. Auch aus dem Fenster des Krankenzimmers in der Klinik können Feinde gesehen oder draußen gehört werden. Eine schizophrene Kranke hörte Hilferufe ihrer Familie jenseits der Mauer des Gartens der geschlossenen Station. Ihr Wahn bezog sich auf eine Bedrohung der Familie durch Verfolger.
Die **Bedrohung** geht also beim Belagerungssyndrom **immer von Menschen** aus. Da diese sich versteckt halten, kann man lauschen, um sie zu entdecken. Gleichzeitig ist aber auch ein Spähen und zusätzlich ein Witterungsaufnehmen erfolgversprechend. Eine Handgreiflichkeit der Auseinandersetzung ist nicht aktuell, könnte aber bei Hereinbrechen der Feinde in die Szene jederzeit notwendig werden. Durch Einwirkung in die Szene werden alle bisher behandelten Gefahren aktualisiert. Die Kranken fürchten eine **Vergiftung** ihres Essens und eine Bedrohung der Atemluft durch Giftgase.
Auf gefährliche Personen hinter der Szene kann erst geachtet werden, wenn Gefahren in der Szene ausgeschlossen sind. Dementsprechend ist die Struktur des Belagerungssyndroms aufgebaut: die Szene wird der Realität entsprechend wahrgenommen, aus ihr selbst heraus kommen keine Bedrohungen.
Imaginäre Feinde von außerhalb der Szene werden mit Waffen bekämpft. Eine von uns beobachtete Kranke warf mit Steinen nach einem Mitbewohner des Mietshauses, von dem sie glaubte, er lege ihre elektrische Versorgung periodisch lahm und gieße von oben verunreinigtes Wasser auf ihre Balkonpflanzen. Auch Schußwaffen und Bomben werden bereitgehalten. Bei schizophrener Erkrankung wird häufig eine Bedrohung durch Nachbarn wahnhaft erlebt. Amok-

läufer und Kranke mit Liebeswahn gehen terminal zu Angriffen über. Charakteristisch für den **Beeinträchtigungswahn**, ähnlich wie beim Belagerungswahn, ist die Unsichtbarkeit und Heimlichkeit der feindlichen Aktionen. Die Stimmen der Beeinträchtiger können dagegen wahrgenommen werden.

3.8. Akustische Syndrome

Die optische Überwachung der Szene, die Sichtkontrolle von Gefährdungen durch Gegner, die sich hinter der Szene verbergen, und die Geruchswahrnehmung von Menschen oder Tieren in der Nähe reichen bestenfalls einige Dutzend Meter weit. Im dicht bestandenen Wald, im Dunklen, in hügeligem Gelände oder in den Gassen eines Städtchens kann in etwas größerer Entfernung nur noch mit dem Ohr kontrolliert werden, ob möglicherweise gefährliche Personen oder Tiere sich auf Fluchtdistanz oder im Begriff der Annäherung befinden. Im Gegensatz zum optischen Sinn geht der **akustische Sinn um die Ecke**. Der Geruchssinn spielt auf eine Entfernung über 10 bis 20 m keine Rolle mehr.

Eine Mutter, die im Hause arbeitet, kann ihre Kinder im Nebenzimmer oder draußen im Garten hören. Sie kontrolliert, ob die Kinder gefährdet sind. Das Hören reicht also weiter als das Sehen, sofern wir uns nicht auf einer freien Fläche, wie etwa einer Grassteppe oder einem weiten Platz befinden. Die meisten für Menschen relevanten Umgebungen dürften aber das Hören als Gefahrenüberwachungssinn begünstigen. Der Kopf braucht dabei nicht von der Arbeit oder Nahrungssuche abgewandt zu werden.

Die **psychopathologischen Syndrome mit akustischen Halluzinationen und Wahnvorstellungen**, die bei exogener Erkrankung oder endogener Psychose, seltener bei psychogenen Psychosen auftreten, sind in der Regel nicht mit optischen Halluzinationen verbunden. Nur besonders schwer erregte und stark niveaugesenkte schizophrene Kranke mit chronischen produktiven Psychosen scheinen optische Halluzinationen von szenischen Charakter, z.T. auch kleinflächig, wenn Gesichter halluziniert werden, zu erleben. Auch bei exogener Halluzinose wird optisch und akustisch projiziert, Übergänge zum szenischen Delir sind fließend. Bei den übrigen paranoid-halluzinatorischen Psychosen bei Schizophrenen schließen Stimmenhören und Beeinflussungswahn die optischen Halluzinationen geradezu aus. Topologisch ist die Einordnung im Anschluß an das Belagerungsdelir deshalb unzweifelhaft, weil bei diesem optische Halluzinationen noch vorkommen können, die sich auf die Verfolger selbst beziehen. Bei den meisten paranoid-halluzinatorischen Syndromen werden die Verfolger niemals gesehen. Häufiger ist schon eine illusionäre Verkennung realer Personen als Beauftragte oder Angehörige der Verfolgergruppe, die als Wahnwahrnehmung bezeichnet wird. Der charakteristische **Erlebnismodus des stimmenhörenden Menschen** ist jedoch die obligate Verborgenheit der halluzinierten überlegenen Personen, die der Kranke hören kann, die er selbst nicht sieht, welche ihn aber beobachten und durchschauen und manipulieren können.

Die Entfernung und der Ort der sprechenden Gegner, die der Kranke hört, werden selten genauer lokalisiert. Manchmal glauben die Kranken, die Stimmen kämen aus der Nachbarwohnung oder von der gegenüberliegenden Straßenseite. Meist scheint aber eine ungewisse, jedoch noch im Bereich des Hörbaren liegende Entfernung die eigentliche Distanz zu sein. Die Distanz wird anscheinend als so groß und/oder unbestimmbar erlebt, daß in modernen Zeiten immer wieder technische Vorrichtungen vom Erklärungswahn in Anspruch genommen werden, um die Stimmen als übertragen erleben zu können.

Im **religiösen Zeitalter**, aber auch noch heute gelegentlich, wurden Gott, der Teufel, Geister, Engel und dergleichen als Quellen der Stimmen, Befehle und Beschimpfungen von den Kranken erlebt. Eine Allmacht wird bei längerer Krankheitsdauer den nicht zum transzendentalen Bereich gerechneten modernen Stimmensprechern zugeschrieben. Sie können die Gedanken entfernen oder neue Gedanken einsetzen, die Gedanken lesen, die inneren Organe beeinflussen, dem gesamten Leben des Kranken ihren Stempel aufdrükken.

Die natürliche Situation eines Menschen, der nur hören, aber nicht sehen kann, ist beim **Embryo** im Mutterleib realisiert. Auch er ist vollkommen von dem, was mit ihm geschieht, abhängig. Seine Eigenaktivität ist nicht geeignet, seine Situation zu verändern. Auch er kann die Stimmensprecher nicht identifizieren oder lokalisieren, aber auch er dürfte durch sie emotional beeinflußt werden.

Strukturell ähnlich aufgebaut wäre jedoch die Situation eines Menschen, dessen Verfolger sich ihm nähern. Er selbst hält sich verborgen, ebenso die Feinde, die aber wissen, wo er sich aufhält. Er kann sie miteinander sprechen hören. Eine Abwehr kann in angespanntem Lauschen und möglichst geringer Eigenaktivität, um nicht gehört oder gesehen zu werden, bestehen. Dementsprechend verhalten sich die schizophrenen Kranken, besonders beim Überhandnehmen katatoner Phänomene. Im **katatonen Stupor** wird ein die Gegner täuschender, zumindest kontaktabweisender Starrezustand, wenn auch nicht ein Totstellreflex, eingenommen. Das Totstellen scheint bei der psychogenen Ohnmacht vorzuliegen; hier werden auch die Augen verschlossen. Auch scheint ein **psychogener Tod**, der Voodoo-Tod, vorzukommen. Bei hoffnungsloser Eingekreistheit und kurz vor der Tötungshandlung der Feinde tötet sich der Verfolgte selbst.

Viele Kranke halten sich nicht an diese topologischen Verhältnisse. Sie projizieren die Verfolger auf die eigene Familie, halten den eigenen Vater für Gott, der alles mit ihnen machen kann. Sie wähnen ihre Speisen von den eigenen Angehörigen vergiftet. Ein junger Schizophrener glaubt die Stimmen der Angestellten im väterlichen Geschäft über sich reden zu hören, wenn er selbst dort arbeitet. Sie kommen aus dem Nebenraum. Die **Variabilität der Projektionsorte** ist sehr groß. Es kommen Kranke zum Arzt, die den Ursprungsort ihrer Halluzinationen sogleich in ihn verlegen. All diese Beeinträchtigungen geschehen jedoch heimlich, man kann nicht über sie sprechen; dies ist auch der Fall, wenn die Kranken glauben, der Arzt wisse alles, was sie denken. Andere Patienten hören Stimmen aus dem eigenen Kopf oder anderen Körperteilen, dabei kann hohe Wahngewißheit bestehen.

Als **Alarmreaktion** kommt dem paranoid-halluzinatorischen Syndrom noch eine erhebliche Absicherung durch Abbauresistenz zu. Bei den exogenen Halluzinosen besteht ein mittelschweres bis leichteres organisches Psychosyndrom i. e. S., wenn ein paranoid-halluzinatorisches schizophrenieähnliches Halluzinosesyndrom vorliegt. Manche Halluzinosekranken weisen auch schizophrene Denkstörungen wie Sperrung oder Zerfahrenheit auf. Bei den schizophrenen Kranken mit den gleichen Erlebnissyndromen können schwere schizophrene Persönlichkeitsstörungen aus dem Grundsymptombereich vorliegen. Sowohl das organische Psychosyndrom i. e. S. wie die schizophrenen Persönlichkeitsstörungen mit Einschluß erheblicher Denkstörungen bedeuten einen Verlust der Freiheit des Denkens und Disponierens. Über die Ich-Dynamik werden wir in einem späteren Kapitel nachdenken.

Erblindete Menschen können sich erstaunlich gut im realen Raum und in ihrer gesellschaftlichen Umgebung mit dem Gehör und den übrigen verbliebenen Sinnesbereichen zurechtfinden. Dagegen entwickeln ertaubte Personen häufiger paranoide Syndrome. Die Hauptlast der Gefahrenkontrolle scheint also tatsächlich beim Gehör zu liegen, während der Anblick von Feinden schon sofortigen Kampf oder letzte Versuche der Flucht auslöst. Die **akustische Fernkontrolle** hätte dann versagt, wenn es zur auch optisch wahrnehmbaren Annäherung gekommen ist.

3.9. Wahnsyndrome

Ein außerhalb der Hör- und Sichtweite befindlicher Gegner, der sich mir nähert oder einen Angriff beabsichtigt, kann von mir schon erahnt werden. Durch Rückschlüsse aus den bisherigen Erfahrungen, aufgrund prinzipieller Erwägungen über meine Sicherheit, aber auch im Zusammenhang mit der Topografie meines Aufenthaltsortes kann ich mir denken, wann mich welche Person oder Gruppe angreifen wird. Bestimmte Konstellationen sprechen dann für einen bevorstehenden Angriff. Ich bereite mich vor. Ein Gefühl in mir leitet mich bei allem. Bei paranoiden Syndromen ohne akustische Halluzinationen oder Trugwahrnehmungen auf anderen Sinnesgebieten werden nach K. Schneider drei Merkmale festgestellt: die **Wahnstimmung**, die **Wahnwahrnehmung** und der plötzliche **Wahneinfall**. Die Wahnstimmung im Verein mit der **Wahnspannung** (P. Matussek) führen zur Bereitstellung geeigneter Strukturen im Denken und Wahrnehmen, um ein Verfolgungs-, Beeinträchtigungs- oder Beobachtungserlebnis vorzubereiten. Der Grundzustand ist dabei mißtrauisch-gespannt, jedoch übermäßig empfindsam gegenüber Ereignissen, die Gesunde für zufällig oder gleichgültig halten.

Bei der **Wahnwahrnehmung** werden sonst neutrale Umweltkonstellationen plötzlich für bedeutsam gehalten, indem sie für das Vorliegen einer Bedrohung sprechen. Der Wahneinfall bringt ein Gedankengebilde hervor, welches wir als Wahn bezeichnen, das eine gesamthafte Gefährdungslage anschaulich-konkret zusammenfaßt. Die frühere Diskussion, ob diese Glieder auseinander hervorgingen und ob die Wahnwahrnehmung zweigliedrig, dagegen der Wahneinfall eingliedrig sei (K. Schneider, P. Matussek), halte ich für müßig. Die Situation des Verfolgten, der nicht genau weiß, aber ahnt, daß er bedroht wird, enthält natürlicherweise und aus strukturalistischer Sicht sowohl Wahrnehmungen, die die Einfälle fördern oder umgekehrt Einfälle, die Wahrnehmungen fördern, wenn er sich in der Stimmung eines Verfolgten befindet. Die Wahnwahrnehmung entspricht einer nicht sehr hochgradigen illusionären Verkennung, bei der nur Anteile von Personen falsch projiziert werden, wie etwa bedrohliche Bewegungen, Bewaffnung oder andere zum Wahn passende Details.

Betrachten wir die klinischen Formen des Wahns in ihrer **Fülle topologisch**, so stellen wir eine Erstreckung von naheliegenden Personen oder Personengruppen über Gegner in unbestimmter Ferne bis zu in entlegenen Planeten oder Sternsystemen lokalisierten Feinden fest. Das **Weltall** steht topografisch zur Verfügung. Entscheidend ist die Unfähigkeit des Wahnkranken, eine unmittelbare sinnliche Anschauung vom Gegner zu bekommen. Er muß sich mit verdächtigen Anzeichen begnügen.

In der klinischen Praxis ist die Grenze zwischen nur Wahnkranken und solchen, die auch gelegentlich oder häufiger akustisch halluzinieren, unscharf. Die ausgeprägtesten Wahnsyndrome wurden früher als Paranoia bezeichnet und stehen bestimmten Temperamentsstörungen, wie einer hyperthym-hypomanischen Überantriebigkeit und einem gemischten gehoben-ängstlichen Affekt nahe. Fantastisch-konfabulatorische Wahnformen mit kompliziertem Verfolgungs-, Beeinträchtigungs- oder Abstammungswahn werden hauptsächlich von sog. Paraphrenen ohne Stimmungsgetragenheit durch gedankliche Kreativität weiterentwickelt. Die geistige Schöpferkraft bleibt jedoch hierbei streng eingebunden in ein Feld, das von der Angst vor ständig drohenden Feinden gesteckt ist. Beim Größenwahn aller Spielarten ist die Eingeengtheit ähnlich. K. Conrad hat die geistige Gebundenheit im Wahn sehr treffend mit der Unfähigkeit zur kopernikanischen Wendung (I. Kant: Kopernikanische Revolution. In: Kritik der reinen Vernunft, 1781) beschrieben. Wie Kopernikus aus den engen Bahnen des geozentrischen Denkens in ein heliozentrisches Denken überwechselte, so kann ein Mensch, der von seinem Wahn befreit wird, wieder in das Dasein anderer Menschen eintauchen und diese wahrnehmen und verstehen und ein subjektives Konstrukt errichten, das soziale Wahrnehmungen zuläßt. Im Wahn ist ihm dieser Überstieg (Conrad) unmöglich.

Die **Wahnkranken** versuchen ihr Erleben vor den Mitmenschen geheimzuhalten. Dies ist die hauptsächliche Abwehrleistung. Bei Ängstlichkeit werden Gegenden oder Menschen gemieden, es kann aber auch zu angstvoller Suche nach den Verfolgern kommen. Manche Wahnkranken werden zu Vagabunden als Land- oder Stadtstreicher, um unauffindbar für ihre Verfolger zu bleiben. Sie befinden sich ständig auf der Flucht. Sie vermeiden auch jede nähere Bekanntschaft mit anderen Vagabunden. Manche von ihnen trinken stark Alkohol, um die Angst zu dämpfen. Andere Paranoide werden zu Mördern und Amoktätern, wenn sie sich von allen abgelehnt fühlen und ihren aggressiven Haß entladen, indem sie eine Reihe von Verfolgern töten. Viele sind Einzelgänger inmitten aller.

Das **Achsensyndrom der paranoiden Psychosen**, die meist schizophrenen, seltener hirnorganischen Ursprungs sind, kann in der schon geschilderten affektiven Eingebundenheit und Starre des Denkens ausschließlich bestehen. Im Gespräch wirken paranoide Kranke sehr abwehrbereit, sie können jeden Einwand rasch aus ihrer Wahngewißheit heraus entkräften, und auch jede therapeutische Hilfe mit Beweisen aus dieser Gewißheit heraus abschlagen. Viele von diesen Kranken verlassen die Kliniken, selbst wenn sie einmal eingewiesen werden, rasch wieder. Die Wahnabwehr obsiegt über die angebotene therapeutische Hilfe. Der Kranke fällt zurück in die Kälte und Einsamkeit des Verfolgten. Er konnte dem Wahnkalkül nichts wirklich Neues hinzufügen.

Freud deutete den Wahn als Abwehr unbewußter Beziehungswünsche zum Teil homosexueller Natur. Er entwickelte diese Theorie am Fall Schreber. Bis heute ist der Zusammenhang von Wahn und Homosexualität strittig, wenn auch wahnhafte Homosexualität, auch Transsexualität nicht selten sind. Sicher ist nur, daß die Beziehungswünsche paranoider Kranker ihrem Abwehrbedürfnis unterliegen solange sie unbehandelt sind, so daß Kontaktarmut resultiert. Ein Verlust der Liebesfähigkeit, oft verbunden mit Surrogatvorstellungen, durchzieht die gesamte Welt der Neurosen und Psychosen, ist jedoch durch Heilbehandlungen rückgängig zu machen.

Neben dem überwältigenden Anderen, dem Feind und Verfolger, spielt auch die Person des Wahnkranken selber eine gewisse Rolle. Bewegen wir uns aus dem Chaos der Delirien in der Abbaureihe nach oben, dann können wir hier ein Wiedererstehen der menschlichen Person beobachten. K. Conrad bezeichnete diesen Vorgang des Zusichkommens aus der Verlorenheit an die dinglichen und tierischen Halluzinationen als ptolemäische Wendung. Ptolemäus hatte ein Weltbild errichtet, in dem die menschliche Welt der Erdoberfläche im Mittelpunkt stand, während alle kosmischen Vorgänge eng daran gebunden erscheinen.

Wie wir bei der Analyse der Ich-Dynamik im gestaffelten System in einem der nächsten Kapitel sehen werden, ist das Ich des Schizophrenen gerade eben feststellbar. Es erscheint als Zielpunkt außerpersönlicher Gewalten, die es schon überwältigt haben. Damit im Zusammenhang stehen abnorme Körpersensationen, die dem Kranken selbst und auch dem Arzt, der von ihnen berichtet hört, fremdartig, uneinfühlbar erscheinen. Sie werden als zönästhetische Halluzinationen oder Beschwerden bezeichnet. Eigentümliche Qualitäten der Verzerrung, des Brennens, der Kälte, der Hitze, des Durchlöchertseins usw. treten auf. Die Erscheinungen sind nicht identisch mit der Depersonalisation oder Hypochondrie, stellen aber eine verworrene Vorstufe dar, auf der das schwache Ich seinen Leib nicht mehr durchdringt und erkennt.

Auch die **Eigengeruchshalluzinose** oder besser der Wahn, einen Gestank auszuströmen, liegen strukturell in der Nähe paranoider Syndrome. Charakteristisch ist ein Ursprung des Gestanks nicht an üblicher Stelle, etwa aus dem Mund, aus der Achselregion oder aus der Unterleibsgegend. Die Kranken können den Ursprung des Geruchs meist gar nicht angeben. An der Reaktion anderer können sie beobachten, daß sie tatsächlich einen Gestank ausströmen. Ein Kranker bemerkt schon beim Betreten eines Zimmers an dem Ausdrucksverhalten der dort befindlichen Personen, daß sein Geruch wahrgenommen wird. Durch Luftzirkulation kann ein etwa vorhandener Geruch in so kurzer Zeit gar nicht transportiert worden sein. Es handelt sich also um einen Wahn mit eigenen Raum- und Zeitkategorien, die oben schon bei den szenischen Syndromen erwähnt wurden. Die Qualität des Geruchs kann meist dem Arzt nicht mitgeteilt werden, sie ist sozusagen unanschaulich.

Wahnsysteme entstehen durch jahrelange Wahnarbeit und binden die von Primärerscheinungen nicht stärker zerstörte Person des Kranken in ein Netz von redundanten Kausalitäten ein. Der eigentliche Kern des Systems ist fast immer ein weit entfernter. Bei Verfolgungswahn entsteht nie völlige Gewißheit über den Aufenthaltsort und die gegenwärtigen Absichten der Verfolger. Beim Eifersuchtswahn sind die Personen, welche den Partner beim Kranken zu verdrängen suchen, ferne Heimlichtuer, am verdächtigten Partner werden Wahnwahrnehmungen manifestiert. Die verdächtige Gattin errötet, verspricht sich oder begeht andere Unsicherheiten, die nun zum Beweis werden. Beim systematisierten Liebeswahn ist die Person, auf den dieser sich bezieht, dem Wahnkranken oft unbekannt. So bestand bei einem Studenten ein Liebeswahn auf die Tochter eines bekannten Professors, die diesen Mann niemals gesehen hatte, ebensowenig wie er sie jemals zu Gesicht bekommen hatte.

Beim **Größenwahn** liegen wiederum die Dinge, auf die sich das Größengefühl bezieht, im Unbestimmten. Einer unserer Kranken wähnte, er sei der Komponist aller Schlager und Operetten und habe Millionensummen von der GEMA zu erwarten. Auf Nachfrage konnte er niemals berichten, wann und wie er komponiert habe, auf welche Stücke sich seine Einbildung beziehe. Die Zahl der von ihm in Anspruch genommenen Werke sei unendlich. Er habe eben alles verfaßt. Gleichzeitig bestand bei dem Patienten eine ängstliche bis gereizte, kommunikationsunwillige bis stuporöse Verfassung.
Der Größenwahn kommt häufig in Verbindung mit anderen Wahnformen vor und dient einer **Erhaltung des Ich-Erlebens** trotz schwerster Beeinträchtigungen gewähnter Art und Ichverlustes. Ein Kranker glaubte, jedermann könne seine Gedanken lesen, seine Absichten ahnen, und erlebte dies als qualvoll. Jeder Mensch, der sich ihm näherte, erschien ihm als Riese, auch unsere gutmütigen jugoslawischen Putzfrauen. Gleichzeitig lebte er in dem Wahn, Christus zu sein. Sein (realer) Vater sei Gott.
Die meisten Wahnerlebnisse werden von unanfechtbarer **Gewißheit** begleitet. Das Denken ist auf einen schmalen Raum eingeengt. Der von E. Minkowski (1948) behauptete Ausschluß des Zufalls, den die Kranken in Zusammenhang mit Wahnwahrnehmungen vornähmen, ist gar nicht möglich. Die gesamte Welt des Wahnkranken ist überdeterminiert und durch streng von ihm vorgegebene Kausalitäten zugeschnürt wie ein Paket. Innerhalb dieses Wahngebildes finden wir **vereinfachte Formen des Denkens** (vgl. Band II, S. 100 ff.). Tatsächliche Verfolgung politischer Art kann zu einem ähnlichen Verhalten wie im krankhaften Wahn führen. Unter Zwangsregimen halten die Bürger ihre eigenen Gedanken geheim, vermeiden Kontakte mit Unbekannten. Besucht man solche Länder, fallen dem Beobachter sofort die verschlossenen und trostlosen Gesichter auf. **Politisch Verfolgte**, die solchen Ländern entkommen, neigen vermehrt zu paranoiden Syndromen, aber auch zu Depressionen und Neurosen. Eine eigentümliche Vermischung von Realität und Wahn entdeckte St. Haas, als er unter totalitären Bedingungen die Wahnsyndrome inhaltlich untersuchte. Mancher Funktionär, der sich in psychiatrische Behandlung begab, ängstigte sich in wahnhafter Weise vor den Nachstellungen des realen staatseigenen Geheimdienstes. Die Struktur von Geheimdiensten erläutert die des Wahns und kann mit ihm Verbindungen eingehen. Der Angestellte eines Geheimdienstes erkrankte anläßlich einer Beförderung an einer schweren

Wahnpsychose ohne Halluzinationen, die inhaltlich auf eine Sicherheitsüberprüfung, welche tatsächlich stattgefunden haben mußte, aufbaute und zeitlich auf sie folgte. Nun fühlte er sich überall von den eigenen Leuten beobachtet und wegen seines Junggesellendaseins als Homosexueller verdächtigt.

Die Aufgabenstellung der **Wahnschablone** beim Gesunden ist das Auffinden schwer nachweisbarer, weil vor ihm geheimgehaltener sozialer Bindungen, die sich gegen ihn richten. Die Verschwörung und die Intrige gelingen dementsprechend auch am besten beim genialen Führertypus oder beim kreativen Genie, die zu mißtrauischer Überwachung ihrer Umgebung keine Neigung haben, aber gleichzeitig Neid und Haß auf sich ziehen. Das beste Beispiel ist Julius Cäsar, der nicht einmal der Weissagung des Todes noch am gleichen Tage glauben wollte und seiner Ermordung gutgläubig entgegenging. Eine Verschwörung in nächster Nähe ist um so schwerer zu entdecken, als der Wahn eher die Verdächtigung ferner liegender Gruppierungen fördert. Die Verschwörer versprechen sich deshalb untereinander, um „fern" zu bleiben, unbedingtes Schweigen. Sie sind für das Opfer nicht hörbar und täuschen dieses durch Freundlichkeit oder durch wie zufällige Abwesenheit.

Die paranoide Schablone dient beim Gesunden der Warnung vor solcher Gefahr durch Intuition, Vorsicht und heimliche Informationssammlung (am Markt für Klatsch und Gerüchte), während der psychopathologische Wahn ein Unterliegen unter gruppenhaft-verborgene Einflüsse bedeutet. Der psychopathologische Wahnausbruch wird durch eine exogene Erkrankung gefördert oder tritt im Verlauf einer endogenen Funktionsstörung auf. Fast immer ist das Objekt des Wahns primär ohne jede Bedeutung für die später erkrankte Person. Vielfach ist es sogar inexistent und wird aus früheren Erfahrungen komponiert und dann projiziert. Das Verhalten des Wahnkranken scheint also für ihn selbst nutzlos, sogar schädlich zu sein, da er sich vor Gefahren sichert, die nicht existieren, und gleichzeitig reale Gefahren unterschätzt oder vollständig vernachlässigt. Gerade angesichts der Unkorrigierbarkeit der Wahnkranken muß man sich klarmachen, daß diese subjektiv mitunter wie ein geistiger Sieg erlebte Gewißheit eine Niederlage im Zusammenhang mit einem Unfall der Instinkthierarchie darstellt. Der pathogene Vorgang hat ein Beziehungsdenken und ein Gefühl des Überwältigtwerdens ausgelöst, das einen Vorgang nach außen projiziert, der eigentlich im Raum der Person stattfindet. Bei der exogenen Erkrankung ist das

Gehirngewebe bedroht, bei der endogenen Erkrankung liegen Übererregung und Alarmzustand schwerster, aber unspezifischer Art vor. Dennoch erkennen wir einen Sinngehalt bei paranoiden, überhaupt allen Psychosen (und Neurosen sowie psychosomatischen Erkrankungen): Beim Ausbruch wird das bisherige Leben, welches die pathogenen Faktoren unbemerkt enthielt, unterbrochen, die soziale Umgebung und die Person selbst werden alarmiert. Hilfe und Korrektur werden möglich.

3.10. Syndrome der Haut

Ein eigentümliches Krankheitsbild im Rahmen dieser Ich-fremden Körpererlebnisse ist die **taktile Halluzinose** oder der Dermatozoen- und Zoonosenwahn. Diese Kranken nehmen kleine Tiere in der Haut wahr, die dort kribbeln, Gänge bohren, als winzige Struktur oder Pünktchen wahrnehmbar sind. Es besteht Wahngewißheit über die Existenz der Lebewesen. Wahnwahrnehmungen werden an Hauptpartikelchen oder Krümeln des Verbandmaterials, das manche Dermatologen bei diesen Kranken anbringen, festgemacht. Die Patienten weisen ein Glasschälchen mit solchen Teilchen vor und behaupten, dies wären die in der Haut lebenden Tiere. (s. auch Kapitel „Syndrome der Haut“, Seite 98). Die topologische Suche nach gefährdenden Objekten wendet sich bei diesem Syndrom der Person zu. Ein massenhafter, qualvoller Befall mit Hautparasiten blockiert alle sozialen Kontakte und bedarf zunächst einmal der Abhilfe, bevor personale Syndrome wie Manie, Depression und Neurose zum Zuge kommen können.

3.11. Manische Syndrome

Mit den paranoiden Syndromen endet die topologisch ringförmig aufgebaute, vom Individuum immer weiter entfernte Suche nach Bedrohungen der menschlichen Existenz, die jeweils unmittelbar mit einem spezifischen Abwehrverhalten strukturell zu einer Einheit verbunden ist. Auch die entferntesten Gefahren können durch das paranoide Beziehungsdenken berücksichtigt werden. Nehmen wir einmal an, diese Suche würde systematisch durchgeführt. Es besteht ein ängstlicher Erregungszustand, eine Beunruhigung über unbekannte Gefahren, ein Gefühl der Bedrohung des Bestandes der Person.

Die Suche würde in den nächstgelegenen Regionen im Bereich der Luftwege, des Mundes, sodann in der unmittelbaren Umgebung des

Körpers und immer weiter fortschreitend über die sichtbare bis zur hörbaren Welt, schließlich bis zur denkbaren Welt fortschreiten. Würde auf diesem Weg eine reale Gefährdung nicht gefunden oder die Projektion einer Gefahr nicht vollzogen werden (beide Vorgänge sind jedoch fast identisch), so würde jetzt die Suche nach Gefährdungen bei der Person selbst ankommen. Auch der Mensch selbst kann sich in Gefahr bringen, sein Verhalten kann fehlerhaft sein. Welche Formen der Selbstüberprüfung oder der Abwehr mit Mitteln der Person, die nicht mehr halluzinatorisch-illusionär nach außen projiziert werden, sind denkbar? Die Suche nach bedrohlichen Objekten wendet sich bei den Syndromen der Haut schon dem Individuum selbst zu, Umweltgefahr und Eigenbedrohung verschmelzen hier in eigentümlicher Weise.

Auf das paranoide Syndrom folgt über die Haut das manische. Die Person des Manischen ist verworrener, kritikloser, nivellierter als die des Depressiven. Topologisch-ethologisch gesehen wird beim manischen Syndrom noch einmal der Versuch unternommen, die gesamte Bedrohung von der Person abzuwälzen. Ein ähnlich „gelungener" Versuch liegt bei den Syndromen der Haut vor: nicht die Person steht in Frage, sondern ihr Hautbefund. Die strukturell und häufig auch klinische enge Verbindung zu den paranoid-halluzinatorischen und den paranoiden Syndromen zeigt sich auch darin, daß schon bei ihnen Größenvorstellungen, eine **Ich-Inflation** im psychotischen Sinne, zur Kompensation der unbeschreiblichen Erniedrigung des Verfolgungs- und Beeinträchtigungswahns und damit des Ichuntergangs vorkommen. Das depressive Syndrom setzt dagegen eher mit dem Abklingen der paranoiden oder paranoid-halluzinatorischen Verfassung ein. Nicht wenige manische Kranke werden erst nach Jahren als schizophrene Patienten, die auch Stimmen hören und einen Verfolgungswahn haben, entdeckt. Umgekehrt weisen melancholisch-depressive Syndrome eine bessere Erhaltung der Ich-Funktionen, eine Überbrückung der paranoiden Distanz durch Hilfesuche auf. Bei den schizoaffektiven Krankheitsbildern der depressiv-paranoiden und manisch-paranoiden Syndrome liegen gemeinsame Aktivierungen mehrerer Schablonen vor, die bei der Mehrzahl schizoaffektiver Erkrankungen in einer allmählichen Restabilisierung der Person mit Abnahme der schizophrenen Anteile führen (J. Angst, 1983). Für eine Einordnung des manischen Syndroms zwischen dem paranoiden und dem depressiven spricht ebenfalls, daß wir zahlreiche depressiv-neurotische Syndrome kennen, jedoch kaum manisch-neurotische. Die Reihenfolge in der Aufbaureihe muß also lauten: paranoid-halluzinatorisches Syndrom – paranoides Syndrom – Dermatozoensyndrom – manisches Syndrom – depressives Syndrom – neurotische Syndrome.

Der **Abwehrmechanismus** im manischen Syndrom ist die Ich-Inflation. Durch Betriebsamkeit wird Stärke, durch die gehobene Stimmung Unbekümmertheit und Ungefährdetheit, durch den Einfallsreichtum geistige Unbesiegbarkeit und durch den Größenwahn Unerreichbarkeit dargestellt. Dem Maniker selbst ist dies nicht bewußt. Er erkrankt an der Dekompensation eines bereitliegenden instinktiven Verhaltens, das ihn gegenüber allen anderen Menschen ungefährdet darstellt. Während der Wahnkranke sich mehr oder weniger fest im Griff der Verfolger wähnt, stellt sich der Maniker auf ein Podest, an dem alle Angriffe prinzipiell scheitern müssen. Nach dem Abklingen der Manie können nicht wenige Patienten von innerer Ängstlichkeit im manischen Zustand berichten. Als ich dies von einer von mir behandelten Frau zum ersten Mal hörte, war ich überrascht. Später erschien mir dies für den manischen Zustand natürlich.

Mit dem manischen Zustand ist eine nicht unerhebliche **Aggressivität** verbunden. Schon der Heiter-Manische in seiner Anbiederung, der Großspurigkeit, der sexuellen Aufdringlichkeit, der manchmal analerotischen Schamlosigkeit erdrückt jeden, der sich gemäßigt verhält. Erstaunlich treffsicher und ohne große Zeitverluste werden wirklich manische Kranke von Gesunden in der Öffentlichkeit erkannt und über Ärzte, Polizei oder Feuerwehr in die Klinik gebracht. Die nur hypomanisch Erregten dagegen werden oft bewundert und beneidet. Die Entfremdung von der eigenen Person ist beim Maniker erheblich. Das vorhandene Vermögen wird kritiklos ausgegeben, das Vertrauen der Familie großspurig übertölpelt, der Ruf leichtfertig aufs Spiel gesetzt. Der Maniker wirkt abgeflacht, verroht. Das Wertsystem ist vollständig eingeebnet. Die Erhaltung von Wertunterschieden würde auch Zweifel an der herausgehobenen Größenrolle zulassen müssen. Zweifel jeder Art werden auf diese Weise exkludiert. Von außen herangetragene Zweifel oder Einschränkungen wehrt der Maniker gereizt oder mit körperlicher Brutalität ab.

Erstaunlich bleibt dabei, daß überlegene und ruhige Ärzte scheinbar völlig uneinsichtige manische Kranke innerhalb weniger Minuten zum freiwilligen Verbleiben in der Klinik und zur Anerkennung einer Krankenrolle bewegen können. Hierbei ist der Appell an ein

Krankheitsgefühl, an die Angst, hilfreich. Die manischen Patienten werden doch häufig bedenklich in ihrer Durchhalteparole und in der Behauptung, ihnen werde schon nichts passieren und sie müßten nicht in die Klinik, wenn ihnen gesagt wird, sie wüßten doch, sie seien krank und hilfsbedürftig. Derartige Beeinflussungen sind bei schwerst erregten manischen Kranken nicht mehr möglich. Manche von ihnen lassen sich vielleicht noch vorübergehend beeindrucken, erregen sich aber dann wieder erneut und greifen Ärzte, Pflegepersonal oder Mitpatienten in der Klinik körperlich an. Eine Zwangsbehandlung ist dann letztlich nicht zu vermeiden.
Die abzuwehrende Gefahr ist die Nichtanerkennung der Bedeutung der Person des Betroffenen. Der Abwehrvorgang ist sozusagen total und wäre von ungeheurer Durchschlagskraft, würde er nicht auf die mitmenschliche Umgebung irreal und verrückt wirken.
Die Psychoanalyse kennt die Ich-Inflation als einen der Abwehrmechanismen im Kampf um die Identität des Ichs. Auf der anderen Seite sorgt ein **Ich-Ideal** für eine Ausrichtung der Tendenzen positiver Entwicklungen, während das Über-Ich unerfüllbare Wünsche und Forderungen, die in der ödipalen Phase imponieren, zusammenfaßt. Im täglichen Leben dürfte die manische Schablone als Schutzinstinkt in unzähligen Variationen eingesetzt werden, um Imponierverhalten, Selbstdarstellung und damit Angstüberbrückungen bereitzustellen. Das Verhalten wird hierbei meist unbewußt gesteuert. Wir können das beobachten, wenn jemand einen Raum betritt, in dem sich schon andere versammelt haben und warten. Zu den feinsten Variationen gehört ein völlig natürliches Auftreten.
Offensichtlich wird das Ich ständig durch die in der manischen Schablone bereitliegende Verhaltenssteuerung gestützt. Bei Aufregung oder Erregung werden unbewußte motorische Steuerungen wirksam, um die Person größer und gefährlicher erscheinen zu lassen. Beim Lachen und beim Lächeln werden die Zähne gezeigt. Beim Reden wird mit den Armen gefuchtelt, werden die Augenbrauen gehoben, die Augen aufgerissen. Manche Leute reden grundsätzlich nur mit gerunzelter Stirn. Die Lautstärke des Sprechens variiert ununterbrochen im Zusammenhang mit der **Ich-Stärke**. Beim Gesunden müssen wir in dieser Weise eine regulatorische, variable Funktion der Ich-Inflationsmechanismen als Auswirkung des im Hintergrund instinktiv arbeitenden Steuerungselementes annehmen.
Beim manischen Syndrom dagegen liegt eine Dekompensation dieser Steuerungen vor. Auslösend sind sowohl exogene Erkrankungen,

die den Gesamtorganismus und den Gewebsbestand des Gehirns bedrohen, als auch endogene Erkrankungen mit beträchtlicher Erregung und Spannung. Die manische Erregung kann über Monate und Jahre anhalten, kommt bei manchen Kranken mit chronischer Manie spontan nicht zum Abklingen. Der manische Krankheitsvorgang kann zu schwerster körperlicher Bedrohung führen, so wenn die manische Erregung zu einer solchen Entkräftung führt, daß ein **manisches Delir** auftritt. Dies ist bei verworren-amentiellen Manien gelegentlich der Fall, besonders im höheren Lebensalter. Alkohol- oder Drogeneinfluß können dabei fehlen. Das Phänomen der endogen-psychotischen Dauererregtheit wird uns in einem eigenen Kapitel beschäftigen. Hier müssen wir uns damit begnügen, es als einen schweren und für den Bestand der Gesundheit und des Lebens der Person bedrohlichen Krankheitszustand zu erklären.

Mit dem manischen Syndrom wird der vielfältige, topologisch gegliederte Bereich äußerer Bedrohungen sozusagen abgehakt. Die Person triumphiert überdeutlich und weist auf ihre Dominanz hin. Die Unheimlichkeit der dermatozoischen, paranoiden, der paranoid-halluzinatorischen oder der deliranten Bedrohungen ist verschwunden.

Erneut stehen wir vor dem Phänomen, daß ein Zustand, der in sich sinnvoll ist, durch einen pathogenetischen Vorgang zu einem unspezifischen, sinnlos-verrückten Krankheitszustand geworden ist. Der Bedeutungsgehalt des manischen Syndroms verweist auf einen zugrundeliegenden ethologischen und damit anthropologischen Sinn, der in der krankhaften Erscheinung selbst nicht faßbar wird, aber über die Unterbrechung der Lebensführung und die Alarmierung Gefahrenentlastung und auch Hilfe bringt.

3.12. Depressive Syndrome

Nehmen wir noch einmal an, daß eine systematische Gefahrensuche durchgeführt wird, die zum Ausschluß aller Gefahren, die wir bis zum paranoiden Syndrom kennengelernt haben, geführt haben. Dennoch mögen eine ängstliche Erregung und das Gefühl einer Gefährdung fortbestehen. Nehmen wir weiter an, ein imagierter Hautbefall bleibt aus und ein Probelauf des Manischen würde Erfolglosigkeit zeigen, da eine Abwehr der Gefahren durch inflationäre Selbstdarstellung nicht möglich erscheint. Es bestünde keine Bedrohung der Person durch Unbeachtetheit im Kreise der anderen, durch die Dreistigkeit und das Besitzstreben anderer. Niemand bedroht unseren betroffenen Menschen. Alle Gefahren mit Einschluß derer aus der umgebenden Gesellschaft sind damit exkludiert, die entsprechenden Instinktschablonen wieder eingeordnet. Was bleibt, ist eine **Gefährdung durch die eigene Person**. Die größte aller denkbaren Gefahren, die von der eigenen Person ausgehen könnte, wäre die, als Mensch völlig ungenügend oder todgeweiht zu sein durch etwas völlig Uneinholbares, Unwiederbringliches, für alle Zeiten Festgelegtes. Damit kommen wir zum depressiven Syndrom.

Das depressive Verhalten verwirft die manische Aufblähung, da ein hoffnungsloses, für immer uneinholbares Minus der Person als Gefahr entdeckt worden ist. Die Inhalte der Depression sind zwar sehr unterschiedlich, aber in bezug auf diese Bedeutung als Signifikation des hoffnungslos Verlorenen gleichrangig.

Die depressiv-wahnhafte Minderwertigkeit bezeichnet am direktesten unter allen existenten Psychosen die jetzt zum ersten Mal bewußt an der Person selbst festgestellte defizitäre Verfassung, die als Minussymptomatik oder Achsensyndrom in unserem Sinne in jeder Psychose enthalten ist. Der Kranke fühlt sich minderwertig, war im schlimmsten Fall immer minderwertig und wird immer minderwertig sein. Er kann den Vergleich mit anderen Menschen nicht bestehen. Sein ganzes Leben und vor allem der gegenwärtige Zustand sind ein Beweis für seine Wertlosigkeit. Nahe gelegen ist der Schuldwahn, bei dem die Minderwertigkeit selbst als eigene Schuld empfunden oder eine andere Schuld gewähnt wird. Im ausgeprägten Schuldwahn, der ins Schizophrene hinüberspielt, werden die schon erfolgte Aburteilung und die baldige Abholung durch die Polizei angstvoll erlebt und erwartet.

Grundlegend für das **depressive Syndrom** ist ein Erleben der Vernichtung und/oder des eigenen Verschuldens am gegenwärtigen, trostlosen Zustand und die Erwartung des Wachsens dieser Gefahr. Auch die hypochondrische Einbildung führt ein Bestimmungsstück ein, welches die Hoffnungslosigkeit des Defizits definiert. Krebs im allgemeinen, besonders der Hirntumor, die Hirnatrophie, früher die tuberkulöse Schwindsucht, die Syphilis und jetzt auch Aids wären in der schleichenden Bedrohung des Lebens geeignete Erkrankungen, die nicht sogleich widerlegt werden können und doch das quälende Krankheitsgefühl illustrieren.

Der depressive Verarmungswahn der alten Menschen ist ebenfalls geeignet, ein uneinholbares, selbst verschuldetes und vernichtendes Defizit darzustellen, das unmittelbar an die Person gekoppelt bleibt.

Im depressiven Syndrom wird, wenn wir der Aufbaureihe von den schwereren Erkrankungen her folgen, erstmals auch die Erregung bewußt als innere Unruhe erlebt. Die **Alarmiertheit** tritt in ein bewußtseinsfähiges Stadium. Doch der Maniker fühlt sich nicht erregt, er ist Erregung, Überaktivität, Rededrang. Der Depressive fühlt sich dabei gleichzeitig gehemmt, während die kognitive Tätigkeit im Rahmen des melancholischen Grübelzirkels eine ununterbrochene Fehlerbeschreibung und -suche betreibt. Zugrundeliegen mag ein Mechanismus der Fehlersuche, bei dem die Gedanken so lange im **zirkulierenden Gedächtnis** (N. Wiener) gehalten werden, bis ein positiver Fehlerbefund (oder beim Gesunden häufig eine Fremdbeschuldigung), womit ein gleichrangiges Ergebnis vorläge, erreicht ist. Weitere Fehler zu begehen, wird durch die Hemmung und Lustlosigkeit verhindert.

In der Depression ist einer der entscheidenden Vorgänge, daß das Gescheitertsein in wahnhafter Weise als feststehend erlebt wird. Die allgemeine Alarmiertheit kreist um diesen Punkt. H. Tellenbach hat als erster diese Grundstruktur des depressiven Zustands erkannt und als **Remanenz** bezeichnet. Der Kranke bleibt hinter sich selbst zurück. Ihm ist eine Erinnerung an früheres Können, an die eigenen **Sollwerte**, an sein Ich-Ideal geblieben. Jetzt ist er zu weit davon entfernt, um wieder zurückzukönnen. Die Qual des Sich-nicht-Erheben-Könnens wird erlebt. Das Bewußtsein verweigert den Wiederaufbau. Damit wird das Wesen des Psychopathologischen überhaupt im depressiven Syndrom erlebt: das Bewußtsein weigert sich, aktualgenetisch und auch auf längere Sicht sich seinen Sollwerten entsprechend aufzubauen. Die voll ausgeprägte Gesamtstruktur will nicht manifest werden. Die vorletzte und auch die letzte, die **neurotische Etappe** des menschlichen Wesens verweigern die Manifestation. Die depressiven Kranken wirken ihrer Ausgangspersönlichkeit gegenüber erheblich verändert. Die melancholische Wesensart macht die Kranken untereinander ähnlicher im Vergleich zur jeweils eigenen Ausgangsperson. Die Kranken wirken nivelliert und erwecken einen Eindruck der Hilflosigkeit, der Unfähigkeit schon im Kleinsten. Das kindliche Anmuten rechtfertigt die Annahme von S. Freud, die Depression sei eine Regression auf die orale Stufe. Der Depressive erlebt Todesangst wie der Säugling angesichts der Trennung von der Mutter. Diese erscheint, wenn sie vollzogen wäre, als ebenso hoffnungslos wie das depressive Erleben. Eine prinzipielle Verfallenheit an das Nichts, an den Untergang, ein Ausbleiben-

müssen jeglicher Hilfe wäre durch den Verlust der Mutter des Säuglings und das Ausbleiben einer vergleichbaren Person garantiert.
In der Aufbaureihe der Psychosen manifestieren das depressive Syndrom und die entsprechende Schablone im Referenzsystem wesentliche Bereiche, in denen wir eine Komplettierung der menschlichen Person feststellen können. Die **Kritikfähigkeit** kehrt zurück, wenn auch hier eine Maßlosigkeit der Selbstkritik vorliegt und das **Werterleben**, wenn es auch nur als Verlust des eigenen Wertes erlebt werden kann. Die depressiven Kranken machen aber schon vielfach Unterschiede. Viele Patienten äußern, mit Rücksicht auf ihre Familie Suizidwünsche immer wieder abzuwehren. Die depressiven Kranken verhalten sich dankbar, imponieren auch durch ihre Feinfühligkeit und Sensibilität gegenüber guten Worten und sinnvoller Hilfe. Diese Zartheit geht bei manchen sehr gut remittierenden Depressiven nach Jahren verloren. Sie wirken jetzt robuster, selbstbewußter und können die Dankbarkeit nicht mehr so recht ausdrücken, weil sie wieder freier und abwehrfähiger geworden sind.
Beim schwerkranken Depressiven kann ein Wort genügen, um den Selbstmord auszulösen. Der Nihilismus kann durch eine winzige Hinzufügung in die Selbstvernichtung umschlagen. Dann sind alle Werte negativ. Auf dem Wege dahin fühlt sich der melancholische Kranke erleichtert. Er kann sich lächelnd vom Pflegepersonal verabschieden und einen kleinen Spaziergang vortäuschen. Das bevorstehende Ende der Qualen ruft Zufriedenheit, Erleichterung hervor.
Im depressiven Syndrom sehen wir ein Verhalten, das zur äußersten Gefährdung der Person führen kann, nachdem ein physiologisches Verhaltensmuster, dem wir ebenfalls instinktiven Charakter zuschreiben, durch einen pathogenetischen Vorgang zu einer Alarmierung geführt hat, deren Inhalt das Scheitern menschlicher Bemühungen darstellt, die durch das physiologische Verhaltensmuster erfolgreich gestaltet werden könnten. In der Realität des menschlichen Lebens sorgt die ständige Suche nach Fehlern und deren Vermeidung, die Hemmung vor gefährlichen Handlungen, die die Person und ihren Bestand bedrohen könnten, die melancholische Einkehr und Revision bei sich selbst dafür, daß Ausuferungen immer wieder vermieden werden. Auch nach tatsächlich eingetretenen Fehlern findet so eine **Selbstreparatur** statt: der Fehler wird gefunden, seine zukünftige Vermeidung wird zum Programm gemacht. Eine Selbstbeschuldigung steht hierbei im Dienste der Selbstbefreiung, um das Fehlerhafte des Verhaltens nicht generalisieren zu müssen. Die Per-

son geht mit sich selbst zu Rate, erlegt sich neue Hemmungen auf, die wie Sicherungen gegenüber allzu leicht eintretenden erneuten Fehlern wirken können.

Im depressiven Syndrom gelingt die **Selbstbefreiung** und -heilung nicht mehr, der Zustand des erkrankten Nervensystems erlaubt nicht das Wiederauferstehen des Ichs aus der knieenden und schuldigen Haltung. Der Kern der depressiven Qual ist deshalb die pathogenetisch bedingte Aufbauunfähigkeit. Dies gilt sowohl für die neurotischen wie die reaktiven, die endogenen und auch die exogenen Depressionen. Auf unterschiedlichsten pathogenetischen Wegen tritt stets der gleiche Alarmierungszustand ein. Bei exogenen Depressionen ist die Gefährdung des Gehirngewebes stets nur eine vergleichsweise geringe, so daß depressive Syndrome bei bestehender organischer, symptomatischer oder exogener Hirnerkrankung noch eine günstige Prognose in bezug auf den Grundvorgang der Erkrankung bedeuten. Bei stärkerer Hirnschädigung ist Depressivität mit Selbstreflexion, Selbstzweifel und beständigem, wenn auch frustanem Nachdenken nicht mehr möglich.

Beim neurotischen Weg in die Depression tritt das depressive Syndrom als Verschlimmerung zur Neurose hinzu. Der **neurotische Abwehrkampf** gegen die Ich-Insuffizienz, welcher einen Umweltausschnitt zum Nebenkampfplatz gewählt hat, wird als gescheitert erlebt. Der neurotische Kranke gerät in den prinzipiellen, den depressiven Zweifel an seiner Person. Bei der reaktiven Depression dagegen führt die Schwere des Erlebten zu einem Bruch des Selbstvertrauens und einer schuldhaften Verarbeitung, wobei eine zunehmende Erregung über sich selbst eine führende pathogenetische Rolle spielt. Das Eintreten der Depression ist von der relativen Schwere des Ereignisses für den Betroffenen abhängig. Vielfach sind die reaktiven Lebensereignisse selbst auch geeignet, depressive Selbstzweifel auszulösen, wie der Tod langjährig gepflegter krebskranker oder alterskranker Angehöriger. Das Leben des Angehörigen lag scheinbar in der Hand des späteren Kranken, der eintretende Tod wird als Schuld erlebt.

Das Syndrom der **agitierten Depression** enthält neben der gesteigerten Gesamterregung und neben der möglichen Nähe zum manisch-depressiven Mischbild verdeutlichend ein anderes Element des depressiven Syndroms, das der Mitteilung der Verzweiflung. Diese beinhaltet eine grundsätzliche Hilfesuche, aber noch nicht -annahme. Das Agieren und Kämpfen ist zu Ende, die Selbstdeklaration des Scheiterns kann Hilfe aktivieren. Tatsächlich finden wir bei den meisten depressiven Kranken eine Neigung, zu klagen, und eine Bereitschaft der Annahme von Hilfe, wenn diese deutlich artikuliert wird. Zum Behandlungsbeginn einer Depression gehört ein Hilfeversprechen und ein Inaussichtstellen der Heilung. Die gute Prognose fast aller Depressionen berechtigt auch zum Ausstellen derartiger prognostischer Wechsel auf die Zukunft. Auch hierin unterscheidet sich das depressive Syndrom deutlich von den weiter unten gelegenen Vorläufern in der Aufbaureihe. Auch die Aussprachebereitschaft der Depressiven, welche bald nach Therapiebeginn zu erreichen ist, zeugt von bestimmten, noch näher zu analysierenden Stufen des Ich-Aufbaus. Im akuten depressiven Syndrom kann eine vollständige Abwehr aller helfenden und tröstenden verbalen Bemühungen entgegen dem prinzipiellen Alarmierungsverhalten des Arztes vorliegen. Dank der psychopharmakologischen Behandlung kann jedoch die Stufe der Hilfeannahme heute meist bald erreicht werden. Im depressiven Syndrom selbst liegt eine vollständige Abwehr tröstender Möglichkeiten strukturell begründet, wohl weil das Ziel nicht die Tröstung, sondern die Änderung oder Beendigung dieser gestandeten Existenz ist. Noch vor 20 Jahren sahen wir viele Kranke, die wir noch nicht mit den heutigen Mitteln und so konsequent psychopharmakologisch behandeln konnten, die in einer verbissenen Abwehrhaltung alles Positive abwehren mußten und dadurch dem behandelnden Personal eine unermüdliche Kraft, das Positive dennoch zu behaupten und einzubringen, abverlangten.

Mit der Einnahme des depressiven Zustands durch den Kranken tritt fast automatisch eine **Entlastung** von Aufgaben ein. Die Kranken werden durch die Hemmung ihrer meisten erworbenen Fähigkeiten in einen Zustand der Hilflosigkeit überführt, den sie indessen qualvoll erleben. Der zugrundeliegende physiologische Instinktmechanismus würde also bedeuten, daß die Entlastung von Aufgaben erleichternd in Anspruch genommen wird, um den inneren Konflikt lösen, um den noch nicht entdeckten Fehler ungestört finden zu können. Im tatsächlichen **Konfliktlösungsverhalten** wird dementsprechend im Fall des Alleingangs ein Aktivitätsabfall in Kauf genommen, um ungestört an sich arbeiten zu können. Es tritt Arbeitsunlust, Appetitmangel, Kontaktverweigerung und mangelhafte Schwingungsfähigkeit der Stimmungslage ein. Häufig ruft dies Interventionen nahestehender Personen hervor und führt dadurch zu einer kaum erwarteten Hilfe von außen.

Wir nehmen im Normalfall eine mehrstündige bis maximal mehrtägige **Konfliktverarbeitungszeit** an. Bei besonders schweren Problemen können auch mehrere Wochen bis Monate in Anspruch genommen werden, bis ein Fehler, der zu einer depressionsähnlichen Verarbeitung im physiologischen Sinne führt, herausanalysiert ist. Der Restbestand der Person wird dann rasch wieder aufgebaut, sobald der Fehler abgegrenzt und die Negativität auf einen bestimmten Bereich zentriert werden konnte. In der Depression dagegen besteht eine permanente Ausbreitung der Negativität über alle Bereiche, die nicht mehr einer Bearbeitung zugänglich ist, weil nicht ein Konflikt oder Fehler, sondern eine krankhafte Dauererregung dem Zustand zugrunde liegen.

Das depressive Syndrom ist wie alle anderen Abbaustufen die Entgleisung eines vorgeformten, also angeborenen **Instinktmechanismus**, seine Karikatur. Ein Alarmzustand wird durch den pathogenetischen Mechanismus ausgelöst und macht aus einem fakultativen Scheitern, das aber durch Selbstanalyse und Fremdhilfe abzuwenden wäre, ein permanentes.

Topologisch ist also das depressive Syndrom auf das Ich zentriert. Trotz des Fortfalls halluzinatorischer Umweltbeziehungen besteht aber noch keine regelrecht aufgebaute Erlebniswelt im äußeren Raum. H. v. Ditfurth beschrieb eine „affektiv-vegetative Kommunikationsstörung“ bei der Depression. Der Depressive steht seiner Umwelt eigentümlich beziehungslos gegenüber. Bei Deprivationsversuchen fanden wir mit J. Gross und P. Kempe eine Deprivationsintoleranz bei den Depressiven. Diese verfügen nur über einen schmalen Zugang zur Umwelt. Ihre Fähigkeiten sind lahmgelegt, sie empfinden sich als isoliert, neigen zum untätigen Herumsitzen oder -liegen. Der Aufforderungscharakter der Umwelt fehlt. Es besteht sozusagen nur ein schmaler Saum an Umwelt. Der Depressive klammert sich an die nächstgelegenen Gegenstände.

Im Deprivationsversuch wird die unmittelbare Umwelt entzogen durch einen schalltoten, vollständig dunklen Raum. Im Gegensatz zu schizophrenen Kranken werden die depressiven Patienten in einen Panikzustand versetzt und verlangen nach kurzer Zeit durch Druck auf den Panikknopf, wie zugesagt, aus der Deprivationssituation befreit zu werden. Schizophrene Kranke dagegen fühlen sich in der isolierten Situation wohl. Wir nehmen an, daß dies durch den Fortfall ängstigender realer und einer Abnahme der Wahrscheinlichkeit gewähnter Einflüsse bedingt ist.

In einer Arbeit zur Umweltsituation des Manikers hat J. E. Meyer die bunte, massenhafte Ansammlung von Reizobjekten im Krankenzimmer hervorgehoben. Der Maniker nimmt also seine Umwelt nicht wahr, es sei denn, er kann sie mit bunten Farbtupfen markieren. Tatsächlich verkennen die manischen Patienten in einem tiefgreifenden Maße die Realität ihrer Welt. Mit ununterbrochener Kraftentfaltung wird das Nichts erfüllt. Der Depressive vollzieht einen Rückzug auf sich selbst. Dabei reicht es nur zu einer **schwachen Umweltbeziehung**. Diese wandelt sich durch Entzug zu einem bedrohlichen und in Panik erlebten Nichts. Wahrscheinlich ist das Erlebnis analog dem des verlassenen Kindes, dessen Umwelt auch nur so weit Realität besitzt, als sie von seiner Mutter oder einer Amme eingenommen wird. Auch das im oralen Stadium befindliche Baby besitzt keine Fähigkeiten, seine Umwelt zu bewältigen. Nur der Hilferuf an die Mutter ist erfolgversprechend. Ebenso verhält sich der depressive Kranke: er ist hilfesuchend und -empfänglich, sobald er sich in einer vertrauenserweckenden Behandlungssituation vorfindet. Ihr Entzug dagegen ist gefährlich – vorzeitiger Urlaub oder zu frühe Krankenhausentlassung oder Gesundschreibung provozieren Suicide.

3.13. Neurotische Syndrome

Die Entwicklung vom Kind zum Erwachsenen stellt dem Individuum eine große Zahl einzelner Aufgaben, die er mit Hilfe **angeborener** Fähigkeiten oder **Programme** und einem komplizierten, im Grundsatz lebenslangen **Lernvorgang** bewältigt. Bei den Neurosen als Störungen der Individualentwicklung fehlt auf einzelnen oder mehreren Gebieten die Fähigkeit, die Ergebnisse des Zusammenspiels einer anlagemäßigen Matrix und fortlaufender Lernvorgänge zu optimieren. Die entstehenden Störungsbilder sind von sehr unterschiedlicher Intensität. Bei den schwereren erscheint es für den Betroffenen ausgeschlossen, bestimmte Ziele überhaupt zu erreichen, die Gesunden anscheinend mühelos zugänglich sind. Die Kompliziertheit der gelingenden Entwicklung wird erst durch die neurotischen Störungen in ihrer Gefährdung und Angstgeladenheit verdeutlicht.

Symptomatologisch sehr ähnliche Störungen spielen sich dabei auf mehreren Ebenen ab:

a) **Abortivpsychosen** enthalten neben abgeschwächten Merkmalen bestimmter psychotischer Syndrome neuroseartige Störungen. Es kommt zu Mischsyndromen, die im Verlauf der Behandlung so weit entmischt werden können, daß der psychotische Anteil durch psychopharmakologische Therapien zurückgedrängt werden kann und ein psychotherapiefähiger Zustand in bezug auf die Neurose eintritt.

b) Bei **Psychopathien** sind noch schwächere psychotische Syndrome vorhanden und werden zusammen mit verhältnismäßig schweren neurotischen Störungen zu einem Persönlichkeitsbild integriert, bei dem dem Kranken die Möglichkeit der Distanzierung im unbehandelten Zustand weitgehend fehlt. Unter kombinierten psychopharmakologisch-psychotherapeutischen Therapien sind bei einem Teil der Psychopathen oder abnormen Persönlichkeiten ebenfalls die psychotischen Teilsymptome soweit zu mildern, daß Psychotherapiefähigkeit eintritt. In der älteren Psychiatrie galt eine fast gesetzmäßige Unheilbarkeit, die deutlich in Zusammenhang mit der starken Identifizierung der Psychopathen mit ihren krankhaften Merkmalen stand.

c) **Neurotische Syndrome** werden von vielen Autoren ebenfalls noch auf psychopathische und diese wiederum auf abortiv-psychotische Persönlichkeitsgrundlagen zurückgeführt. Erst in jüngster Zeit wird auf die abnorme Charaktergrundlage zunehmend verzichtet zugunsten einer gestörten Erarbeitung von Verhaltensstrategien und Erlebnisdispositionen auf Gebieten, die existentiell bei jedem Menschen großes Gewicht haben. Die Neurosen haben einen ausschnitthaften Charakter, in dem nur bestimmte Objektbeziehungen von einer teilweise schweren Störung befallen sind, während auf anderen Gebieten regulative Verhaltensleistungen erbracht werden. Die Persönlichkeit des Neurotikers ist jedoch insgesamt auch verändert, so daß wir ein neurotisches Achsensyndrom, also bestimmte Einschränkungen der Entfaltung der Gesamtpersönlichkeit finden und beschreiben können. Die Störungen auf den Einzelgebieten können schwer sein und gehen in psychopathische, weiter in abortiv-psychotische, aber auch in schwerere psychotische Zustände stufenlos über. Neurotische Störungen bleiben nicht immer auf Ausschnitte der menschlichen Existenz begrenzt, sondern können durch Generalisation und dadurch vermehrten Zeitaufwand so starkes Übergewicht im Leben gewinnen, daß sie dieses vollständig ausfüllen. Im 19. Jahrhundert sprach man von Monomanien. Einige dieser Monomanien sind jedoch auch abortiv-psychotische und psychopathische Krankheitsbilder.

d) Bei der **normalen Entwicklung** werden von allen Schulen neuroseähnliche Störungen für nicht regelwidrig gehalten. Man schreibt

etwa, jeder Mensch sei mehr oder weniger stark neurotisch. Zum Teil werden damit Ängste angesprochen, die scheinbar vom Idealbild des normal-gesunden Menschen abweichen.
Auch werden partielle neurotische Gehemmtheiten, Identifikationsprobleme, angstvolle Beziehungsstörungen für so weit verbreitet gehalten, daß man sie praktisch bei jedem Menschen findet. Die **Bedeutung instinktiver Verhaltensgrundlagen** ist **beim gesunden Menschen** weitgehend ungeklärt. Die psychoanalytische Theorie unterstellt bei jedem Menschen eine bestimmte Triebsequenz und -hierarchie. Alle anderen Trieb- und Instinktlehren haben sich wegen ihrer Übertreibungen jeweils nicht lange halten können. Die Weltgesundheitsorganisation definiert den Gesunden erstaunlicherweise als einen Menschen, der frei von Beschwerden, unbefriedigten Bedürfnissen und Angst sei. Die Erkenntnisse der Psychiatrie und Psychoanalyse über die menschliche Entwicklung nach der Geburt widersprechen diesem Postulat und lassen es zu einer unerfüllbaren und dadurch auch unsinnigen Forderung werden. Nur das ungeborene Kind kann die WHO-Definitionen in bezug auf Wohlbefindlichkeit erfüllen, sofern seine Mutter das werdende Kind nicht durch Zigaretten, Alkohol oder Konfliktspannungen in seiner paradiesischen Geborgenheit stört. Die Psychiatrie dagegen zeichnet das Bild eines Menschen, der ununterbrochen, unter der Drohung von Angst und Panik stehend, um eine leidliche und jeweils vorläufige Ordnung seines Daseins kämpft. Die Behauptung des Ichs gegenüber Um- und Mitwelt beim Gesunden ist nicht eigentlich Gegenstand der psychiatrischen Forschung. Wir werden aber gezwungen sein, die Funktion der bei den Psychosen die Verhaltenssteuerung übernehmenden Strukturteile (der Instinktmodule) durch eine vergleichende Untersuchung zwischen Psychosen der verschiedenen Kategorien, Psychopathen, Neurotikern und Gesunden einer Erklärung näherzubringen. Von der Psychoanalyse können wir, wie kürzlich auch L. Ciompi (1982), sowie von E. Kretschmer das epistemologische Lösungsmodell übernehmen: Freuds Theorie arbeitet mit dem Vergleich von Gesunden, Neurotikern und Psychotikern, deren jeweiliger Existenzform eine unterschiedliche **Arbeitsweise eines Grundmodells***, das wir als **Referenzsystem** bezeichnen, zugrundegelegt wird. Die psychiatrische Therapieerfahrung unterstützt ein derartiges methodologisches Vorgehen. Die psychotischen Störungen bil-

* des psychischen Apparates (S. Freud)

den sich unter der Behandlung zurück, wobei die außer Kontrolle geratenen Strukturteile an einen Verankerungsort zurückzukehren scheinen und dabei in das Gesamt der Person wieder integriert werden. Einige dieser psychotischen Mechanismen wandeln sich dabei in neurotische um, andere hinterlassen eine aktualistische Konfliktproblematik und ein nicht kleiner Teil verschwindet spurlos. Die Psychiatrie ist nicht in der Lage, den Gesunden zu erklären, aber sie sieht aus Psychotikern wieder Gesunde entstehen. Auch das Wiedererkranken kann über bestimmte Zwischenstufen beobachtet werden. Durch psychotomimetische Substanzen werden bei Gesunden Psychosen hervorgerufen, von denen ein Teil nicht von endogenen Psychosen unterschieden werden kann. Experimentell können auch Konfliktreaktionen und Neurosen bei Gesunden erzeugt werden. Aufgrund aller dieser Erfahrungen erscheint der Gesunde als ein Mensch, der sich selbst gesund erhält und dabei über Fähigkeiten verfügt, die die Psychiatrie nur zum kleinsten Teil zu erkennen scheint. Die psychotherapeutischen Verfahren sind aus diesen unbekannten Fähigkeiten Gesunder abgeleitet.

*

Wenn die Neurosen ein Bindeglied zwischen Psychose und seelischer Gesundheit sind, kann dies darauf beruhen, daß die gleichen Strukturteile, deren schwere Dekompensation eine Psychose bedeutet, bei den Neurosen in einer leichteren Störungsform Grundlage des Geschehens bilden. Würde sich diese Annahme bewahrheiten, könnten die **Neurosen und Psychosen auf einen dritten, unbekannten, den gesunden Zustand extrapolieren lassen**. Die Gliederung der psychotischen Umwelten in topologische Horizonte müßte sich, falls die Neurosen solche Zwischenstadien sind, wiederfinden lassen. Nachfolgend werden wir untersuchen, ob sich die Neurosen in eine solche Gliederung zwanglos einordnen lassen. Bei den leibnahen Syndromen werden wir psychosomatische Krankheitsbilder wiederfinden.

a) Protostomiale Syndrome

In der Entwicklung des Menschen hat in einer sehr frühen, über 1/2 Milliarde Jahre zurückliegenden Periode nach Auffassung der Paläontologen und der vergleichenden Anatomen nur eine Mundöffnung vorgelegen, die mit dem heutigen Anus identisch ist. Der Tierstamm spaltete sich in protostom bleibende, die heutigen Mollusken, Arthropoden und einen Teil der Würmer, während die Echinodermata, die Chordatatiere und mit ihnen die Wirbeltiere sowie ein Teil der Würmer an der dem Urmund entgegen gelegenen Seite eine neue Mundöffnung, das Deuterostomium bekamen. Dadurch änderte sich die Flußrichtung der Speisen und ihres Verdauungsweges. Die Fortbewegungsrichtung kehrte sich um, der Urmund wurde zum Ausscheidungsorgan. Er blieb jedoch rezeptiv für die Befruchtungsvorgänge. Es kann als gesichert gelten, daß beim weiblichen Orgasmus ein **Schluckakt** dergestalt vorliegt, daß das Sperma vom Uterus angesogen wird (Masters u. Johnson). Urethra, Vagina und Anus stammen vom **Urmund** ab. Eine Eigentümlichkeit des Menschen ist es, daß in diesen Körperregionen besondere Wollustempfindungen lokalisiert sind, wie sie von keiner anderen Stelle des Körpers her ausgelöst werden können. In der Lehre von S. Freud bildet deshalb die **Libido**, ursprünglich die Urlust an und aus den Unterleibsorganen, die Rolle einer Lebenskraft und zugleich die einer unteren Schicht, welche alles bedingt und auf die alle Vorgänge rekurrieren.

Ich ordne die protostomialen psychopathologischen Syndrome ebenfalls zuunterst ein, weil sie bewußtseinsferner und willentlich unbeeinflußbar ablaufen und auch mit Rücksicht auf ihre schamhafte Absicherung gegen soziale Aufmerksamkeit. Hierhergehörige Geschehnisse und Handlungen sind mit dem sorgfältig aufgebauten Sozial-Ich kaum in ein Bild zu bringen. Bei Neurosen und auch bei den Psychosen, und hier besonders bei den schwersten Formen, treten auf protostomialem Gebiet eigentümliche, meist unbeachtete Syndrome auf, die wir der Reihe nach untersuchen wollen.

a1) Anale Syndrome

In der Lehre von S. Freud beginnt schon im embryonalen Leben die orale Phase, ihre volle Entfaltung findet sie jedoch erst in der Nachgeburtsperiode mit dem Instinktverhalten des Säuglings in bezug auf die mütterliche Brust, bei der ein motorischer Suchmechanismus mit Kopfpendeln zunächst das Gesamtorgan auch unabhängig von der optischen Wahrnehmung sucht, ein feines Pendeln dann im Größenbereich der Brustwarze dieses Organ sucht und findet. Auch das anschließende Leersaugen der Brust, der Stillvorgang, ist ein angeborenes instinktives Verhalten.

In der Freudschen Lehre folgt auf diese orale Phase die anale Phase, welche eigentlich auf eine phylogenetisch ältere Schicht Bezug nimmt, jedoch in der Reihenfolge der Entwicklung des lebenden Menschen tatsächlich gegen Ende des ersten Lebensjahres eine neue

Bedeutung bekommt. In der analen Phase lernt das Kleinkind, den Kot unter bestimmten Konditionen abzusetzen. Die Sauberkeitserziehung in bezug auf den Stuhlgang erstreckt sich normalerweise bis zum Ende des zweiten bis vierten Lebensjahres und hat zum Ziel, Kot und Speisen mit zunehmender Sicherheit voneinander zu trennen. Die Entwicklungsgeschichte stellt hier die Aufgabe, den protostomialen Vorgang vom deuterostomialen zu trennen.

Indessen ist auch der Schluckakt der Urmundregion im Bereich des Anus durch die Entwicklungsgeschichte nicht vernichtet worden. Beim Orgasmus treten rhythmische Kontraktionen auch der Analmuskulatur auf. Durch den analen Geschlechtsverkehr kann bei beiden Geschlechtern ein Orgasmus ausgelöst werden. Manche Menschen sind der Auffassung, daß die anale Empfindsamkeit wesentlich größer als die vaginale sei und ziehen deshalb die erstgenannte Öffnung vor. Ein wesentlicher Teil des homosexuellen geschlechtlichen Lebens spielt sich ebenfalls in diesem Bereich ab. Die Aufnahme des Penis in die Analöffnung und das Rektum bedeutet einen protostomialen Schluckakt.

Die Lustempfindungen begleiten jedoch nicht nur die Aufnahme in die Urmundsöffnungen, sondern auch die Ausscheidung aus denselben. Der gesunde/normale Vorgang der Kotausscheidung läßt den Stuhlgang zu einer angenehmen Empfindung, aber auch der nachträglichen Erleichterung werden. Viele Menschen werden dieser Empfindungen nicht teilhaftig, da sie unter zu hartem Stuhl infolge einer angstbedingten Obstipation leiden und als Folge des aufrechten Ganges an hämorrhoidalen Beschwerden.

Im Rahmen psychopathologischer Syndrome sind **anale Störungen** keineswegs selten. Zunächst kommen sie bei Neurosen vor. Man kennt fetischistische Syndrome mit dem Inhalt, Stuhl vom Partner zu erhalten oder den Geruch wahrzunehmen, um dadurch einen Orgasmus auszulösen. Auch Voyeure (oder Skoptophile) sind triebhaft auf die Beobachtung des Stuhlgangs anderer Menschen eingestellt.

In der menschlichen Gesellschaft spielt auch das Ablassen der Darmgase eine nicht unbeträchtliche Rolle. Es ist weitgehend tabuiert, also schamgeschützt, aber auch mit starken Emotionen verbunden. Heiterkeit, jedoch auch Wut und Ekel können durch den Flatus hervorgerufen werden. Mehr provinzielle als glänzende Entertainer erheitern ihr Publikum durch Anspielungen auf Anales.

Bei Psychosen kann es zu schweren Störungen im gesamten Analbereich kommen. Zunächst ist die **Obstipation** ein überaus häufiges

Symptom, das schon bei neurosekranken Personen, besonders aber bei depressiven und schizophrenen Kranken eine bedeutende Rolle spielt. Viele dieser seit ihrer Jugend übererregten und noch zusätzlich ängstlich und prüde erzogenen Menschen leiden lebenslang unter Obstipation. Viele Kranke gestehen nur zögernd, schon seit vielen Jahren Abführmittel zu benötigen. Hierbei handelt es sich nicht um einen Erkrankungszustand des Darmes oder eine etwa mangelhafte Innervation, wie sie beim Megakolon vorliegt, sondern um eine tiefsitzende Angst, die eine höhere Funktion, nämlich die Stuhlausscheidung, zugunsten einer niederen, der **Zurückhaltung von protostomialen Ausscheidungsfunktionen**, benachteiligt. Durch Angst wird die Stuhlausscheidung gehemmt. Wir kennen aber auch ein **Einkoten** unter allergrößter Angst, vor allen nach Ereignissen von größter Heftigkeit und zentrierter persönlicher Betroffenheit.
Ein anderes anales Syndrom ist die **Kotambivalenz** bei oft gleichzeitiger Stuhlangst. Die psychotischen Patienten sind stark regrediert und verlieren die in der Individualentwicklung erworbenen Fähigkeiten, den Stuhl entweder zurückzuhalten oder gezielt abzusetzen. Man findet dies ausschließlich bei schweren Psychosen aus dem depressiven, schizophrenen und deliranten Formenkreis. Die Patienten bleiben auch in ihrem Kot liegen oder laufen nach dem Einkoten mit der verunreinigten Kleidung herum und äußern Angst, nicht ausscheiden zu können.
Eine andere Steigerung analer Symptomatik ist die **Stuhlhypochondrie**, bei der der Stuhl ängstlich über Tage bis Wochen zurückgehalten wird, bis ein koprostatischer Ileus entsteht. Die Kranken verheimlichen die Stuhlzurückhaltung, welche sich im übrigen durch drastische Abführmaßnahmen leicht beheben läßt, jedoch unglücklicherweise durch anticholinergisch wirkende Pharmaka verstärkt oder hervorgerufen wird.
Die maximale Ausprägung analer Syndrome findet sich in Form des Kotschmierens und schließlich des Kotessens bei schweren schizophrenen und deliranten Psychosen. Hier scheint der evolutionäre Gewinn vollständig aufgegeben worden zu sein, Kot wird für Nahrung gehalten, das anale Objekt wird wieder zum Eßobjekt. Freilich stopfen es sich die Kranken nicht in den Anus, sondern in den Mund. Psychopathologisch findet man gleichzeitig hochgradige Verwirrung, Wahnideen, Erregtheit und schwerste kognitive Störungen mit Kontaktunfähigkeit. Die Behandlung muß sich nach dem Grundleiden richten.

a2) Urethrale Syndrome
Blasenentleerungsstörungen gibt es schon bei psychosomatischer Erkrankung, dann nicht selten bei Neurosen und in beträchtlicher Häufigkeit bei Psychosen. Bei den letztgenannten Erscheinungen entwickelt sich häufig nach Abklingen der Psychose eine **Pollakisurie** mit ständiger Erregung und Entleerungsdruck der Blase, häufigem Aufsuchen der Toilette und Entleerung kleiner Mengen von Urin. Oft befinden sich die Kranken dabei schon weit auf dem Wege der Remission, erregen sich jetzt aber wieder und glauben an eine neue Bedrohung. Die Therapie ist einfach und geht von Übungen des Harnanhaltens während des Tages aus. Da die Kranken durch die Pollakisurie kaum schlafen können, weil sie in ½–1stündlichen Abständen aufwachen und zur Toilette gehen müssen, lautet die Übungsanweisung, am Tage bei Harndrang die Entleerung nicht zu versuchen, sondern den Druck vorübergehend auszuhalten. Dadurch vergrößert sich das Harnvolumen in der Blase, das Organ entspannt sich wieder.
Auf dem urethralen Gebiet gibt es auch beträchtliche libidinöse Bereiche. Einmal ist die Urethra selbst durch Druck und sanftes Streichen in der Lage, zur Einleitung des Orgasmus beizutragen. Dies ist bei beiden Geschlechtern der Fall. Auch die Harnentleerung ist von Lustempfindungen begleitet. In extremen, seltenen Fällen werden Harnblase und Urethra zum zentralen orgasmusvermittelnden Organ. So wurde vor einigen Jahren ein Bericht über eine Frau aus Israel veröffentlicht, die seit ihrer Kindheit in der Urethra masturbierte und später anstelle der Vagina die Harnröhre zum Geschlechtsverkehr mit ihrem Mann nahm. Sie wurde in eine Klinik gebracht, wo man die Urethra durch eine plastische Operation wieder verengte. Wenige Monate später hatte die Frau wieder eine so weite Urethra, daß sie weiterhin mit diesem Organ geschlechtlich verkehren konnte. Ihren Mann hatte es gestört, daß ständig etwas Urin dabei im Spiel war.
Harnentleerungshemmung ist ein häufiges Symptom genereller neurotischer Gehemmtheit und hängt mit dem Schamverhalten zusammen. Besonders männliche Personen können in Gegenwart anderer ihren Urin nicht entleeren und suchen deshalb ungern Herrentoiletten auf, in denen ein Becken neben dem anderen steht oder wo an eine Rinne herangetreten werden muß.
Unklar ist bis heute, ob Stuhl- und Harnentleerung bei den meisten Menschen gleichzeitig ablaufen oder häufiger getrennt. Einige Be-

obachtungen weisen auf eine Getrenntheit mit einem gewissen Vorrang der Entleerung des Kots hin.
Auch der Urin als Objekt kann Gegenstand einer fetischistischen Perversion werden, wobei sowohl das Riechen wie orale Kontakte Gegenstand von Handlungen sind, die einen Orgasmus einleiten sollen.
Eine besondere Bedeutung scheint bei Säugetieren die Benetzung der Harnröhrenöffnungen und ihrer Umgebung durch Urin und das Verbleiben eines Restes dort unter chemischer Umwandlung in **Geruchsstoffe** zu spielen. Dieser Bereich ist wenig erforscht, spielt jedoch in der heutigen menschlichen Sexualität eine maximal tabuierte, desodorierte und vielfach nicht mehr akzeptierte Rolle. Damit hängt auch möglicherweise die anthropologische Bedeutung der Achselhöhle zusammen.
Die menschliche Sexualität ist in besonderem Maße ablenkbar, verdrängbar und kann leicht unterdrückt werden. Eine gewisse Konzentration auf den Partner und auf genitale Reize ist unerläßlich für die Auslösung des zur Zeugung zumindest beim Mann unerläßlichen Orgasmus. Bislang ist unbestritten, daß Frauen auch ohne das Erleben eines Orgasmus geschwängert werden können. Die starke Ablenkbarkeit bedingt nun, daß bei Erregtheit durch Konfliktbelastung oder andere Umstände eine genitale Vereinigung zu scheitern droht. Wahrscheinlich spielte die **Achselhöhle** einst im Zusammenhang mit der Konzentration auf genitale Reize eine besondere Rolle, wie L. Tolstoi im Chadschi Murat zeigte. Nur beim Menschen ist diese isoliert behaart, während die Umgebung bei Frauen nur von feinen Lanugohärchen umgeben ist, aber auch beim Mann sind Schulter, Arm und seitliche Anteile der Brust meist unbehaart.
Die apokrinen Achselschweißdrüsen sondern fett- und eiweißhaltige Zellteile mit der Schweißflüssigkeit ab. Diese Stoffe setzen sich in den Achselhaaren fest und entfalten hier einen eigentümlichen Duft. Dieser erinnert entfernt an den Geruch der Urethralöffnung und wird heute ebenfalls durch Desodorantien ausgeschaltet. Von besonderer Bedeutung scheint darüber hinaus die Gestaltung der Achselhöhle zu sein. Nicht selten findet man eine Faltenbildung am vorderen Rand der Achselhöhle, die zum Teil aus einer einfachen, in manchen Fällen aber auch aus einer doppelten Falte und schließlich vereinzelt auch aus einer dreifachen Faltung besteht (Abb. 3). Gleichzeitig ist die Haut in der Tiefe der Achselhöhle schlaff, so daß ein Aspekt ähnlich dem von weiblichen Labien entsteht.

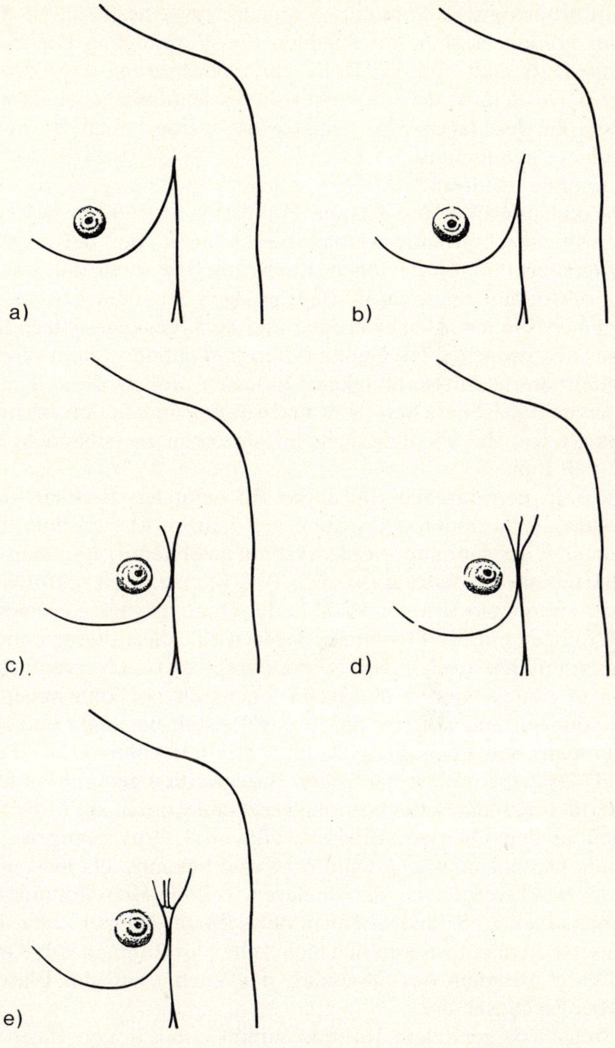

Abb. 3. Formen der menschlichen Achselhöhle. Von a) nach e) zunehmende Ähnlichkeit der Achselfalten mit einem weiblichen Genitale.

Der anthropologische Sinn der so gestalteten Achselhöhle als **Genitalecho** könnte es sein, im Rahmen der Vereinigung der Partner genitale Duft- und optische Reize zur Erleichterung des Orgasmus derart beizusteuern, daß die kortikale Schichtdicke gewissermaßen limbisch durchschlagen wird. Ersatzweise werden heute Pornohefte und -videos genommen.

a3) Genitale Syndrome

Die sexuellen Fehlhaltungen und Perversionen sind ein weiter Bereich von ausschnitthaften Objektbeziehungen, der bei an diesen Störungen erkrankten Personen überwertig besetzt ist und strukturanalytisch darauf hinausläuft, Begegnungen mit dem ganzen, vollsinnigen, gesunden, gleichwertigen und auch gegengeschlechtlichen Partner auszuweichen. Gegenüber diesem Vollbild besteht Angstgeladenheit und Liebesunfähigkeit. Indessen wollen diese Kranken ihre Sexualität isoliert betätigen und suchen und finden bestimmte Schlüsselreize, die wir hier nicht im einzelnen zu behandeln brauchen (vgl. Band II).

Neben den **neurotischen Störungen** im genitalen Bereich, dessen Beziehungen zu anderen Organen den ganzen Organismus durchziehen und das gesamte Nervensystem involvieren, kommen auch **psychosomatische Störungen** vor. Bei Männern ist ein häufiges Angstsymptom ein Krampfgefühl in der Dammgegend, das meistens von Urologen auf die Prostata bezogen wird. Viele dieser Patienten kommen mit der Vordiagnose Prostatitis später zum Nervenfacharzt. Daneben gibt es einen weiten Bereich genitalhypochondrischer Mißempfindungen und Ängste, die in den Leisten beginnen und später den Hoden, den Penis, den Damm betreffen können. Bei Frauen sind als Dyspaneurie die häufigsten Beschwerden generell im Unterbauch oder im kleinen Becken lokalisiert und werden auf Mißempfindungen in den Ovarien, Eileitern und im Uterus bezogen. Auch vaginale psychosomatische Syndrome sind bekannt, ebenso entsprechende Beschwerden an den äußeren Teilen. Hier kommt es zu Brennen, Jucken, Schmerzen auch ohne Entzündungszeichen. Diese Beschwerden manifestieren sich nicht selten im Rahmen von Partnerkonflikten. Brennen des Genitales, der Vagina und der Blase tritt auch bei Psychosen auf.

Die Angst vor genitalem Kontakt nimmt einen hohen Rang unter den menschlichen Ängstigungen ein und hat teleologisch zum Ziel, auf keinen Fall mit einem ungeeigneten und auch zur Zeugung nicht tauglichen Partner zusammenzukommen. Abneigung, mangelhaftes

Gefühl der Liebe und Zärtlichkeit, Ekel und Abscheu, Haß, Mißtrauen, wie die Befürchtung vor Abhängigkeit und Ausbeutung, auch die Furcht vor dem Verlassenwerden nach Schwängerung und vor dem Ausgesetztwerden spielen eine Rolle. Diese Haltungen und Einstellungen dienen zweifellos der Absicherung einer möglichst störungsfreien genitalsexuellen Aktivität und der Zeugung unter füreinander geeigneten Partnern.

Bei Neurosen und Psychosen kommt es zu Phänomenen der sexuellen Übererregtheit. Sexuelle Exzesse können sowohl Symptom einer beginnenden Erkrankung wie auch Auslöser eines psychotischen Schubes sein. Die in mancher beginnenden Psychose unbegrenzte Möglichkeit zu **sexueller Überaktivität** ruft einen rauschhaften Zustand mit Größenideen, unendlichem Kraftgefühl, übertriebenem Vertrauen und weitgehender Kritiklosigkeit in manchen Fällen hervor.

Im Rahmen der Symptomatik schwerer schizophrener Psychosen kann es zu sexuellen Erregungszuständen kommen. So wurde von uns eine 48jährige Hausfrau und Mutter von 3 Kindern aus geordneten Verhältnissen behandelt, die nach der Klinikaufnahme in eine schwere Exazerbation ihrer Erkrankung in Form eines sexuellen Ausnahmezustandes geriet. Die Patientin urinierte überall im Zimmer, ins Bett, auf den Fußboden, war von Kopf bis Fuß mit Urin durchnäßt und befand sich dabei in einem verworrenen, jedoch hochgestimmten und sexuell erregten Zustand. Sie lief nackt herum, schien ununterbrochen zu masturbieren und konnte erst durch eine neuroleptische Behandlung in einen normalen Zustand überführt werden. Schon seit Jahren war ihre sexuelle Übererregbarkeit ein Problem der sonst intakten Ehe gewesen. Es handelte sich hierbei jedoch eindeutig um psychotische Prodrome und nicht um eine sexuell-neurotische Problematik.

Th. Spoerri berichtete in seinem Buch über Nekrophilie über einen Mann, der im katatonen Krankheitszustand sexuell erregt war, teils Leichen ausgrub und schließlich seine eigene Bauchhöhle öffnete und mit heraushängendem Gedärm in der Natur herumlief. Es scheinen also vor allem schizophrene Psychosen zu sein, bei denen sexuelle orgastische Dauererregungen auftreten.

Jedoch auch bei der Manie findet man eine **sexuelle Enthemmung**. Dies verwundert nicht, während die sexuelle Übererregtheit bei Depressionen, die man vereinzelt erfährt, eher überraschend klingt. Wahrscheinlich handelt es sich dabei jedoch um Mischzustände. In der modernen klinischen und ambulanten Behandlung spielen sexuelle Erregungen kaum eine Rolle, da die wirksamen Psychopharmaka, allen voran die Neuroleptika, eine starke libidodämpfende Wirkung besitzen. Dies beruht auf der vermehrten Ausscheidung des Hypophysenhormons Prolaktin durch die dopaminantagonistische **Neuroleptikawirkung**. Angst und Stillen im Sinne des Brustgebens und der Milchsekretion schließen sich gegenseitig aus. Psychosekranke, auch Männer, kommen durch prolaktinausschüttende Neuroleptika aus dem psychotischen Chaos in die Stille des Stillens.

*

Unsere Untersuchung zeigt also, daß Erregungsvorgänge im Zusammenhang mit der protostomialen Unterleibsregion in der Psychiatrie eine bedeutende Rolle spielen und zur Diagnostik und Behandlung der Krankheiten herangezogen werden können. Strukturell bedeutet das Eingewobensein der protostomialen Syndrome, daß auch dieser sehr urtümliche und für die Arterhaltung und das Leben des Individuums unerläßliche Bereich durch Aktivierung, Enthemmung und atavistische Funktionsumkehr Alarmsymptome aus einer von späteren evolutionären Vorgängen überschichteten Region liefert, die von gleicher klinischer Bedeutung sein können wie die anderer instinktiver Module. Der protostomiale Bereich ist durch **Schamverhalten** abgesichert und gehört zu den vom Willen beaufsichtigten, bei Gesunden durch ein sanftes Nachgeben des Willens in Gang zu bringenden instinktiven Fähigkeiten des Menschen.

b) **Syndrome der Atmung**

Wir finden hier psychosomatische Krankheiten, wie das Asthma bronchiale, aber auch Neurosen mit der Angst, das **Atmen vergessen** zu können. Bei psychogenen Erregungszuständen tritt Hyperventilation auf. Bei angstvoller Spannung stellt man eine Minderbeatmung mit periodischen, vertieften Atemzügen fest. In Träumen tritt die Angst zu ersticken auf; dabei erlebt sich der Träumer beim Ertrinken oder unter Bergen von Sand begraben. Auch bei Psychosen kommt es zu Atmungsstörungen, so zu **Erstickungswahn** bei katatonen Erregungszuständen, zur Hyperventilation neben Fieber, Tachykardie und Bluthochdruck. Auch beim Gesunden treten Veränderungen der Atmung ständig in Begleitung emotioneller Bewegungen auf. Bei Erregung und Angst wird die Luft angehalten, bei Bedrückung gestöhnt, in der Wut wird hyperventiliert. Atemgymnastik gehört zu

den psychotherapeutischen Techniken, über eine ruhige und gleichmäßige Atmung kann eine seelische Harmonisierung gefördert werden. Auch beim autogenen Training nach J. H. Schultz spielt die Atmung eine Rolle.
Aus dieser kurzen Zusammenstellung geht bereits hervor, daß psychotische und neurotische Atemstörungen ineinander übergehen. Ihre Expression geschieht jeweils schichtspezifisch: Neurotiker klagen über Atmungsangst, schizophrene Patienten meiden negativistisch eine Situation, in der sie ersticken könnten, z. B. das Duschen. Es gibt eine Panik zu ersticken, aber auch eine Angst, die Atmung als Aufgabe nicht zu bewältigen. Der Gefahr, durch äußere Bedrohung oder durch eine Behinderung nicht atmen zu können, würde Vorrang vor jeder anderen Gefahr zukommen. Dennoch lehrt die Phylogenese, daß das orale Verhalten älter ist, früher erworben wurde als das Atmen. Wir folgen hier keiner Rekonstruktion à la Haeckel, sondern untersuchen den lebenden Menschen. Möglicherweise hängt dieser hierarchische Führungswechsel mit der Kreuzung von Luft- und Speiseweg zusammen, daraus resultiert Erstickungsgefahr.

c) **Orale Syndrome**

Im Vordergrund der ängstlichen Manifestationen in diesem Bereich stehen psychogene Eß-, Schluck- und Trinkstörungen. Bei einigen dieser Syndrome handelt es sich um die Angst vor dem Verschlukken, bei anderen um einen ängstlichen Widerwillen vor der Nahrungsaufnahme, an den sich das **anorektische Verhalten** und die psychotisch-negativistische **Nahrungsverweigerung** anschließt. Umgekehrt führt eine Übererregung zur Freßsucht, bei der weder die Nahrungsaufnahme durch den Mund noch die Füllung des Magens zur Sättigung führen. Die gleichen Störungen finden sich auch in leichterer Form und vorübergehend bei beunruhigten Gesunden, die bei besonderen Belastungen appetitlos werden oder vermehrt hastig essen. **Bulimie** und **Polyphagie** können auch nach organischen Schädigungen und ebenso bei endogenen Psychosen auftreten. Auf ängstlichem Hintergrund spielt sich das **Prothesensyndrom** ab, bei dem Zahnkronen, -brücken oder Gebißprothesen zur Quelle von Erregung im Rahmen neurotischer und depressiv-psychotischer Zustände werden. Süchtiges Rauchen und Trunksucht, ebenso **Polydipsie** nichtalkoholischer Flüssigkeiten sind weitere Störungstypen. Stets scheint es sich um ein Nebeneinander von mangelhafter Satis-

faktion, Beunruhigung, Ängstlichkeit und auf diesem Hintergrund leerer Wiederholungen oraler Bewegungen zu handeln. Auch im Rahmen sexueller Störungen kommen orale Symptome, so bei bestimmten Perversionsformen mit oraler Gier nach Ausscheidungen, nach dem Belecken von Objekten und in Verbindung mit Saugen vor. Andere Neurosen sind mit der Angst vor dem Erbrechen oder mit tatsächlichem Erbrechen bei bestimmten Reizkonstellationen verbunden. Widerwille gegen bestimmte Speisen und Getränke ist mit einem Gefühl von Übelkeit, das zum Erbrechen führen könnte, auch bei Gesunden verbunden. Die Annäherung von ekelhaften, nicht eßbaren Objekten führt zu heftigem Widerwillen und oraler Abwehr. Viele Menschen beantworten Beunruhigung und leichte Ängstlichkeit mit einem Verkrampfen des Mundes, einem Nagen an den Lippen. Das Heranführen der Hand an den Mund wird schon bei Konzentration auf Zuhören oder beim Lesen beobachtet. Hand und Mund werden kurzgeschlossen, große Areale der sensorischen und motorischen Zentren, die gleichzeitig emotional stark bedeutsam sind, geraten in eine lustvolle Eigenbeziehung, bei der gleichzeitig ein ungefährliches und sogar geliebtes Objekt alle Gefahren vom Mund fernhält. Auch beim Erschrecken wird die Hand an den Mund geführt.
Bei Gefahr im oralen Bereich wird die Atmung unterbrochen, um eine weitergehende Bedrohung abzuwehren. Die Abwehr einer Gefahr im Mundbereich erfordert eine blitzschnelle Reaktion, wie Ausspucken, Erbrechen, Aushusten, oder eine Entfernung fremder Objekte mit der Hand durch Abwischen oder Herausziehen mit den Fingerspitzen. Fremdobjekte in der Nahrung, wie spitze oder schlecht schmeckende Anteile, werden sofort aus dem Mund ausgestoßen.

Orale Störungen finden sich also bei Gesunden, Neurotikern und Psychotikern und besitzen Vorrang in der Erledigung vor entfernter liegenden Gefahrenorten.

d) **Syndrome der Hand**

Beim oralen Verhalten wird die Hand selbst zum Objekt beim Nägelkauen, beim Abnagen des Nagelfalzes, beim Daumenlutschen, das manche bis ins Erwachsenenalter beibehalten. Im Hand-Mund-Feld kennen wir zahlreiche Formen der Zusammenarbeit des oralen und des Handbereiches, wobei die Hand bei den schweren Psychosen auf apallischem Niveau zum Entfernen von Fremdkörpern aus dem Mundbereich zu dienen scheint. Im Bereich des Greifens und Hantierens, der weiter entfernt von der Mundöffnung liegt, treten eigene Störungen auf. Bei schizophrenen Kranken sind stereotype Handbewegungen oft die einzigen katatonen Symptome. Beim Beschäftigungssyndrom steht das Hantieren an Einzelobjekten und Objektausschnitten größerer Gegenstände völlig im Vordergrund. Unter den Neurosen ist es die **Zwangskrankheit**, bei der eine Überaktivität der Hände sichtbar wird, besonders beim Waschzwang. Das Fortschaffen ekelerregender oder gefährdender Verschmutzungen aus der unmittelbaren Nähe des Leibes bei schwerer Zwangskrankheit wird unter Führung der Hände mitunter ganztägig abgewickelt. Auch beim Ordnungszwang wird immer wieder nachgegriffen. Bei **phobisch-anankastischen Syndromen** liegt eine Angst vor, wider Willen mit den Händen nach Messern oder Scheren zu greifen und sich oder andere zu verletzen. Bei den **Beschäftigungsneurosen** kommt es zur Verkrampfung der arbeitenden, meist rechten Hand, das Organ kann nicht mehr entsprechend den angstabgewehrten, schweren Aufgaben eingesetzt werden, Schreiben wird durch Zittern beim Schreibkrampf unmöglich. Bei Hysterikern kann sowohl eine Lähmung der führenden Hand als auch eine dort ansetzende Selbstzerstörung durch Artefakte ansetzen. In einem von uns beobachteten Fall mußte die Hand Stück für Stück amputiert werden, da nicht heilende artifizielle Wunden und daraufhin eine schleichende Gangrän vorlagen.

Bei sexuellen Störungen besteht meist eine gesteigerte Masturbationsfrequenz, die eine Überaktivität der Hand einschließen. Gesteigerte Handmotorik finden wir auch bei der gewöhnlichen Nervosität Gesunder. Manuelle Überaktivität spielt auch bei einigen Syndromen der Haut in Form des **Kratzens** eine Rolle.

Im Kern scheint es bei den Syndromen der Hand um ein Entfernen von kleinen, gefährdenden Objekten zu gehen, wie wir an den Zwangssyndromen erkennen können. Die übrige Handsymptomatik tritt im Rahmen entsprechender Aufgabenstellungen und neurotischer Störungen dieser komplexeren Bereiche auf.

e) **Syndrome der multiplen redundanten Objekte**

Die gleichen Objekte, die beim Delir der multiplen redundanten Objekte halluziniert werden, treten bei **Kleintierphobien** in einem ängstlich-neurotischen Bezugsrahmen auf. Spinnen, Mäuse oder jede andere Art von winzigen bis kleinen Tieren, die massenhaft auftreten können und dadurch keine individuelle Gestaltung besitzen, werden zum Hauptinhalt solcher phobischer Neurosen. Die gleichen Kleintiere rufen auch bei Gesunden häufig, aber nicht immer Angst und Abwehr hervor. Manche Menschen kennen keine Furcht, Spinnen oder Mäuse in die Hand zu nehmen. Andere bemühen sich, einen möglichst großen Abstand zwischen sich und das Tier zu bringen.

f) **Szenische Syndrome**

Eine große Zahl von **agora- und klaustrophoben Syndromen** enthalten das Element einer Szene, in der sich die Person angstvoll gefährdet erlebt. Teilweise geht es um stabile szenische Situationen, wie Zimmer, Flure, Brücken, teilweise um bewegliche Aufenthaltsorte, wie Aufzüge, Fahrzeuge, Gewässer. Die klaustrophobe Situation geht in die agoraphobische, größere Situation stufenlos über. Bei der Generalisation der agoraphoben Situation kommt es auch dementsprechend zu einer zunehmenden Einengung und zum phobischen Rückzug. Im szenischen Delir wird die Szene projiziert, in der Agora-Klaustro-Phobie die Angst, sich in der Szene nicht aufrecht halten zu können, sich erbrechen zu müssen, nicht atmen zu können. Zusätzlich treten komplexere Gehalte auf, wie die Furcht, keinen Arzt zu finden, oder die Erlebnismöglichkeiten der Herzphobie. Ähnliche Ängste können auch Gesunde z. B. beim erstmaligen Benutzen von Aufzügen oder Paternostern, in Flugzeugen, in der Eisenbahn und an anderen unsicheren Orten erleben, wobei ebenfalls die Szene als sowohl gefährdet wie gefährdend auftritt.
Topologisch ähnlich, aber im Erlebnismodus andersartiger als die phobischen Syndrome sind die **Derealisations-** und **Depersonalisationssyndrome**. Bei der Derealisation werden die zur unmittelbaren Umgebung gehörenden Objekte in einer beängstigenden Weise als verändert erlebt. Dies kann sich auf die Nahrung, auf Getränke, auf Bücher, auf den Boden, der beschritten wird, auf den Raum insgesamt und alle darin befindlichen Objekte beziehen. Im Gegensatz zur Phobie tritt bei der Derealisation eine Vermeidungsreaktion mit Fluchttendenzen nicht auf. Die Erkrankten verharren in bedrückter und angstvoll-beunruhigter Verfassung und können das Erlebnis der Objekte nicht normal gestalten. Bei der Depersonalisation wird die eigene Person, besonders aber der eigene Leib, als angsterregend verändert, in seiner Qualität nicht regelrecht erlebt. Häufig ist die

Depersonalisation mit der Derealisation verbunden. Nach M. Roth (1959) werden auch Neurosen mit phobischen und Depersonalisationserlebnissen beobachtet. Dieser Befund bekräftigt die Einordnung beider Neuroseformen bei den szenischen Syndromen.

g) **Belagerungssyndrome**

Die Angst vor verborgenen Gegnern ist schon bei Gesunden anzutreffen. Unter dem Bett, im Schrank, hinter der Tür könnte sich ein gefährlicher Mensch verstecken. Die Kellerangst wird bei Kindern durch schlechte Beleuchtung hervorgerufen. Nachbarn werden als bedrohlich empfunden und darum gemieden. **Phobische Krankheitsbilder** entstehen in Verbindung mit der Angst, im Hause allein zu sein oder fremde Räumlichkeiten allein zu betreten. Von anderen Kranken wird die Dunkelheit unter panischer Angst gemieden. Die phobische Angst vor Dieben und Einbrechern kann zu wachsenden Sicherheitsmaßnahmen an den Türen und Fenstern führen, jedoch mit dabei weiter ansteigender neurotischer Verängstigung verbunden sein. Alle diese Krankheitsbilder können stufenlos in psychotische Zustände mit größerer Erregung und Halluzinationen übergehen, aber auch im Rahmen neurotischer Entwicklungen bleiben. Programmleitend ist dabei eine Angst vor verborgenen Feinden.

h) **Akustische Syndrome**

Die Stimmen fremder Menschen, die von draußen hereindringen, ebenso wie die Stimmen von im Raum anwesenden Personen werden von phobisch-ängstlichen Menschen als bedrohlich, zu laut empfunden. Diese Kranken tragen Schutzwatte im Gehörgang, ziehen es vor, allein zu leben und können Gespräche mit laut sprechenden Personen, Radio und Fernsehen nicht ertragen. Beim pseudoneurasthenischen Syndrom besteht Stimmen- und Geräuschüberempfindlichkeit, die zu Erregung und Gewalttaten führen kann. Dies spielt bei Alkoholikern eine Rolle. Die Übergänge zu paranoiden und paranoid-halluzinatorischen Psychosen sind wiederum stufenlos. Umgekehrt liegen die Verhältnisse bei Personen, die nach Ertaubung sensitiv-mißtrauisch werden und für ihre Familie eine schwere Belastung darstellen können. Die mißtrauische oder ängstliche Verarbeitung von gehörten menschlichen Stimmen kann auch bei aufgeregten Gesunden zu Fehlverarbeitungen und heftigen Reaktionen führen. Böse Worte und Beschimpfungen können von manchen ein Leben lang nicht vergessen werden, die fast mit Wahrnehmung identische Vorstellung davon bleibt frisch.

i) **Wahnsyndrome**

Eine Vielzahl seltenerer phobischer Krankheitsbilder ahmt im Sinne partieller und situationsgebundener ängstlicher Neurosen die bei den paranoiden Psychosen bestehenden schweren kognitiven und perzeptorischen Störungen in leichterer Form nach. Es bestehen dann **phobische Ängste** etwa vor der Ansteckung mit Geschlechtskrankheiten oder durch Tuberkulose, vor Vergiftung, gegenüber fremden Personen, Menschenmengen, Personengruppen wie fremden Familien oder Behörden. Eine Steigerungsform dieser neurotischen, leicht wahnartigen Verarbeitungen ist die **sensitiv-paranoide Erkrankung**, bei der bereits progredient mißtrauisch-wahnhafte Erlebnisse und Verarbeitungen zu einem System ausgebaut werden. Stufenlos geht dieses Krankheitsbild dann in die Paranoia über bzw. ist mit deren Definitionen teilweise identisch. Die **Paranoia** ist eine Psychose, die im Grenzbereich der Psychopathie und der abnormen Persönlichkeitsentwicklungen angesiedelt wurde. Auch die Definitionen der Borderline-Erkrankungen deckt sich teilweise mit denen der sensitiv-paranoiden Entwicklungen und der Paranoia einerseits, der wahnähnlichen Phobien andererseits. Auch bei Gesunden finden wir vereinzelt **wahnähnliche Fehlverarbeitungen** in besonderen Erlebniskonstellationen, bei denen eine Benachteiligung oder Enttäuschung vorzuliegen scheint. Derartige Erlebnisse gehören zum Alltagsleben in Familien, Arbeitsstätten, Parlamenten und überall, wo etwas mißverstanden werden kann. Gewaltsame Reaktionen, wie Wutausbrüche, tätliche Angriffe, Beschimpfungen, sind häufig. Aber auch eine heftigere Verliebtheit kann nicht allzuweit vom Liebeswahn angesiedelt sein, gegenüber Konkurrenten entsteht **Beeinträchtigungsfurcht**.

k) **Syndrome der Haut**

Vielgestaltige Mißempfindungen im Bereich der Haut, wie Jucken oder Kribbeln, werden bei **neurotisch-psychosomatischen Hauterkrankungen** gefunden und führen zum Kratzen und dadurch bedingt zu Hautartefakten neben urtikariellen Effloreszenzen. Bei der **Acne excoriée** treten neben Akne auch Artefakte auf. Diese Hautkrankheiten werden durch die neurotisch-ängstliche Eigenaktivität, die mit Beziehungsangst verbunden ist, unterhalten und können nur geheilt werden, wenn dies erkannt wird. Bei der **Erythrophobie** fällt der errötete Hautbezirk im Gesicht, am Hals und im Bereich des Dekolleté mit den für andere sichtbaren Hautpartien zusammen. Bei einer

Reihe von hysterischen Krankheitsbildern wird die Haut zum Ausgangspunkt heimlich unterhaltener **Artefakte**, die sich zu größeren Geschwüren ausweiten können, schließlich kann eine Gangrän tieferliegender Gewebe zur Amputation von Gliedmaßen führen, wodurch das regressive hysterische Verhalten eine Absicherung bekommt. Bei Insekten- und Kleintierphobien wird gleichzeitig der schon eingetretene eigene Befall über Hautsensationen angstvoll realisiert. Ein eigenes schweres Krankheitsbild ist die taktile Halluzinose, die schon zu den Psychosen gerechnet wird. Auch bei Gesunden treten Errötensfurcht und angstvolle Verarbeitung von Hautsensationen wie von sichtbaren Hautveränderungen auf.

l) **Manische Syndrome**

Die **Ich-Inflation** als Überkompensation der Angst ist Bestandteil vieler neurotischer Syndrome. Bei der **Spielsucht** kommt es auf neurotischer Grundlage zu einem der Manie sehr ähnlichen Verhalten, so lange die Hoffnung auf einen großen Gewinn besteht und bedenkenlos eigenes Vermögen, gewonnenes Geld und gepumpte Summen verspielt werden. Die Psychoanalyse nimmt schon beim Säugling infantile Allmachtgefühle an. Auch bei Gesunden finden wir als regelmäßiges oder auch als Gelegenheitsverhalten die Ich-Inflation mit Prahlerei, **Imponierverhalten**, Überaktivität, Leichtsinn und gehobener Stimmungslage, am häufigsten in Verbindung mit Alkoholgenuß. Die allabendliche Manie des Kneipengängers befreit ihn von den Erniedrigungen und Einordnungszwängen des Berufs und der Familie. Bei der Entwicklung der **Suchtformen** spielt diese hypomanische Aufgeblähtheit in der einen oder anderen Form eine entscheidende Rolle, die irrtümlich meist als Euphorie bezeichnet wird. Diesen Begriff sollte man aber für schwere Vergiftungen und Hirnkrankheiten reservieren. Bei Heroinsüchtigen werden durch die Injektion darüber hinaus orgasmusähnliche oder rauschhafte Gesamtempfindungen hervorgerufen.

m) **Depressive Syndrome**

Bei der depressiven Neurose liegt eine ähnliche Struktur wie bei depressiv-psychotischen Syndromen im Rahmen jahre- bis jahrzehntelanger Entwicklungen vor. Die **neurotische Selbstverunsicherung** und Identitätsschwäche, der mangelnde Lebenserfolg des Neurotikers, seine Enttäuschung über die unzähligen Niederlagen im zwischenmenschlichen Bereich, insgesamt die neurotische Ich-Schwäche begründen die depressiven Neurosen. Auch **hysterische Depressionen** kommen vor, bei denen depressive Beschwerden eigentümlich schwer faßbarer Art vorgebracht werden. Von der depressiven Neurose führen Übergangsformen zur **neurotischen Depression**, von diesen zur endogenen Depression. Depressive Verarbeitungsformen Gesunder treten nach schweren Belastungen und im Rahmen körperlicher Krankheiten auf. Bei den **depressiven Neurosen** findet eine sinnvolle Nutzung der angelegten Verhaltensweisen, die aus dieser Schablone hervorgehen, nicht mehr statt, weil das depressive Verhalten Schauplatz der Gesamtstörung Neurose ist. Beim Gesunden dagegen kann **melancholisches Verhalten zur Konflikt- und Problemlösung**, zur Selbstkorrektur im Rahmen der Selbsterziehung beitragen. Enttäuschungen, Verluste, Krankheiten werden auf diese Weise in den Gesamtrahmen der Person neu eingeordnet, das Ich befreit sich dabei. Die depressive Verhaltensschablone kann bei Gesunden durch Expression der Gemütslage Hilfe aktivieren, durch die Hemmung aber auch eine ungestörte Konfliktverarbeitung sicherstellen; die Neigung zum Grübeln läßt sich als Fehlersuchautomatik verstehen. Bei suizidalem Verhalten, das im Rahmen des depressiven Syndroms zu einer eigenen neurotischen Struktur werden kann, ist der Kontakt zum Partner stärker gestört. Suizidales Verhalten dient bereits der Abwehr des depressiven Erlebens, ebenso die folgenden Formen.

n) **Neurotische Verhaltensstörungen**

Beim Homizid, bei der Objektvernichtung und bei Brandstiftungen auf neurotischer Grundlage werden die von der depressiven Schablone her drohenden Erlebnisse der Ich-Insuffizienz durch massive Aggressionen abgewehrt. Angst und Spannung entladen sich auch in einer Vielzahl anderer Verhaltensstörungen, so im Ladendiebstahl, in der Querulanz, bei traumatischen und Aktualneurosen. Auch Examensneurosen können wir hier nennen. Immer scheint es um ängstliche Verarbeitungen zwischen Fluchttendenz und dem Wunsch nach mitmenschlicher Nähe, nach Beachtung zu handeln. Auch das hysterische Verhalten betrifft zwischenmenschliche Beziehungen, das durch den Appell nach Aufmerksamkeit und Zuwendung aus der Angst herausführen soll. Bei den sexuellen Störungen, Fehlhaltungen und Perversionen führt das Wechselspiel von Bewältigungsangst einerseits und tief angelegten Beziehungstendenzen andererseits in eine neurotische Verhaltensstörung. Durch die Angstbeladung in der zwischenmenschlichen Beziehung im sexuellen Bereich können die Triebwünsche nur an einen sektoriellen Ausschnitt des Geschlechtspartners herangetragen werden. Das Partnerbild wird deformiert, bei einigen Formen auch das eigene Erscheinungsbild, wie beim Transsexualismus. Der neurotische Störungsmechanismus läßt sich gerade bei den sexuellen Perversionen gut belegen: **der partielle Charakter der Objektbeziehung**, das Ausschnitthafte der neurotischen Angstprojektion im Zusammenhang mit einer Nichtbewältigung von vorgegebenen zwischenmenschlichen Beziehungsstrukturen wird in allen Formen der sexuellen Perversion deutlich. Die Person ist nicht mit sich selbst vollständig identifiziert, sondern bleibt in **Teilidentifikationen** verhaftet, bleibt unreif und tendiert gleichzeitig zu Ängstlichkeit, Unruhe, Fluchtbewegungen, Aggressivität und Zerstörungswut. Die Erregtheit entlädt sich in sexueller Enthemmung, wird in diesem Gebiet kanalisiert und in eine partielle Objektbeziehung hineingepreßt. Analoges ist bei den anderen Neurosen wie beim Ladendiebstahl, bei traumatischen Neurosen, bei Brandstiftern, neurotischen Totschlägern und Mördern, bei Zwangskrankheit, Phobien der Fall. Bei der Hysterie findet die partielle Objektbeziehung im Bereich der Person statt, bestimmte Tätigkeitsbereiche des Nervensystems, seien diese bewußtseinsnah oder mehr in die Körperperipherie projiziert, werden abgespalten und zum Gegenstand der Erregung und Angst, der Kontaktsuche, des Fluchtverhaltens.

Eine Vielzahl neurotischer Syndrome und Reaktionsbildungen etablieren sich also auf den gleichen Gebieten wie die Psychosen. Die topologische Ordnung und die in der gleichen Rangfolge gelagerte Ab- und Aufbaureihe der Psychosen werden aus einer Untersuchung der Neurosen- und Reaktionsbildungen allein jedoch nicht erkennbar. Sie liegen auf einer Ebene und inkludieren **Achsensyndrome leichterer Art**, die jedoch unterschiedlich schwer sind und bei allen Neuroseformen in psychotische Zustände übergehen können.
Die Instinktschablonen markieren existentiell bedeutsame, auf jeden Fall verbindliche und mit besonderer Vorsicht anzugehende Bezugsobjekte und auf diese gerichtete Personteile. Bei den Psychosen liegen sie in einer schweren Dekompensationsform vor. **In den Neurosen wirken die gleichen Schablonen strukturbestimmend in höheren Schichten**. Der Ort und die dort vorkommende Art eines existentiell relevanten Objekts werden **bei den Psychosen projiziert, bei den**

Neurosen wahrgenommen, wobei bestimmte Realobjekte oder Ausschnitte von ihnen zum Bezugsobjekt der neurotischen Angst und Erregung werden. Die von S. Freud bei den Neurosen beschriebene Projektion betrifft Teilidentifikationen der Objekte und der Person selbst, die aus der frühen Ontogenese und tieferen Persönlichkeitsschichten stammen und nicht korrigiert werden können, so lange die Neurose unbehandelt ist. Um Halluzinationen oder illusionäre Verkennungen handelt es sich bei den Teilidentifikationen nicht. Im wesentlichen scheinen es emotionelle und Antriebskomponenten aus anderen Objektbeziehungen zu sein, die zu realen Objekten in Bezug gesetzt werden, die diese Komponenten zwar abfordern, aber eine andere Identität besitzen. Die **Einordnung der Instinktschablonen selbst in den wachsenden Bau der Person** und **zugleich der schablonenspezifischen Objekte in die reale Umwelt** scheint eine Quelle der Entstehung von Neurosen und auch Psychosen zu sein, deren Existenz immer auch als Aufruf zur Hilfe verstanden werden sollte. Nicht immer kann durch Therapie das Ziel einer Wandlung erreicht werden. Oft ist schon ein wenig mehr Transzendenz das Heil.
Die in den Neurosen zutage tretende Teilaktivität der psychotischen Schablonen leitet über zu den Gesunden, die ebenfalls von den Instinktschablonen affiziert werden, diese jedoch einsetzen können, um Gefährdungen zu bestimmen und auf diese zu reagieren.

3.14. Psychosomatische Syndrome

Die Projektion in die unter der Haut verborgenen Organe des menschlichen Körpers, bei denen ein innerer Schauplatz unterschiedlichster Abläufe eröffnet wird, bedeutet eine weitere und damit auch **letzte topologisch definierbare schablonenartige Struktur.** Das gefährliche oder gefährdete Objekt, dessen Wahrnehmung eine alarmartige Verfassung des Subjekts hervorruft, befindet sich nicht mehr in der Umwelt oder im zwischenmenschlichen Bereich. Jedoch verbinden sich psychosomatische Syndrome mit neurotischen und verschiedenen psychotischen Krankheitsbildern zu **Mischsyndromen.** Dies kommt bei der Schizophrenie, bei schizoaffektiven Erkrankungen, bei manisch-depressiven und monopolar depressiven Krankheiten sowie bei zahlreichen neurotischen Syndromen vor. Bei den psychosomatischen Syndromen sui generis bestehen dagegen kaum psychische Veränderungen, sie sind jedenfalls geringer als bei den Neurosen. Deshalb ordnen wir sie hier oberhalb der Neurosen ein.

Die schwersten und an Umweltprojektionen erinnernden Syndrome mit einem Ort des Objekts im Körperinneren kommen bei paranoid-halluzinatorischen Psychosen vor. Die Patienten erleben **Fremdobjekte im Körper,** wie ein Abhörgerät im Zahn, Stimmen aus dem Bauch, aus anderen Körperteilen oder aus dem Kopf. Eine Kranke hörte die paranoid-halluzinatorisch projizierten Embryonen in ihrem Leib wispern.

Bei der **zönästhetischen Schizophrenie** kommen nicht nachvollziehbare und eher von Material- als von Organqualitäten abgeleitete Mißempfindungen in allen Körperbereichen vor. Einfühlbarer erscheinen die bei manisch-depressiven und monopolar-depressiven Psychosen sowie bei Neurosen vorkommenden multiformen **hypochondrischen Beschwerden.** Diese werden angstvoll und als bedrohend erlebt und lehnen sich von der Empfindungsqualität her an vom gesunden Eigenempfinden vertraute propiozeptive Wahrnehmungsqualitäten an.

Bei den **Organneurosen** wird ein oft auch funktionell erkranktes Organ mit Umweltbezug wie die Hand, der Mund, die Blase oder der Enddarm zum Objekt angstvoller Erwartungsspannung und gestörter Betätigung im Dienste des Organismus.

Psychosomatische Syndrome sind Krankheiten, bei denen eine durch Disstreß gestörte seelische Funktion mit alarmierenden Empfindungen oder Erkrankungen von vegetativ gesteuerten Organen oder Organsystemen verbunden ist. Im weiteren Sinne kann jede Krankheit insofern psychosomatisch fundiert oder mitverursacht werden. Im engeren Sinne sind psychosomatische Syndrome solche, die nicht nur fraglich erscheinen und gelegentlich im Verdacht stehen, psychosomatischer Herkunft zu sein, sondern sehr häufig oder regelmäßig mit Neurosen, verdrängten Konflikten und Belastungssituationen in Verbindung zu bringen sind oder auf ähnlichen Anlagen und Disproportionen beruhen wie die Psychosen. Die Störungen betreffen Organsysteme, an denen **Bereitstellungsreaktionen** des Organismus als Vorbereitung auf Abwehrhandlungen ablaufen. Besonders betroffen ist das **Herz-Kreislauf-System** mit Tachykardien, Hypertonie, Migräne, Ohnmacht bzw. Kollaps. Auch das **Urogenitalsystem** wird zum Manifestationsorgan psychosomatischer Syndrome, bei dem Polyurien und Blasenentleerungsstörungen im Sinne der Inkontinenz und der Verhaltung auftreten. Eine Vielzahl von Störungen ist auf **Muskelverspannungen** im Wirbelsäulen-, Schulter-, Arm-, Becken- und Beinbereich zurückzuführen. Auch an der **Haut** spielen sich psychosomatische Störungen ab und werden beim Ekzem, bei der Urtikaria und weiteren Dermatosen angenommen. Im Bereich der Nahrungsaufnahme manifestieren sich Syndrome der **Kau- und Schluckfunktion**, in der **Speiseröhre** und im **Magen**. Die Grundlage ist eine Überinnervation der quergestreiften oder glatten Muskulatur mit entsprechenden Konsequenzen für den Funktionsablauf. Am Magen-Darm-Trakt kommen überall Ulcera und Motilitätsstörungen wie Erbrechen, Diarrhöen, Obstipation vor.

Diese psychosomatischen Syndrome im engeren Sinne werden passiv erlebt und führen zu einer Behinderung und Schwächung. Bei schwereren Erkrankungsformen wird die Person gezwungen, sich hinzusetzen oder hinzulegen, und wird handlungsunfähig. Bei den schwersten Zuständen ist das Leben bedroht, so beim **Status asthmaticus**, beim **penetrierenden Ulcus** ventriculi oder duodeni, bei Darmulzera. Diese Krankheiten sind ursächlich nicht vollständig aufgeklärt. Stoffwechselstörungen, Mängel in der Ernährung können neben den die innere Anspannung hervorrufenden Neurosen und Konflikten die psychosomatischen Erkrankungen mitbedingen. **Psychosen und Neurosen alternieren oft mit Psychosomatosen.**

Die psychosomatischen Syndrome bauen auf sinnvolle **Organregulationen** auf, die beim Gesunden ein Verhalten in Gefahr begünstigen. Die Gefahrensituation wird jedoch bloß imaginiert oder als Realgefahr aus dem Bewußtsein abgedrängt und stattdessen durch Beeinträchtigung des Leibempfindens, das mit Angst verbunden ist, dargestellt. Eine aktive Auseinandersetzung mit dem gefährdenden Stimulus wird blockiert. Die Schwächung des Aktionsverhaltens durch die Folgen der psychosomatischen Erkrankung kann indessen einen tatsächlichen **Rückzug aus der Gefahrensituation** bedeuten. Bei der Behandlung von Magen- und Zwölffingerdarmgeschwüren ist dies seit langem bekannt. Der Kranke wird zur Bettruhe veranlaßt und bekommt Milchspeisen und andere leicht verträgliche, aber auch an die frühe Kindheit erinnernde Kost. Die Behandlung der arteriellen Hypertonie bedient sich einer Ruhigstellung mit psychopharmakologisch stark wirksamen Agenzien, wie dem Reserpin, das als Neuroleptikum in den 50er Jahren eine große Rolle in der Psychiatrie spielte; Bluthochdruck und hyperkinetisches Herzsyndrom werden auch mit Betablockern behandelt, die ebenfalls als Psychopharmaka gegeben werden können. Auch die zur pharmakologischen Magen-, Duodenal- und Kolonulkustherapie eingesetzten Medikamente sind zum Teil psychopharmakologischer Natur. Das gleiche

gilt für Behandlungen der Syndrome des Bewegungsapparats und des Urogenitalsystems. Einige psychosomatische Dermatosen sprechen auf Antidepressiva und Neuroleptika prompt an. Das gleiche gilt für die Migräne. Psychotherapien der psychosomatischen Erkrankungen suchen ihre Wirkung über eine Entspannung.
Das **Aktionsverhalten** des Gesunden wird durch sinnvolle Regulationen in den betroffenen Organsystemen gefördert. Dagegen sind die Organregulationen bei psychosomatischer Krankheit von der Realsituation abgekoppelt und führen dadurch zu einer Beeinträchtigung oder Zerstörung des Organs, weil die eigentlich sinnvolle Organfunktion perseveratorisch und alarmgebend stimuliert wird, statt nach der Aktion wieder auf eine ruhige Betriebsweise zurückgeführt zu werden*.
Grundsätzlich ähnliche Ablaufformen bedingen die Neurosen und die Psychosen, bei denen sinnvolle, zentralnervös angelegte Funktionen, die wir als Instinkte betrachten, durch zwei unterschiedlich intensive und auch qualitativ unterscheidbare pathogenetische Mechanismen** zur Manifestation gebracht werden. Die **psychosomatischen Syndrome sind die 14. Schicht der Alarmsyndrome** beim Menschen. Ihre Bedeutung liegt in ihrer Auswirkung auf das Verhalten: sie machen kampfunfähig und zwingen die oft neurotisch anpassungsgestörten Patienten zur Aufgabe des Lebenskampfes. Der Kranke selbst wird gewarnt, seine Umgebung alarmiert.

4. Sensorische und motorische Unterschiede im gestaffelten System

Bei den im vorangegangenen Kapitel untersuchten 14 Schablonen haben wir jeweils unterschiedliche sensorische und motorische Komponenten, die wie in einem Programm vorgesehen zu sein scheinen, festgestellt. Wir fragen uns jetzt, ob einzelne Sinnesgebiete sich womöglich mit den Schablonen decken. Dies ist nicht der Fall. Nicht einzelne Sinnesgebiete spielen bei der programmgesteuerten Beziehung zu topologisch unterschiedlich gelegenen Objekten eine führende Rolle, sondern die jeweils in Frage kommenden. Für die

* Das durch psychosomatische Krankheit massiv abgeschaltete Organ, welches seinen Träger auf das Krankenlager wirft, gibt häufig vor dem Beginn der eigentlichen Erkrankung Warnhinweise ab (vgl. Kapitel 17)

** durch funktionelle Erregungssteigerung sowie durch organische Hirnkrankheiten (s. u. Kapitel 24)

Motorik gilt das gleiche. Sie kann nur dann begriffen werden, wenn ein an einem syndromspezifisch gelegenen Ort befindliches Objekt als Wendemarke der sensumotorischen Strukturen erkannt wird.
Untersuchen wir jetzt zunächst die sensorischen Qualitäten: Die Regulation der Atmung läuft über Frequenz, Tiefe und Füllung der einzelnen Atemzüge. Bei unzureichendem Volumen kommt zur Nasen- eine Mundatmung hinzu. Bei Behinderung der Atmung wird auxiliare Atemmuskulatur eingesetzt, so beim Asthma bronchiale. Zentral wird die Kohlensäurekonzentration des Blutes und zusätzlich die Sauerstoffsättigung gemessen. Der Verlauf der Atmung hängt, wie wir oben gesehen haben, aber auch von psychischen und psychosomatischen Faktoren ab. Unter anderem spielt die Einschätzung der aktualistischen Situation des Individuums bei der Gestaltung der Atmung eine Rolle. Zusätzlich müssen in diese Rechnung aber auch die früheren Erfahrungen des Individuums einbezogen werden, wie wir an neurotischen und psychosomatischen Atemstörungen postulieren müssen.
Im ganzen gesehen spielt also eine Vielzahl von Sinnesregulationen, aber auch von sensorischen Daten aus mehreren Sinnesorganen eine Rolle. Sie werden zentral zusammengefaßt und in die Steuerung einer geeigneten Atemmotorik umgesetzt. Objekt des sensumotorischen Regelkreises, der die unterschiedlichsten Ausführungen veranlassen kann, ist stets die Atemluft. Ihre Überwachung ist wie ein eigenes Sinnesgebiet, weshalb wir hier von dem **Atmungssinn** sprechen wollen. Übergeordnetes Ziel ist die ausreichende Sauerstoffversorgung und Atemluftabgabe des Organismus. Die Verzweigtheit der Regulation ist aber unabsehbar und geht bis hinunter in die Überwachung biochemischer Regelkreise im intermediären Stoffwechsel. Auch propiozeptive Wahrnehmungen aus der Oberfläche und Tiefe des Organismus spielen dabei eine Rolle.
Wieder andere Komponenten entdecken wir beim **Oralsinn**, der das Verhalten der Mundorgane steuert und in eine spezifische Mundmotorik umsetzt. Bezugspunkt sind eingehende oder ausgestoßene Mundobjekte, die durch eine Größe im Bereich einer Fingerspitze, einer Brustwarze, eines kleinen Bissens, eines Schlucks Flüssigkeit sind. Die Zahl der sensorischen Qualitäten im einzelnen ist wieder groß. Geschmacks-, Geruchs-, Temperatur-, Tastempfindungen, auch optische Komponenten sowie Wahrnehmungen der Hand kommen zusammen. Zusätzlich spielen in den Oralsinn aber auch propiozeptive Komponenten wie die Stoffwechsellage, die Auswer-

tung der gegenwärtigen Gesamtsituation sowie frühere Erfahrungen hinein. Das Gedächtnisgebiet Eßobjekte dürfte sehr umfangreich sein und führt zu Präferenzen von in bestimmter Weise gesuchten und begehrten Eßobjekten wie auch zur Intoleranz gegenüber ekelerregenden und als zuwider empfundenen Eß- und Trinkobjekten. Auch die Qualitätsbeurteilung derselben spielt natürlich eine Rolle. Führend ist also hier wieder das Objekt und seine Beziehungssetzung zum Gesamtschicksal und zur aktualistischen Situation des Individuums.

Die **Handwahrnehmung** bestimmter Objekte ist in sich ebenfalls vielfältig. Halteobjekte werden zur Gesamtlage des Organismus im Raum und damit auch zu seiner Gesamtsituation in Verbindung stehen. Mit der Hand werden auch Gefahren abgewehrt, so daß andere sensorische und mnestische Daten in die Regulation eingehen. Das Heranschaffen und die Abwehr von positiv oder negativ empfundenen Eßobjekten steht ebenfalls wieder unter besonderen Auspizien und hat eine eigene Verzweigung der sensorischen und mnestischen Komponenten wie auch der motorischen Anweisungen. Eine gemeinsame Koordination scheint Hand und Mund zu steuern, ein Hand-Mund-Feld steht topologisch zur Verfügung und wird mit unterschiedlichen Objekten bestückt. Verbunden ist dieses Feld wiederum mit dem Objektbereich der Atmungsregulation.

Höhere Programme, in denen die Hand auch noch eine automatische Funktionsweise beibehält, sind schon unabsehbar. Halten, Tragen, Herbeiholen, Abstützen, Wegwerfen usw. werden noch außerhalb des eigentlichen Willkürmotorischen der generellen Aktionssteuerung untergeordnet. Auch das Schreiben, das eingeübte Verhalten beim Spielen von Instrumenten, beim Essen mit Messer und Gabel, die Arbeit mit Werkzeugen führen in unabsehbare sensorische Verzweigungen. Führend ist immer die Behandlung bestimmter Objekte. Daneben beobachten wir eine Unterordnung der Handmotorik unter höher liegende Zielsetzungen. Eine weitere Aufgabe ist die Selbstberührung der Haut und des Mundes mit der Hand.

Auch die Wahrnehmung von Fremdobjekten auf und in der **Haut** bedient sich unterschiedlicher sensorischer Komponenten. Tast-, Schmerz-, Wärme- und Kälte-, Vibrations- und Druckempfindung werden zusammengefügt, um tatsächliche oder halluzinierte Kleintiere auf der Haut zu orten und bei ihrer Fortbewegung zu verfolgen. Wieder ist das Objekt führend, die Programmsteuerung zieht dabei alle geeigneten Sinnesqualitäten zusammen, um den Gegenstand auszumachen und seine Gefährlichkeit oder seine Annehmlichkeit abzuschätzen.

Mit dem Hautsinn sind wir schon in den Bereich der Schablonen eingetreten, bei denen Außenbeziehungen zu Menschen und Tieren mit unterschiedlich sensorischen Qualitäten beschrieben, abgesichert und zur Aktion genutzt werden. Bei der Kleintierschablone geht die optische Wahrnehmung jedoch in Führung. Sie führt dann zu sehr kompliziert gesteuerten Fluchtbewegungen oder Vernichtungsaktionen. Im realen Erleben spielt auch die akustische Wahrnehmung einzelner oder **massenhafter Kleintiere** eine Rolle. Kleintiere kommen ja auch als Nahrungsquelle in Frage, können gefangen und gegessen werden. Nur ihr massenhaftes Auftreten ist bedrohlich, es sei denn, ein einzelnes Tier befindet sich bereits auf der Haut und könnte beißen oder stechen. In die Begutachtung gefangener Kleintiere würden wiederum die vorher behandelten Hand- und Oralsinne eingeschaltet.

Beim **szenischen Erleben** werden alle auf die Ferne gerichteten Sinne neben propiozeptiven Daten, die über die Lage im Raum Auskunft geben, eingesetzt, wie Schwerkraft, Lage- und Drehsinn. Beim szenischen Delir stehen optische, dann akustische, aber auch Geruchs-, Geschmacks- und Tasthalluzinationen, zusätzlich noch Kleintiererlebnisse im Vordergrund. Wieder geht es um eine Objektkonstellation, die mit allen zur Verfügung stehenden Sinnesmöglichkeiten erfaßt wird und zu programmgesteuerten Aktionen Veranlassung gibt. Der Aufenthalt in der Szene soll vor Gefahren gesichert werden, ermöglicht aber auch die zwischenmenschliche Begegnung, beinhaltet bedrohliche Erlebnisse und spielt schließlich auch für die Nahrungsbeschaffung eine bedeutende Rolle. Wieder werden alle Sinnesqualitäten, die in Frage kommen, aufgeboten.

Im Rahmen der **Belagerungsschablone**, die sich durch ihr isoliertes Auftreten im **Belagerungsdelir** als eigenes Programm rechtfertigt, stehen sowohl eine optische als auch eine akustische Kontrolle im Vordergrund. Die optische Wahrnehmung forscht nach möglichen sichtbaren Bedrohungen, die akustische Wahrnehmung kündigt das Erscheinen von Feinden, die sich noch verborgen halten, bereits an. Auch Geruch, Geschmack und andere Sinne werden eingeschaltet, um die Veränderungen in der Szene, verursacht von außerhalb lokalisierten Beeinflussern, dingfest zu machen.

Bei der **akustischen Halluzinose** steht für die Objektwahrnehmung selbst nur das Hören zur Verfügung, aber eine optische Überwachung der Umgebung findet gleichfalls in angespanntem Beobachten und im Nachweis von verdächtigen, optisch wahrnehmbaren Veränderungen statt. Auch eine vermehrte kognitive Aktivität setzt jetzt ein, die in der Wahnarbeit ihren Niederschlag findet. Auch Geruchs-, Geschmacks-, propiozeptive und sexuelle Wahrnehmungen spielen bei den paranoid-halluzinatorischen Psychosen und Halluzinosen eine Rolle. Der Übergang in optische Halluzinationen ist bei zunehmender Akuität möglich. Auch hier finden wir eine Erklärung der Programmzusammensetzung, die auch motorische Aktionen geeigneter Art enthält, nur durch die Definition des Objekts, eines sprechenden Menschen oder einer Gruppe. Dieses wird bei den Halluzinosen projiziert, bei der **normalen Inanspruchnahme des Programms** wahrgenommen. Diese Unterscheidung gilt auch für alle anderen Schablonen und ihre Funktionen bei der Ortung von Gefahren, der Warnung vor Gefahren und bei der Abwehr von solchen (vgl. Kapitel 16–18).

Auch bei den **paranoiden Syndromen** spielt nicht nur das Denken als abstrahierte, in das Binnenmilieu verlagerte Sinnestätigkeit mit Auswertung von Informationen und Herausgabe von Projektionen eine Rolle. Zusätzlich spielen optische und akustische Überwachungsmaßnahmen, aber auch Geruchs-, Geschmacks- und Tastillusionen eine Rolle, so daß wir diese Sinne ebenfalls für die Reichweite der paranoiden Schablone in Anspruch nehmen müssen.

Eine weitere Verlagerung in die symbolische Repräsentanz der Bereiche des Denkens, der Selbstwahrnehmung und auch der Wahrnehmung des Sinngehaltes im Verhalten anderer Menschen finden wir bei dem Wirksamwerden der **manischen** und der **depressiven Schablone**. Hier werden alle bisher besprochenen Sinnesbereiche aktiviert, um Aufklärung über die Position der Person gegenüber anderen und vor sich selbst, im Eigenurteil und in der Selbstwahrnehmung zu ermöglichen. Die personenbezogenen Wahrnehmungen bedienen sich aller sensorischer Möglichkeiten, von der symbolischen Repräsentanz in der Vorstellung bis zur unmittelbaren, in der Nähe erfolgenden Wahrnehmung mit Auge, Ohr, Geruch, Geschmack, Tastsinn, Wärmeempfindung usw. Die Wahrnehmung in den psychosomatischen Syndromen läuft über vegetative und Schmerzbahnen.

Die Gesamtbetrachtung der 14 unterscheidbaren topologischen Horizonte zeigt zunächst Beziehungen zu unmittelbar in der Nähe gelegenen Objekten, später zu immer weiter entfernten, indessen keine einfache Formel für die Beurteilung sensorischer und motorischer, mnestischer und assoziativer Komponenten. Dennoch wird eine evolutive Ausweitung deutlich, wenn wir immer höher aufsteigen in dieser Aufbaureihe der objektspezifischen Schablonen, deren pathologische Manifestationen die psychotischen und neurotischen Syndrome sind. Nahegelegene Objekte, die ontogenetisch früh und phylogenetisch gesehen althergebracht sind, nehmen Sinne und motorische Möglichkeiten in Anspruch, die auch für **Nahbeziehungen** geeignet sind. So überwiegen in der Nähe noch nicht die kognitiven Möglichkeiten für ferner liegende Objekte und die assoziative Tätigkeit befindet sich noch auf einem sehr einfachen Niveau. Je näher das Objekt gelegen ist, um so schneller muß die **Aktion** zu seiner Abwehr oder Aufnahme abgewickelt werden. Hier bleibt für eine umfangreiche Einschaltung des Gesamtfundus der Person keine Zeit, eine einfache Grundverfassung entsprechend tieferstehenden Achsensyndromen reicht zur Bewältigung aus. Wir werden diese Fragen im folgenden Kapitel untersuchen. An der Manifestation von Halluzinationen auf den einzelnen Objektebenen können wir außerdem erkennen, daß bestimmte Sinne bei der **Objekterkennung** führend sind. Die erste Warnung geht bei der Kleintierschablone von einer optischen Wahrnehmung aus, bei den Hautsyndromen von einer Druck-, Schmerz- oder Tastwahrnehmung. In der Szene befindliche Objekte werden am schnellsten optisch erkannt, noch bevor ihr Geruch oder ihre palpatorische Qualität in Betracht gezogen werden müssen. Wahnobjekte können letztlich nur durch ihre kognitive Relevanz gesichert werden, da sie definitionsgemäß im Verborgenen wirken und nur durch denkmäßige Kombinatorik faßbar bleiben. Nur zur Kontrolle werden zusätzliche Sinnessysteme eingeschaltet. Dies bedeutet, daß es eine führende Sinnesqualität bei den topologisch gegliederten und vom Organismus immer weiter weg führenden Schablonen gibt, die andere Sinnesqualitäten zur Absicherung heranzieht. Die Zusammensetzung der zusätzlichen sensorischen Qualitäten ist dabei, wie wir gesehen haben, sehr unterschiedlich.

Auch die Ontogenese des Individuums schreitet von einem **topologischen Horizont** zum nächsten fort. Das Neugeborene kennt zunächst nur Nahbeziehungen, erst später wird die weiter entfernt liegende Realität abschnittsweise erfaßt. Geruchssinn, Oralität, Greifen sind im Beginn des extrauterinen Lebens führend. Dem entspricht i.S. Haeckels die späte Entwicklung kognitiver Befähigungen und die

Notwendigkeit der lebenslangen Ausarbeitung der kognitiv-mnestischen Engrammvorräte und ihrer Nutzung.
Die Umsetzung der sensorisch-kognitiv-mnestischen Erkenntnisse in geeignete Motorik ist durch sensumotorische Regelkreise kybernetisch abgesichert. Eine Feedback-Kontrolle von Handlungserfolg und fortlaufender Wahrnehmung findet statt. Sie bestimmt das Leben in allen Objekthorizonten, auch die Beziehung zu sich selbst und zu anderen Menschen.

4.1. Exkurs über die kybernetische Natur der menschlichen Wahrnehmung

Die Grundlagen dieser Strukturen und Funktionen sind bereits im ersten Band dieses Lehrbuchs in einigen Kapiteln, besonders in Kapitel 18 über Wahrnehmung eingeführt worden. Die Erforschung der Kybernetik der Wahrnehmung hat uns bis in die jüngste Zeit weiterbeschäftigt. Einige unserer Arbeiten geben über die Resultate selbst Auskunft*. Die Regulierung der Wahrnehmung und ihre kybernetische Natur erkennen wir zunächst an der Übergangsreihe von Normalwahrnehmung über Alltagsfehler, Pareidolien, Illusionen, Pseudohalluzinationen, paraperzeptorischen Halluzinationen bis zu den Halluzinationen. In dieser Reihe verfällt die Wahrnehmungsqualität von der vollen Regulationsleistung bis zum pathologischen Funktionswandel der Halluzinationen.
In Abb. 4 von Band I, S. 55, ist dargestellt, wie von der Normal-

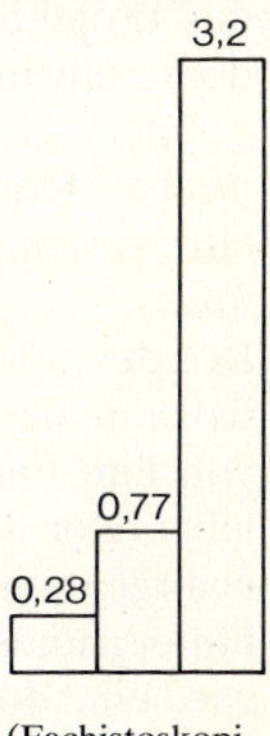

Abb. 4. Verfall der Wahrnehmungsleistung am Beispiel von illusionären Verkennungen. Experimentelle Illusionen bei 50 gesunden Studenten (linke Säule), 56 paranoid-halluzinatorischen Psychosen (mittlere Säule) und 35 Hirnorganikern (rechte Säule). (Nach: J. Burchard, E. Roeßler, E. Schorsch, 1966)

---

* Arbeiten von J. M. Burchard, E. Roeßler, E. Schorsch, H. Speidel (Fachistoskopische Befunde bei Gesunden und psychopathologischen Syndromen) sowie von J. M. Burchard, E. Irrgang und B. Andresen (Das menschliche Ohr als schallverdoppelndes Organ)

wahrnehmung bis zur Halluzination über die Zwischenstufen Alltagsfehler, Pareidolie, Illusion, Pseudohalluzination und paraperzeptorische Halluzination die Informationsaufnahme abnimmt und der Anteil an rückgekoppelten, informationsbestimmten Projektionsleistungen absinkt. Gleichzeitig nimmt von links nach rechts der Anteil an unregulierten, aus dem Engrammvorrat entnommenen Projektionstätigkeit am Wahrnehmungsresultat zu.

Die Störung beruht auf einem Verfall der zentralen Leistung, bei der eingehende Informationen mit bereitliegenden Engrammen aus dem gleichen Sinnesgebiet verglichen werden. Nach diesem Vergleich, der in Bruchteilen von Sekunden abläuft, wird das richtige Resultat projiziert, wenn eine Normalwahrnehmung vorliegt. Bei zentraler Regulationsstörung nimmt der Anteil an Informationen an diesem Vorgang ab, zunehmend werden Altengramme in das Projektionsergebnis aufgenommen, eine Kontrolle durch Heranziehung aktualistischer Informationen spielt eine immer geringere Rolle. Diese Grundlagen sind bereits im ersten Band dieses Lehrbuchs dargestellt worden. Weitere Untersuchungen, haben zusätzlich Anhalte für die Postulation der **kybernetischen Natur der Wahrnehmung** geliefert.

Die Untersuchung der optischen Wahrnehmung mit dem Tachistoskop bei unterschiedlichen Schweregraden der psychopathologischen Symptomatik und im Vergleich zu Gesunden (Burchard, Roessler, Schorsch, Speidel 1964) zeigte eine Verlangsamung der Identifikationsleistung, eine Zunahme der Fehler und eine Zunahme der Projektion unregulierter Wahrnehmungsresultate mit wachsendem Schweregrad der psychopathologischen Veränderung im Vergleich zu Gesunden bei depressiven, schizophrenen und psychoorganischen Kranken. Die Abbaureihe der Psychosen wird dabei durch eine Abbaureihe der Wahrnehmungsleistungen begleitet und erläutert.

Bei der optischen Wahrnehmung ist zusätzlich zu berücksichtigen, daß mit der Fovea centralis das Objekt selbst oder ein Ausschnitt von ihm und mit der Netzhautperipherie der Hintergrund des Objekts oder der Hintergrund von Ausschnitten des Objektes getrennt wahrgenommen werden können. Durch diese Struktur des Augenhintergrunds und der Ausbreitung des Sehnerven in der Netzhaut wird eine **doppelte Informationsaufnahme** gesichert. Die Gestaltpsychologie trennte Figur und Hintergrund zunächst rein phänomenologisch. Wir sehen hier jedoch eine auch anatomisch-physiologische Figur-Hintergrund-Trennung in der Struktur der Netzhaut, bei der die farbempfindenden Zäpfchen in der Fovea centralis konzentrierter sind und das Objekt scharf erfassen, während die Stäbchen in der Peripherie für eine flächendeckende Absicherung sorgen. Das Figur-Hintergrund-Erleben hat also eine Entsprechung in der Struktur des optischen Wahrnehmungsorgans Auge. Eine gegenseitige Verrechnung der figurbetonten und der mehr dem Hintergrund zugehörigen Daten ist wahrscheinlich und gehört zu den höchsten Hirnleistungen. Bei Absinken der Funktionshöhe des Gehirns verfällt diese Leistung, wobei die scharfe Abgrenzung der Figur vom Hintergrund verloren geht und mehr instinktive Objektmerkmale am Ende die Oberhand behalten. Die Projektion siegt über die regulierte Wahrnehmung.

Bei der akustischen Wahrnehmung waren ähnliche Verhältnisse zu vermuten. In einer hierauf gerichteten Forschungsarbeit (Burchard, Irrgang, Andresen 1985) wurde der Nachweis einer auch hier vorliegenden **doppelläufigen Informationsaufnahme** erbracht. Das menschliche Ohr ist so gebaut, daß ein Schallweg vom Rande der Anthelix durch das Cavum conchae zum äußeren Gehörgang führt. Ein zweiter Schallweg läuft über die oberen Teile der Ohrmuschel am Helixrand entlang durch die Cymba conchae, das Crus helicis, am Rande der Anthelix kreisförmig um das Cavum conchae herum und schließlich über den Antitragus und den Tragus zum äußeren Gehörgang (Abb. 5).

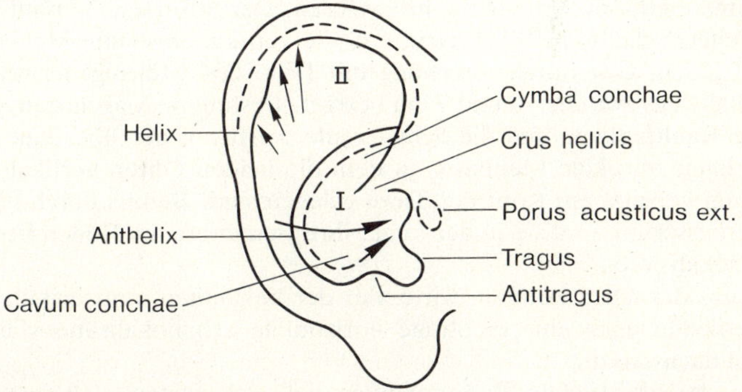

Abb. 5. Menschliches Ohr mit 2 Schallwegen und der Nomenklatur der Teile. Aus: J. M. Burchard, E. Irrgang, B. Andresen: Das menschliche Ohr als schallverdoppelndes Organ. 1985.

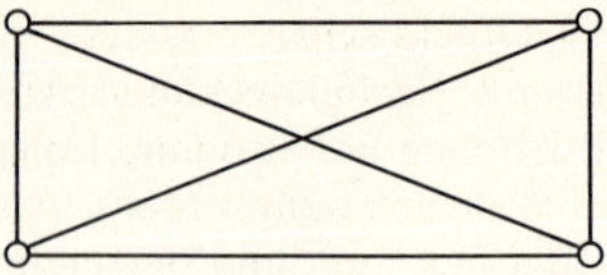

Abb. 6. Vergleichspaare (zwischen oben links und oben rechts, unten links und unten rechts, oben links und unten rechts, unten links und oben rechts sowie zwischen oben links und unten links und oben rechts und unten rechts) bei der akustischen Wahrnehmung mit Hilfe der schallverdoppelnden linken und rechten Ohrmuschel.

Im Abstand von 0,2 msec treffen die Schallsignale zweimal in den zentraler gelegenen akustischen Organen und wahrscheinlich auch im Hirnstamm ein. Die zentrale Hörbahn enthält Möglichkeiten, von jeder Seite die Doppelinformation aufzunehmen und mit Daten von der Gegenseite zu verrechnen, wobei sich sechs Vergleichspaare ergeben (Abb. 6).

Der Mensch besitzt insgesamt vier „Ohren“, die sich aus dem Bau der beiden Ohrmuscheln als schallverdoppelnde Organe mit jeweils zwei getrennten Schallwegen erkennen lassen. Durch diese anatomisch-physiologischen Verhältnisse werden die Raumwahrnehmung und die Schallokalisation verbessert. Wahrscheinlich besitzen alle Primaten diesen Vorzug an ihren Ohren. Der S-förmige Verlauf des zweiten Schallwegs führt dazu, daß die vertikal angelegte Meßbasis auf jedem Ohr durch Streckung mit Hilfe des S-förmigen zweiten Schallwegs zwischen 6 und 7 cm beträgt. Bestimmte Vogelarten, wie der Rauhfußkauz und die Schleiereule, verfügen nur über eine 1/10 so lange vertikale Meßbasis, in dem die beiden Ohren vertikal um 6 mm versetzt am Kopf der Tiere gelegen sind. Bereits durch diese Verbesserung sind sie in der Lage, ihre Beutetiere am Boden besser zu lokalisieren.

Beim Menschen konnten wir außer der bekannten monaurikulären vertikalen auch eine einohrige horizontale Schallokalisationsfähigkeit nachweisen.

Bei der akustischen Wahrnehmung ließ sich zeigen, daß je nach Stellung des Kopfes und/oder der Lage des Objekts unterschiedliche relative Zeiten des Eintreffens der Schallwelle an den **vier Eintrittsöffnungen** registriert werden können. Diese werden zentral ausge-

wertet. Hierdurch werden räumliche Wahrnehmung und Schallokalisation ermöglicht. Gleichzeitig wird die Wahrnehmungsqualität selbst verbessert: die erste Verarbeitung eines Schallreizes kann nach 0,2 m/sec durch ein zweites, identisches Signal, das eintrifft, überprüft werden.
Aus dem Schallwegunterschied zwischen dem linken und dem rechten Ohr ergibt sich eine dritte und vierte Überprüfung des ersten Wahrnehmungsresultats im Abstand von 0,4 bis 0,6 m/sec.
Die kybernetische Arbeitsweise dieser auf Fernwahrnehmung hin entwickelten Sinnesorgane ist also komplizierter, als man zunächst vermutet. Die Regulation bedient sich nicht nur des wiederum selbst **regulierten Vergleichs** zwischen eingehenden Informationen und vorliegenden Daten über vorhergehende Wahrnehmungen, die von der Geburt an eingelagert werden, sondern zusätzlich noch eines **Check-Recheck-Mechanismus**, in dem Vergleichsdaten zumindest bei der akustischen Wahrnehmung in bestimmten Zeitabständen voneinander eintreffen und miteinander verglichen werden können. Auch bei der optischen Wahrnehmung müssen wir ähnliches vermuten, da hier ein unterschiedliches Datenmaterial von beiden Augen eintrifft, das für die Raumwahrnehmung zusammengesetzt wird. Auch der Figurhintergrundvergleich dürfte doppelläufig vonstatten gehen. Beim Auge liegen also auch vier unterschiedliche synchrone Datensätze des gleichen Objekts vor und ermöglichen einen höher abgesicherten Auswertungsvorgang. **Auge und Ohr arbeiten also mit jeweils vierfachen Datensätzen.**
Entscheidend für das Verständnis der optischen wie der akustischen Wahrnehmung ist der Vergleich von Halluzinationen und ihren Vorstufen mit der Normalwahrnehmung. Dieser ergibt, wie schon im ersten Band ausgeführt, daß die Halluzination wie die Wahrnehmung in einem leibhaftigen **Projektionsvorgang** bestehen, der die Realität als Konstrukt regulatorisch so absichert, daß es mit der Realität zur Deckung gebracht werden kann und kontrollierbare und auch von anderen Menschen feststellbare Ergebnisse zeigt. Ein Merk- und Denksatz, der dies verdeutlicht, lautet: „Der Gesunde halluziniert die Wirklichkeit." Dieser Projektionsvorgang entspricht dem „Entwerfen" von M. Heidegger, der in dieser Fähigkeit die Grundfunktion des Lebens in der Zeit erkannte. Das Leben manifestiert sich im Entwerfen seiner Umwelt, so daß diese immer schon vertraut ist und immer schon meine Welt ist. Ich errichte sie und verhalte mich in ihr.

Die **Instinktschablonen,** die sowohl Schutzfunktionen beim Gesunden wie Alarmfunktionen bei Kranken ausüben, stützen sich auf diese kybernetischen Wahrnehmungsmechanismen und gewinnen dadurch ihre fast untrügliche Sicherheit. Die Wahrnehmungstätigkeit wird von seiten der Instinktschablonen durch eine weitere strukturelle Absicherung untermauert:
Wir müssen davon ausgehen, daß auch beim Menschen Objekte unterschiedlicher Art angeboren sind. Dies geht aus einer Auswertung der menschlichen Psychopathologie hervor. Die stets gleiche Struktur paranoider, depressiver, deliranter Syndrome zwingt zu der Annahme von **angeborenen Objektkategorien** auch beim Menschen. Zur Erfassung realer Objekte liegt also ein programmgesteuertes Verhalten in Verbindung mit sensorischen Bereitschaften bereits vor, wenn die ersten Wahrnehmungen gemacht werden. Dadurch wird die menschliche Welt, sicherlich auch die der Tiere, noch mehr auf den Organismus zugeschnitten aufbereitet, um relevante Objekte in jeder Lebenslage erkennen zu können. Relevante Objekte sind gefährdend auf der einen Seite und zur positiven Lebensbestreitung unerläßlich auf der anderen. Auch das Objekt der Lust, der Freude, der Annäherung, der Verschlingung und der Umarmung ist vorgegeben. Die topologisch gegliederte und programmsteuernde Natur der von uns erarbeiteten Instinktschablonen legt diese Annahme nahe.
Erste Ansätze zur Erfassung der Kybernetik auch in diesem Bereich kamen von N. Wiener (1958) und J. S. Bruner (1955). Trotz zahlloser Untersuchungen psychophysiologischer und sinnesphysiologischer Natur ist jedoch eine allgemeine Lehre von der Kybernetik der Wahrnehmung noch nicht formuliert worden. Dieser Mangel ist eigentlich erstaunlich, denn die Wahrnehmung der Umwelt muß in einem so hohen Maße im Verlauf der Milliarden Jahre Evolution verfeinert worden sein, daß ein Überleben der Organismen gesichert ist. Oft kann schon eine **Fehlwahrnehmung** zur Vernichtung der Existenz des Individuums führen. Zahlreiche Tierarten können sich nicht einen Fehler leisten, um nicht zur Beute eines Räubers zu werden. Auch beim Menschen kann ein Fehler in entscheidenden Situationen zum tödlichen Ausgang führen. Auch die menschliche Wahrnehmung muß trotz der komplizierten zentralnervösen Kontrollinstanzen so gut wie fehlerlos arbeiten, wenn Gefahren auftreten. Dies wird offensichtlich durch **verdoppelte Datensätze,** kybernetisch arbeitende sensumotorische Funktionskreise und die **kyber-**

netische Projektion der Umwelt sowie durch die auch beim Menschen differenziert entwickelten Instinktgrundlagen, die wir hier untersuchen wollen, abgesichert. Die Möglichkeit, bestimmte Programme in kürzester Zeit, innerhalb von Sekunden abzurufen, besteht auch bei uns und sichert ein richtiges Verhalten.

5. Ich-Dynamik im gestaffelten System: Achsensyndrome als Persönlichkeitsvolumina

Die Manifestation gesteigerter Tätigkeit von Instinktschablonen setzt eine allgemeine und das ganze System erfassende **Bereitstellungsreaktion** voraus. Die einzelnen Instinktschablonen sind von nur geringer Reichweite innerhalb des ganzen Systems und können nach ihrer Inaktivierung wieder ihre **Grundaktivität** ausüben, die weitgehend unauffällig ist und nur in Gefahrenssituationen erneut zu einer Gesamtreaktion führt. Aber jede einzelne der Instinktschablonen erfordert eine spezifische, auf den Aufgabenkreis der Objektbewältigung zugeschnittene Bereitstellungsreaktion. In der psychopathologischen Forschung sind schon seit Jahrzehnten Vorarbeiten für die Erkenntnis dieser unterschiedlichen Form der Ich-Dynamik herausgearbeitet worden. S. Freud entdeckte bei der Analyse von Neurosen die Infantilität und die **Regression** als reduzierte Gesamtverfassungen, die sich zunächst in mangelhafter Reife, aber auch in Labilität, Ängstlichkeit, Triebdissoziation und gestörtem Verhalten kundtun. E. Bleuler unterschied bei der Schizophrenie **Grundsymptome**, welche allgemeine Persönlichkeitsveränderungen enthalten, von akzessorischen Symptomen, die auffallendere Anteile der psychotischen Bilder in Form von Halluzinationen, Wahnerlebnissen und katatonen Störungen beinhalten. C. G. Jung kannte ebenfalls die Regression und beschrieb den Weg nach oben als Individuation. K. Conrad entwickelte schichtförmige Vorstellungen und markierte den Wechsel zur nächsthöheren Schicht durch die bekannten, oben schon zitierten Wendungen, die ptolemäische und die kopernikanische. H. Ey drang am tiefsten und faßte die gesamte Entwicklung der Psychopathologie seit Jackson unter dem Begriff seiner **Niveaus der Desintegration** zusammen. Es handelt sich dabei um Gesamtzustände (nicht so sehr um Achsensyndrome), in denen er Grundstörungen verborgen sah.

K. Leonhard beschrieb Instinkte und Urinstinkte sowie infantile Retardierungen als Grundlage sexueller Deviation. G. Huber und L. Süllwold arbeiteten die **Basisstörungen** bei der Schizophrenie heraus, hielten sie für prozeßnahe Veränderungen und kehrten damit zum Thema der Grundstörungen zurück. Unter solchen verstand man für andere psychopathologische Phänomene kausal verantwortlich zu machende Grundveränderungen.
In die von uns eingeschlagene Linie der Weiterentwicklung gehört P. Berner und seine neue Wiener Schule, die bei unterschiedlichen Krankheitsformen Achsensyndrome herausarbeiten. Diese werden allerdings nicht ganz scharf von Grundsymptomen getrennt und stehen dadurch den Basisstörungen von Huber und Süllwold noch nahe. Aus strukturalistischer Sicht sind die Achsensyndrome aber noch weiter zu fassen und von den positiven, produktiven, sekundären oder akzessorischen Symptomen noch klarer abzugrenzen. Besonders ist hierbei zu beachten, daß es auf allen uns bekannten psychopathologischen Niveaus Krankheitsbilder gibt, die das **Achsensyndrom in reiner Form** verkörpern. Wir müssen also die Achsensyndrome in diesen Fällen nicht präparatorisch wie mit dem Skalpell von den auffallenderen psychotischen Erscheinungen im engeren Sinne trennen, sondern differentialsyndromatologisch den Achsensyndromcharakter in einigen bekannten psychopathologischen Syndromen erkennen. Bei den meisten Krankheitsbildern sind die Achsensyndrome Teil des gesamten Zustands und Verlaufs, in vielen Fällen fast unsichtbar inkludiert, in anderen einen abgrenzbaren Teil der Krankheitsproblematik bildend. Es sind dies das Koma, das apallische Syndrom, das Korsakow-Syndrom, das amnestische Syndrom, das organische Psychosyndrom, das pseudoneurasthenische Syndrom und das Schlafmangelsyndrom auf der Seite der exogenen Erkrankungen.
Die zweite Hälfte der eben genannten Syndromreihe kommt in ähnlicher Form auch bei funktionellen Psychosen vor, die auch als endogene Psychosen bezeichnet werden.
Schwere Achsensyndrome ohne produktive, psychotische Erscheinungen finden wir bei der Schizophrenia simplex, die definitionsgemäß ohne auffallende katatone, Wahn- und Halluzinationssymptome auftritt. Das schizophrene Achsensyndrom, identisch mit den Grundsymptomen, den Primärsymptomen, tritt in unterschiedlich schwerer Form bei den verschiedenen Schizophreniegruppen in Erscheinung. Verdünnte Formen sind die leichteren **Residualzustände**

(G. Huber und Mitarb.), die im leichtesten Fall wie eine Reduktion des psychischen energetischen Potentials (Janzarik) imponieren. Man spricht auch vom „Syndrom der gebrochenen Feder“, von „A-spontaneität bei erhaltener Fremdanregbarkeit“ in Analogie zu organischen Psychosyndromen. Im Kern dieser Veränderungen steht eine bis ins Embryonale gehende **Regression**.

Auch bei **schizoaffektiven Psychosen wird ein Achsensyndrom beschrieben** (P. Berner). Man kann dieses in reiner Form ebenfalls als Regression neben einer reduzierten Gesamtverfassung mit Stimmungslabilität, Spannung, Angst und einer gewissen Wahnbereitschaft verstehen.

G. Huber und P. Berner gehen außerdem von der Existenz eines **zyklothymen Achsensyndroms** aus. P. Berner findet auch ein **depressives Achsensyndrom**. Darüber hinaus kann man **psychopathische** und **neurotische Achsensyndrome** finden, die letztlich in den **Grundzustand Gesunder** übergehen.

Bei Gesunden kann man die Vigilität, die Antriebs- und Interessenlage, den Aktivierungsgrad, die Aufmerksamkeit, die Aufnahmebereitschaft, die Lernfähigkeit und viele andere Funktionen untersuchen, um den Grundzustand und das **Integrationsniveau**, die auch bei ihnen vorliegen, zu umschreiben. Bei neurotischen Erkrankungen können wir Stimmungslabilität, Erregbarkeitssteigerung, andererseits Hemmungen und Antriebsblockaden, ein Dürftigsein höherer Integrationen wie der Verantwortungsbereitschaft, einer Rat- und Ahnungslosigkeit in bezug auf das neurotische Spezialgebiet, Unsicherheit im Umgang mit Menschen, Selbstvorwürfe, leichtere Schlafstörungen und eine ganze Anzahl von weiteren unspezifischen Symptomen durchgehend finden, die aber nach dem Schweregrad der Ausprägung der Neurose variieren. Die neurotischen Grundverfassungen gehen stufenlos in depressive, manische und schizophrene Basiszustände über, wenn die Erregung in bestimmter Richtung wächst, die Hemmung, die Kontinuitätsstörung kognitive Beeinträchtigungen, **programmgesteuerte Einengungen** der Perzeption, Lernstörungen und andere Parameter zunehmen.

Bei allen diesen Erkrankungsformen, die wir ebenfalls hierarchisch gegliedert sehen, kommen die Achsensyndrome in Ruhestadien der Erkrankung, im Vorstadium und beim Abklingen auch isoliert, und dann meist abgeschwächt, vor. Eine programmatische Festlegung auf bestimmte neurotische und psychotische Syndrome findet sich nicht bei jedem Kranken, der einen Nervenarzt aufsucht. Manche leiden an einem unbestimmten, qualvollen Zustand, der selbst kaum Definitionen herzugeben scheint. So kennt man Neurosen mit vollständiger Verdrängung der Angstobjekte, die diffus und unklar wirken, ebenso wie depressive Grundverfassungen ohne Inhaltsbildung. Das gleiche gilt für alle anderen Formen, die der Schizophrenia simplex hinsichtlich der Grundsymptome und damit des Achsensyndromcharakters nahestehen. Auch psychopathische Achsensyndrome ohne inhaltliche oder weitere syndromatische Festlegung treten in Erscheinung. Mancher Kranke wird nach eingehender Untersuchung durch seinen Arzt und längeren Kontakt ermutigt, seine syndromalen Strukturen und Inhalte anzubieten und zu offenbaren, aber bei manchen Kranken kann dies nicht erfolgen, weil derartige Phänomene sich gar nicht entwickeln. Es bleibt bei diesen Patienten bei einem unbestimmten Alarmiertheits- und Einschränkungs-(Regressions-)Grad.

Eine strukturalistisch abgeklärte, sorgfältige Aufreihung dieser Grundzustände ergibt einen Einblick in den schalenförmigen Aufbau der Person. Jede syndromspezifische Verfassung beinhaltet allgemeine Veränderungen, die wie Quantensprünge der menschlichen Seele anmuten und, vom Gesunden her gesehen, auf eine **Verkleinerung des Persönlichkeitsvolumens** hinauslaufen. Dies wird besonders an den tiefsten Stufen des psychopathologischen Abbaus, in den untersten Rängen der Abbaureihe der Achsensyndrome deutlich. Das Koma beinhaltet definitionsgemäß ein Nullvolumen der Persönlichkeit, sämtliche psychischen Merkmale sind abwesend. Es arbeitet allein ein Rest an Lebenskraft, der sich in aufrechterhaltenen Atmungs- und Kreislauffunktionen äußert, wenn diese auch bei schweren Formen ein Weiterleben nur dann ermöglichen können, wenn eine intensivmedizinische, maschinelle Unterstützung oder Funktionsübernahme erfolgt. Vergleichen wir nun psychopathologisch alle anderen Achsensyndrome mit dem Koma, so sind diese systematisch analysiert und systematisch geordnet in eine Aufbaureihe zu bringen, deren umgekehrtes Durchlaufen eine Abbaureihe ergibt. Bemerkenswert ist auf den untersten Rängen ein Zusammenfallen der schweren Achsensyndrome mit **funktionellen Hirnquerschnitten**. Dies ist beim Koma der Fall, bei dem der Hirnquerschnitt im Rautenhirn liegt, so daß das verlängerte Mark noch lebendig, d.h. regulatorisch funktioniert, und funktionell beim apallischen Syndrom, bei dem der Querschnitt im Bereich des Zwischenhirns liegt, so daß das Mittelhirn und die tiefer als dieses liegenden Hirnabschnitte noch

reguliert arbeiten. Diese beiden Stufen können als Modell einer hirnanalogen Rekonstruktion des gesamten Funktionsbildes der Funktionen und damit der Struktur der Seele dienen. Koma und apallisches Syndrom sind nicht nur hirnanaloge Konstrukte, sondern tatsächlich existente und leicht diagnostizierbare Funktionsniveaus, die mit dem Weiterfunktionieren bestimmter Hirnabschnitte und dem vorübergehenden oder defektuös-permanenten Ausfall der jeweils höheren Funktionen zur Deckung gebracht werden können.
Alle darauf nach oben folgenden Funktionsniveaus beinhalten unterschiedlich weitgehende Reaktivierungen oder **Teilabschaltungen des Großhirn-Zwischenhirn-Systems**, welches mit den pontinen und zerebellären Zentren verknüpft ist. Das Korsakow-Syndrom ist die erste Aktivierungsstufe, bei dem noch große Teile der Funktion des Großhirn-Zwischenhirn-Systems ausgeschaltet bleiben. Tabelle 1 ermöglicht eine Übersicht.
Wir haben eben die Ab- und Aufbaureihe der bei exogenen Erkrankungen vorkommenden Achsensyndrome untersucht. Sie ist gleichzeitig das verläßlichste Modell für die Rekonstruktion der bei funktionellen, endogenen Psychosen und bei den Neurosen auftretenden achsensyndromalen Grundverfassungen.
Auf dem Weg von unten nach oben fällt neben einer kontinuierlichen Volumenzunahme der Person, die aus der zunehmenden Anzahl von funktionierenden Systemen und einer wachsenden Qualität der Arbeitsweise resultiert, eine wie nach **Quantensprüngen der Seele** verlaufende evolutionär anmutende Wiedererweckung höherer Funktionen auf. Beim apallischen Syndrom wird eine menschliche Grundverfassung, die schon das Neugeborene besitzt, aktiviert. Beim Korsakow-Syndrom treten Sprache und mit ihr erste Anfänge der Kontaktfähigkeit auf. Bei schweren Fällen des Korsakow-Syndroms liegt eine vollständige emotionale und personale Nivellierung vor, d.h. diese großen Bereiche, aus denen die eigentliche, individuell spezifische Persönlichkeit aufgebaut ist, sind nicht manifest.
Bei leichteren Korsakow-Fällen und beim amnestischen Syndrom beginnt die emotionale Wiederbelebung durch Anfänge von euphorischen Emotionen, zum Teil auch von Angst, von Mißgestimmtheit. Die tiefste Gefährdung durch Abbau der psychischen Funktionen führt zurück in die Seligkeit und das Glück (die Aufgehobenheit) der frühen Kindheit.

Tab. 1. Tabellarische Übersicht über die Ab- und Aufbaureihe der Achsensyndrome.

Koma	Rhombenzephaler Querschnitt	Keine Reaktionen, keine Wahrnehmungen. Atem- und Kreislaufzentrum arbeiten noch, müssen aber schon häufig durch intensiv-medizinische Maßnahmen gestützt werden. Beim chronischen Koma tritt nach Wochen, Monaten oder Jahren der Tod durch Komplikationen ein.
Apallisches Syndrom	Dienzephaler Querschnitt	Die primitiven Hör- und Sehzentren des Hirnstammes bis zu der Vierhügelplatte funktionieren. Man beobachtet Reaktionen von Menschen ohne die humanspezifischen, kognitiven, perzeptiven Anteile, ohne faßbares Ich, ohne Willen, ohne höheren Antrieb. Erregung in dranghafter Form kommt vor. Die Umwelt wird im Bereich der oralen und Handobjekte identifiziert.
Korsakow-Syndrom	Teilaktivierung	des Großhirn-Zwischenhirn-Systems mit sehr niedriger Ich-Funktion und schweren Störungen der höheren mentalen Funktionen im Sinne von Perseverationen, Konfabulationen, querschnittsmäßigem Dasein, röhrenförmigem Denken. Im Kernbereich des Korsakow-Syndroms weitgehendes Fehlen von Emotionen, Antrieb und Willensfunktionen und Persönlichkeitsmerkmalen, dranghafte Aktivitäten, Verkennung der Umwelt. Gute Identifizierung von oralen und Handobjekten. Erhalten bleibt die Sprachfähigkeit, die jedoch ihrer kognitiven Funktion weitgehend entkleidet ist.
Amnestisches Psychosyndrom	Weitergehende Teilaktivierung	des Großhirns. Es liegt noch eine hochgradige Merkfähigkeits- und Gedächtnisschwäche sowie Desorientiertheit vor, emotionale Qualitäten sind jedoch noch erhalten. Man findet diesen Zustand häufig bei seniler Demenz. Kognitive und perzeptive Funktionen noch nicht sicher. Schwere Wesensänderung.
Organisches Psychosyndrom i.e.S.*	Weitgehende Aktivierung	des Großhirn-Zwischenhirn-Systems, jedoch noch sehr hohe Fehlerquote auf dem Gebiet der Merkfähigkeit und des Gedächtnisses, kognitiver und anderer intellektueller Funktionen. Noch dranghafte Erregbarkeit, Neigung zu Wahnbildung und schizophrenen Psychosen. Wesensänderung.

Pseudo-neurasthenisches Syndrom	Fast vollständige Aktivierung	des Großhirn-Zwischenhirn-Systems, jedoch noch erhebliche Erschöpfbarkeit. Die Emotionen sind noch leicht verflacht, andererseits besteht eine Neigung zu Stimmungslabilität, depressiven und manischen Verstimmungen, Erregtheit und Angst. Verlangsamung des Denkens, Konzentrationsschwäche. Persönlichkeitsprofil schwach.
Schlafmangel-Syndrom	Vollständige Aktivierung	des Großhirn-Zwischenhirn-Systems, jedoch noch Mangel an Antrieb und Frische, Mangel an Initiative und Willensfunktionen, Neigung zu neurotischer Verarbeitung. Mangelnder Reizschutz, Gefahr von Erregungszuständen.
Normal-gesunder Zustand	Vollständige Aktivierung	des Großhirn-Zwischenhirn-Systems mit voller Wiedererlangung oder dem Erhalt der Lernfähigkeit, kognitiver und perzeptiver Funktionen, planendem Handeln und Denken, Aufbau einer eigenen Welt in regulatorischem Zusammenhang mit der vorgegebenen Umwelt. Voll entwickelte Kontaktfähigkeit, ebenfalls volle Entfaltung von Selbstheilungs- und -korrekturkräften. Persönlichkeit intakt.

* vgl. Bd. II, S.20 ff.

Kübler-Ross berichtet bei Scheintoten und Reanimierten von sehr intensivem Erleben tief individueller Gehalte. Hier lag keine zerebrale Nekrobiose vor, ein Defekt bleibt aus. Wir müssen diese beiden Formen prinzipiell unterscheiden: Erkrankungen mit ausgedehntem Gewebsuntergang, die prognostisch ungünstig sind, und solche mit geringen Schäden, die voll remittieren können.
Vom Korsakow-Syndrom aufwärts wird der dem Menschen zur Verfügung stehende Raum langsam wieder erobert, während die schweren Korsakow-Fälle praktisch ohne Umwelt sind. Sie sitzen herum und nehmen nur vereinzelt Informationen auf. Bei ihnen ist die Sprache nur passiv durch Ansprechen reaktivierbar. Sie wirkt dann stark defektuös wegen ihrer Kontinuitätslosigkeit, der Konfabulationen und Perseverationen, der Reizoffenheit. Bei leichteren Korsakow-Fällen und beim Übergang ins amnestische Syndrom sowie

beim nächsthöheren Übergang zum organischen Psychosyndrom wird die spontane Sprachproduktion aufgenommen. Zunächst ist sie noch schwer gestört. Mit dem amnestischen Syndrom erfaßt man Zustände noch schwerer Beeinträchtigung der Engrammreaktivierung, wodurch das Frischgedächtnis, das Kurzzeitgedächtnis und längerfristige Leistungen noch nicht einwandfrei funktionieren. Bei den folgenden Stufen wird eine zunehmende Engrammreaktivierung auch auf dem Gebiet jüngerer Aufzeichnungen möglich. Beim organischen Psychosyndrom i.e.S. treten hierbei noch häufiger Störungen auf, die sich als Merk- und Gedächtnisstörungen zu erkennen geben. Gleichzeitig schreitet hier die Kontaktfähigkeit, die emotionale Belebung, die personale Ausdifferenzierbarkeit soweit fort, daß man nicht mehr von einer Persönlichkeitslosigkeit wie beim Korsakow-Syndrom, sondern von einer Wesensänderung in Verbindung mit einer Hirnleistungsschwäche spricht.
Beim Abklingen des organischen Psychosyndroms i.e.S. kommt es zu weiterer Komplettierung des Persönlichkeitsbildes in allen seinen Eigenschaften unter Aufnahme des gesamten Leistungsangebots. Die Hirnleistungsschwäche mindert sich bis zum pseudoneurasthenischen Syndrom so weit, daß hier nur noch eine Erschöpfbarkeit beobachtet wird. Gleichzeitig findet man aber als Anzeichen einer mangelhaften Gesamtintegration noch eine beträchtliche emotionelle Labilität und eine allgemeine Erregbarkeit. Beim Schlafmangelsyndrom liegt ein pseudoneurasthenisches Syndrom leichtester Ausprägung vor. Der Zustand kann durch ein- oder mehrmaliges Ausschlafen gebessert, in manchen chronischen Fällen nur durch Psychotherapie und mit Psychopharmaka geheilt werden.
Die menschliche Psyche entsteht also im Verlauf dieser Aufbaureihe ebenso aus kleinsten Anfängen und wie aus Schichten zusammengesetzt allmählich wieder, wie ihr Abbau gewissermaßen millimeterweise fortschreiten kann. Bei progredienten Hirnprozessen verfolgen wir einen allmählichen Verfall unter Einhaltung der gleichen Stufen, der gleichen stückweisen Reduktion des Persönlichkeitsvolumens.
Diese Seite der Achsensyndrome ist in der klinischen Psychopathologie wohl bekannt, man sträubt sich nur gegen ihre systematische Aufreihung, so daß eine Diskussion über Achsensyndrome selbst bei sehr erfahrenen Kollegen noch auf völliges Unverständnis stoßen kann (2. Tagung Arbeitskreis Psychopathologie, Heidelberg 1982).
Den Achsensyndromen kommt aber noch eine andere Bedeutung zu, die dann erkennbar wird, wenn wir nach den Bezügen der psy-

chopathologischen Ab- und Aufbaureihen, welche den schrittweisen Zerfall der menschlichen Persönlichkeit aufzeigen, aber auch deren Wiederaufbau, mit dem in gesunden Personen zu vermutenden Funktionsaufbau fragen. Die Erkenntnis dieser Zusammenhänge wird möglich durch eine Beziehungssetzung der Ab- und Aufbaureihe der Achsensyndrome zu der parallel gelegenen Ab- und Aufbaureihe der Psychosen und Neurosen. Diese Betrachtungsweise bedeutet einen **erheblichen Aufwand an systematischem Denken**, die Verbindungssetzung zum Referenzmodell im Gesunden sogar eine **systemtheoretische Denk- und Betrachtungsweise**. Aber ist wirklich der Sprung vom systematischen Zusammenhang der psychopathologischen Abbaureihen zum systemischen Zusammenhang des Referenzmodells im Gesunden so schwierig? Die Bezugnahme ist ebenso naheliegend wie die bei geologischen Ausgrabungen, welche einen Vergleich der vorgefundenen Schichten mit erdhistorischen Epochen herstellt. Ein ähnlicher Strukturvergleich findet auch in der Kernphysik statt, wobei aus den emittierten Alpha- und Betateilchen, aus der Gammastrahlung, schließlich aus der Atomspaltung des Uran 238 (L. Meitner und O. Hahn sowie F. Straßmann, 1938) auf den Aufbau des Atoms aus geschichtetem Kern und geschichteter Elektronenhülle geschlossen wurde. Ebenso ist der Vergleich zwischen chemischen Modifikationen und der Atomstruktur altvertraut, wobei die Ionisierung und Wertigkeit von Atomen von Bedeutung ist. Auch die stammesgeschichtliche Erforschung der Tiere und Pflanzen bedient sich der gleichen Methode, indem sie fossile Funde mit Entwicklungsstadien heute existierender Lebewesen, aber auch mit lebenden Vertretern des zoologischen und botanischen Systems für selbstverständlich hält. Die heute lebenden Fische sind also zu vergleichen mit fossilen Fischen aus allen Erdzeitaltern, aber auch mit fischähnlichen Stadien in der Ontogenese von Amphibien, Reptilien, Vögeln und Säugetieren. Die zoologische Verhaltensforschung geht von intra- und interspezifischer Vergleichbarkeit, Bezügen zur Onto- und Phylosenese aus.

Gestärkt durch diese methodologische Schützenhilfe wagen wir also die Verbindungslinie von der Ab- und Aufbaureihe der Achsensyndrome zu der der Psychosen und Neurosen einerseits und zum Referenzmodell andererseits zu ziehen (vgl. auch Abb. 2).

Hierbei ergibt sich, daß die **Achsensyndrome Persönlichkeitsvolumina** sind, deren Ausmaß und Umfang der Aufgabenstellung entspricht, welche aus der Programmspezifität und topologischen Objektkonstellation der einzelnen Schablonen und ihrem Aktivierungsgrad (s. Kap. 6) resultiert. In der Psychoanalyse werden solche Betrachtungsweisen zur Untersuchung der Ich-Dynamik und -Größe verwandt, wenn bei infantilen Gehalten und Konflikten auch embryonale und frühkindliche Wesensmerkmale und Ablaufformen gefunden werden. Die **Ich-Dynamik** und -Größe ist von besonderer Bedeutung bei der Analyse der funktionellen Psychosen und Neurosen, die strukturgleich entsprechenden Stadien der Ab- und Aufbaureihe der exogenen Syndrome sind.

In den deliranten Psychosen finden wir in diesem Sinne außerordentlich schwache, kaum noch feststellbare **Ich-Reste**, die sich in ängstlichen oder euphorischen Reaktionen auf optisch-halluzinatorische Objekte oder illusionierte, zum Teil auch real wahrgenommene Gegenstandskonstellationen erschöpfen. Bei Schizophrenen erfolgt eine deutlichere Konfiguration des Ichs, die aber sehr schwach ausgeprägt ist. Das **Ich des Schizophrenen** steht fest im Banne anderer Menschen und ist ihnen bereits ausgeliefert. Der Schizophrene fürchtet nicht mehr seine Überwältigung durch andere, er kann eine Angst auch gar nicht angeben, sondern er ist bereits fest im Griff von übermächtigen, feindseligen oder wohlwollenden Gewalten, seien dies Gott oder der Teufel, wohlwollend-fördernde Menschen oder unheimliche Feinde, die auch in Gruppen auftreten können. Mit dieser Verfassung verbunden ist eine spezifische Veränderung der kognitiven Abläufe, die darauf hinausläuft, daß der Schizophrene zu einem Zusammenhangsdenken zu einem **konkretistischen kognitiven Vollzug** neigt. Er ist ein Spezialist für die Aufdeckung verborgener Verschwörungen und ist nicht so wie der Gesunde bereit, zur nächsthöheren Abstraktion überzugehen, wenn ihm die Anfangsverdachtsgründe nicht ausreichen, sondern bohrt sich immer tiefer in die Beeinträchtigung und Verfolgungsideen hinein. Er ist dazu disponiert durch die Einengung und Schwerfälligkeit seines Denkens, die gegen ein transzendierendes Abheben durch seine konkretistische, nicht mehr abstraktionsfähige Denkweise gebunden ist. **Symbole** werden nachgebildet, diese sind jedoch konkretistisch, d.h. sie erfüllen nicht mehr Transzendierungsbedürfnisse, ergeben keinen Sinn für viele andere Situationen, sondern bleiben im Konkreten stecken. Ein zerknülltes Papier auf der Treppe bedeutet, daß der Patient verfolgt und beobachtet wird. Er kann sich nicht zu dem Gedanken aufschwingen, daß dies doch eigentlich unwahrscheinlich sei, daß ganze Gruppen, die er nie zu sehen bekommt, auf ihn angesetzt sind.

Kritisches Denken ist durch die Denkstörung programmgesteuert blockiert. Zu viel Denken könnte die angespannte Aufmerksamkeit, die auf das Auftauchen der unsichtbaren Gefahren gerichtet ist, schwächen.

Um so zählebiger ist das Systemdenken, in dem jede Einzelheit früherer Erlebnissituationen aufbewahrt wird und zum Anbau an das Wahnsystem benutzt werden kann. Dieser Denkspezifität, die zum Herstellen wahnhafter Beziehung disponiert, entspricht auch die Emotionalität. Sie ist nicht mehr gefüllt, mitteilbar, sondern bewegt sich in den engen Bahnen von Angst und Gespanntheit, die selbst ihre Mitteilbarkeit blockieren. Die Angst wird nicht mehr nennbar, die Emotion kommt nicht zum Mitmenschen über. Es besteht das **Phänomen des gebrochenen Kontaktes**, der Unfähigkeit, sich einem anderen in bezug auf die Todesangst zu öffnen und von dessen Stimmungen anstecken zu lassen.

Diese Merkmale gelten natürlich nur für die unbehandelte Erkrankung. Die moderne psychopharmakologische Therapie führt recht rasch in Abhängigkeit von der Schwere der Veränderungen und dem Gelingen des Behandlungsverfahrens zu einer Wiederbelebung höherer kognitiver Fähigkeiten ebenso wie zur Reaktivierung von mitteilbaren und füllenden Gefühlen. Die gesamthafte Auswertungskraft heiterer, trauriger, besinnlicher Stimmungslagen fehlt dem Schizophrenen. Diese höheren Emotionen sind selbst Mitteilungen über eine Auswertung der Gesamtlage. Bei Gesunden wie auch bei Neurosekranken, zum Teil auch noch bei depressiven Patienten, finden wir in der emotionalen Verfassung eine zusammenfassende Botschaft über die Gesamtlage des Individuums. Der Gesunde kann sich mit Hilfe seiner Emotionen der Besorgtheit, der Mißstimmung, der Traurigkeit, aber auch der Freude, der Angriffslust usw. fragen, warum es ihm also in dieser Weise so zumute ist. Jede Stimmung enthält die Möglichkeit zur Auswertung auf bestimmte Ergebnisse des Lebens, ob diese nun in situativen Beeinträchtigungen oder etwa in einer Erfüllung langgehegter Erwartungen oder deren Enttäuschung liegen mag. Beim Schizophrenen liegt an dieser Stelle eine Emotionsblockade und Kontaktsperre vor.

Die Betrachtung der schizophrenen Affekt- und Denktätigkeit ergibt also einen **Sinngehalt** der Achsenverfassung, welche für Schizophrene typisch ist. Sie befähigt ihn zur Bewältigung der Wahnaufgabe, die eine bestimmte soziale Bedrohung umfaßt. Welchen Strukturen entspricht diese Schizophreniebegabung zusammen mit der

Wahndisposition, der speziellen Eignung des Denkens und der Abschirmung von gesamthaften Emotionen nun bei Gesunden?
Verfügt auch der Gesunde über ein schizophrenieähnliches Programm, das bei ihm die Auswertung sozialer Beziehungen und seiner Stellung zu anderen besorgt? Ohne Zweifel existieren derartige Strukturen im Gesunden auch. Die Beobachtung anderer Menschen und der eigenen Person ergibt mit Gewißheit, daß auch bei diesem **instinktive Bereitschaften** nach Art eines Schizophrenie-Moduls für die Auswertung der sozialen Beziehungen und der relativen Positionen der eigenen Person verantwortlich sind und unbewußt ständig Daten sammeln, die teils Stimmungsveränderungen auslösen können, wenn akute Konfliktkonstellationen drohen, teils auch Mißtrauen, Vorsicht, bestimmte Strategien, andererseits auch Vertrautheit oder Vertrauensseligkeit bedingen können. Betreten wir einen Raum voller Menschen, so können wir die Stimmung der Versammelten, auch ohne daß ein Wort fällt, ohne daß wir selbst angeblickt werden, erfassen. Man spricht von **Intuition**, Einfühlung, zwischenmenschlichem Verstehen, Erahnen der Wünsche anderer. Auch die Bedrohung durch Haß wird empfunden, die Aggressivität, der Vernichtungswille, aber auch die Anbiederung, die libidinöse Stimmung bei jemandem, der sich uns damit nähert. Schutzhaltungen wie Rückzug, Verstummen, Nichtanblicken, Emotionsblockade, gespanntes Begegnen – unterscheiden sich formal nicht grundsätzlich bei Gesunden und Kranken. Beim Psychiater werden die Intuition und das Mitfühlen überformt von fachlicher Erfahrung und systematischem Denken, so daß die **kognitive Strukturerkenntnis** des Fachmanns mit der Zeit nicht mehr trennbar wird von seinem Intuieren. Beim strukturalistischen Ansatz vermischen sich dann ohnehin die Unterschiede zwischen Erklären und Verstehen, da Strukturänderungen beim Kranken eben auch verstanden werden können, wenn entsprechende Modelle zu Verfügung gehalten werden, die ein zuverlässiges Vergleichen ermöglichen.
Die Kommunikation der Menschen untereinander wird überwiegend durch nichtsprachliche Gehalte bestimmt, wobei Aggressionen, Emotionen, Antriebe, Triebe, aber auch bestimmte „Blicke, Mienen und Gebärden" (Morgenstern), semantische Sprachgestaltung dazu angetan sind, gezielt oder unabsichtlich Reaktionen beim anderen hervorzurufen. Viele unterschiedliche Persönlichkeitshaltungen sind möglich, um teils den Risiken der zwischenmenschlichen Kontaktnahme auszuweichen, ihnen in anderen Verfassungen aber auch von

vornherein einen bestimmten Stempel der Einflußnahme aufzudrücken. Jeder macht es anders, jeder kennt die Stunden, in denen er glaubt, alles falsch gemacht zu haben. Das menschliche Verhalten ist einesteils aus Strategie geleitet. Diese planmäßigen Vorgehensweisen werden zum Teil aber auch von instinktiven Grundlagen her konzipiert. Zusätzlich werden bewußt Pläne gemacht.

Beim **Schizophrenie-Modul des Gesunden** scheint also ein genaueres Hinsehen zu genügen, um seine Existenz förmlich mit Händen greifen zu können. Ich selbst bin überzeugt von der Existenz dieses Instinkts bei jedem Menschen. Diese Annahme ist auch beweisbar. Durch psychoaktive Substanzen können Modellpsychosen hervorgerufen werden, die letztlich bei jeder Versuchsperson zur Manifestation zu bringen sind, je höher die Dosierung oder um so intensiver die Substanz wirkt. Unter LSD 25 oder Meskalin ist jede Versuchsperson bei ausreichender Dosierung zur Entwicklung eines psychoorganischen und leicht delirant anmutenden psychotischen Bildes und einzelner Schizophreniesymptome (K. Beringer, 1927) zu bringen. Das gleiche gilt für höhere Dosen von Haschisch und alle Substanzen, die zu einer Dopaminvermehrung führen, wie Amphetamin- und Ephedrinderivate. Die Gesamtheit der experimentellen Psychosen belehrt über die bei jedem Menschen vorhandene Psychosebereitschaft. Dies war früher nicht so klar, denn von den Entwicklungen der Alkoholiker war bekannt, daß nicht jeder delirant wird.* Einige Kranke trinken sich ohne Delir in das Korsakow-Stadium hinunter. Bei den stärker psychotogenen Substanzen jedoch wird jeder Zweifel an der **Auslösbarkeit von psychotischen Schablonen bei jeder Person** widerlegt. Auch jeder Mensch, der bestimmte Dosen von Atropinderivaten zu sich nimmt, wird psychoorganisch verändert und entwickelt ein delirantes und/oder Korsakow- oder apallisches Syndrom. Im Tierversuch ist längst geklärt, daß bei jedem Exemplar die biochemischen Veränderungen greifen, ebenso wie die Antagonisten zur Wirkung gebracht werden können. Amphetamin führt zur Dopaminvermehrung, Reserpin wieder zu seiner Reduktion.

Für jeden psychopathologischen Zustand finden wir eine **Entsprechung im Gesunden**. Phobischen Syndromen entspricht eine Angstbereitschaft durch gefährdende Objektkonstellationen auch bei Ge-

* K. Kleist nannte die Psychosebereitschaft der Patienten „symptomatische Labilität" (1920)

sunden, wenn diese der Bedrohung ausgesetzt werden. Sexuelle Deviationen gehen von Teileigenschaften von Partnern aus, die der Gesunde ebenfalls empfindet und wahrnimmt, in den meisten Fällen aber nicht effektuiert. Dem Zwang entspricht die Genauigkeit der Kontrolle des Gesunden, die auch immer einmal wiederholt werden muß. Alle psychopathologischen Syndrome gehen ja auch in normale Zustände über, falls ihre Heilung gelingt. Auch Depressionen jeder Art, manische Zustände, schizoaffektive Psychosen, schizophrene Erkrankungen und alle exogenen psychotischen Syndrome sowie ihre Achsensyndrome gehen im Verlauf der Heilung stufenlos in normal-gesunde Zustände über, wobei der Wiedereinbau in die normal-gesunde Struktur millimeterweise zu verfolgen sein kann.
Auch bei der Untersuchung der Entstehung von psychotischen und neurotischen Erkrankungen ebenso wie von Achsensyndromen kann kein Zweifel an dem **stufenlosen Hervorgehen aus der normal-gesunden Struktur** für jedes einzelne Symptom, für jedes einzelne Syndrom bestehen. Die Frage, welche ich in meiner psychiatrischen Jugend wohl hörte: Wo sind die Psychosen, wenn sie nicht manifest sind? („Wo ist der Wind, wenn er nicht weht?"), muß daher mit dem Entwurf eines **Referenzsystems**, in dem die Ursprünge der psychopathologischen Syndrome der Psychosen und Neurosen ebenso wie die der Achsensyndrome wiederzufinden sind, beantwortet werden.
Wenden wir uns nun wieder den Achsensyndromen im besonderen und der in ihnen eingeschlossenen Ich-Dynamik zu. Zum Vergleich bieten sich jetzt psychopathologisches Syndrom, kindliche Entwicklungsstadien, Formen der Retardierung und Regression und schließlich Ich-dynamische Zustände von Gesunden, die dem psychopathologischen Syndrom analog sind, an. Die Diskussion um die Spezifität von Schizophrenen Basissymptomen nach Süllwold und Huber, die u.a. von Roesler, Bellaire, Hengesch, Kiesling-Muck und Carls widerlegt wurde, gehört ebenfalls in diese Betrachtungsweise. Vergleichen wir nun diese unterschiedlichen Begriffe, so erkennen wir bald, daß die gleichen **Persönlichkeitsvolumina** auf unterschiedliche Weise zustande kommen können. Das Neugeborene verfügt über ein sehr kleines Persönlichkeitsvolumen, das etwa dem des appallischen Syndroms oder einem etwas höher gelegenen entspricht. Ebenso finden wir oligophrene Retardierungen, die dem apallischen Syndrom entsprechen. Beim wachen Gesunden sind ähnliche Verfassungen nicht realisiert, sie klingen nur an und können bei triebhafter Einengung, z.B. im **Orgasmus**, zu einer flüchtigen Ni-

veausenkung führen, in der Sprachlosigkeit vorherrscht und ein symbiontisches Erleben in Verbindung mit taktilen, oralen und genitalen Kontakten manifestiert wird. Ähnliche Zustände liegen auch im Tief- und Traumschlaf Gesunder vor.

Auf dem Korsakow-Niveau können wir einen ähnlichen Vergleich ziehen. Es gibt Korsakow-artige oligophrene Retardierungen. Bei plötzlicher **hochgradiger Angst** kann bei Gesunden ebenfalls Sprachlosigkeit, ein Bedürfnis, sich festzuhalten und lagemäßig irgendwie zu stabilisieren, ein plötzlicher amnestischer Block des Gedankenablaufs und eine vollständige Entemotionalisierung auftreten. Auch im Schlaf kommt es zu einer ähnlichen Niveausenkung.

Im **Traumschlaf** mit seiner Abhängigkeit, dem Verlust am Überblick, der sprachlichen Ohnmacht werden ähnliche Erlebnisstrukturen faßbar wie bei leichteren Delirien und bei schizophrenen Psychosen. Im Niveau analoge Verfassungen finden wir wiederum auch bei der oligophrenen Retardierung. Man spricht bei schizophrenen Kranken auch von Regression oder von einer Negativsymptomatik. In diesen Zuständen werden alle Abstufungen von Abbauniveaus gelebt, wobei auch Sprachmöglichkeiten verloren gehen. Die tiefsten Retardierungen bei Schizophrenen gehen zurück bis in **embryonalanaloge Verfassungen** oder Zustände, die denen kurz nach der Geburt entsprechen. Die Kranken sind nicht in der Lage, allein zu bleiben, aus dem Bett aufzustehen, sich zu waschen, zu rasieren, die Zähne zu putzen, etwas zu essen, das Haus zu verlassen, die geringste Arbeit zu verrichten, etwas zu lesen, etwas zu lernen, den Fernseher zu beobachten. In der Exploration verfügen sie wohl über Sprachmöglichkeiten, diese werden aber fast ausschließlich zur Abwehr von Änderungen des regressiven Zustands eingesetzt. Eine Lernfähigkeit kann vollständig fehlen. Die Ausfälle erscheinen hier mehr fakultativ als beim echten Korsakow-Syndrom und bei der Oligophrenie, lassen sich aber doch nach längerer Kenntnisnahme als Analoga zu den normalen Entwicklungsstadien embryonalen und postembryonalen Lebens erkennen. G. Gross hat schwere Fehlleistungen auf kognitivem und perzeptivem Gebiet bei schizophrenen Kranken nachgewiesen.

Besonders die **schizophrenen Regressionen** haben mich veranlaßt, den Begriff der Persönlichkeitsvolumina zu entwickeln. Er läßt sich auf alle Veränderungen anwenden und schreibt nicht vor, daß gegenwärtig keine Reaktivierungsmöglichkeit besteht wie beim Korsakow-Syndrom. Der Schizophrene ist in Begleitung und mit Hilfe eines anderen Menschen häufig sofort in der Lage, bessere Leistungen zu bringen. Sein autonomes Vermögen kann jedoch vollständig gelähmt sein, es mutet wie ein **Rückzug** auf letzte Bastionen an. Es hat nur nicht den Ausfallcharakter wie bei den schweren organischen Psychosyndromen und bei den sehr ähnlichen oligophrenen Retardierungen, sondern kann auch plötzlich durch einen Niveausprung nach oben abgelöst werden.

Bei Gesunden kommt es einerseits im Schlaf, andererseits in Panik- und **Notsituationen** zu massiven Zurücknahmen des Persönlichkeitsvolumens. Die Grundverfassung eines Menschen, dessen Auto unversehens zu schleudern und sich zu drehen beginnt, ist zweifellos durch eine starke Volumenherabsetzung mit einer Aufhebung der Merkfähigkeit und des Denkens, mit einer Aufgabe auch der emotionalen Abstufungen zugunsten eines sofortigen zupackenden Handelns im Sinne von Bremsen und Steuern, bis das außer Kontrolle geratene Fahrzeug wieder stillsteht oder in der gewählten Richtung weiterrollt, zu kennzeichnen.

Höhere Fähigkeiten würden dieses sofortige Handeln blockieren. Das gleiche gilt für andere Notsituationen, in denen blitzschnell gehandelt werden muß, und auch für die schon erwähnten sexuellen Abläufe. Wer beim Beischlaf Zeitung lesen kann, wird kaum einen Orgasmus erleben dürfen. Schon ein Nachdenken, ein Besinnen auf sorgenvolle Gegebenheiten kann die sexuelle Lust blockieren. Im Falle eines **Partnerkonflikts** kann Angst zu vollständiger Impotenz oder Frigidität führen. Wer akut mit Sorgen belastet ist, vermeidet den Beischlaf, fühlt sich nicht aufgelegt, kann sich nicht ausreichend vorher beruhigen. Die wohltuende Niveausenkung im Höhepunkt führt zu einer kurzzeitigen Regression, in der ähnlich wie in früher Kindheit eine tiefe Verbundenheit mit dem Partner erlebt wird. Zweifellos liegen hier auch evolutionäre Zusammenhänge vor, durch die zur Absicherung des sexuellen Vollzugs der komplexe Überbau kurzfristig abgeschaltet wird. Ähnliches müssen wir auch im Zusammenhang mit der **Urin-** und **Stuhlentleerung** annehmen, die beide ebenfalls durch Streßreize und sorgenvolles Nachdenken blokkiert werden können. Auch Angst wirkt sich in dieser Richtung hemmend aus. Wiederum ist ein evolutionärer Zusammenhang anzunehmen. Alle Vorgänge in Zusammenhang mit den protostomen, den Urmund-Funktionen sind abgesichert durch mehr oder minder deutliche Niveausenkungen.

Auch intensiver Schmerz führt zu Verkleinerungen des Persönlichkeitsvolumens. Die Systematik der Zurücknahmen insgesamt geht über Kollaps und Ohnmacht bis zum Voodoo-Tod, dem psychogenen Tod und bis zum epileptischen Anfall.

Betrachten wir die Reihe der **topologisch und schichtmäßig gegliederten Instinktschablonen**, so finden wir auf jedem Niveau ein entsprechendes Achsensyndrom, welches die kognitiven, emotionalen, stimmungsmäßigen, motorischen und Antriebsmöglichkeiten enthält, die zur spezifischen Aufgabenerfüllung der betreffenden Instinktschablone erforderlich sind. Ein Mehr an Volumen würde die Abwicklung erschweren oder blockieren. Das Studium von Unfall- und Gefahrensituationen bei Gesunden kann hierüber weiter belehren.

Rücknahmen des Persönlichkeitsvolumens kommen auch psychodynamisch bei einer Anzahl von Krankheitsbildern zum Ausdruck. Minderwertigkeitsgefühle und Gehemmtheit führen zu geänderter Einstufung der eigenen Person beim **„little-man-Syndrom"**, der durch einen **„Napoleon-Komplex"** kompensiert wird. Die kleingewachsenen Personen nehmen eine majestätische, hochgereckte Haltung ein, neigen zu überzogenem Selbstbewußtsein und zu Aggressivität. Ich habe dies auch bei einem kleingewachsenen Kollegen erlebt, der behauptete, er habe immer recht. Er glaubte anscheinend wirklich daran. Aber auch ein groß gewachsener Kollege, mit heftigem Minderwertigkeitsgefühl, nahm eine napoleonische Haltung ein und blickte andere mit zurückgelegtem Kopf von seiner Körperhöhe herunter an.

Beim **„big-man-Syndrom"**, der ängstlichen Verarbeitung einer großen Körperhöhe, kommt es zu unterschiedlichen Situationen. Bei Männern entwickelt sich nicht selten ein **Transsexualismus**, wenn die psychodynamische Kraft sich dem Nachvollzug des Großwuchses versagt und die unbewußte Dynamik zu einer Identifikation mit Frauen wie zu einer Erleichterung greift. Der transsexuelle hochwüchsige Mann ist heute überaus häufig, manche sind zwischen 190 und 200 cm groß, nur vereinzelt findet man sehr kleinwüchsige, wie ein eigener Fall (s. Band II). Dem transsexuellen hochwüchsigen Mann erscheint die Einnahme einer weiblichen Persönlichkeitsdifferenzierung leichter, er fühlt sich von allen männlichen Aufgaben entbunden und läßt sich fallen in ein wohlfeiles, feminines Agieren, in dem die permanente Selbstaufgabe durchgespielt wird. Zahlreiche psychopathologische Zwischenfälle sind hierbei beobachtet worden, insbesondere Depressionen, Suizidversuche und auch paranoide

Psychosen. Der Kern mag dann vielfach bei der ursprünglichen Erkrankung an einer dieser Störungen liegen, in anderen Fällen ist aber nicht auszuschließen, daß die transsexuelle Entwicklung selbst zu der Auslösung einer solchen psychotischen Schablone oder eines suizidalen Verhaltens beiträgt. Hochwuchs und Angst, vielleicht sogar **Akzeleration und Angst** können in ihrem Zusammenhang durch die vermehrte Ausschüttung von Wachstumshormonen bei Disstreß und Angst erklärt werden.

Auch andere neurotische Persönlichkeitsregressionen, die auf Minderwertigkeitshaltung oder Ich-Inflation hinauslaufen, sind bekannt, wie z.B. Konfliktreaktionen, depressive und sensitiv-paranoide Zustände. Die wesentlichen Kennzeichen der höheren Stufen der beiden Abbaureihen werden durch die Annahmen von ab- oder zunehmenden Persönlichkeitsvolumina verständlich:

Bei den **Neurosen** liegt nur eine partielle Störung des Gesamterlebens vor, die bei Generalisation jedoch einen gesamthaften Störungstyp erreichen kann. Das neurotische Achsensyndrom ist durch leichte Persönlichkeitsstörungen, deren Auswirkungen vom Kranken im Zusammenhang mit seinem gestörten Erlebnisbereich interpretiert werden, gekennzeichnet. Er glaubt, wenn die Neurose nicht quälen würde, würden seine Unentschiedenheit, die Ambivalenz, die Nervosität, die Stimmungslabilität usw. nicht bestehen. Das gleiche gilt für lang hingezogene Reaktionsbildungen bei bestimmten erschwerenden Lebenskonstellationen, bei denen durchaus bewußt das Minus an Persönlichkeitsvolumen auf die permanente Bedrückung zurückgeführt wird. Unter therapeutischem Einfluß können diese Zurücknahmen des Ich-Umfangs wieder reversibel gemacht werden, wonach sich die Konfliktlage bessern kann. Das gleiche gilt für die Psychotherapie von Neurosen, bei denen eine Persönlichkeitsmodifikation angestrebt wird. Diese läuft ebenfalls auf eine Vergrößerung des Persönlichkeitsvolumens ohne Inflation hinaus und ist durch echten Zuwachs, durch Nachreifung, durch Aufgabe von Ängsten und Hemmungen, durch Wiederübernahme der Verantwortung gekennzeichnet.

Bei der **Depression** wird eine im Vergleich zu den Neurosen noch intensivere Abnahme des Persönlichkeitsvolumens qualvoll erlebt. Die von Tellenbach herausgehobene Remanenz entspricht diesem Zurückbleiben hinter dem Sollwert des individuellen Persönlichkeitsumfangs und bildet bei den Depressionen den Kern des Erlebens. Das nie mehr Erreichenkönnen des Solls, das nie wieder Schaffen der persönlichen Aufgabenstellungen und der Verantwortungsübernahme werden qualvoll erlebt. Bei dieser Erkrankung bildet gerade der Rückstand des Persönlichkeitsvolumens den Kern der depressiven Qualen.

Bei der **Manie** wird die noch weitere Abnahme des Persönlichkeitsvolumens, verbunden mit einem drohenden Ausgeliefertsein an den Zugriff der Anderen in tiefer Angst, noch einmal durch Inflation der Ich-Dynamik überspielt. Eine Überkompensation des ganz erheblichen Mangels an Ich-Qualitäten, der sich auch in der Verantwortungs- und Kritiklosigkeit, Flüchtigkeit und Primitivierung des Denkens und Verhaltens ausdrückt, wird im Rahmen der manischen Instinktschablone versucht.

Im **schizophrenen** Syndrom liegt eine noch größere Niveausenkung vor, die Denk- und Affektstörungen sind hochgradiger, die Verkleinerung des Ichs ist weiter fortgeschritten. Die Person fühlt sich jetzt schon fest im Griff der anderen Menschen, ist überwältigt und gebannt. Ich habe dies oben schon dargelegt. Im nachfolgenden **deliranten Syndrom** geht das Ich-Volumen weiter zurück und wandelt sich langsam in eine äußerst kümmerliche Residualform, die nur noch dem Erleben von Objektkonstellationen ängstigender oder euphorischer Natur nachläuft, keinerlei Distanzierungs- und Denkmöglichkeiten mehr enthält und bei der Untersuchung des Kranken um so weniger personale Merkmale erkennen läßt, je tiefer das Niveau sinkt. Bei leichten Delirien können höhere Abläufe noch erhalten sein.

Die Achsensyndrome sind also den psychotischen und neurotischen Schablonen, die wir im dritten Kapitel untersucht haben, unbedingt angepaßt und entsprechen einer globalen Bereitstellungsreaktion, die zu der anstehenden Topologie des Objekts eine enge Beziehung aufweist. Die **Achsensyndrome sind also selbst instinktiven Charakters** und bedeuten auch im Gesunden eingebaute Quantensprünge der Zurücknahme oder des Wiederaufbaus des Persönlichkeitsumfangs. Im Tag-Nacht-Rhythmus pulsiert das Persönlichkeitsvolumen ohnehin bei jedem gesunden Menschen. Jeder Mensch entwickelt sich aus der völligen Persönlichkeitslosigkeit früher Embryonalstadien bis zu seiner ihm vorbestimmten Organisationshöhe, die er nur dann verfehlen kann, wenn massive störende Einflüsse oder Krankheiten diese Entwicklung behindern.

Die Achsensyndrome sind Gesamtzustände im Sinne von K. Jaspers (1913) und der zentraleuropäischen klinisch-psychiatrischen Schulen.

Sie stehen zu den Psychosen und Neurosen im Sinne meiner Lehre in einem Inklusionsverhältnis, wenn mit einem spezifischen Achsensyndrom eine Psychose aktiviert wird, die diesem Niveau entspricht. Der neu entstehende **Gesamtzustand** inkludiert sowohl die psychotische Schablone wie das Achsensyndrom. Ein Exklusionsverhältnis entsteht, wenn nach Abklingen oder ohne Einschaltung eines psychotischen Erregungszustands ein Achsensyndrom als einzige Symptomatologie verbleibt.

Achsensyndrome inkludieren die tiefer gelegenen Mitglieder ihrer Ab- und Aufbaureihen. Die tiefer gelegenen Störungen verschwinden nicht, sondern werden auforganisiert zu höheren Leistungen, können aber in geeigneten Situationen wieder erscheinen. So bleiben **Greiftendenzen** auch bei einem Aufstieg über das Korsakow-Syndrom hinaus erhalten, aber nicht in der gleichen Weise wie auf den Niveaus des Korsakow-Syndroms selbst und der unter ihm liegenden Schablonen des Beschäftigungssyndroms und des apallischen Syndroms. Auch normal-gesunde Personen weisen solche Greiftendenzen auf, setzen sie aber zunehmend im Rahmen höher organisierter Aufgabenstellungen ein. Je größer die Erregung eines Menschen wird, um so eher können Greiftendenzen manifest werden. Beim Streit angetrunkener Personen spricht man deshalb auch von Handgreiflichkeiten; beide versuchen sich zu packen und auch zu schlagen. Auch Schizophrene greifen und halten vermehrt (Th. Spoerri).

Das **Bestehen eines geeigneten Achsensyndroms ist die Voraussetzung für die Manifestation einer Instinktschablone als Psychose**. Bei höher liegenden Achsensyndromen erscheint die gleiche Instinktschablone als neurotisches Syndrom oder in noch leichterer Form als Hilfsprogramm bei gesunden, aufgeregten und in Not befindlichen Menschen. Die jeweils spezifische Notfallfunktion wird also auch unter den Bedingungen einer höheren Organisation des funktionellen Gesamtaufbaus beibehalten.

In einigen Fällen kann man die Verursachung einer Psychose durch ein Achsensyndrom annehmen. Dies ist der Fall bei **Hirnverletzungen**, die zu einem organischen Psychosyndrom führen. Unter fortlaufenden Belastungen kann sich bei solchen Kranken eine Depression oder ein schizophrenes Krankheitsbild entwickeln, das nach entsprechender Behandlung auch wieder abklingen kann. Ähnliche Verhältnisse liegen bei Oligophrenen vor, bei denen sich eine **Pfropfschizophrenie** entwickelt. Auch andere psychotische Manifestationen sind bei Oligophrenen häufig. Ähnliches finden wir außerdem auch bei der Schizophrenie. Die Regression wird neuerdings auch als Voraussetzung der schizophrenen Erkrankung diskutiert, so von R. Lempp und Mitarb. in dem Symposion „Psychische Entwicklung und Schizophrenie", das den Untertitel „Die Schizophrenien als funktionelle Regressionen und Reaktionen" trug (1984). Das Zurückbleiben in der Entwicklung ist dabei doppeldeutig. Eine **regressive Entwicklungshemmung** aufgrund von frühen Psychotraumen und Hirnschäden wird auch als präpsychotische Manifestation der späteren Schizophrenie angesehen. Vor Ausbruch schizophrener Psychosen kann ein bis zu drei und mehr Jahre dauerndes Vorstadium auftreten, in dem ein allmählicher Niveauverlust und damit auch eine Regression eintreten. Der Psychoseausbruch erfolgt dann nicht selten durch zusätzliche Belastungen, wie eine Reise oder notwendige Reifeschritte, Verlassen der Schule, Antritt einer Lehre oder eines Studiums, Verlobung, Heirat, Partnerverlust.

In manchen Fällen ist die Regression eines anlagemäßig disponierten Menschen eine Alternative zur Entwicklung einer Psychose. Läßt man ihn regredieren oder im regressiven Stadium verharren, kann die Psychose entaktualisiert werden, mitigiert verlaufen oder völlig verschwinden. Das Herausnehmen aus dem **sozialen Spannungsfeld** wurde früher in der sogenannten Anstaltsbehandlung praktiziert, hier allerdings oft mit dem Ergebnis von „Anstaltsartefakten". Aber wir sehen auch heute Fälle, in denen die Regression eine gelungene Auffangsituation für die krankhafte Veranlagung und Entwicklung wird. Eine jetzt 54jährige Patientin blieb 32 Jahre lang in einer regressiven Haltung, erlebte kaum Außenkontakte und ernährte sich von Trockenprodukten. Erst durch eine familiär bestimmte Überlastungsreaktion kam es zum akuten Psychoseausbruch. Die Heilung der Psychose gelang unter Rückkehr in die vorherige regressive Lebensweise unter Psycho- und Pharmakotherapie.

Regression, Oligophrenie oder psychopathologischer Abbau durch funktionelle Störungen oder einen hirnorganischen Prozeß führen zu ähnlichen Ergebnissen. Sie zwingen das Individuum in Belastungssituationen zur Produktion psychotischer Verhaltensweisen, die auch **Abwehrfunktionen und Hilfesuche** beinhalten. Letztlich führt heute die Psychose meist in psychiatrische Behandlung, wo tatsächlich Hilfe zuteil werden kann. In früheren Gesellschaften muß schon immer der Heiler (in Afrika: traditional healer) eine Rolle gespielt haben. Die Heiler behandelten durch Singsang, Beistandsleistung, durch tagelanges Verweilen mit dem Kranken, Objektmanipulationen wie Knochenwerfen, durch Heilkräutergabe usw. In manchen Ländern sind sie noch heute tätig.

Die Leitlinie der psychiatrischen Behandlung ist heute generell die **Gewährung der Regression** durch Krankschreibung, psychopharmakologische Ruhigstellung, Krankenhausaufnahme, die Unterbringung in Wohngemeinschaften und geschützten Einrichtungen anderer Art. Je schwerer die Psychose ausfällt, um so eher gehört die Attestierung der Arbeits- und Erwerbsunfähigkeit zum Behandlungsprogramm. Beim Wiederanstieg des Funktionsniveaus werden vorsichtig neue Lernleistungen gefördert. Bei Überlastung reagieren die Kranken aber mit erneuter Regression und/oder Psychosemanifestation.

Die Vorgänge der Heilung werden sowohl am Zurücktreten der psychotischen Symptome selbst als auch am Verlauf der psychotischen Regression, die bei jeder der unterschiedlichen Psychosen ihre spezifische Form hat, erkennbar. Bessert sich eine psychotische Symptomatik rasch, bleibt jedoch die Regression erhalten, ist die Prognose für die nächste Zeit dubios. Ein lang dauernder Überlastungsschutz gehört daher zum festen Programm aller sinnvollen psychiatrischen Behandlungsmaßnahmen.

Zum Schluß dieses Kapitels möchte ich auf die Gemeinsamkeiten und Unterschiede von Abbau, oligophrenen Retardierungen, psychotischen Niveausenkungen und regressiven Veränderungen bei Gesunden noch einmal hinweisen. Strukturell sind diese Veränderungen untereinander auf bestimmten Niveaus ähnlich, aber als Gesamtzustände keineswegs identisch. Bei den Gesunden spielt die rasch wieder gefundene Möglichkeit der Auforganisation, die im Sekundenbereich liegt, die Rolle des unterscheidenden Merkmals. In bezug auf die Möglichkeit einer langsamen Auforganisation sind alle oligophrenen Stadien vorsichtig zu beurteilen, die moderne Führung und Sonderpädagogik dieser Menschen geht jedoch von der Möglichkeit langsamer Geländegewinne bei geduldigem Management aus. In bezug auf die **Auforganisationsfähigkeit** sind mit Ausnahme des hirnorganischen Abbaus die psychotischen Niveausenkungen so lange unter allen genannten am hartnäckigsten, als sie nicht einer modernen psychopharmakologisch-psychotherapeutischen Behandlung unterzogen werden. Setzt aber eine solche Behandlung ein, kann der Wiederaufstieg sehr rasch sein, gleichzeitig verschwindet schneller, als man es noch vor Jahrzehnten für möglich gehalten hätte, die psychotische Symptomatik. Grundsätzlich gilt, daß **Achsensyndrome langsamer gebessert** werden können **als die produktive psychotische Symptomatik.** Das regressive Achsensyndrom steht in einer Wechselwirkung mit der Angst. Wer sich nicht größer als ein kleines Kind fühlt, aber als Erwachsener in Erscheinung treten muß, kann die Angst so lange nicht überwinden, bis die Regression rückläufig ist.

Diese regressionsbedingte Angst oder angstbedingte Regression spielt schon bei Neurosen und neurotischen Depressionen eine wichtige Rolle. Hier imponiert sie als **Reifungsrückstand**, dessen Aufklärung durch retardierende kindliche Traumata Gegenstand der klassischen Psychoanalyse wurde. Bei den nachfolgenden immer schwereren Krankheitszuständen wird auch das Ausmaß der Regression immer größer. Bei den schweren Depressionsformen bestehen schon Hilflosigkeit, das Gefühl, ausgesetzt zu sein, die Angst, in Einsamkeit zu sterben. Bei den Schizophrenien schließlich spricht man nicht mehr von Reifungsrückstand, sondern von Defekt. Im unbehandelten Krankheitsbild ist der eigentlich frühinfantile Charakter des Regressionszustands maskiert durch vielfältige katatone, halluzinatorische und paranoide **Abwehrmechanismen**. Der kommunikationsfähig gemachte Patient der modernen Therapieformen läßt dagegen unverhüllt seine bis ins Embryonalstadium zurückgegangene Ich-Insuffizienz und Retardiertheit erkennen. **Depressive wirken wie verlorene kleine Kinder, Schizophrene wie ausgesetzte Embryonen.** Die Erlebnisstruktur der stimmenhörenden Kranken entspricht auch dem Embryonalstadium. Nur in diesem kann der Stimmensprecher obligat nicht gesehen werden, während die Beeinflussung des Subjekts grenzenlos ist. Seine Eigenaktivität ist auf ein Minimum beschränkt. Nach dieser Richtlinie verhält sich der Schizophrene. Dagegen verhält sich der depressive Kranke wie ein Kind, das fürchtet, von seiner Mutter verlassen zu sein, was Tod bedeutet.

Nachdem einige Untersuchungen gezeigt haben, daß später an Psychose Erkrankende in ihrer Kindheit ungünstigen Bedingungen ausgesetzt waren, müssen wir mit Rücksicht auf die jetzt erkennbare Bedeutung der Regression neben die klassischen Begriffe der endogenen, der exogenen und der reaktiven **Ätiopathogenese und Vulnerabilität** die entwicklungsbedingte stellen. Sie ist nicht identisch mit der neurotischen Entwicklung, da diese nur bis zu einer Neurose führen kann. Gleichzeitig ist mit einem Anlagefaktor zu rechnen, der

schon bei den traumatisierenden Eltern störend wirkte und sie zur psychotraumatischen Erziehung zwang.
Die schichtförmige Gliederung und aufsteigende Inklusion der Achsensyndrome untereinander weisen in Verbindung mit den für die jeweiligen Niveaus geeigneten und strukturell verbundenen Instinktschablonen auf ein im Verlauf der Evolution realisiertes Bauprinzip hin. MacLean (1970) unterscheidet ein zentrales reptilisches Gehirn, ein rostral darüber entstandenes Altsäugergehirn und am weitesten rostral das neokortikale Neusäugergehirn. Unsere Analyse der in den unterschiedlichen Psychoseformen und Achsensyndromen erscheinenden hierarchischen Gliederungen ergibt noch weitere Differenzierungen als diese Einteilung. So muß es auch noch ein **„Fischgehirn"** geben, von dem im verlängerten Mark die Schnappatmung, eine für Fische und Amphibien typische Atmungsaktion, ausgeht. Auch die im apallischen Syndrom erkennbaren motorischen Schablonen oraler Natur und in bezug auf die Hände entsprechen einer sehr alten Schicht.
Die Beziehung der Achsensyndrome zu diesen schichtspezifischen Verhaltensweisen gibt zu weiteren interessanten Rückschlüssen Anlaß. Die Grundverfassungen im Koma und im apallischen Syndrom mit der völligen Abwesenheit zunächst psychischer und dann personaler, neokortikaler Merkmale weisen im Verein mit den dazugehörigen sensumotorischen Möglichkeiten auf frühe **evolutionäre Stadien** hin.
Bei den höheren Psychosyndromen im Bereich des mittleren und oberen Drittels der Abbaureihe der Psychosen und Neurosen werden Achsensyndrome beobachtet, die embryonalen, frühinfantilen und späteren kindlichen humanspezifischen Grundverfassungen entsprechen. Das Verständnis der Psychopathologie Kranker wird durch diese Sichtweise gefördert. Die strukturalistische Psychopathologie findet dabei Anhalte für die richtige **Aufeinanderfolge der Schichten**, aus der diagnostische und therapeutische Anweisungen zu entnehmen sind, wie auch Möglichkeiten zum Verstehen von psychopathologischen Strukturen, die in der klassischen Psychopathologie für nur erklärbar, also unverständlich gehalten wurden. Ausgehend vom psychodynamischen Verständnis G. Benedettis gelangte C. Scharfetter ebenfalls bei den psychodynamischen Vorgängen Schizophrener zur Aufgabe des althergebrachten Unterschieds von Verstehen und Erklären.

6. Die Vielzahl energetischer Zustände

Im Rahmen jeder der psychotischen und neurotischen Schablonen und der in sie inkludierten oder isoliert auftretenden Achsensyndrome beobachten wir energetische Zustände, die in der Psychopathologie mit dem unterschiedlichsten Begriff belegt werden. Sie sind auch außerordentlich vielfältig und entziehen sich beim Gesunden schon fast einer Systematisierung. Man unterscheidet hier zunächst Wachheit und Schlaf. Die Grundlage ist eine als **arousal** bezeichnete Stimulation des Großhirn-Zwischenhirn-Systems, das vom aufsteigenden retikulären System ausgeht (Moruzzi und Magoun, 1949). Der Weg der Anregung geht über den Hypothalamus in das Großhirn. An der Basis des Großhirns liegt das limbische System (Papez, 1937, Klüver und Bucy, 1937), welches vegetative Trieb- und emotionale Steuerzentren enthält, die auch für Nahrungsaufnahme, Ausscheidungsfunktion, Sexualität verantwortlich sind. Die Module für die psychotischen Schablonen müssen im Hypothalamus und im limbischen System vermutet werden. Nach MacLean (1958) beteiligen sich große Bereiche des limbischen Systems an der Gestaltung der Affektbetonung und des affektiven Gesamtverhaltens im Rahmen der Selbst- und Arterhaltung (A. Akert u. P. Hummel, 1963). Auch ein „vegetatives Gehirn" ist im limbischen System enthalten, welches die Funktionen der inneren Organe moderiert.
Arousal bedeutet zunächst Wachheit, Angeregtheit, Aufmerksamkeit und die Bereitstellung des Gehirns für den Akt der Konzentration. Auch der **Antrieb** als die dem Ingangsetzen höherer Strukturen unterstellte Schwungkraft hängt vom Arousal ab. Unter Antrieb wollen wir nicht Erregungsformen, die früher als Antriebssteigerungen bezeichnet wurden, verstehen. Die Psychopathologie der psychopharmakologisch mitigierten Defektzustände hat gezeigt, daß Erregung, Angst und Spannung Antagonisten von Antrieb sind. Der Entschluß zum Lesen, zum Handeln, zum Hantieren, zum Ausgehen usw. hängt vom Bereitliegen von Antrieb ab und nicht von Erregtheit, die ihn blockieren würde.
Auch der **Schlaf** wird vom limbischen System zusammen mit dem aufsteigenden retikulären System gesteuert und zeigt im Tief- und REM-Schlaf unterschiedliche energetische Niveaus. Erregung ist hier ebenfalls eine antagonistisch wirkende energetische Form. Durch den Einfluß der Erregung auf den Schlaf kommt es zu den unterschiedlichsten pathologischen Schlafformen, die von Ein- über

Durch- zu Ausschlafstörungen führen. Ferner kennen wir schlaflose Nächte, den unruhigen, flachen und arrhythmischen Schlaf der Depressiven, den bleiernen Schlaf der erregt-erschöpften Psychosekranken. Hinzu kommen noch die Einwirkungen von Pharmaka auf diese verschiedenen Erregtheitsgrade und Schlafformen.
Die Stimulationsgrade und -formen beim **Gesunden** sind, wie erwähnt, kaum übersehbar. Tiefere Strukturen greifen bei wachsendem Erregungsgrad allmählich in die normalen Formen der Angeregtheit und des Antriebsverhaltens ein, wenn eine Erwartungsspannung, eine Aufregung, eine Beunruhigung, aber auch Langeweile, Mißstimmung, Konflikterregung auftreten. Von hier kennen wir alle Übergänge zu den leichten, mittelschweren und schweren Erregungsformen der Neurosen und Psychosen aller Grade.
Gesunde verfügen über individuell unterschiedliche Aktivitätsformen, die zeitliche Abfolge ist darüber hinaus noch individuell sehr verschiedenartig und schließlich sind die Empfänglichkeit für antriebsfördernde Reize und endlich auch für beunruhigende Konstellationen individuell so vielfältig, daß sie kaum verwechselbar sind. Anregung und Aufregung, Vorsicht und Beängstigung gehen dabei unmerklich auseinander hervor.
Weitere Aktivierungsmuster stehen in Zusammenhang mit Nahrungsaufnahme, Flüssigkeitszufuhr, Ausscheidung, Sexualität im Rahmen von trieb- und dranghaften Bewältigungen und Notwendigkeiten. Die Vielfalt des Soziallebens mit einzelnen Partnern, kleineren und größeren Gruppen, Rhythmus und Dauer der Arbeit wiederum fordern **Aktivierungen** unterschiedlichster Art, die kaum in ein Schema zu bringen sein werden. Aktive und passive Sozialrollen, Angegriffenwerden und Abwehr von Freundlich- und Feindseligkeiten, dazu die Selbstdarstellung anderer und des Subjekts in ihren Wechselwirkungen lassen auf diesem Gebiet Unübersichtlichkeit postulieren.

a) Stimmung und Verstimmung

Mit den energetischen Phänomenen von Arousal, Anregung und Erregung sind untrennbar die Abwandlungen der Emotionslage verbunden. Im geschichteten kybernetischen System kommen ihnen, vergleichend-ethologisch gesehen, **vorsprachliche Bedeutung** zu. **Emotionen** finden sich bereits bei nicht primaten Säugetieren in ähnlicher Weise wie beim Menschen. Freude, Lachen, Wut, Mißtrauen, Angst kennen wir auch vom Pferd und vom Hund, die uns

am meisten vertraut sind. Noch enger sind die Beziehungen zu den anderen Primaten, besonders zu den anthropoiden Affen. Beim Schimpansen ist das Mienenspiel eingehend untersucht worden und wird mit dem des Menschen verglichen. Darwin beschrieb als erster die angeborenen Gemütsbewegungen. Den Stimmungen kommt eine Bedeutung in der Kommunikation zwischen den Individuen zu, aber auch im Verhältnis des Individuums zu sich selbst generell eine datenauswertende Bedeutung, die durchaus analog der entsprechenden Funktionen der Sprache ist. Die innere Situation des Organismus, von Stoffwechselvorgängen bis zur Ausgeruhtheit, die aktuelle Situation und ihre Vorgeschichte, die Vorausplanung, die Erwartungshaltung, alles dieses wird auch in den Stimmungen vom Individuum selbst wahrgenommen, zumindest wird es der Informationslage entsprechend durch die Emotionen eingestellt. Gleichzeitig wird der Zustand des Individuums den anderen mitgeteilt.
Ältere Autoren (Bürger-Prinz, Ewald, Rothacker) ordneten die Emotionen der Vitalschicht zu und sahen aus ihr gleichzeitig die **affektiven Psychosen** hervorgehen. In der Tat finden wir im oberen Bereich der Reihe der Psychosen, beginnend bei der Schizophrenie, manische, depressive, mischbildhafte und eine Reihe anderer Verstimmungsformen, die in ihrer vollen Entfaltung bis zum Niveau der Neurosen schon wieder abnehmen und hier, eingebunden in das Gesamtgeschehen, weniger auffallend sind. Gesunde können Affektlagen einsetzen, um die Bedeutung der Sprache zu unterstreichen, so beim Propagandaredner, beim Schauspieler, in der Auseinandersetzung mit anderen. Je intensiver indessen die Denktätigkeit wird, um so mehr werden die Emotionen eingebunden. Dies weist auf ihre bestimmte Schichten betreffende Einlagerung und strukturelle Bedeutung hin. Auch die Existenz depressiver und manischer Psychosen sowie ihrer Mischformen, das Vorkommen depressiver und manischer Verstimmungen bei schizoaffektiven Psychosen und Schizophrenien, andererseits die gemilderte Erscheinungsweise manischer und depressiver Züge bei zykloiden Psychopathen lassen eine sehr bestimmte Zuordnung zu Verhaltenssystemen vermuten. Die manischen und depressiven Affektlagen scheinen im Zusammenhang mit dem Kampf um die Aufrechterhaltung des Ichs, der sich auf dem Wege vom Neurotischen über das Depressive, das Manische bis zum Schizophrenen erstreckt, zu stehen. Bei diesen Erkrankungen stehen sie nicht mehr wie beim Gesunden regulatorisch zur Verfügung, sondern können über Monate, Jahre und Jahrzehnte die Umweltbe-

ziehungen der Kranken beherrschen und ständig über ihre Verfassung Auskunft geben.
Schon bei den affektiven Psychosen variieren Verhalten, Erregungslage und Verstimmungsart und -ausmaß erheblich, so daß eigentümliche Krankheitsbilder, wie der manische Stupor, die manisch unterlegte Hypochondrie, die ängstlich gefärbte Manie und andere **Mischbilder** entstehen. Noch weit größer ist die Variabilität bei Gesunden. In jeder Situation können die unterschiedlichsten energetischen und emotionalen Komponenten manifest werden. Eine systematische Ordnung ist im Gegensatz zu den einfacheren Verhältnissen bei der Manifestation psychotischer und neurotischer Schablonen hier nicht zu erkennen.

b) Alarmzustände

Die Aktivierung einer der angeborenen Verhaltensschablonen durch spezifische und auch durch unspezifische Informationen (Stimuli) ruft je nach der Intensität dieser Reize, aber auch in Abhängigkeit von der bereits vorliegenden **Geladenheit des Instinktmoduls** eine Alarmreaktion und schließlich auch einen Alarmzustand bei weiterer Steigerung hervor. Das Wort Alarm kommt aus dem Italienischen und bedeutet „Zu den Waffen!“. Es handelt sich also um eine **Abwehrreaktion**, die nur dann sinnvoll ist, wenn ein gefährdendes Objekt tatsächlich festgestellt werden kann. Die Wahrnehmung der gefährdenden Objekte, die für den Menschen in Frage kommen, geschieht mit Hilfe der angeborenen Instinktschablonen. Diese ermöglichen eine selektive Wahrnehmung bestimmter Gefahrenobjekte und -konstellationen. Wir haben darüber hinaus Grund zu der Annahme, daß die Daten für die Einschätzung dieser Gefahren und dieser bedrohlichen Objekte lebenslang gesammelt werden. Diese Aspekte werden wir in den späteren Kapiteln über Lernen und Wahrscheinlichkeit untersuchen.
In den menschlichen Psychosen und Neurosen sowie in den Achsensyndromen erblicken wir solche **Alarmzustände**. Durch den öffentlichen und tatsächlichen Ausruf eines Alarms soll zum Einsatz gerufen werden, soll gewarnt werden, wird die Bevölkerung beunruhigt und aufgeschreckt, werden Feuerwehr oder Soldaten zusammengerufen. Das Ziel des Alarms, die Hervorrufung von Alarmiertheit, wird durch Beunruhigung, Steigerung der Aufmerksamkeit, Ausspähen nach dem gefährdenden Objekt erreicht. Ist es einmal festgestellt, kann es bekämpft und vernichtet oder abgewehrt werden. Kampf

und Abwehr führen zu einer weiteren Steigerung der Erregung, deren Ausmaß von der Größe der Gefahr, der Zahl der zu bekämpfenden Objekte und von der Stärke der eigenen Waffen und Abwehrmöglichkeiten abhängen wird. Alle diese Veränderungen finden wir ähnlich beim Auftreten und im Verlauf von Psychosen, Neurosen und Achsensyndromen.

Die Alarmierung tritt ohne Einschaltung des Bewußtseins und des Willens auf und ruft eine Ratlosigkeit hervor. Je nach der Art und der Schwere des Alarmzustands wird das zentrale Ich erschüttert, untergraben, in vielen Fällen bis auf einen ohnmächtigen Rest vernichtet. Manche dieser hereinbrechenden Reaktionen ist so heftig, daß für Ratlosigkeit, für einen bewußten Mitvollzug keine Zeit mehr bleibt. Die vielfältigen Alarmzustände sind durch die Heftigkeit und durch die Zeitgestalt ihres Einsetzens unterschieden, zusätzlich durch die schon erwähnte **Programmspezifität**. Vom Zeitablauf her benötigen wir alle auch in der übrigen Medizin gebräuchlichen Verlaufsbegriffe, um den Beginn der Alarmzustände zu beschreiben. Wir unterscheiden bei den Krankheitsbildern schleichenden, langsamen, prodromal-intermittierenden, episodischen oder attackenweisen Beginn, schließlich subakutes oder akutes Einsetzen. Im Kern der Symptomatik steht eine mehr oder weniger rasch einsetzende **Erregungssteigerung**. Die Psychopathologie verfügt über eine ganze Reihe von Begriffen für die Beschreibung und Benennung der verschiedenen Formen der Alarmiertheit. Man spricht von Beunruhigung, innerer Unruhe, motorischer Unruhe, Agitiertheit, Erregungszuständen unterschiedlicher Schweregrade. Gleichzeitig werden jedoch **Hemmungsvorgänge** gesteigert, die zu Gehemmtheit bis zur Erstarrung, Antriebsblockade bis zum Stupor, Verarmung bis zur Aufhebung der mimischen Bewegungen, Verknappung der Sprache bis zum Verstummen führen.

Je höher der Grad von Erregtheit ansteigt, um so deutlicher werden zusätzlich die Phänomene der **Kontinuitätsunterbrechung im Bereich der höheren Schichten**. Die Inkohärenz beginnt mit Konzentrationsnachlaß, wächst an über Gedankenjagen bis zum Gedankenverlust, über Grübeln und Ideenflucht bis zur gedanklichen Entleerung, über die Zerfahrenheit bis zur schweren amentiellen Verworrenheit. In den schwersten Stadien der Erregung werden die höheren Schichten vollständig abgeschaltet, so im Dämmerzustand und bei anderen Primitivreaktionen (E. Kretschmer).

Während die höheren Schichten in ihrer Arbeitsmöglichkeit mehr oder weniger stark leiden, wächst die Deutlichkeit der programmspezifischen Verhaltensweisen bis zu maximalen Ausprägungsgraden. Von allen psychotischen und neurotischen Formen kennen wir angedeutete, leichte und mittelschwere, schwere und schwerste Manifestationsformen. Der **Intensitätsgrad** kann dabei zwar vom Beobachter wahrgenommen, jedoch nur selten kausal erklärt werden. Für eine mögliche ursächliche Erklärung stehen zur Verfügung die unterschiedlich schweren Schädigungen durch materielle Noxen, welche in jede Ätiopathogenese eingebunden sein können, das hochgradig variable Ausmaß an vermuteter Veranlagung für bestimmte Alarmreaktionen und schließlich das unterschiedliche Ausmaß an äußerer Belastung. Die Verschiedenheit der Alarmzustände hängt schließlich noch ab von bereits durchgeführten und von der Intensität der gegenwärtig betriebenen Behandlungsmaßnahmen.

Im Kernpunkt einer Differenzierung der Alarmzustände steht jedoch ihre Programmspezifität, die wir bei der Untersuchung des gestaffelten Systems kennengelernt haben. Es handelt sich um 14 grundverschiedene, zweifellos angeborene und durch bestimmte Faktorenbündel zur Manifestation gebrachte Schablonen. Dementsprechend fallen die Formen der Alarmiertheit, also Erregung, Angst und Spannung, die Phänomene der Kontinuitätsunterbrechung höherer Schichten und der **Ausprägungsgrad des schablonenspezifischen Verhaltens** unterschiedlich aus. Die zu jeder der 14 Stufen gehörigen Achsensyndrome lassen nur ganz bestimmte Möglichkeiten der Einschränkung der Persönlichkeit, der Form der Erregung, der Manifestation der Angst und der Ausrichtung von Wahrnehmung und Motorik zu. Die 14 Programme sind, wie wir schon gesehen haben, auf bestimmte Objekte ausgerichtet. Die zur Schizophrenie gehörenden Programme sind sämtlich auf versteckte, kaum jemals sichtbare, sondern am ehesten hörbare, z.T. nur denkbare Feinde ausgerichtet. Auch die anderen Programme haben jeweils ihre topologische, achsensyndromale und verhaltensmäßige Spezifität. Der Informationsfluß, das energetische Niveau, das Persönlichkeitsvolumen, die Charakteristika der Zeitabläufe, die Formen der Regulation, zusätzlich noch bestimmte Periodizitäten und Wahrscheinlichkeiten kommen je nach Instinktsprogramm in einer unverwechselbaren Weise zur Entfaltung und bewirken die bunte Fülle der klinischen „nosologischen“ Bilder.

Auch die **Neurosen** sind Alarmzustände, die auf bestimmte Umweltausschnitte, auf bestimmte Person-Umwelt-Beziehungen beschränkte Objekte und -teile zum topologisch bestimmbaren Inhalt und zum Ziel des Verhaltens besitzen. Das gleiche gilt für die **psychosomatischen Krankheiten,** die auf unterschiedlichen Wegen den Schutz, in anderen Fällen aber auch die Tötung des Individuums zum Ziel haben. Der Organismus verfügt aber noch über weitere Alarmschaltungen. Dazu gehören Fieberzustände, der Kollaps und die Ohnmacht, epileptische Anfälle, Koliken und die mit ihnen verbundenen Gesamtveränderungen, Diarrhöen, das Erbrechen und schließlich die Vielzahl der Schmerzzustände. Alle diese Reaktionen sind Veranstaltungen im Organismus, die vom Nervensystem gesteuert werden und auch ohne Organveränderungen inszeniert werden können. Für diese körperlichen Reaktionen gilt also das gleiche wie für Neurosen und Psychosen: sie können auch ohne adäquate Umweltsituationen auftreten, schließen aber die Umwelt in anderen Fällen unterschiedlich weitgehend ein. Das Phänomen der **Verzahnung** (vgl. Bd. I, S 78ff.) findet sich in allen Graden, von der nur angedeuteten Hereinnahme realer Objekte bis zur massiven Einflußnahme von Umweltgegebenheiten in Form einer vollständigen reaktiven Situation, die in ihrer Massivität unübersehbar sein kann. So rufen tatsächliche schwere Gefährdungen des Lebens die gleichen Reaktionen hervor, die wir sonst im **Leerlauf** bei den Psychosen und Neurosen erleben können. Ebenso verhalten sich die im Organismus ablaufenden, eben genannten Mechanismen.

Manche psychotischen und neurotischen Reaktionen werden besser verständlich, wenn man sich vorstellt, in welcher Situation der vorliegende Alarmzustand eine adäquate Reaktion auf bestimmte Gefahren bedeuten könnte. Die psychotischen und neurotischen Reaktionen müssen also einen **teleologischen Sinn und Zweck** ausdrücken und verfolgen.

Als Kriterium der Beiziehung der Psychiatrie gilt dabei immer, daß eine **Angemessenheit der Reaktion** nicht mehr erkannt werden kann. Kaum jemals wird ein Trauernder gebracht, jedoch werden dem Nervenarzt Menschen vorgestellt, deren Trauer über das für andere verständliche Maß hinausgeht. Auch ein Mißtrauischer oder einer, der verzweifelt gegen Widersacher kämpft, wird kaum in die Arztpraxis oder in die Klinik gebracht. Dennoch sind die Reaktionen und Haltungen Gesunder grundsätzlich denen der Kranken ähnlich. Bei diesen Aktualreaktionen können wir bei Personen, die in äußerster Not sind, keine Unterscheidung mehr zwischen Psychose und verständlicher, angemessener Reaktion treffen. Den Gesunden stehen die gleichen angeborenen Verhaltensweisen zur Verfügung wie den Kranken. **Das Wesen der Krankheit** liegt also nicht in der Programmspezifität, sondern in der Heftigkeit und Dauer der Manifestation, in der ungenügenden ursächlichen Erklärbarkeit und in einem weiteren Kriterium, dem der **Hilfesuche**. Die Manifestation von Alarmzuständen bedeutet zunächst natürlich, daß das weitere Tun der Person durch ein Notprogramm unterbrochen wird. Andere Aufgaben können nicht mehr oder nur noch ungenügend erfüllt werden. Die durch einen inneren Erlebnismodus in eine Alarmstimmung geratene Person wird aus dem Verkehr gezogen. Gleichzeitig werden die Mitglieder der Gruppe aufmerksam gemacht und zur Hilfe aufgerufen. Ob tatsächlich Hilfe geleistet wird, hängt nicht so sehr von der Art der Erkrankung als von der Verantwortungsfähigkeit der Umgebung ab. Nicht selten sind Abstoßungen und Isolation durch die Familie.

Die heute mögliche ärztliche Behandlung der Alarmzustände unternimmt alles, was zur Besänftigung des Alarmzustands und Wiedereinordnung der ihm zugrundeliegenden Luxation aus dem Verband der anderen Instinktschablonen dienlich sein kann. In den meisten Fällen wird den multifaktoriellen Entstehungsbedingungen ein mehrdimensionales Behandlungskonzept entgegengesetzt, das darüber hinaus noch von der Dauer und Schwere der Erkrankung modifiziert wird. Die vollständige Wahrnehmung des Ausmaßes der Veränderungen, die sich an der Person vollzogen haben, und auch die **Diagnose der Primärpersönlichkeit** können oft erst während längerer Therapien erkannt werden. Diese Aufgaben werden jedoch erleichtert durch eine Eigentümlichkeit des menschlichen Instinktsystems: in den meisten Fällen wird nur eine der Schablonen aktiviert und gewinnt zunehmenden Einfluß auf das Gesamtverhalten, wobei sie sowohl zur progredienten **Abschaltung des personalen Überbaus** als auch zur **Unterdrückung anderer instinktiver Verhaltensweisen** in der Lage ist.

Durch die Vielschichtigkeit kommt es jedoch zu einigen Formen von Doppelmanifestationen von Alarmzuständen. Depressive und manische Stimmungslagen treten in eine enge Beziehung zu schizophrenen Verhaltensweisen und bilden mit ihnen zusammen die reichhaltige Gruppe der **schizoaffektiven Psychosen**. Häufig finden wir dann eine vergleichsweise schwache Ausprägung der einzelnen Komponenten mit der Folge einer Erschwerung der Diagnostik.

Auch depressive und manische Affekte und Verhaltensweisen mischen sich in unterschiedlichem Maße, ebenso depressive und neurotische Störungen. Phobische, anankastische und mehrere andere neurotische Störungstypen mischen sich mit depressiven Verhaltensweisen. Auch **Übergänge zwischen Neurosen und Schizophrenien** werden beobachtet.

Bei schwerer Ausprägung der tieferliegenden Strukturen verschwinden allerdings die Beimengen aus der Neurose oder aus den über der Schizophrenie liegenden Verstimmungskrankheiten. So geht die pseudoneurotische Schizophrenie bei Exazerbation in einen Beeinträchtigungs,- Vergiftungs- oder Verfolgungswahn über. Das gleiche gilt auch für die anderen Mischformen von Neurose und Psychose.

Bei der Erkrankung subdepressiver Persönlichkeiten an Depressionen oder schizoider Psychopathen an schizophrenen Schüben bleibt dagegen der gleiche Stil erhalten, während hier nur der Erregungsgrad wächst. Die Alarmzustände variieren also nicht nur infolge der Existenz von 14 programmspezifischen Schablonen, sondern auch nach grundsätzlich unterscheidbaren Störungstypen, wie der neurotischen Existenzweise, der psychopathischen, der psychotischen Lebensform, und auch infolge der Möglichkeit, ein reines Achsensyndrom zu bilden. Unter den psychotischen Formen müssen ruhigere Zustände von solchen mit hochgradiger Erregung abgegrenzt werden. Die maximale Erregungsform bei den funktionellen Psychosen wird als **amentielles Syndrom** bezeichnet. Wir kennen amentielle Depressionen, Manien und amentielle schizophreniforme Bilder, aber auch sehr ähnliche Zustände bei exogenen Psychosen. Dabei herrschen vollkommene Verworrenheit und Kommunikationsunfähigkeit ohne erkennbare tiefergreifende Bewußtseinsstörungen. Bei dem amentiellen Syndrom sind Erregungen und Kontinuitätsunterbrechungen maximal ausgeprägt, während ein Abgleiten in noch tiefer liegende Schablonen, wie sie zu den apallischen Delirien gehören, nicht stattfindet.

Die Alarmzustände verlaufen unter **Schwankungen**. Schon die neurotische Symptomatik wird nur zeitweilig voll manifest; zwischenzeitlich besteht nur geringere oder gar keine nennenswerte Beunruhigung. Auch bei Psychopathen schwankt der Alarmierungsgrad; bei ihnen werden die Instinktschablonen in Verbindung mit neurotischen Manifestationen in milder Form manifest. Bei allen Psychosen schwankt der Erregungsgrad außerordentlich; dies gehört zu den

Verlaufscharakteristika. Dabei scheint es sich vielfach um ein Wechselspiel zwischen heilenden eingeborenen Kräften und den gewaltigen Dynamismen aus der Tiefe des Unbewußten zu handeln, welche wie Explosionen in das Bewußtsein einbrechen. Möglicherweise hängt der schwankende Alarmierungsgrad mit mehr rezeptiven Phasen im Wechsel mit mehr expressiven Phasen der schablonenspezifischen Verhaltensweisen mit der genetischen Kodierung dieser Instinkte zusammen. Letztlich sehen wir in den **Alarmzuständen Auswirkungen lebenserhaltender Systeme**, zu deren Programmen Periodizität gehört, wie bei vielen tierischen Instinkten.

Ihre Alarmiertheit ist den betroffenen Menschen vielfach unbegreiflich, erfüllt sie mit **Ratlosigkeit, Erniedrigung** und **Verzweiflung**. Sie vermögen die Phänomene nicht auszugliedern oder zu überblicken. Die geschwächten höheren Persönlichkeitsschichten werden in den Sog der schablonenspezifischen Programme gezogen und mitgerissen. Dadurch entsteht das Phänomen der Krankheitsuneinsichtigkeit. Hinter diesen Vorgängen an der Person verbirgt sich der noch tiefer als die Alarmiertheit selbst liegende Kern des schablonenspezifischen Geschehens: die Angst in ihren 14 Formen.

c) Blande Psychosen

Die psychotische Erregungsform an der Instinktschablone manifestiert sich in den unterschiedlichsten energetischen Stufen von der Bereitschafts- und Überwachungsfunktion beim Gesunden über unterschiedliche Grade der Alarmiertheit bis hin zu schwersten Psychosen. Die jeweils schwerste Manifestation bezeichnet man als amentiell-verworrene Psychose, die leichteste als blande oder abortiv.

Auch in **reaktiven Erkrankungen** kommen die Schablonen als programmsteuernde Elemente, zum Teil als Konflikterzeuger ins Spiel. Die Reaktionen sind die häufigsten Verhaltensänderungen von Menschen überhaupt und in ihrer Mehrzahl keineswegs mit dem Begriff der reaktiven Erkrankung abzudecken. Von solchen spricht man erst, wenn eine Reaktion nicht abklingt und den Umgebungspersonen, zu denen auch die Ärzte gehören, eine Unangemessenheit erkennbar wird, die bis zur Gefahr der Selbstvernichtung des erkrankten Individuums gehen kann.

Auch die Programmsteuerung der **Neurosen** geschieht durch das Instinktmodul, welches konflikterzeugend, symptomproduzierend, therapieabwehrend, schließlich auch therapeutisch modifizierbar den Ablauf bestimmt. Die Neurose wird dabei nicht ausgelöscht, sondern

in ihrer Dringlichkeit zurückgestellt. Das persönlichkeitseigene Programm wird dadurch gewichtiger und bestimmt stärker das Verhalten als in der Zeit des überwiegend schablonengerechten, neurotisch gestörten Verhaltens.
Bei **Psychopathien** tritt eine noch tiefergreifende Verhaltensänderung durch die Wirksamkeit aller uns bekannten psychotischen Schablonen ein. Bei Psychopathen wird das krankhafte Merkmal als Persönlichkeitsbestandteil aufgefaßt. Hierdurch wird erklärbar, warum die Definition nach K. Schneider, daß diese Personen unter sich selbst leiden und andere unter ihnen, doch nicht so banal ist, wie sie klingt. Der klassische Psychopath war therapieunfähig, der moderne kann durch Psychopharmaka mitigiert und dann doch psychotherapeutisch modifiziert werden. Auch das Verhalten dieses Personenkreises ist durch eine oder mehrere aktivierte Schablonen bestimmt.
Im Intensitätsgrad auf die Psychopathen folgend finden wir eine Gruppe, die diagnostisch schwer zu erfassen ist und häufig dem reaktiven, dem neurotischen oder dem psychopathischen Formenkreis zugerechnet wird. An dieser **Gruppe der blanden Psychosen** werden alle Irrtumsmöglichkeiten, aber auch alle Behandlungsmöglichkeiten der Psychiatrie und Psychotherapie angewandt und erprobt. Wir finden hier verschiedene wichtige Begriffe:

aa. Benzodiazepingestützte Psychosen

Ein Teil der Kranken mit Symptomen aus dem Bereich der schizoaffektiven und schizophrenen Psychosen wird unter dem Symptom Angst ohne weitere strukturelle Diagnose ausschließlich mit Benzodiazepinderivaten behandelt. Hierdurch kommt es zu einer Mitigierung des Verlaufs, auch können die Psychosen durch die meist relativ hochdosierten Benzodiazepinderivate in der Latenz gehalten werden, es kommt jedoch bei einer Anzahl von ihnen früher oder später zu einer Exazerbation. Am sichersten ist ein solches akutes Stadium durch das Absetzen von Benzodiazepinderivaten zu erreichen. Die behandelnden Ärzte glauben dann an Entziehungserscheinungen. Manche Ärzte behaupten sogar, daß diese „Entziehungserscheinungen“ bis zu einem halben Jahr und länger anhalten können. In Wirklichkeit liegen dabei aber exazerbierte paranoide, zum Teil paranoid-halluzinatorische Psychosen vor, die ihres mitigierenden Faktors Benzodiazepinderivat beraubt sind.
Auch unter fortlaufender Benzodiazepinmedikation, oft in Zusam-

menhang mit dem Rat des verschreibenden Arztes, möglichst wenig Benzodiazepinderivat zu nehmen, kommt es zu **Exazerbationen**. Natürlich können auch andere multidimensionale Faktoren wie körperliche Erkrankungen, reaktive Belastungen, Umstellungsphasen und chronische Konfliktlagen trotz fortgesetzter Benzodiazipinmedikation zur Manifestation der paranoiden Psychose beitragen.

Die **Mitigierung** durch Benzodiazepinderivate kommt bei diesen paranoiden Psychosen, die für Angstzustände gehalten werden, ohne den ganzen Hintergrund zu sehen, durch Stimulation des Benzodiazepin-GABAergen Neurons zustande, das seinerseits dopaminerge, adrenerge, histaminerge, serotoninerge und weitere Neurone dämpft. Die psychotischen Schablonen werden dabei beruhigt, ihre Aktivierung ist jedoch bei denjenigen, die trotz der Benzodiazepinbehandlung eine Psychose bekommen, zu groß. Auch die jahre- und jahrzehntelange Einnahme der Benzodiazepine weist darauf hin, daß es sich um chronische Erkrankungen handelt.

Gerade an diesen Fällen will man die angebliche Gefährlichkeit der Benzodiazepinderivate festmachen. Es handelt sich dabei um einen Versuch, das verbreitetste Beruhigungsmittel des Westens für gefährlich zu erklären, während die Völker in den Diktaturen auf harte Alkoholika angewiesen sind. Benzodiazepine beeinträchtigen nicht das intelligente Verhalten, machen ruhig und trotz starker Lebensbelastungen zufrieden, während Alkohol die geistigen Leistungen und den Widerstandswillen lähmt und die sexuelle Erregbarkeit fördert.

Unter mit Benzodiazepin gestützten Psychosen verstehen wir also solche, die durch jahre- bis jahrzehntelange Benzodiazepineinnahme an der Exarzerbation gehindert wurden, schließlich aber doch in ein akutes Stadium treten. Diagnostisch handelt es sich um blande schizoaffektive oder schizophrene Psychosen vom paranoiden oder katatonen Typ.

Diese Personen leiden primär unter Angst, die sich hauptsächlich gegen Menschen richtet und die Betroffenen veranlaßt, Menschenansammlungen um so mehr zu meiden, je größer deren Kopfzahl ist. Anfangs wirkt die Symptomatik phobisch-neurotisch. Deshalb gehen diese Kranken besonders Menschen in Läden, Theatern, Verkehrsmitteln, ja schon auf der Straße aus dem Wege. Zusätzlich leiden diese Kranken unter Gespanntheit mit zum Teil spannungsbedingten Rücken- und Kopfschmerzen, Schlafstörungen, Selbstmordgedanken, einer oft reichhaltigen, aber verheimlichten Negativsymptomatik mit Aufgabe zahlreicher, früher geliebter Lebensbereiche. Im

Befund steht meist eine emotionale Nivellierung mit dem Eindruck der **ängstlichen Gespanntheit** im Vordergrund. Zur Behandlung eignen sich niederpotente und atypische Neuroleptika.
Eine derartige Diagnose „Angst“ ist ebenso ungenügend wie die einer Schlafstörung oder die von Schmerzen. Stets ist bei Schlafstörungen und Schmerzzuständen nach der Erkrankung zu suchen, die als Teil die Schlafstörung bzw. den Schmerz enthält. Diese Erkrankungen sind zu behandeln. Das gleiche gilt für die Angst bei den blanden Psychosen.

bb. Psychotherapiegestützte Psychosen

Andere blande Psychosen werden manchmal in Kombination mit Benzodiazepinstützung oder ohne diese durch eine psychotherapeutische Behandlung an der Exazerbation gehindert. Manche dieser Patienten müssen täglich zum Therapeuten und fühlen sich in dessen Gegenwart sicherer und ruhiger, können über alle ihre Ängste sprechen. Nur fällt weder dem Therapeuten noch der Familie so recht auf, daß die Angst nicht abnimmt. Manchmal müssen diese Kranken auch von ihrer Familie zum Arzt gebracht und von dort wieder abgeholt werden, da sie nicht in der Lage sind, allein zur Psychotherapie zu gelangen. Andere müssen sich nach der Therapie für mehrere Stunden bis Tage ins Bett legen, weil sie das Gespräch über die psychotischen Ängste derart erregt und dadurch gleichzeitig erschöpft hat, daß ein pseudoneurasthenisches Syndrom über mehrere Stunden bis Tage abklingen muß.
Häufig führt phobisches Verhalten dieser Patienten in die Psychotherapie. Die Kranken können die Straße oder, wie oben erwähnt, andere Orte nicht betreten, an denen ihnen nicht bekannte Menschen zu erwarten sind. Daraufhin wird die Fehldiagnose einer Phobie gestellt. In Wahrheit handelt es sich aber bei diesen Patienten um paranoide Ängste. Bei phobischen Neurosen besteht kein psychotischer Zustand. Wegweisend für die Feststellung der pseudophobischen **paranoiden blanden Psychose** sind wiederum Angst, Gespanntheit, Schlafstörungen, Suizidgedanken, Negativsymptome und emotionelle Nivelliertheit. Auch Denkstörungen sind sowohl bei Benzodiazepin- wie bei Psychotherapie-gestützten Psychosen zu finden. Meist handelt es sich dabei nur um Konzentrationsstörungen. Manche Familien berichten aber auch über regelrechte Begriffsstutzigkeit und sprechen mit dem Kranken wie mit einem Oligophrenen oder einem kleinen Kind, dem noch nicht allzu komplexe Sprachgehalte angeboten werden dürfen.

Einer meiner Patienten ging 5 Jahre lang zu einem nichtärztlichen Psychoanalytiker, ohne jemals einen Fortschritt zu erzielen. Die psychotische Angst, die vom Analytiker für neurotisch gehalten wurde, nahm sogar immer weiter zu. Schließlich konnte er nicht einmal mehr seine Wohnung säubern oder sich Essen zubereiten. Er konnte auch keine Vorlesungen mehr besuchen. Heimlich nahm der Patient kleine Mengen von Lorazepam, hatte aber Angst, jemals mehr als 2 mg täglich zu nehmen. Meist waren es nur 1,5 mg, und er war dadurch in der Lage, den Analytiker außerhalb der Stadt aufzusuchen. Nachdem das Erbe, welches ihm ein verstorbener Verwandter vermacht hatte, für die Therapie aufgebraucht war, trat die Erkrankung in ein akutes Stadium und der Patient wurde substuporös in die Klinik eingeliefert. Es handelte sich um eine eindeutige schizophrene Psychose, die einen dreimaligen stationären Aufenthalt notwendig machte.
Besonders schwierig ist später bei diesen Patienten eine Fehlhaltung, die wir als **Psychotherapiekomplex** bezeichnen, aufzuarbeiten. Sie verlangen immer wieder nach 55minütigen Gesprächen, in denen sie über ihre Probleme und Ängste sprechen möchten. Da dies jedoch über Jahre bereits vergeblich durchgeführt wurde und auch bei der beginnenden psychopharmakologischen Behandlung kontraindiziert ist, müssen diese Wünsche abgelehnt werden. Meist gelingt es uns nach einigen Besprechungen, diesen Psychotherapiekomplex abzubauen und die Patienten auf ein ärztliches Gespräch umzustellen. Das ärztliche Gespräch seinerseits ist multimodal und enthält alle für den Zustand des Patienten erforderlichen Anteile, wie im Kapitel über rekonstruktive Psychotherapie im einzelnen ausgeführt werden wird.

cc. Suchtpatienten u. ä. Kranke

Auch **Suchtpatienten** leiden häufig unter blanden Psychosen, ebenso solche Kranken, die wegen **rezidivierender Suizidversuche** behandelt werden. Stets wird dabei auf vordergründige Symptome, Alkoholabusus oder wiederholter Suizidversuch eingeengt diagnostiziert, ohne den Gesamtzustand (K. Jaspers) zu beachten. Hierbei handelt es sich um so grobe methodische und auch methodologische Fehler, daß der Vorwurf eines Kunstfehlers jederzeit erhoben werden könnte. Manche der blanden Psychotiker werden auch als **Hysteriker** verkannt und durchlaufen zahlreiche Stationen. Eine besonders schwer betroffene Gruppe ist jedoch die der

dd. therapieresistenten Depressionen

Diese Kranken leiden ebenfalls unter **blanden schizoaffektiven oder schizophrenen Psychosen vom paranoiden oder am häufigsten vom katatonen Typ.** Besonders die letztgenannten katatonen Kranken sind gleichzeitig symptomarm. Seit jeher ist bekannt, daß bei der Katatonie außer Bewegungsstörungen spezifischer Art oft keine intensiven paranoiden oder paranoid-halluzinatorischen Symptomatiken auftreten müssen, so daß viele katatonen Kranken symptomarm im Sinne der vollen Variationsbreite der Schizophreniekrankheiten sind.

Bei den blanden katatonen und auch bei den blanden paranoiden Kranken gibt es eine große Gruppe, die ihre Krankheit fühlt, sie natürlich als solche nicht erkennen kann, aber ihre Umgebung um Hilfe anfleht. Ohnehin ist in dem Programm jeder einzelnen psychotischen Schablone der **Ruf nach sozialer Hilfe** vorgesehen, er stellt sogar deren teleologischen Sinn dar.

Bei den hier gemeinten Kranken geht das Klagen und Jammern, das Weinen, das Vorzeigen einer traurigen Miene so weit, daß die Ärzte eine Depression diagnostizieren. Meist wird sogar eine endogene Depression, seltener eine neurotische oder anankastische angenommen.

Eine eingehendere Untersuchung würde bei diesen Kranken von Anfang an die anderen, schon in den vorstehenden Unterkapiteln erwähnten Symptome erbringen, wie Angst, Gespanntheit, Negativsymptomatik, emotionale Gebundenheit, Denkstörungen, und zusätzlich, welches Symptom bei der Abgrenzung gegen echte Depressionen besonders wichtig ist, eine Unfähigkeit, das eigene Erleben zu schildern.

Der wirklich **depressive Kranke** hat eine außerordentlich differenziert erhaltene Fähigkeit, seine innere Qual, sämtliche Symptome, besonders aber seine Insuffizienz gegenüber den eigenen Wert- und Leistungsvorstellungen und denen der anderen, die von Tellenbach als Remanenz bezeichnete Symptomatik also, zu schildern. Jeder wirklich Depressive kann mit sehr bewegten Worten auch Tagesschwankungen und andere Verlaufsunterschiede gut schildern.

Die für endogen-depressiv gehaltenen **blanden Psychotiker** nun sind hierzu kaum in der Lage. Sie können weder Besserungen noch Tagesschwankungen noch Veränderungen überhaupt angeben, auch ihre Selbstschilderung ist dürftig. Meist fallen sie durch die Angabe auf, es werde immer schlimmer und sie könnten es nicht mehr aushalten. Auch Suizidgedanken werden von diesen Kranken eher verheimlicht, während endogen-depressive über quälende **Selbstmordgedanken** klare Angaben machen können. Natürlich ist auch bei dieser Gruppe die Verheimlichung des Suizidplans eine der größten Gefahren, weshalb jeder Patient, der ernsthaft psychisch erkrankt ist, auch nach Selbstmordgedanken und -plänen gefragt werden muß.

Der Verlauf bei den für Depressive gehaltenen blanden Psychotikern ist nun überaus dramatisch. In einer ähnlich diagnostisch und therapeutisch ungeschulten Weise wie bei den in den vorstehenden Unterkapiteln geschilderten Kranken wird jetzt eine Monotherapie mit Antidepressiva gewählt. Es handelt sich um den gleichen **diagnostisch-therapeutischen Kurzschluß**, der zur Verordnung von Schmerzmitteln bei Schmerzen, von Schlafmitteln bei Schlafstörungen, zur Verordnung von Benzodiazepinderivaten bei Angst und zur Verordnung einer Psychotherapie bei neuroseähnlich klingenden Klagen führt.

Die Antidepressiva werden bei den **pseudodepressiven blanden Psychosekranken** zunächst oral und später intravenös appliziert. Häufig reagieren diese Patienten auf solche Kuren mit Erregungszuständen und Delirien, weil sie der Stimulation, die von Antidepressiva biochemisch ausgeht, nicht bedürfen.

Wenig beachtet wird, daß bei der bekannten Antidepressivakur nach Kielholz von Anfang an niederpotente Neuroleptika verabreicht werden sollen. Dadurch ist die Erfolgsquote wiederum höher als bei alleiniger Verordnung von oralen oder intravenösen **Antidepressivakuren**. Nur ahmen dieses Verfahren viele Ärzte nach, die die Originalliteratur nie gelesen haben und die gleichzeitige Verordnung von **Neuroleptika**, welche den blanden Psychotikern sehr gut tun, nie in Erfahrung gebracht haben.

Bei überwiegender Behandlung mit Antidepressiva entstehen schließlich von ihren Behandlern sog. therapieresistente Depressionen. Meist handelt es sich dabei eben um blande **schizoaffektive oder schizophrene paranoide oder katatone Patienten**, die häufig auch durch die Wirkung der Antidepressiva in einen Zustand der Verschlimmerung geraten. Dadurch kommt es zu monatelangen oder mehrmals jährlich monatelangen Behandlungen. In einem Fall wurden in 15 Jahren 26 stationäre Behandlungen mit Antidepressiva durchgeführt. Die Venen waren vollständig verödet, schließlich hatte man einen zentralen Zugang gelegt. Die Kranke blieb erregt, war

zum Teil erregter als im unbehandelten Zustand. Als Konsequenz lief diese Frau täglich nach Hause, nachdem man die Antidepressiva-Infusionen als wirkungslos abgesetzt hatte.
Eine andere Patientin mit **pseudodepressiver Erkrankung**, die jedoch in Wahrheit an einer substuporösen katatonen Psychose litt, wurde während eines viermonatigen Aufenthaltes 8mal unter intravenös verabreichten Antidepressiva-Infusionen delirant und schließlich wegen dieses von den Ärzten für rätselhaft gehaltenen Geschehens zu uns verlegt. Eine Behandlung mit atypischen niederpotenten Neuroleptika half prompt und führte zu einer Vollremission nach allerdings 5monatiger stationärer Behandlung.
Blande Psychosen werden am häufigsten von allen psychiatrischen Erkrankungen verkannt. Auch **sexuelle Perversionen** werden mitunter angenommen und gerichtlich bestraft.
Ein solcher Mann beging immer wieder exhibitionistische Handlungen gegenüber 12- bis 16jährigen Mädchen und wurde mehrfach, in einem Fall mit 2½ Jahren Gefängnis bestraft. Die Gutachten über ihn muten wie ein Museum unkundiger, vorurteilsbesetzter, zum Teil haßerfüllter psychiatrischer Deutungen und Diagnosen an. Ein Gutachter nahm 6 unterscheidbare Psychopathieformen bei ihm an, nämlich Infantilismus, Geltungsbedürftigkeit, hyperthyme Züge, depressive Züge, sensitiv-paranoide und dissoziale Erscheinungen. In Wahrheit handelte es sich um eine schon in der Adoleszenz ausgebrochene, blande **paranoid-halluzinatorische schizophrene Psychose mit akustischen und optischen Halluzinationen**, die insbesondere nachts auftraten. Immer wieder berichtete der Kranke von seinen Engeln und Teufeln, von Gott, Jesus und Maria, die ihm nachts, wenn er schlaflos im Bett lag, erschienen. Einmal erkrankte er während eines Gefängnisaufenthalts an einer **Haftpsychose** und wurde in ein Landeskrankenhaus verlegt. Dort nahm man zunächst eine schizophrene Psychose an. Nachdem sich der Patient aber nach Verabreichung von Elektroschocks und einer neuroleptischen Kur beruhigt hatte, kehrte man wieder zur Diagnose einer **Mehrzeilen-Psychopathie** zurück.
Bei diesem Kranken fiel immer wieder auf, daß er so braungebrannt sei. Jeder Gutachter schrieb es, doch nie fragte jemand nach dem Grund. Der wahre Grund für die Hautbräunung war, daß der Patient die Sonne als Kraft des Guten, als Gottes unmittelbare Einwirkung empfand und in einem psychotischen Entzückungs- und Erregungszustand in sonnigen Jahreszeiten oder sonnenreichen Gegenden ge-

riet, die er vorzugsweise um das Mittelmeer herum mit Erfolg aufsuchte.

Seine Manieriertheit und Erregtheit wurden immer wieder als aufgesetzte Affektiertheit, um den Gutachtern – vergeblich – einen guten Eindruck zu übermitteln, fehlgedeutet. In Wahrheit handelte es sich um eine soziale Fassade, hinter der der Patient schon gewohnheitsmäßig seinen Psychotizismus im obigen Sinne verbarg. Er hörte auch während des Tages ständig Stimmen, konnte dies jedoch überspielen. Bei aufmerksamer Beobachtung konnte man bei ihm feststellen, daß er sekundenlang wie abwesend schien. Auch ausgeprägte Denkstörungen lagen vor. Der promovierte Kranke äußerte sich ausschließlich innerhalb eines Inventars von religiösen, philosophischen und zum Teil psychiatrischen Begriffen, die er in einer Weise gebrauchte, daß ein ausländischer Gutachter eines Tages von Mauldiarrhöe sprach. Damit war das bei uns gut bekannte **Zungenreden** der Schizophrenen gemeint, die innerhalb eines logischen Verbandes daherreden, ohne als Person wirklich etwas ausdrücken zu wollen. Sie können es nicht besser.

Dieses Beispiel und viele andere, die wir kennen, zeigen die Bedeutung der blanden Psychosen. Zu ihnen gehören auch Fälle von **Borderline-Erkrankung**. Die Behandlung der zu der Gesamtgruppe der blanden Psychosen gehörenden Patienten, gleich welcher früheren diagnostischen Einordnung und gleich welcher wirklichen Symptomatik, ob diese nun schizoaffektiv im Sinne von manisch-paranoid, depressiv-paranoid oder schizophren im Sinne von paranoid, paranoid-halluzinatorisch oder kataton sei, ist stets die gleiche:

Die Patienten vertragen selten über längere Zeit größere Dosen hochpotenter typischer Neuroleptika vom Haloperidol-Typ, sondern sprechen bereits gut auf niederpotente Neuroleptika und vor allem auf **atypische Neuroleptika** vom Typ des Clozapin, Thioridazin, Sulpirid, Melperon, Pipamperon an. Meist müssen besondere Kombinationen der genannten Medikamente ausgewählt werden, um das individuelle Erregungsmuster zu kompensieren.

Unerläßlich ist eine **ärztliche Psychotherapie**, die mit therapiebegleitenden Gesprächen beginnt, durch die die Kranken in die neue Situation eingewiesen werden und die später in teilanalytische, verhaltenstherapeutische, familiendynamische Bereiche hineinreichen. Eine wesentliche Aufgabe ist die Wiederbesetzung der durch die Negativsymptomatik aufgegebenen Lebensbereiche.

Die Prognose ist bei richtiger Diagnose „blande schizoaffektive oder

schizophrene Psychose“ günstiger als bei schwereren schizoaffektiven und schizophrenen Psychosen. In vielen Fällen sind Remissionen zu erreichen, wenn es gelingt, die Behandlung über mehrere Jahre, häufig anfangs stationär, später ambulant weiterzuführen.
Eine besondere Untergruppe, die ich noch erwähnen sollte, ist die der Frauen mit paranoid-depressiven, paranoiden und paranoid-halluzinatorischen blanden Psychosen, die durch Liebeskonflikte ausgelöst werden. Diese zur Krankheit disponierten Personen sind in der Wahl ihrer Partner häufig beeinträchtigt und suchen sich Männer, die wenig intensive Gefühle ausstrahlen. Gerade diese männlichen Partner erweisen sich später als liebesunfähig und ungeeignet, auf die Persönlichkeitsproblematik der Patientinnen einzugehen. Dadurch kommt es zu manchmal jahrelangen Spannungen mit allmählichem Anwachsen der Symptomatik, ähnlich wie bei den Benzodiazepin- oder Psychotherapie-gestützten Psychosen. Man könnte diese Gruppe als **liebesgestützte Psychosen** bezeichnen. Exazerbationen treten nach Trennung vom Partner ein, die daraufhin von diesen psychotischen Frauen häufig wieder rückgängig gemacht wird. Erst die endgültige Trennung und eine unter oder nach der Therapie und den durch sie erreichbaren Persönlichkeitsgewinnen neue Partnerwahl können die Problematik lösen. Auch diese Gruppe ist nach manchmal jahrelanger Behandlung prognostisch als sehr günstig zu bezeichnen, meist klingen die Psychosen vollständig ab und bedürfen nur minimaler Erhaltungsdosen. Geeignet sind auch Lithiumpräparate und Carbamazepin, um eine Langzeitbehandlung durchzuführen.
Die Besonderheit der blanden schizoaffektiven und schizophrenen Psychosen liegt in ihrem Auftreten als pseudoneurotisches oder pseudopsychopathisches Krankheitsbild sowie in ihrer engen Verbindung zu psychosomatischen Krankheiten. In den blanden Ausläufern der Psychose nisten die psychosomatischen Erkrankungen von Asthma bronchiale über Ulcera ventriculi oder duodeni, über Colitis ulcerosa und Obstipation bis zu Urticaria, Ekzem, anderen Dermatosen, Prothesensyndromen, Anorexie, Bulimie, Migräne, arterieller Hypertonie und anderen **psychosomatischen Krankheiten**. Viele dieser Kranken sind zunächst tatsächlich nicht faßbar psychotisch, die psychosomatischen Behandlungen versäumen aber häufig eine früh einsetzende psychiatrische Betrachtungsweise, die auch entsprechende therapeutische Konsequenzen in sich enthält.
Einer meiner Patienten wurde nach **Panikattacken** wegen einer Ben-

zodiazepin-gestützten Psychose aufgenommen und berichtete, daß er seit 25 Jahren wegen Colitis ulcerosa in Behandlung sei. Noch nie habe ihm jemand gesagt, daß er eine psychosomatische Krankheit habe und möglicherweise später an einer psychotischen Störung erkranken könne.

Das Fazit der blanden Psychosen ist, daß sie im Übergang zwischen Gesunden und Kranken zu nicht für typisch gehaltenen, **neurotoiden, psychopathoiden und psychosomatoiden Manifestationen** neigen, die die behandelnden Ärzte in die Irre führen. Eine psychopathologische Untersuchung ergibt jedoch frühzeitig Möglichkeiten, den psychiatrischen Erkrankungskern zu erfassen und entsprechend multimodal zu behandeln.

7. Die 14 Todesängste

In der über Milliarden von Jahren zurückreichenden Evolution haben die höheren Organismen immer neue Lebensräume besetzt. Mit jeder Ausweitung entstanden auch neue Gefahren. Ein Überleben ist immer nur möglich gewesen, wenn die **Gefahrenabwehr** ebenso wichtig war wie die Expansion. Im menschlichen Organismus sind zahlreiche Subsysteme beibehalten und integriert, die zur Abwehr chemischer, viraler, bakterieller und mechanischer Eindringlinge bestimmt sind. Schon einzelne Zellarten, wie der eosinophile Leukozyt, verfügen über ein ganzes Repertoire an chemischen, viroziden und bakteriziden Waffen. Wie bei Einzellern finden wir Phagozytose. Die Immunreaktionen können sowohl in kleinen Räumen wie im ganzen Organismus wirksam werden. Mit jedem Grad Erhöhung der Körpertemperatur werden die chemischen Vorgänge auf das Doppelte beschleunigt.

Die zur Psychiatrie gehörenden Abwehrsysteme sind im Nervensystem lokalisiert. Auf der untersten Ebene sind sie nur in somatischen Vorgängen ausdrückbar. Über das Erleben im echten **Koma** kennen wir keine Aussagen. Anders ist dies bei Scheintoten und anderen subkomatösen Zuständen. Die Angst als zentrales Erlebnis der Konfrontation mit Gefahren, mit bedrohlichen Objekten wird erst faßbar, wenn Abwehr und Gefahrenerlebnis in verständliche und schließlich sprachliche Bereiche vorstoßen. Auch die Handlungsweisen des **Einzelobjektdelirs** sind noch interpretationsbedürftige sensumotorische Aktionen. Wir sehen dabei einen Kampf gegen Kleinobjekte, der sichtlich von Erregung geprägt ist: ein Zupacken, ein Zerren an Objekten, ein Festhalten von solchen mit ungeheurer Kraft. Der Augenausdruck ist dabei starr und könnte auf Angst hindeuten. Auf dem **apallischen Niveau** ist jedoch eine sprachliche Mitteilung unmöglich. Auch der sprachlose Umgang beim Beschäftigungssyndrom trägt ängstlich-erregte Züge und enthält eine Alarmiertheit, die schon in der früheren Bezeichnung „iterative Beschäftigungsunruhe" von K. Kleist zum Ausdruck kam.

Vom Niveau des **Delirs der multiplen redundanten Objekte** an, bei dem zahlreiche Kleintiere erlebt werden, können wir Verbalisationen erhalten. Besonders katamnestische Berichte beweisen eine Angst, von diesen Tieren erreicht und überfallen zu werden. Im Zentrum des Erlebens steht eine panische Angst, die sich in Fluchtbewegungen und Umsichschlagen äußert. Dieses Abwehrverhalten selbst ist noch sprachlos, kann aber auf Frage verbalisiert werden. Beim darauf folgenden **szenischen** Delir beginnt das spontane Sprechen, häufig als unverständliches, tempobeschleunigtes Murmeln, das sich meist wie das Sprechen mit einem anderen Menschen anhört. Auch hier beherrschen Angst, Abwehr und auch schon Spannung das Feld. Hinzu kommen die bei deliranten Psychosen besonders heftigen Alarmzeichen von seiten der vegetativen Regulation. Temperatursteigerung, Tachykardie, erhöhter arterieller Druck, Schweißausbrüche, motorische Unruhe, beschleunigte Atmung, Pupillenerweiterung, Trockenheit des Mundes, Polyurie sprechen für das Erleben einer schweren Bedrohungssituation mit der Angst vor einer gegenwärtigen oder drohenden Gefahr. Diese wird in der Szene erlebt. Der Kampf hat unmittelbaren Charakter und wird an Objekten, die einer Szene von Zimmergröße oder einem überschaubaren Feld in einem dicht bestandenen Wald entspricht, ausgetragen. Ausdrucksmäßig ist die Angst hier schon zweifelsfrei zu erkennen, die erregten Kranken schreien auch, können schwer aggressiv werden, schlagen, treten, beißen, zerreissen, flüchten. Die Angst wird noch nicht wie bei Neurosen und Depressionen erlebt, sondern gelebt, im gesamten Verhalten unzweifelhaft ausgedrückt, sie kann aber gelegentlich in geeigneten Augenblicken des raschen Auf und Ab der schwimmenden Bewußtseinslage abgefragt werden.

Die nachfolgenden leichteren exogen-deliranten Formen fangen schon im szenischen Bereich an und gehen über das **Belagerungssyndrom** auch in den Erlebnisbereich bei den **schizophrenen Krankheitsbildern** über. Die Angst tritt in immer neue Strukturen ein und findet hier einen jeweils syndromspezifischen Ausdruck. Auf die

Verbalisierbarkeit, die wir in den schweren deliranten Formen fanden, folgt nun eine Verlagerung des Erlebens mehr und mehr in den sprachlichen Raum hinein. In der **Halluzinose** wird die Bedrohlichkeit sprachlich erlebt, im paranoid-halluzinatorischen Syndrom der schizophreniformen Psychosen werden neben den sprachlichen Mitteilungen der verbalen Halluzinationen Gedankengebilde angesammelt, welche die Beschreibung der Gefahr oft unmittelbar enthalten.

Eigentümlich ist jedoch, daß die Angst von vielen paranoiden und paranoid-halluzinatorischen Kranken geleugnet wird. Ihr Vorhandensein ist aus dem Verhalten zweifelsfrei abzuleiten, die mitgeteilten Wahninhalte und Sinnestäuschungen weisen auf eine Bedrohung hin, welche vielfach eine Vernichtung der Person zum Ziel haben soll. Dennoch wird von den Kranken die Frage nach der Angst vielfach verneint. Es ist, als ob ihnen dieser Begriff nicht zum Bewußtsein kommen dürfe, als ob die **Erkenntnis der eigenen Angst blockiert** werden soll, bis das instinktive Ausleben der Gefährdung seinen eigenen Sinn findet, während ein frühzeitiges Eingeständnis den Zusammenbruch des schwachen Ichs noch forcieren würde. Bei den exogenen Psychosen liegen die Verhältnisse in dieser Beziehung anders. Die Krankheitsbilder sind von sehr kurzer Dauer und erstrecken sich meist nur über wenige Tage. Tritt ein Delirium als Folge einer chronischen Vergiftung ein, hätte die Auslösung der deliranten Psychose den Sinn, die weitere Zufuhr von Alkohol zum Beispiel zu unterbrechen. Tatsächlich hören die Alkoholdelirkranken mit Ausbruch der Psychose mit dem Trinken auf.

Bei den funktionellen Psychosen dagegen besteht nur eine innere Ursache, die eine jahrzehntelange Vorgeschichte hat und sich meistens über die ganze bisherige Lebenszeit erstreckt. Der durch die innere Situation **ausgelöste Alarm führt zu einer unbewußten Todesangst**, die dem Bewußtsein selbst nicht zugänglich werden darf. Der Kranke agiert seine instinktiv vorgegebenen Abwehrleistungen in verschämter und heimlicher Form, die der „inneren Emigration“ in totalitären Staaten nicht unähnlich ist. Aber das Nichtwissen der Angst hat noch tiefere Gründe: Das Verhalten ist von Kongruenzerscheinungen auf die tiefliegenden Todesängste bestimmt und kann erst nach längerer Krankheitsdauer oder in der heutigen Zeit durch einen therapeutisch-pharmakologischen Eingriff beendet werden. Die Erkrankung selbst blockiert alle Handlungen, die zu einer weiteren Gefährdung auf dem spezifischen Gebiet eines topologischstrukturell definierten Objektbereiches führen können. Die Erkenntnis, daß dies ein angstbedingtes Handeln sei, für das eigentlich keine Begründung vorliegt, würde zur Fortsetzung einer Lebensweise führen, welche diese Gefährdungen doch wieder provozieren könnte. So sind die Schizophrenen von sozialen Ängsten gequält, meiden deshalb die soziale Kommunikation und vermindern damit weiteren Druck ihrer Mitmenschen auf sich. Die Angsterlebnisse werden umso mehr halluzinatorisch oder paranoid projiziert, je schwerer die Erregung und die Desorganisation ausfallen. Gleichzeitig wird der Begriff „Angst" den Kranken immer unfaßbarer. Seine Zulassung würde den Untergang des Ichs bedeuten, das Ende des Kampfes.

Auch bei der **Manie** wird die Angst vor der Überwältigung durch andere, welche durch inflationäres und imponierendes Verhalten verhindert werden soll, nicht bewußt. Manche Kranke können die Angst aber nach Abklingen der manischen Symptomatik schildern. Bei der Behandlung dieser Kranken ist der **Appell an die Angst**, an ein Krankheitsgefühl, an die Schutzbedürftigkeit doch oft von Erfolg gekrönt. Das gleiche gilt für paranoide Schizophrene, die sich gegen eine Krankenhausaufnahme und Behandlung sträuben. Vielleicht liegt hierin auch der Sinn, daß der Appell an die Hilfe anderer doch in alle diese Krankheitsbilder eingeschlossen ist und daß tatsächliche **Hilfsangebote** in der Struktur dieser Psychosen auf eine vorprogrammierte Bereitschaft stoßen. Dieser vertrauensbildende Akt der Nächstenliebe appelliert auch an die gesunden Persönlichkeitsanteile und kann so stark wirksam sein, daß die Wahnsymptomatik, die Gespanntheit und der Negativismus ohne jede andere Behandlungsmaßnahme zunächst stark nachlassen.

Bei **depressiven Psychosen** wird die Angst vielfach schon als solche erlebt und ausgedrückt, nicht selten jedoch verbirgt sie sich auch hinter der depressiven Reaktion und ihren vielfältigen Ausdrucksformen. Inhalt der depressiven Angst ist die Unerreichbarkeit der eigenen Sollwerte auf ethischem, materiellem, gesundheitlichem und sozialem Gebiet. Schon bei den schizophrenen Syndromen wird der Raum der Angst immer größer und erstreckt sich auf Zukunftsdimensionen. Der Kranke wird durch seine Feinde langsam getötet. Im depressiven Syndrom stehen auf das zukünftige Leben gerichtete Ängste, hinter denen immer eine Angst vor dem Tode verborgen ist, völlig im Vordergrund. Stärker als bei Schizophrenie und Manie kommen der Sprache hier entlastende, **angstreduzierende Wirkungen** zu. Das Herantragen tröstlicher und liebevoller sprachlicher

Äußerungen in Verbindung mit fürsorglicher Behandlung schafft neue Tatsachen, die der depressiven Angst entgegengesetzt werden können.

Die **neurotischen Ängste** beziehen sich in schichtspezifischer Weise auf bestimmte Umweltausschnitte und Situationen der Subjekt-Objekt-Beziehung und sind dadurch überschaubar. Die Kranken können unter therapeutischen Einflüssen die verborgenen Ängste ausdrücken. Auch hier hat das Eindringen der Angst in das Gespräch eine erleichternde Funktion und bildet die Grundlage aller Psychotherapien. Die liebevolle Entgegennahme läßt Argumente gegen die Wahrheit der **neurotischen Todesängste** entstehen, der Beistand des Therapeuten oder der Gruppe kann der Frustration des Liebebedürfnisses ein Gegengewicht werden. Die vegetativen Zeichen der Angst und auch motorische und sensorische Änderungen sowie die stereotype Form der neurotischen Erlebnisformen weisen auf sehr tiefliegende Schablonen hin. In unserer topologischen Untersuchung haben wir gesehen, daß die in den Psychosen in schwerem Maße zutage tretenden Schablonen sich in den neurotischen Unterformen, die alle in einer Ebene liegen, wiederholen. Sie haben hier nur den Charakter des Ausschnitthaften, neben dem weite Bereiche geordneten Lebens bestehen bleiben können. Der Grad der Angst und der Alarmiertheit ist auch nicht so hochgradig, daß nicht durch neues Lernen, durch sprachliche Formung, durch einen nie gekannten liebenden Umgang ein Wandel in der Einstellung, schließlich sogar eine Persönlichkeitsmodifikation (S. Freud) erarbeitet werden könnte. Wir unterscheiden im Bereich der Psychopathologie 14 Arten der Bedrohung des menschlichen Lebens, die 14 Todesängsten entsprechen. Die **Todesangst** steht hinter allen Äußerungen der verschiedenen Formen der Psychosen und Neurosen und wird bei jeweils maximaler Ausprägung des Störungstyps auch faßbar, ausdrückbar und schließlich auch verbalisierbar. Besonders deutlich wird dies bei den Neurosen. Der Agoraphobiker fürchtet nicht eigentlich, über einen freien Platz oder überhaupt außerhalb des Hauses zu gehen, sondern er ist von der Angst durchdrungen, dort seinen Tod zu finden, tot umzufallen. Auch der verzweifelte Kampf der Zwangskranken ist von Todesangst, das gefährliche Objekt aus der unmittelbaren Nähe nicht fortschaffen zu können, durchdrungen.

Suizid und **Suizidgefahr** sind bei den unterschiedlichen Syndromen ein weiterer Hinweis auf das Bestehen einer Todesangst. S. Freud nannte den Umschlag der Todesangst in das Sterbenwollen den To-

destrieb. Das Ende scheint nahe zu sein, die Abwehr schlägt in einen Mitvollzug des Todesgeschehens um. Nur wenn das Ich schon vernichtet ist, endet die Gefahr eines Selbstmordes der Kranken. Dies ist bei den Delirien der Fall. Schizophrene töten sich nicht mehr, wenn ihr Ich schon untergegangen ist und sie in völliger Ohnmacht gegenüber den übermächtigen Verfolgern weiterexistieren, sondern wenn das Ich stirbt. Dies kann akut im Rahmen eines Weltuntergangserlebnisses, das eigentlich ein Ich-Untergangserlebnis ist, vollzogen werden. Heftiges erstmaliges Auftreten von schizophrenen Psychosen, aber auch heftige Rezidive führen zu diesem raschen Verfall des Ichs, eines Erlebens eigener Substanz und Ausgedehntheit. Bei Depressionen bleibt Zeit ihres Bestehens ständig das Gefühl eines drohenden Ich-Verfalls erhalten, daher ist hier die Suizidgefahr noch größer. Aber auch Gesunde können in schweren reaktiven Belastungssituationen einen finanziellen Verlust, eine gerichtliche Anklage, den Tod eines nahen Angehörigen als für sich selbst lebensbedrohend verarbeiten und suizidal werden. Bei Süchtigen steckt ebenfalls der permanente Ich-Untergang in den ständig wiederholten Intoxikationen und hinter ihrer Suizidalität. Jeder der toxisch bedingten **Abstürze des Ichs** kann Todesangst und ihren Nachvollzug durch Selbstmord bedingen.
Die Auswirkungen der in tiefen Schichten lokalisierten Todesängste auf das Bewußtsein und die Person lassen auf mehrgliedrige Vorgänge schließen. Wir können im Vordergrund ein manisches Verhalten, im Untergrund aber eine tiefe Angst, ebenso hinter einer **bedrückt-gequälten depressiven Verfassung** eine Todesangst entdecken, auch wenn die Kranken dies vielfach selbst nicht in Worte fassen können. Angst ist also in vielen Syndromen eine verhaltenssteuernde zentrale Erlebnisqualität, die über mehrere Stufen ins Bewußtsein aufsteigen kann. Ihre Erkenntnis durch den Therapeuten eröffnet erst das Verständnis der Verhaltensweisen des Kranken und die Möglichkeiten seiner Heilung.
Die 14 Todesängste des Menschen stehen in einem gegenseitigen Inklusions- und Exklusionsverhältnis. Die Angst ist meist fixiert auf eine Objektkonstellation in einer definierten Ebene des komplexen Aufbaus. Schon bei Gesunden können wir eine **Verschiebung** der Angst bei bestehender Ängstlichkeit beobachten. Besteht die Ängstlichkeit nach Bewältigung einer Gefährdungssituation weiter, taucht sofort die nächste aus der Versenkung auf und ruft nun die gleiche Beängstigung hervor. Dies wurde bei den Neurosen von S. Freud als

Verschiebung beschrieben. Er schloß auf die Existenz von Primärvorgängen, die tief im Unbewußtsein ablaufen und für eine Umbesetzung sorgen, wenn ein ängstlicher Vorstellungsinhalt bearbeitet und damit neutralisiert ist. Bei den Psychosen besteht deutlicher ein **gegenseitiges Ausschließungsverhältnis** mit gewissen Ausnahmen bei Legierungsbildern in schizoaffektiven und einigen anderen Psychosen (vgl. Abb. 7).

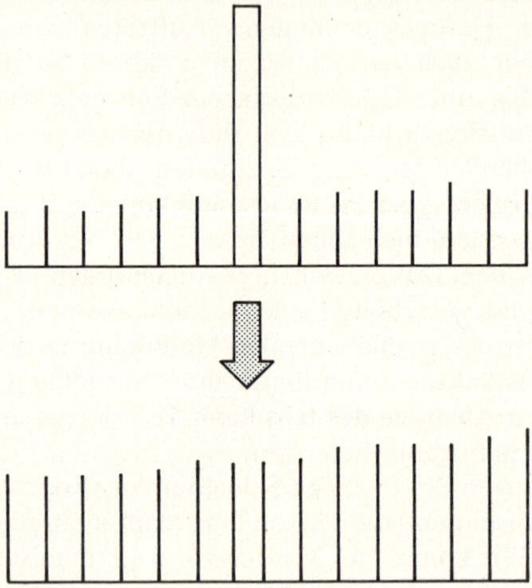

Abb. 7. Überwiegen einer der Instinktschablonen mit Unterdrückung der Funktion der anderen.
Unten: Wiedereinordnung der Schablone in den Chor der anderen unter der Therapie (schematische Darstellung).

Durch die erfolgreiche Behandlung einer Psychose wird die durch ihre Alarmiertheit überwiegende und die anderen Instinktschablonen unterdrückende Bedeutung eines Instinktmoduls wieder auf den **Ausgangswert**, bei langdauernden Erkrankungen auch darunter zurückgeführt. Die anderen instinktiven Fähigkeiten werden nun wieder verfügbar. Die **Instinktunterdrückung** durch Betonung einer der Schablonen kann man schon bei Neurotikern beobachten. Diese verhalten sich übertrieben ängstlich und alarmiert auf einem bestimmten Gebiet. Auf allen anderen Gebieten fallen sie aber durch ihre **Ahnungslosigkeit** auf. Man spricht von fehlender Realangst bei

Überwiegen der neurotischen Ängste. In der Therapie werden sowohl die spezifischen, im Syndrom im Vordergrund stehenden Ängste bearbeitet und dadurch in ihrer Auswirkung reduziert als auch die unterdrückten anderen Angstbereiche durch Bestärkung hervorgerufen. Ähnlich geht man bei der Behandlung von Psychosen vor. Dabei wird nicht die Entstehung neuer Ängste auf den Gebieten anderer instinktiver Bereitschaften gefördert, sondern ein sorgender Umgang mit anderen Gefahrenbereichen vermittelt. Dies erleichtert eine ausgewogene Haltung in bezug auf die krankheitsspezifische Angst.

Die 14 Todesängste sind deshalb auf **gegenseitigen Ausschluß** angelegt, weil die jeweils tieferliegende eine größere und unmittelbarere Gefahr beschreibt. Drohe ich zu ersticken, habe ich keine Zeit, eine Gefahr in einer unmittelbaren Umgebung abzuwehren. Befindet sich in meiner unmittelbaren Umgebung eine Vielzahl von Kleintieren, die mich anfallen wollen, kann es mir ziemlich gleichgültig sein, ob möglicherweise hinter einem Baum jemand auf mich lauert. Fürchte ich, von Feinden umstellt zu sein, so kann es mich nicht gleichzeitig beschäftigen, daß noch von ferne eine Gruppe anmarschiert, die meine Vernichtung zum Ziel hat, die ich aber noch nicht wahrnehmen kann. Gibt es eine mir verborgene Verschwörung von Menschen, welche meinen Untergang planen, wäre es nicht angezeigt, den Menschen in meiner Umgebung durch Imponierverhalten meine Unangreifbarkeit vor Augen zu führen. Fühle ich mich aber von meiner unmittelbaren Umgebung unterschätzt und blähe mich auf, ist dies nicht der Moment, an meinen Fehlern zu arbeiten und verzweifelt danach zu suchen, wodurch ich mich selbst immer wieder ins Unglück bringe. Befinde ich mich bei dieser Fehlersuche und gerate darüber in Erregung, weil ich mich schon für gescheitert an mir selbst halte, bleibt mir kaum noch Raum und Zeit, meine Angst an bestimmten Einzelsituationen festzumachen. Fühle ich mich indessen durch neurosegängige Objektkonstellationen in einer mir unbegreiflichen Weise geängstigt, z. B. durch Hunde, scharfe Messer, durch Schmutz an mir selbst, dann kann ich mich nicht gleichzeitig auf eine Angst vor inneren Organen konzentrieren oder mich durch sie geschwächt ins Bett legen.

Auf diese Weise schließen die jeweils dringenderen, naheliegenderen, größeren Bedrohungen die geringeren Gefährdungen aus. **Beim gesunden Menschen** finden wir nicht eigentliche Ängste, sondern eine **Sorge**, die auch Vorsorge bedeutet, um Gefahren auszuschließen, die ein Gelingen des Lebensentwurfs verhindern können. M. Heidegger stellt die Sorge um das Gelingen des Entwerfens des Lebens in der Zeit in den Mittelpunkt seines Werkes „Sein und Zeit". Mancher Kranke fragt danach in der Therapie, ob ein Mensch sich nun ängstigen müsse und ob dies normal sei. Die Antwort muß lauten: nicht Angst, sondern Sorge soll dich vor den Gefahren schützen. Die Angst tritt erst auf, wenn die Wahrscheinlichkeit der Gefährdung bereits bedrohlich angestiegen ist.

Die **Inklusionsregel** läßt jedoch erwarten, daß bei höherliegenden Syndromen tiefere Ängste mit erregt werden. Dadurch werden die meisten Behandlungen kompliziert und langwierig. Bei Neurosen, Depressionen, Schizophrenien treten Atemstörungen auf, wie die Hyperventilation, Eßstörungen in Form der Anorexie oder Polyphagie, Stuhlangst, Einkoten und Enuresis, ungenügende Flüssigkeitsaufnahme. Ferner beobachtet man Störungen der Raumgestaltung, um den Kranken herum herrscht eine unbeschreibliche Unordnung, die Wohnung ist in vielen Fällen voller Müll. Bei depressiven Patienten treten Erregungszustände gegenüber Personen, Mißtrauen und Angst auf. Die Kranken neigen auch zur Fehlinterpretation von Gehörtem. Hypochondrische, zönästhetische und psychosomatische Beschwerden kommen bei Depressionen und Neurosen sowie bei der Schizophrenie vor.

Das geschichtete System der 14 Todesängste ist in eine ebenso 14fache Instinkthierarchie eingelagert und dient der Erhaltung des Lebens. Dem System der Todesängste ist ein zweites an die Seite gestellt, das sich zu ihm reziprok und wechselseitig exkludent verhält:

8. Das System der Lebenstriebe

Auf allen 14 Ebenen dient der **Ausschluß von Gefahren** durch Meidung oder Bekämpfung oder durch die Wahrnehmung, daß keine Lebensgefahr droht, letztlich der Herstellung von Sicherheit und Geborgenheit, in deren Schutz sich die Lebenstriebe entfalten können. Der Überwindung der Todesängste mit Hilfe angeborener und durch Lernen ergänzter Verhaltensweisen kommt deshalb Vorrang zu, weil jede einzelne von ihnen ein baldiges Ende der Existenz des Individuums bedeuten könnte. Erst nach Ausschluß der Gefahr oder Erledigung der Gefahrenbeseitigung können Atmen, Essen, Trinken, Stillen, Ruhe, Lust, Liebe und Schlaf sich entfalten.

Das Lustprinzip, wie S. Freud die Lebenstriebe nannte, steht in einem deutlichen antagonistischen Verhältnis zu Todesängsten und Alarmzuständen. Beide Formen können durch **Übersprunghandlungen**, wie sie bei den tierischen Instinkten entdeckt wurden, auseinander hervorgehen. So ist die erste Lebensäußerung des Neugeborenen nach der Geburt ein heftiges Schreien, das sofort aufhört, wenn das Kind angenommen und warm eingepackt auf den Arm genommen wird. Das gleiche Nacheinander spielt sich später ab, wenn der Säugling die Mutter zum Stillen, zum Wickeln herbeischreit. Das Säuglingsgeschrei ist überaus dringlich, unüberhörbar und soll zur sofortigen Reaktion der Mutter Veranlassung geben. Auch Einschlafen und Schreien springen in wechselnder Folge ineinander über. Streit unter Erwachsenen macht gemeinsames Essen unmöglich, der Bissen bleibt im Halse stecken. Im Augenblick der Versöhnung schmeckt das Essen in Gegenwart des anderen wieder. Das gleiche gilt für Zärtlichkeiten und Streit, die in beiden Richtungen ineinander umspringen. Auseinandersetzungen bis zum Haß, mit gegenseitigem Schlagen, werden durch eine Umarmung, ein gutes Wort ausgelöscht. Im Bereich der Gewalttaten finden wir ähnliche Verhältnisse. Ein Mann erwürgt seine Freundin und versucht sofort danach, sie durch Mund-zu-Mund-Beatmung wiederzubeleben. Ein junger Mann begeht einen Raubmord an einer alten Frau und verübt sofort danach an der Leiche einen Koitus. Eine Frau verläßt mit den Kindern ihren Mann, er tötet alle. Eine Frau wird von ihrem Mann verlassen, tötet ihre Kinder und scheitert dann am Selbstmord. Quälender Durst und wütender Hunger werden sogleich nach den ersten Bissen und Schlucken beruhigt, Essen und Trinken munden wunderbar, noch nie schmeckte etwas so gut. Auch im Bereich der Psychosen finden sich Übersprunghandlungen. Eingehende Beobachtungen an deliranten Psychosen zeigen dies sowohl im sprachlichen als auch im Handlungsbereich, wie ich in den Untersuchungen zur Struktur symptomatischer Psychosen (1965) zeigen konnte. Auch psychotische Bilder gehen im Übersprung ineinander über, so Manien in Depressionen und Depressionen in manische Zustände, beide in paranoide.

Von großer Bedeutung ist der **Antagonismus von Erregung und Schlaf**. Ab einer gewissen Pulszahl nach Tee- oder Kaffeegenuß ist Einschlafen unmöglich. Bei zusätzlicher Aufregung findet die Person stundenlang oder für den Rest der Nacht keinen Schlaf. Auch Arbeiten, Nachdenken, Gespräche, Fernsehen, Rauchen, Trinken stehen dem Hineingleiten in den Schlaf bei einigen antagonistisch gegenüber.

Das gleiche gilt für sexuelle Lust und den Orgasmus. Sie können sich mit Gewalttätigkeit und Mordlust direkt bei insbesondere männlicher Sexualität zu einem Erlebnis vereinigen. Bei Sadomasochisten und bei der Vergewaltigung wird die Überwältigung des anderen wiederum zur Voraussetzung für den Orgasmus, das Ausschalten der Gegenwehr ermöglicht erst den Lustgewinn. Während des Bestehens der meisten Psychosen ist die Libido stark herabgesetzt, bemerkenswerterweise kommen aber **sexuelle Erregungszustände** bei allen Arten von Psychosen vor (E. Schorsch, 1967). Dies ist nicht etwa nur bei Manien, sondern besonders bei agitierten Depressionen und mischbildhaften Psychosen der Fall. Daneben gibt es homosexuellen, transsexuellen und Liebeswahn, Eifersuchtswahn. Exzessive Masturbation oder Hypersexualität als Nymphomanie kommt bei wahnkranken Frauen nicht so selten vor.

Ein besonders interessanter Umstand wurde durch die Einführung der Behandlung von Psychosen mit Dopamin-antagonistischen Neuroleptika entdeckt. Diese führen zu einer Freisetzung des Hypophysenhormons Prolaktin, welches zahlreiche nutritive Funktionen im Organismus erfüllt. Es ist ein phylogenetisch sehr altes Hormon, das bei den Säugetieren einen Wirkungswandel erfährt, in dem es das Wachstum der Brustdrüsen und die Milchsekretion bewirkt. Die Patienten werden durch Neuroleptika sexuell gedämpft, nehmen an Gewicht zu und werden ruhig. Sie kommen **aus dem Chaos der Psychose in die Stille des Stillens**, denn bei beiden Geschlechtern wird durch die Neuroleptikawirkung über das Prolaktin eine Stillstimmung herbeigeführt. Auffallend ist die Ruhe und Freundlichkeit, die Sanftmut und Dankbarkeit der so behandelten Patienten, die doch zuvor erregt, mißtrauisch, aggressiv, suizidal waren.

Der lange, tiefe und ungestörte **Nachtschlaf** des Menschen hängt mit seiner hochaktiven Hirntätigkeit zusammen und dient der Auffüllung von Energiereserven und der Informationsverarbeitung. Der Schlaf ist auch ein soziales Verhalten. Er setzt die Sicherung durch die anderen Mitglieder der Gruppe voraus, wobei sich die Schlafenden gegenseitig schützen. Je tiefer der Schlaf, um so lauter wird dabei geschnarcht. Wer vom **Schnarchen** eines anderen aufwacht und nervös wird oder in Zorn gerät, findet keinen Schlaf mehr. Das Schnarchen ist ein furchteinflößendes **Abwehrverhalten** und deutet, je tiefer und grollender es klingt, auf einen um so gefährlicheren Schläfer hin. Frauen können ebenso unerträglich schnarchen wie Männer. Ich nehme an, daß das Schnarchen ein instinktives Drohverhalten ist, um anschleichende Feinde abzuschrecken. Die grollenden Laute verfehlen kaum auf jemanden ihre Wirkung. Immer hofft man, daß dieser eben der letzte Schnarchlaut war. Bemerkenswert ist auch ein wechselndes Anschwellen der Lautstärken, plötzliche Unterbrechungen und andere Unregelmäßigkeiten, so daß ein etwa näherkommender Feind im unklaren bleiben muß, ob der Schläfer nicht gerade aufwacht und zum Gegenangriff ansetzt.

Die psychisch Kranken sind zum Umsetzen ihrer Ängste in ein lebensbejahendes Verhalten nicht mehr in der Lage. Sie können nicht die Angst ihre Arbeit tun lassen, sie ist aus dem lebendigen Zusammenhang herausgelöst und nicht mehr in der Lage, Gefahren zu beseitigen, um das Leben zu ermöglichen, aber sie hat einen Appell an Helfer zum Ziel.

Der Ausschluß der Angst ist die Voraussetzung für Leben, Lust und Liebe. Die Liebe ist auch die stärkste Waffe gegen die Angst, sie kann sie aufheben. Viele Therapieformen bedienen sich deshalb der Vermittlung von Liebe, Ruhe, Vertrauen. Der **Verlust der Liebesfähigkeit** spielt bei frühkindlich psychosozial geschädigten Kranken eine bedeutsame Rolle. Durch eine lieblose Kindheit fehlt es den Kranken an Eigenliebe und Eigenbezug, aber auch an der Fähigkeit, andere zu lieben, ihnen zu vertrauen. Die Entwicklungen solcher Patienten lassen uns die Folgen eines Lebens ohne Liebe erkennen. Die Angst manifestiert sich früher oder später, besonders in Lebensphasen, in der Selbstvertrauen abgefordert wird. Die Heilung vieler Kranker gelingt durch Wiedereinführung der Liebe in ihr Leben. Angst und Alarmiertheit können dann wieder überwunden werden. Psychisches Kranksein drückt auch deshalb einen Mitleidsappell, einen sozial gerichteten Hilfeschrei aus, weil die Kranken immer wieder versuchen, die ihnen nicht zuteil gewordene liebevolle Behandlung später im Leben zu erhalten. Viele gehen immer wieder auf ihre Eltern zu und versuchen eine Nachstillung. Oft ist dann eine erneute Enttäuschung die Folge. Die psychisch selbst gestörten Eltern verstehen die Not und Angst des schon erwachsenen Kindes nicht, bleiben hart und abweisend, versuchen zu dominieren, zu strafen. Deckt der Therapeut die gegenseitige **Lieblosigkeit** auf, kann die Angst auf beiden Seiten verschwinden und eine späte Versöhnung der beteiligten Eltern und Kinder zur Folge haben.

Auf den 14 Stufen der Instinkthierarchie ernährt sich das Gedeihen des Lebens und mit ihm das der zwischenmenschlichen Beziehungen vom Sieg über die Angst. C. Rohde-Dachser (1984) schreibt, nicht

Haß sei das Gegenteil von Liebe, sondern Angst. In der sokratischen und christlichen Abstraktion wird das Göttliche mit der Liebe gleichgesetzt. Diese Allmacht kann alle Angst aufheben. Daß dies wahr ist, kann in der Psychiatrie tagtäglich in Erfahrung gebracht werden. Die Kranken stellen in der Psychose ihr **Ungeliebtsein** dar und vertrauen dem am meisten, der ihnen am deutlichsten zeigt: ich liebe euch um eurer Not willen. Der Kranke will angenommen werden, ist für jede gute Tat, jedes gute Wort dankbar, gleich, ob es sich um gespannte schizophrene Kranke, erregte Maniker, verzweifelte Depressive, fanatische Süchtige, Suizidanten oder Konfliktpatienten handelt. Alarmiertheit und Todesangst drücken letztlich aus: ich bin nicht geliebt worden, ich kann nicht lieben, ich glaube nicht an Liebe.

Auch bei den anscheinend sehr stark anlagebedingten endogenen Kranken kommt eine derartige Situation des Liebesverlustes im angstvoll alarmierten Krankheitsbild zum Ausdruck. Eine vermehrte Aufmerksamkeit der Familie mit Überwindung der familiären Feindseligkeit (expressed emotions), eine sorgfältige, aufmerksame und liebevolle Behandlung durch das therapeutische Personal wirken hier ebenso heilsam wie bei jenen, die in der Krankheit ihre trostlose Kindheit darstellen. Häufig kommen ja beide Faktoren auch zusammen. Bedeutsam ist auch der im Erwachsenenleben später eintretende **Liebesverlust** für die Auslösung von Psychosen, während sexuelle Deprivation kaum jemals zu beachtlichen Folgen führt.

Die **Lebenstriebe** untereinander bilden ein ebenso gegliedertes und auf Inklusionen und Exklusionen beruhendes System wie die Instinktschablonen der Abwehr, des Alarms und der Angst. Wer einen Menschen nicht riechen kann, kann ihn nicht lieben. Wer in Eifersucht verfällt, sobald der andere aus den Augen ist, kann ihn auch nicht lieben. Wer die Tränen des anderen nicht erträgt, wer sein Lachen nicht mag, wer ihn nicht prahlen hören kann, wer seine Unordnung nicht liebt, wer von seinem Teller nicht essen kann, kann den anderen nicht lieben. In der heftigsten Verliebtheit wird deshalb eine Allverbundenheit mit allen Lebensbereichen des Geliebten erlebt.

Die **sexuellen Vorgänge** beruhen auf der Tätigkeit von Organen, die vom Urmund abstammen und in ihren Lustempfindungen alle anderen körperlichen Sensationen übertreffen.Die Sicherstellung dieses Erlebens erfordert in der Regel einen Ausschluß aller anderen Bereiche von Gefährdungen. Die Abwehr von Gefahr hat Vorrang vor dem Zeugungsakt. Auf der anderen Seite wird im sexuellen Erregungszustand auch wiederum kritiklos und unter Außerachtlassung der Gefahr sexueller Kontakt aufgenommen; der vielleicht älteste exterozeptive Instinkt übertönt alle anderen. Die Aktivität des Urmundes ist phylogenetisch zweifellos älter als die der Atmung und alle anderen Vorgänge, die sich am deuterostomen Pol vollziehen können. Dementsprechend übertrifft die Faszination des sexuellen bei weitem die aller oralen Lusterlebnisse. In den koitalen Bewegungen beider Geschlechtspartner kommt ein rhythmisches Annähern an ein protostomiales Urobjekt auch heute noch zum Ausdruck. Beim Vaginismus verschließt sich der Urmund, um ein gefährliches Objekt am Eindringen zu hindern. Zugrunde liegt bei den betroffenen Frauen eine unbewußte, tiefe **Angst vor dem Mann**, die in der vaginalen Penetration als bedrohlich empfunden wird. Hierher gehört wohl auch die **Angst vieler Männer** vor rektaler Untersuchung. Nur wenige nutzen die Vorsorgeberechtigungen auf diesem Gebiet aus. Kleine Kinder sind sehr ängstlich vor einer rektalen Einführung des Fieberthermometers. Die Obstipation ist eine unbewußte anale Angst und sehr häufig mit sexueller Gehemmtheit verbunden, wie schon Freud feststellte.

Die Potenzangst gehört zu den häufigsten Ängsten und beruht ebenso wie die Angst vor dem Nichtschlafenkönnen auf der geringen Manipulierbarkeit beider Vorgänge. Auch die Erfüllungen der Lebenstriebe, Lust und Liebe, Ruhe und Freude, Lösungen und Sättigung, lassen sich nicht erzwingen. Der Ausschluß der Angst kann um so vergeblicher sein, je mehr er betrieben und angestrebt wird. Eigentlich ist er gar nicht möglich, es sei denn, ein **transzendierender Akt** hebt ab von aller Not und Gefahr und öffnet den Weg für die Liebe, in der alles aufgehoben ist.

Neben diesen beiden Systemen, dem der Ängste und dem der Lebenstriebe, verfügen wir über ein drittes aus ethischen Vorschriften, die den Verfall an das eine wie an das andere verhindern helfen sollen. Auch das **ethische Wertsystem** hat seinen Gegenspieler, der bei jedem Menschen zu berücksichtigen ist. Er geht nicht im Begriff der Aggression auf (vgl. Bd. II, S. 237 ff.). Wir nennen es das Böse.

9. Unspezifisches und spezifisches Lernen

Die angeborenen und bei jedem Menschen vorhandenen Instinktschablonen der Angst und der Lebenstriebe werden durch Lernvorgänge ergänzt und zur Manifestation gebracht. Dies wurde auch bei Tieren festgestellt. Der **angeborene auslösende Mechanismus**, eine Instinktschablone für komplexes Verhalten aus Wahrnehmung, Motorik und vegetativen Umstellungen, wird durch einen einmaligen Lernvorgang erstmals zur Manifestation gebracht. Dieser Schlüsselreiz ist in dieser Form im angeborenen auslösenden Mechanismus vorgesehen, also Teil desselben. Beim Menschen finden wir ähnliches auf den untersten Stufen der Instinkthierarchie. Bei den **apallischen Strukturen** sind die Objekte ebenfalls in den angeboren vorliegenden sensumotorischen Schablonen vorgesehen, sie werden bei der Reproduktion im deliranten Zustand halluzinatorisch mit hervorgebracht. Die aus dem Mund gezogenen Fäden, das mit der Hand ergriffene Objekt werden dabei ausgespart, die imaginäre Halluzination füllt eine kleine Höhlung der Hand oder einen bestimmten Öffnungsgrad der Lippen aus.

Die Psychopathologie hat die Manifestation menschlicher Instinktschablonen und ihrer pathologischen Varianten zum Gegenstand. Die Beobachtung dieser Strukturen ergibt, daß sie durch unspezifische und durch spezifische Lernvorgänge zu erhöhter Ladung und schließlich zur Manifestation gebracht werden können. Dies gilt für alle Verhaltensschemata, die wir als instinktiv erkannt haben und als solche bezeichnen.

Unspezifisches Lernen liegt dann vor, wenn aus erregenden Erlebnissen oder meist einer Reihe von solchen ein präpsychotischer oder psychotischer Zustand resultiert, der keine schablonenspezifische Beziehung zu diesen Auslösern besitzt. So können auch angenehme Aufregungen zur Auslösung einer Depression führen. Umgekehrt hat bei der reaktiven Manie ein negatives Erlebnis einen manischen Zustand zur Folge (G. W. Schimmelpenning). Eine Reise führt bei dem einen Menschen zu einem manischen Zustand, bei einem anderen zum Ausbruch einer akuten paranoid-halluzinatorischen Psychose, bei einem dritten zur Depression. Ein Kranker verweigert einen operativen Eingriff. Er hat sowohl vor der Operation selbst Angst, fühlt sich aber auch durch andere Probleme in seinem psychosozialen Umfeld bedroht (Huse-Kleinstoll, Boll und Götze, 1984).

Unter **spezifischen Informationen** sind dagegen diejenigen Erlebnisse zu verstehen, die in manchen Fällen über Jahre und Jahrzehnte gesammelt werden und zur Auslösung einer bestimmten psychischen Reaktion beitragen. Später depressiv Erkrankende sammeln eine lange Reihe von Fehlern, Erniedrigungen, Belastungen, Konflikten. Sexuelle Perversionen werden mitunter durch Schlüsselerlebnisse hervorgerufen und später auch durch Wiederholungen aufrechterhalten. Die Informationen sind also um so programmspezifischer, je mehr sie von der Instinktschablone selbst bereits erzeugt und abgefordert werden. Die beiden Möglichkeiten, a) der spezifischen **Informationssammlung** über einzelne oder mehrere zu einem bestimmten Psychose/Neurose-Typ passende Erlebnisse und b) die **Selbsterzeugung traumatischer Situationen**, die dann noch programmspezifischer sind und oft wie eine schicksalhafte Verkettung anmuten, schließen sich keineswegs gegenseitig aus, sondern stehen häufig in einer nicht mehr differenzierbaren Kombination miteinander in der Vorgeschichte von Psychosen und Neurosen. Man spricht dabei von „self fulfilling prophecy". Besonders soziale Niederlagen werden sehr häufig von Personen, die eine bestimmte **Vulnerabilität** besitzen, selbst miterzeugt, sie beeinflussen ihre Mitmenschen in dieser Richtung.

Auch auf anderen Gebieten kann die **Angst zum Erzeuger angsterregender Erlebnisse** werden. Hier sind Unfallpersönlichkeiten, Konfliktneurotiker überhaupt zu erwähnen, Menschen, die soziale Prozesse bis zum Crash eskalieren; meist sind dies Alkoholiker. In der Vorgeschichte von Psychosen finden wir indessen spezifische Informationsprozesse, welche durch die bereits aktivierte Schablone selbst veranlaßt werden und nicht mehr eine Traumatisierung, sondern eine gezielte Aufladung psychotischer Programme bedeuten. Eine Verdrängung instinktiver Erbkoordinationen ist nur dann möglich, wenn diese nicht zu hoch gehalten sind.

Bei einzelnen Kranken finden wir doch über Jahrzehnte gehende Informationsanreicherungen, die aus einer außergewöhnlichen Verkettung unglücklicher Umstände zustandekommen und mit der Zeit ein Programm bis zur Manifestationsreife aufladen können. So behandelte ich eine Patientin, die schon als Kind mit Anginen und Zahneiterungen häufig erkrankte. Später kam es immer wieder zu Erkrankungen im Mundbereich und auch zu Operationen. Als sie ihre erste Zahnprothese bekam, manifestierte sich eine typische **Prothesenkrankheit** mit Hyperkinese der Mundorgane, Glossopathie, Kieferschmerzen, wiederholtem Prothesenwechsel und -abschleifen

und einem depressiven Krankheitsbild. Eine Aufdeckung der mundtraumatischen Vorgeschichte war in der Therapie hilfreich neben einer psychopharmakologischen, ambulanten Therapie.
Bei Aktualneurosen stehen unter den Lernvorgängen massive spezifische oder unspezifische Traumata im Vordergrund, während die Abwehrneurosen (beide Begriffe von S. Freud) eine lebenslange Vorgeschichte mit Beginn in kindlicher Traumatisierung aufweisen. Aus der Sicht der strukturalistischen Psychopathologie sind beide Begriffe zu relativieren, da es nicht um eine eigentliche Verursachung und Erzeugung dieser Krankheitsbilder geht, sondern stets um ein **Manifestwerden angeborener Angstsysteme** und eine Behinderung bei deren richtiger Einordnung. Das gleiche gilt für die Psychosen. Nicht nur die Kranken, welche klassische Krankheitsbilder bieten, haben solche Erlebnissequenzen, sondern grundsätzlich jeder Mensch. Die Unterscheidung von spezifischen und unspezifischen Lernvorgängen ist für die Herleitung der Manifestation dieser Krankheiten und damit gleichzeitig für den Aufbau einer geeigneten Therapie von Bedeutung. Die unspezifischen erregenden **traumatischen Erlebnisse** sind in manchen Fällen für die Auslösung der Erkrankung von ausschlaggebender Bedeutung, bereiten aber in der Psychotherapie geringere Schwierigkeiten als die spezifischen Informationsprozesse. Die letzteren sind eben sehr häufig Ausdruck einer seit frühester Kindheit übermäßig aktivierten Reaktionsbereitschaft auf dem Gebiet eines bestimmten Schablonenprogramms. Der Kranke kann dies nicht wissen und hält sich in außergewöhnlicher Weise für determiniert und am Ende für zum Scheitern verurteilt. Nachdem die gleiche traumatische Situation immer wieder in sehr ähnlicher Weise zum Scheitern geführt hat, wie zum Beispiel bei bestimmten Liebesenttäuschungen, die zum Ausbruch von Psychosen und/oder zur Begehung von Suizidversuchen führten, kann die psychotherapeutische Aufarbeitung nicht ohne großen Einsatz von beiden Seiten Aussicht auf Erfolg haben. Eine psychopharmakologische Unterstützung ist in schweren Fällen unerläßlich.
I. P. Pawlow unterschied ein erstes Signalsystem, das angeboren ist, von einem zweiten, erworbenen und sprachlichen Signalsystem. S. Freud nannte die von den Schablonen ausgehenden Informationsprozesse und Projektionen **Primärvorgänge,** die in der frühen Kindheit im Vordergrund stehen und später in Träumen, Fantasievorstellungen manifest werden. G. E. Störring sprach im gleichen Sinne von einem Primitivbewußtsein, das schon beim höheren Tier, aber auch

beim Säugling und Kleinstkind vorkommt. Bei E. Kretschmer werden Manifestationen als Primitivreaktionen eingeordnet, wenn sie auf akute traumatische Erlebnisse hin in Gang kommen. Über diesen Primär- oder Primitivstrukturen lagert eine im Verlauf des Lebens **immer dicker werdende Schicht an „sekundären" Lern- und Informationsprozessen**, die jedoch immer von den instinktiven Grundlagen beeinflußt bleiben. In den Bereichen des objektiven Geistes und der Naturwissenschaften wird dagegen versucht, eine „persönliche" Beteiligung möglichst auszuschalten. Mir ist aber immer wieder aufgefallen, daß Wissenschaftler um so bedeutender sind, je leidenschaftlicher sie ihren Gegenstand erleben. Also wäre der Sieg der Unpersönlichkeit die vollkommene Unterwerfung unter die Maschinenwelt.

10. Die Zeitpunkte des wesentlichen Lernens

Lernvorgänge, Strukturentwicklungen und Lebensraumgestaltung sind voneinander untrennbare Komponenten der stammesgeschichtlichen Evolution. Neu auftretende Leistungen der Organismen werden dann beibehalten, wenn sie zur Bewältigung neuer Aufgaben, also zur Ausweitung des Lebensraumes geeignet sind. Not macht erfinderisch.

Die lamarckistische Lehre nahm eine Vererbung erworbener Eigenschaften schon innerhalb einer oder weniger Generationen an, was als widerlegt gilt. Für die Evolution als ganze ist diese Aussage jedoch zweifellos richtig. Die Organismen entwickeln sich als kybernetische Systeme, welche sowohl die in ihrem Lebensraum vorkommenden Veränderungen tolerieren, ihre Umwelt aber auch gleichzeitig selbst definieren und schließlich auch mitgestalten. Durch das Leben auf der Erde wurde erst die Atmosphäre geschaffen. Die Entwicklung gedieh bis zum Menschen so weit, daß dieser alle im Kosmos von Galaxien bis zum Elementarteilchen vorkommenden Strukturen wahrnehmen und damit in seinen Lebensraum eingliedern kann.

Die Grundlegung des individuellen Lernrepertoires erfolgt stufenförmig. Wir können folgende Schritte unterscheiden:

a) stammesgeschichtliches Lernen
b) frühes Lernen

c) Lernen in der Jugendentwicklung des Ich
d) aktualistisches Lernen.

a) Stammesgeschichtliches Lernen

Die phylogenetische Entwicklung findet ihren Niederschlag in genetisch fest verankerten Strukturen, die das Geschehen im Organismus vom intermediären Stoffwechsel über die Funktionen von Zellen bis zu Organen und Organsystemen kontrolliert hervorbringen. Die Strukturen sind untereinander durch Regelkreise, Überregelkreise und auf diesem Wege in immer höhere Integrationseinheiten zusammengefaßt. Dieses Prinzip wird im Aufbau des Lernsystems in allen seinen Stufen beibehalten. Die stammesgeschichtliche Entwicklung findet hier ihren Niederschlag in einem System von kybernetisch arbeitenden Modulen, von denen wir für die Psychopathologie 14 als maßgeblich herausgearbeitet haben. Diese Strukturen sind im Prinzip nach dem Modell des Reflexbogens konstruiert, in dem sie einen informationsaufnehmenden, einen zentralen und einen projizierenden Anteil enthalten. Sie dienen der Kontrolle und Gestaltung der ineinander **verschachtelten Lebensräume**, die Homo sapiens im Verlauf seiner Evolution erobert und besetzt hat. Nach den Ergebnissen der psychopathologischen Forschung ist die Existenz eines **gegliederten Instinktsystems**, das der Phylogenese seine Entstehung verdankt und beim Gesunden der Lebenssicherung dient, nicht mehr zu bezweifeln. Mit der Organisationshöhe wächst sowohl in der vergleichend-zoologischen Reihe, die mit Einschränkungen der phylogenetischen Reihe ähnelt, wie beim Individuum mit seinen phylogenetisch und ontogenetisch älteren und jüngeren Programmen die zentrale Komplexität und mit ihr die Fähigkeit, spätere Informationen aufzunehmen und zur Programmergänzung einzubauen. Vom befruchteten Ei bis zum Erwachsenenalter, ja sogar bis zum Tode wird die Entwicklung des Organismus durch die stammesgeschichtlichen Informationsträger, die Gene, gelenkt.

b) Frühes Lernen

Die ersten Lebensäußerungen nach der Geburt sind die Auswirkungen instinktiver, angeborener Programme. Zu ihrer Reifung und zur Vorbereitung ihrer Wirksamkeit auch beim Erwachsenen bedürfen diese ersten und alle weiter manifestierten Instinktschablonen **spezifischer Informationsprozesse**. Störungen der Mutter-Kind-Beziehung können eine Beeinträchtigung und Abschwächung der Programme statt der notwendigen Bekräftigung und im Verlauf des Lebens immer weiter fortschreitenden Reifung verursachen. Schon der Erwerb von **nichtsprachhaltigen Verhaltensweisen**, wie Saugen, Greifen, Kopf- und Rumpfdrehung, Kriechen, Krabbeln und Gehen hängen von der Bekräftigung und Absicherung durch umfangreiche Lernteile ab. Mit der Entwicklung dieser Fähigkeiten läuft die Eroberung des Raumes parallel und ist bis zum Schulalter etwa abgeschlossen. Entscheidendes Kennzeichen dieser frühen Lernvorgänge unter unseren Lebensbedingungen ist ein weitgehendes Wegfallen von Abwehrmöglichkeiten, so daß die Kinder auf das Gelingen der frühkindlichen sozialen Beziehungen angewiesen sind, diese aber nicht korrigieren können. Dem **Neugeborenen**, dem **Säugling** und dem **Kleinkind** steht nur die dringliche Bitte um Korrektur in Form verzweifelten Schreiens und Weinens, auch der **Nahrungsverweigerung**, bald auch schon der **Stuhlverhaltung** und auch die Hemmung der Sprachentwicklung zur Verfügung; eine Kritik und Korrektur des elterlichen Verhaltens ist jedoch im übrigen nicht vorgesehen. Die Mutter ist ein obligates Objekt. Ihre definitive Abwesenheit bedeutet Tod, ihre Anwesenheit die Formung des heranwachsenden Kindes und die Stiftung der Vertrauensgrundlagen Sättigung, Befriedigung und Liebe. Über der frühen Kindheit liegt wie ein **Naturgesetz das Gebot, Vater und Mutter als einzig und als gegeben hinzunehmen**. Einige Krankheiten des Säuglings- und Kleinkindesalters weisen schon früh auf ein Mißlingen hin. Die gleichen Krankheitsbilder treten auch bei neuropathisch veranlagten Kindern und beim Bestehen von Hirnschäden auf. Es sind zunächst Gedeihstörungen, Unruhezustände, häufiges Schreien, Schlafstörungen, die als Alarmzustände manifest sind. Das schwerste Krankheitsbild ist die **anaklitische Depression** nach René Spitz (1946), die bei von der Mutter getrennten Kindern im Kinderheim und im Krankenhaus auftritt. Zunächst tritt dabei ein weinerliches, klagsames Bild auf, später ein der bis zum Stupor gehemmten Depression ähnliches Bild. Der Zustand kann bis zum Tod an Hunger und Erschöpfung aus Liebesmangel gehen.

Die meisten Lernstörungen in früher Kindheit werden jedoch erst in den auf das erste folgenden Jahren erworben.

Insgesamt kommt den frühkindlichen Lernprozessen Ähnlichkeit mit der **Prägung**, wie sie bei Tieren (K. Lorenz) beobachtet wird, zu. Sie werden zu Grundlagen des späteren Lebens und werden getreulich tradiert, die gebildeten Engramme sind gerade durch ihre unmittelbare Beziehung zu instinktiven Vorgängen sehr festgelegt. Die frühkindliche soziale Schädigung wirkt sich beim Menschen wie die Prägung beim Tier aus. Das Schädigungsverhalten wird unter allen möglichen Umständen, teilweise als psychotisches Verhalten fortgesetzt.

Zusätzlich kommt ihnen im späteren Erwachsenenalter eine besondere Wahrscheinlichkeit allein durch den Umstand zu, daß sie ein ontogenetisch hohes Alter aufweisen. Nach dem Ribot'schen Gesetz ist das Alter eines Engramms maßgeblich für seine Abbauresistenz. Wir fügen hinzu, daß das Alter eines Engramms auch für seine Remanifestationswahrscheinlichkeit ausschlaggebend ist.

c) Lernen in der Entwicklung zum Erwachsenen

Zur Manifestation von Neurosen und Psychosen trägt wesentlich der Umstand bei, daß Eltern, die durch eigene latente oder manifeste Erkrankungen oder dadurch, daß sie selbst schon in der eigenen Kindheit schweren Beeinträchtigungen ausgesetzt waren, die ihre Kinder vom Neugeborenenalter an ungenügend sättigen und mit aversiven Informationen versorgen, dies auch während der Entwicklung zum Schulkind, zum Pubertanten, zum Jugendlichen und zum Erwachsenen im gleichen Stil fortsetzen können. Im Falle anlagebedingter erhöhter Aufladung bestimmter Instinktschablonen, von deren Existenz wir ausgehen müssen, wird durch die Fortsetzung der gleichen Desinformationsprozesse die spätere Wahrscheinlichkeit einer Erkrankung fortlaufend gesteigert. Auf diese Weise entsteht die **Vulnerabilität**.

Die kindliche Abhängigkeit bleibt partiell bis zum Verlassen des Elternhauses im Alter von etwa 20 Jahren insoweit erhalten, als das bei den Eltern lebende Kind doch noch in einer starken Bindung bleibt, wenig Vergleichsmöglichkeiten zwischen den Eltern und anderen Erwachsenen erfährt und vom Erlangen der Selbständigkeit mehr oder weniger weitgehend abgehalten wird. Dies ist nicht in allen Familien so, aber in pathogenen Familien von einer besonderen unheilvollen Bedeutung. Die Eltern können die sich fehlentwikkelnden Kinder, bei denen schon leichte Krankheitssymptome in Erscheinung getreten sein mögen, nicht freisetzen. Die Familienatmosphäre ist durch „expressed emotions" gespannt gehalten. Das Kind seinerseits sucht immer wieder Möglichkeiten einer **Nachstillung** unbefriedigter und ungesättigt gebliebener instinktiver Bedürfnisse. Eine puberale Abgrenzung fehlt gerade bei in Gang befindlicher pathologischer Entwicklung. Oft leben diese späteren Kranken übermäßig lange, bis ins 3. und 4., in Extremfällen bis ins 6. und 7. Lebensjahrzehnt bei den Eltern.

Die Kinder aus nicht pathogenen Familien werden nicht nur in der Kindheit gesättigt, erleben darüber hinaus eine ständige Neugestaltung der Beziehung, bei der die Eltern jeder Entwicklungsstufe ihr Recht zukommen zu lassen suchen, sondern sie bekommen auch in der Pubertät Gelegenheit, einen eigenen Stil und mehr Distanz zu entwickeln. Ein **individuelles Kontrastprogramm** (vgl. Bd. I, S. 66 ff.), ein Ausbau des persönlichen Bestandes können sich entwickeln. Die jugendlichen Kranken dagegen entwickeln statt eines Kontrasteigenprogramms ein Verhalten mit mehr oder weniger weitgehend pathologischen Struktur- und Funktionsmerkmalen. Die eigene Identität wird verfehlt.

S. Freud hatte bereits die Latenzperiode zwischen der kindlichen Traumatisierung und der Manifestation der Neurose oder Psychose im Erwachsenenalter entdeckt. Wir müssen jedoch der frühkindlichen Traumatisierung eine **Fortsetzung der pathogenen Informationsprozesse** während der gesamten Zeit, in der das Kind und der Jugendliche in engem Kontakt mit den Eltern stehen, hinzufügen. Auch nach dem Verlassen des Elternhauses bleiben diese pathogenen Lernvorgänge aufrecht erhalten und werden durch Besuche im Elternhaus immer wieder aufgefrischt. Nicht selten wird eine Ehe des jetzt erwachsenen Kindes untergraben, selbst auf die Kinder aus diesen Ehen kann sich das jetzt großelterliche Fehlverhalten auswirken. In der Tat werden bei den so Vorbereiteten Psychosen erst manifest, wenn bestimmte Reifestufen erklommen werden sollen, wobei sich nun zeigt, daß die Betroffenen nicht eigenständig sind.

Die psychiatrische Forschung konnte bisher zwar klären, daß die Veranlagung zur Erkrankung an Neurosen und Psychosen genetisch an die Kinder weitergegeben werden kann, jedoch nicht, ob bestimmte frühkindliche Desinformationsprozesse auch ohne gesteigerte **genetische Vulnerabilität** ebenfalls die Krankheiten später hervorrufen können. Gesichert erscheint nur die Häufung schwerer frühkindlicher psychosozialer Schäden durch frühen Tod der Mutter, frühen Verlust des Vaters durch Tod, Trennung oder Scheidung, durch Aufwachsen bei einer kranken Mutter, einem kranken Vater oder bei zwei psychisch erkrankten Elternteilen. Auch schwere, vor allem chronische Krankheiten im Kindesalter führen später zu psychischen Erkrankungen. Eine Spezifität bestimmter Traumaformen in bezug auf bestimmte Folgekrankheiten ist jedoch bisher nicht gesichert, da sich die zu den harten Daten zu zählenden Psychotraumen sowohl bei Neurosen wie bei Depressionen und bei schizophrenen Erkrankungen in der Vorgeschichte häufen.

d) Lernen und Krankheit

Die wachsende Manifestationsbereitschaft und -wahrscheinlichkeit der angeborenen und durch einen Lernteil ergänzten Instinktschablonen wird, wie wir schon im Kapitel „Unspezifisches und spezifisches Lernen" gesehen haben, in zunehmendem Maße durch spezifische Informationsprozesse gefördert, die bereits von der in der Manifestation begriffenen Krankheit selbst beigezogen und zum Teil erzeugt werden. Daneben kommen durch Abwehrmängel eine Vielzahl von massiven Ereignissen vor, die zwangsweise einen Zuwachs an Ladung der auf Gefahrenabwehr angelegten Schablonen bedingen. **Massive Lebensereignisse** (life events) werden dann zu Auslösern und damit Teilursachen von psychischen Krankheiten, wenn eine Bereitschaft zur Manifestation bereits besteht. Je größer die in der jüngeren Vorgeschichte aufgetretene Belastung, um so geringgradiger muß die bereits bestehende **Erkrankungswahrscheinlichkeit** und -bereitschaft auch in genetischer Hinsicht sein. Das Zusammentreffen mehrerer massiver Lebensereignisse durch schicksalmäßige Verkettungen unglücklicher Umstände kann bei fast jedem Menschen zu einer schweren, aber unterschiedlich ausfallenden psychischen Reaktionsfolge führen. Bei den durch genetische Belastung, frühkindliche und während der Entwicklungszeit ablaufende Desinformationsprozesse zusätzlich geschädigten Kranken genügen bereits Änderungen der Lebensumstände, die bei Gesunden einen **Reifungsschritt**, einen Zuwachs an Erfahrungen, sogar eine Festigung der Persönlichkeit bewirken. Umzüge, Reisen, der Beginn einer Ausbildung, das Beziehen der Universität, die Ablegung von Prüfungen, der Antritt von beruflichen Stellungen, die Verlobung, Heirat, die Geburt von Kindern werden zu Auslösern von leichteren wie auch schweren und schwersten Krankheitszuständen. Von großer Bedeutung sind auch Unfälle, Operationen und andere schwere körperliche Krankheiten, ferner Partnerverlust durch Verlassenwerden oder Tod. Auch Gefährdungen durch polizeiliche und staatsanwaltliche Ermittlungsverfahren, drohende oder vollzogene Inhaftierung, Verluste im materiellen Vermögen, berufliche Enttäuschungen und

negative Lebensbilanzen haben die gleichen Funktionen, **Auslöser** psychischer Krankheiten sein zu können.
Ihre Wirksamkeit entfalten diese Ereignisse durch eine **Steigerung der inneren Erregung**, deren Anwachsen häufig schon über Jahre zurückzuverfolgen ist. Ein Gefühl der Bedrohtheit löst schließlich intermittierend, episodisch oder für längere Zeit einen massiven Alarmzustand spezifischer Prägung mit Todesangst aus.
Umgekehrt setzen während der Behandlung **neue Lernvorgänge** ein, die um so geduldiger und zeitausgedehnter betrieben werden müssen, je länger die verhängnisvolle Vorgeschichte der Krankheitsentstehung zeitlich ausgedehnt war. Neue Lernvorgänge sind zunächst nur schwer einzuführen, der Erfolg des Bemühens hängt vom Gelingen der ersten Schritte ab. Die meisten Kranken müssen dann unter Fortführung auch der pharmakologischen Therapie, soweit es sich um Psychosen mit schweren Entwicklungsstörungen handelt, jahrelang in der Vervollständigung der neu angestoßenen Lernprogramme fortfahren, um die Gefahr einer Wiedererkrankung zu mindern. Diese Techniken der Langzeitpsychotherapie bei langzeitbehandelten psychisch Kranken sind heute noch im Aufbau. Eine Vermeidung von Zwangseinweisungen, eine humane Klinikgestaltung unterstützen eine **rekonstruktive Psychotherapie**, der wir weiter unten ein eigenes Kapitel widmen.
Die pathogenen und pathologischen Lernvorgänge tragen zur Unterhaltung von Krankheitszuständen bei, in denen nicht etwa eine reale Gefährdungssituation vorliegt, sondern eine imaginäre. Die Zustände der Kranken sind dabei von einer solchen Schwere und künden von einer solchen Bedrohtheit, daß sie verständlich wären, wenn tatsächlich schwerste Lebensgefahr durch eine bevorstehende Gefangennahme oder Tötung bestünde, durch Vollstreckung eines schon verhängten Todesurteils oder Tod an Krebs und jetzt auch an Aids. Ausschlaggebend für das Auftreten von Todesangst ist also der Grad der Wahrscheinlichkeit des Wirksamwerdens einer bestimmten Todesgefahr. Da wir die Zukunft nicht erkennen können, richtet sich das besorgte Bestreben der Menschen auf eine Minderung oder auf den Ausschluß des Anwachsens der Wahrscheinlichkeit bestimmter Gefährdungen, die zu Todesängsten Veranlassung geben könnten. Mit der Wahrscheinlichkeit von Gefahren beschäftigt sich das nächste Kapitel.

11. Die Wahrscheinlichkeit von Gefahren

Habe ich ein reales Objekt vor mir, ist die Wahrscheinlichkeit, daß dem so ist, maximal und gleich 100 Prozent. Die Frage nach der Wahrscheinlichkeit scheint sich dabei gar nicht zu stellen, taucht aber bereits auf, wenn ich mich frage, ob ich mit dem Objekt in eine Interaktion treten will oder nicht. Im Verlauf eines einzigen Tages werden unzählige Objekte wahrgenommen, besitzen aber so geringen **Wahrscheinlichkeitsgrad**, daß sie der Amnesie verfallen. Für meine Entwicklung oder aktuelle Situation bedeutsame Objekte dagegen werden scharf wahrgenommen und können lebenslang in Erinnerung bleiben. Gefährliche Objekte und Situationen können dann vermieden und ausgeschaltet werden, wenn ihre Wahrscheinlichkeit primär genügend hoch eingeschätzt wird; dagegen fällt der Mensch ihnen eher zum Opfer, wenn er die Wahrscheinlichkeit für generell niedrig hält. Fantasien und Wunschträume können eine höhere Wahrscheinlichkeit des Eintretens bestimmter gewünschter Ereignisse vorgaukeln, spielen aber auch eine Rolle als Vorläufer ihrer Realisation in Kunst, Literatur und Liebe und damit erreichbaren vollen Wahrscheinlichkeit. In der Leidenschaft des Sammelns finden wir etwas ähnliches: Der Reiz besteht in der Steigerung der Wahrscheinlichkeit des Vorhandenseins bestimmter Objekte, die primär extrem gering ist.

Die Berechnung von Wahrscheinlichkeiten und ihre Minderung, soweit sie Gefahr bedeuten, und ihre Steigerung im Falle wünschenswerter Objekte bilden also einen wesentlichen Gehalt des menschlichen Lebens. Die menschliche Instinktausstattung erleichtert nur dann die Meidung von Gefahren, wenn die instinktiven Fähigkeiten in der Entwicklung auch bekräftigt und gefördert worden sind. Ein **Gefahrentraining** ist zur Gewährleistung einer normalen Entwicklung unerläßlich. Wir beschäftigen uns mit ihm in einem späteren Kapitel.

Die Berechnung von Wahrscheinlichkeiten in Verbindung mit der **Zählung von Ereignissen** ist eine bisher wenig untersuchte Seite der Psychologie und der Psychopathologie. Sie scheint der Mathematik vorbehalten zu sein. Wir haben aber Grund zu der Annahme, daß **Wahrscheinlichkeitsrechnungen** sogar von entscheidender Bedeutung für die Manifestation von Psychosen sind. Wir fassen die Berechnung von Wahrscheinlichkeiten als Grundeigenschaft des Lebens und als eine der Funktionen der Instinktschablonen auf.

a) Grundwahrscheinlichkeit

Durch das Vorhandensein eines gestaffelten und dabei topologisch auf die Erfassung von gefährdenden Objekten ausgerichteten Instinktsystems bei jedem Menschen wird eine **Grundwahrscheinlichkeit des Eintretens bestimmter Gefahren** und der reziproken Entfaltung des Lebens garantiert. Diese Wahrscheinlichkeit ist zunächst als grundsätzliche Möglichkeit des Auftretens der Gefährdung zu sehen und enthält gleichzeitig eine Reihe schablonenspezifischer Sensibilisierungen, die beim tatsächlichen Auftreten von Gefahren Verhaltensweisen zur Meidung und zur Beseitigung der Gefahren vorhalten. Auch die Suche nach gefährlichen Objekten und ihre Erkennung sind vorbereitet. In den schablonenspezifischen Programmen ist ein **Umweltteil** integriert, der das jeweilige Objekt virtuell bereits enthält. Wir können die Existenz solcher Umweltteile der Psychosen und Neurosen zwingend aus der Projektionstätigkeit in diesen Erkrankungen schließen. Die **Projektionstätigkeit** ist auch bei der Abwicklung tierischer Instinkthandlungen festgestellt worden. Das Ei, das Nest, der Partner sind schon immer vorhanden, die Realisation des Objektbezuges ist vorgegeben. Die Objekte sind in ihrer Struktur angeboren. Ein einmaliges Auftreten eines realen, schablonengängigen Objektes genügt, das instinktive Verhalten zur Reife und Entfaltung zu bringen.

Halluzinatorische Objektprojektionen finden wir bei allen Psychosen bis hinauf zu den Depressionen, bei denen wir noch verbalhalluzinatorische Formen kennen. Bei den Psychopathien und Neurosen kommt die menschliche Natur der Distanzierungsfähigkeit zum Zuge, erst hier entsteht das spezifische menschliche Objekt, das durch Subjekt-Objekt-Spaltung vom Ganzen der Person abgetrennt werden kann. Dennoch spielen noch bei den Neurosen **überdeterminierte Objektbeziehungen** mit gesteigerter Wahrscheinlichkeit der Manifestation bestimmter Umweltkonstellationen eine Rolle. Auch hier wird noch projiziert, aber nicht mehr halluzinatorisch, sondern ähnlich wie beim Sammler in emotionaler Weise. Das Objekt wird dabei zwar real wahrgenommen, sein Erlebnischarakter, seine angsteinflößende Bedeutung, die in das Objekt hineinprojiziert wird, weisen auf eine instinktive Wahrnehmung und Überdeterminierung hin.

Die Erfahrungen der Psychiatrie mit der Manifestation dieser Veranlagungen in Psychosen und Neurosen sprechen für die Annahme einer unterschiedlichen **genetischen Ladung** der verschiedenen angeborenen Reaktionsbereitschaften. In den von Erkrankungen häufiger betroffenen Familien finden sich Mitglieder, bei denen Krankheitsbilder fehlen neben solchen, die eine neurotische oder psychopathische Erkrankungsbereitschaft wie zum Beispiel an Schizoidie zeigen sowie Personen, die eine schizophrene Erkrankung voll zur Manifestation bringen. Auch in nicht betroffenen Familien sind die Temperamente und Gefühlsveranlagungen hochgradig variabel. Im Grunde hat jeder Mensch sein individuelles Antriebs-, Stimmungs- und Kontaktverhalten, welche ihn wie sein Gesicht oder sein Fingerabdruck unverwechselbar machen. Natürlich spielt bei der Ausformung dieser **individuellen Charakterzüge** auch das frühkindliche und kindliche Schicksal in der Herkunftsfamilie eine modifizierende Rolle. Wir müssen aber von der Annahme unterschiedlicher angeborener Reaktionsmuster, die durch verschiedene Grade der Ladung der einzelnen Instinktmodule entstehen, ausgehen. Eine umfangreiche typologische und charakterologische Literatur, für die man sich heute kaum noch interessiert, hat diesen Aspekt von der genetischen Determiniertheit bis zur kulturellen Bedingtheit durchgearbeitet (L. Klages, E. Kretschmer, C. G. Jung, Ph. Lersch, F. Sander). Auch der Charakter gehört zu den Grundwahrscheinlichkeiten bzw. bringt solche hervor.

b) Erfahrene Wahrscheinlichkeit

Lernvorgänge modifizieren die Grundwahrscheinlichkeit möglicherweise schon im Mutterleib, sicher aber unter der Geburt und in der frühkindlichen, kindlichen und jugendlichen Entwicklungszeit beträchtlich. Lernvorgänge bis in die jüngste Vergangenheit und aktualistische Einflüsse formen ebenfalls die Wahrscheinlichkeitserwartung bestimmter Gefährdungen. Bei den Kranken entscheidet diese Entwicklung über den Zeitpunkt, die Akuität und die Dauer der Manifestation von Psychosen und Neurosen. Wir wollen hier nur die Entwicklung der Kranken untersuchen.

Nicht selten ist bei der späteren Erhebung einer Anamnese zu erfahren, daß die gleiche Angst, die vor kurzem in akuter Form während der Manifestation einer Psychose in Erscheinung getreten ist, im Grunde schon seit der Kindheit eine Rolle gespielt hat. Die **Entwicklung eines Menschen zur Gesundheit oder zur Krankheit** entscheidet darüber, ob die instinktiv vorgegebene Grundwahrscheinlichkeit eingeengt wird, ob das wachsende Ich in der Berechnung und Bewältigung von Wahrscheinlichkeiten an Macht zunimmt oder ob die Grundwahrscheinlichkeit unaufhaltsam anwächst und zu einer Erfahrung der Steigerung des Gefahrenerlebens und damit der Angst führt. Die Lernvorgänge auf diesem Wege haben wir bereits im vorstehenden Kapitel untersucht. Die Entwicklung verläuft im pathologischen Falle so, als ob bestimmte bedrohliche Objekte immer mehr in Reichweite kämen. Das Verhalten nimmt immer mehr den Stil einer Gefahrensicherung an, während gleichzeitig eine gesunde, auf mehr Freiheit, auf das Erleben der Liebe tendierende Entwicklung aus- oder kümmerlich bleibt. Die erfahrene Wahrscheinlichkeit wird dabei sowohl durch eine laufende **Aufladung des Instinktmoduls**, die mit der Zeit schon selbst zur Reproduktion spezifischer Informationen führt, als auch durch besonders ungünstige Lebensumstände während der Entwicklung immer weiter gesteigert. Eine anlagebedingte Ladungserhöhung und eine **gesteigerte Vulnerabilität** sind hierbei nach allen Erfahrungen der Psychiatrie aus den letzten Jahrzehnten keine obligate Voraussetzung für das Ingangkommen psychischer Krankheiten. Sogar spät einsetzende Traumen, wie Haft und insbesondere die Unterbringung im Konzentrationslager, aber auch andersartige außergewöhnliche Verkettungen schwerer Schicksalsschläge im Erwachsenenleben können ebenfalls noch zu einer derartig intensiven Aufladung der angelegten Programme führen, daß eine Psychose oder Neurose in Erscheinung tritt (v. Baeyer, Häfner, Kisker, 1967; v. Baeyer und Binder, 1982; Eitinger, 1964). Entscheidend für die Auslösung sind sowohl die Schwere wie die Dauer der Einwirkungen. Dies gilt für frühkindliche, kindliche und jugendliche Beeinträchtigungen ebenso wie auch für die des Erwachsenenlebens. In ungünstigen Fällen kombiniert sich natürlich die jeweils angeborene Grundwahrscheinlichkeit mit der erfahrenen Wahrscheinlichkeit. Eine weitere Steigerung kurz vor der Manifestation führt zur expandierten Wahrscheinlichkeit. Wir lassen hier die exogenen Psychosen außer Betracht.

c) Expandierte Wahrscheinlichkeit

Niemand kann feststellen, wie viele Menschen zwar eine hohe, primäre Grundwahrscheinlichkeit der Manifestation einer Psychose in sich tragen und wie viele Menschen zusätzlich eine erfahrene, gesteigerte Wahrscheinlichkeit erleben, jedoch niemals psychisch erkranken. In allen Stadien sind Selbstheilungen und die Anbahnung günstiger Entwicklungen, ein gnädiges Schicksal, durch die Wiederent-

deckung der Liebe möglich. Unterliegen indessen die immer wieder angebotenen günstigen Beeinflussungen, kommt es schon im Vorfeld der Psychose zu Anzeichen einer stark expandierten Wahrscheinlichkeit. Über Jahre und Jahrzehnte können sich abortive **Vorstadien** späterer Psychosen erstrecken. Gesteigerte Reaktionsbereitschaften, pseudoneurotische und pseudopsychopathische Vorstadien finden wir bei allen funktionellen Psychosen, um deren Ätiopathogenese es hier in erster Linie geht. Hinzu kommen psychosomatische Vorkrankheiten, Vorpostensyndrome (G. Huber), bei der Schizophrenie mehr oder weniger langdauernde Primärstadien, schließlich auch die Etappen des schleichenden subakuten oder akuten Beginns der Erkrankung. Je höher die expandierte Wahrscheinlichkeit ist, um so geringer ist die Bedeutung zusätzlicher Lernvorgänge im Sinne auslösender Erlebnisse. Die betroffenen Personen verhalten sich in diesen Vorstadien zunehmend wie in Gefahr. Innere Unruhe, Schlafstörungen, Grübeln, Angstzustände und Panikattacken, Versagensgefühle, die Angst, verrückt zu werden, phobische und beginnende paranoide Ängste, eine innerlich determinierte Konfliktprüfung, erregte Reaktionen auf geringfügige Anlässe, flüchtige Selbstmordgedanken, Tötungsfantasien, sexuelle Erregungen usw. greifen Platz.
Warum sprechen wir hierbei von expandierter, nicht mehr auf Informationssammlung angewiesener Wahrscheinlichkeit? Antwort: Nur die Annahme, daß wahrscheinlichkeitsberechnende Prozesse die Manifestation von Psychosen und Neurosen steuern, ergibt eine sinnvolle Erklärung für das „delphische Orakel der endogenen Psychosen“ (K. Kolle). Die der Bewältigung von realen Gefahren ursprünglich gewidmeten Strukturen nehmen in einem Maße endogen-autochthon an Erregtheit zu, daß schließlich das Erleben dieser Gefahrenobjekte ohne reale Gefährdung eintritt. Dies ist in den Psychosen und Neurosen sowie in isolierten Regressionen (Achsensyndromen) der Fall. Die Berechnung der Wahrscheinlichkeit des Erscheinens solcher Gefahren geht also bei den erkrankenden Personen in die Irre. Diese Annahme erklärt die Psychosen als mathematische Katastrophen.

d) Die Psychosen als mathematische Katastrophen

Die Expansion der Wahrscheinlichkeit erreicht im mehr oder weniger lang hingezogenen, kurzen oder plötzlichen Auftreten der Psychose einen so hohen Grad, als ob eine reale, todesbedrohende Situation vorhanden sei. Die halluzinatorische oder wahnhafte Setzung, die neurotische Projektion ergänzen die inneren Strukturen um ihren Umweltanteil. In syndromspezifischer Weise werden Umwelten erstellt (J. M. Burchard, 1964), deren Analyse eine gegliedert-topologische Ordnung ergibt. Eine reale Bedrohungssituation besteht jedoch nicht, so daß der Ausbruch der Psychose als mathematische Katastrophe zu bezeichnen ist. Mit dieser Behauptung wollen wir uns nicht auf den Standpunkt stellen, daß die Psychosen sinnlos seien. Vielmehr haben sie für die subjektive Existenz einen hohen Sinn, dessen Erfassung die unerläßliche Voraussetzung einer richtigen psychotherapeutischen Behandlung ist. Unter der psychopharmakologischen Therapie in Verbindung mit einer geeigneten psychotherapeutischen Führung und Unterstützung wird die extrem hohe, an 100 Prozent heranreichende **Todeswahrscheinlichkeit** rasch wieder abgesenkt. Die Kranken leiden zunächst weniger heftig unter der gewähnten oder halluzinierten oder anderweitig projizierten Bedrohungssituation, die bei der Depression im paranoiden Verhältnis zur eigenen Person besteht. Allmählich wächst wieder der gesunde Persönlichkeitsanteil, der pathologische Erlebnisbereich verliert mehr und mehr an Einfluß. Im weiteren therapeutischen Fortschreiten wird schließlich der pathologische Anteil als irreal erkannt. Diese Entwicklung kann so weit gehen, daß die Kranken ein klares Urteil über die krankhafte Natur ihrer Erlebnisse erlangen und für die Zukunft lernen können, bei den ersten Anzeichen der Remanifestation die Behandlung vorzeitig, oder falls sie unterbrochen war, erneut wiederaufzusuchen. In diesem Stadium kann auch eine Aufarbeitung der in vielen Fällen sehr langen Entwicklungsgeschichte der psychotischen Erlebnisse durchgeführt werden. Im günstigsten Falle schließen sich hieran psychoanalytische **Therapieanteile** mit Durcharbeitung der Lebensbedingungen in der frühen Kindheit, des Verhältnisses zu den Eltern an. Verhaltenstherapeutische Anteile werden aufgeboten, um die Auswirkungen der übererregten Schablone auf das Verhalten zu kontrollieren und zu kompensieren.

Die Hirntätigkeit beschränkt sich nicht auf die von den Instinktschablonen geleistete Berechnung der Wahrscheinlichkeit des Auftretens bestimmter Gefahren, sondern umfaßt darüber hinaus eine Reihe von **Zählvorgängen**. Während der Einlagerung von Engrammen wird die zeitliche Aufeinanderfolge registriert, wie die Symptomatologie der Gedächtnisstörungen nach Hirnverletzungen und anderen schweren Erkrankungen erkennen läßt. Dies zwingt zu der Annahme, daß jedem Engramm ein **Zeitbeiwert** beigegeben ist, der mit einem **Sukzessionsbeiwert** zusammen engraphiert wird (vgl. Band I, S. 72 ff.). Zusätzlich müssen wir annehmen, daß die größere Abbauresistenz älterer Engramme, die dem Ribot'schen Gesetz folgt, auf einen **Bekräftigungs-Häufigkeits-Beiwert**, der jeweils mit engraphiert wird, zurückgeht. Auch ist es wahrscheinlich, daß während der Lebenszeit alle subjektrelevanten Ereignisse, geordnet nach Kategorien und Inhalt, gezählt werden und daß die sogenannte Lebenserfahrung auf einer systematischen Auswertung dieser Kennzeichnungen und auch der Inhalte der Engramme beruht. Auch der Eintritt des Todes dürfte, wenn wir Unfälle einmal weglassen, u.a. auf Zählvorgängen beruhen. Vielleicht sagt der Volksmund wohl nicht zu Unrecht, eine Uhr sei abgelaufen, wenn jemand stirbt.

Die Wahrscheinlichkeitsrechnung in bezug auf Gefahren dürfte primär die lebenserhaltende **Aufgabe der Warnung** vor Gefahren erfüllen. Im Leben eines gesunden Menschen würde eine immer wieder begegnende Gefährdung, die auf gehäuftes Auftreten in seinem Lebensraum zurückzuführen wäre, ebenfalls zu einer ständigen Steigerung der Gefahrenerwartung und einer wachsenden Bereitstellung von Abwehr- und Meidungsstrategien führen. Ebenso verhalten sich die psychisch Kranken, nur daß ihre Wahrscheinlichkeitsrechnung auch ohne reale Konfrontationen vorangetrieben wird. Besonders trügerisch für die betroffenen Menschen ist natürlich, daß beim Erreichen der expandierten Wahrscheinlichkeit die projektive Erstellung von Gefahrensituationen bereits die Kontrollmöglichkeiten auslöscht.

Nicht selten ergibt die sorgfältige Untersuchung der Vorgeschichte von psychisch Kranken darüber hinaus eine enge Verzahnung von **imaginärer, innerer Bedrohungswahrscheinlichkeit** mit tatsächlicher Bedrohung durch die gleichen Vorgänge. Im **Vorstadium von Depressionen** bewirkt die Unterhöhlung des Selbstvertrauens, die vergebliche Kompensation mit zwang- und übergewissenhaften Anstrengungen, die Verunsicherung gegenüber anderen Menschen, das unaufhaltsame Anwachsen von innerer Angst eine tatsächliche Frustration im Kontakt mit anderen Menschen und ein tatsächliches Zurückgehen des persönlichen Einflußes mit gleichzeitiger Ausdehnung der Macht anderer Menschen über den Betroffenen. Seine Insuffizienz wird ihm schließlich realiter vor Augen geführt, hinzu kommen Mißerfolge aufgrund der Verunsicherung und Ängstlichkeit.

Indessen würde eine Abnahme der inneren Gefahrenerwartung die Lebenslage wieder bessern, so daß wir doch bei der Aussage bleiben können, daß das Auftreten der Psychose auf einer **mathematischen Katastrophe**, auf einer **Fehlberechnung im Nervensystem** beruht. Tatsächlich gehören ja die Häufung von Psychotraumen und das damit reale Gefahrenerleben bereits zu den Vorstadien des definitiven Krankheitsausbruches. Auch die Einnahme psychotogener Substanzen (Cannabis, Ephedrin, Amphetamin, LSD 25, Cocain, Alkohol) wird von gesteigert Veranlagten zur Erzeugung der Prodrome und der Psychose selbst eingesetzt. Die Instinktschablone verschafft sich schließlich Gewißheit, ob dies auf projektivem Wege durch Wahnerlebnisse oder Halluzinationen oder auf der Realisation sozialen Scheiterns infolge der krankhaften Verhaltensänderung oder durch beide Teile erfolgt.

Manche **paranoide Patienten** wollen ihre Krankenakten lesen, um wieder eine Remanifestation zu bekommen. Die Einsichtnahme darf solchen Kranken nach höchstrichterlicher Rechtssprechung verweigert werden.

Mit dieser Erkenntnis verfügen wir auch über eine Krankheitsdefinition: **Psychisch krank ist, wer an der Berechnung der Wahrscheinlichkeit des Eintretens von tödlichen Gefahren scheitert** und in einen Zustand gerät, in dem er diese Gefahren als real erlebt, obgleich dies nicht nachgewiesen werden kann. In der Beurteilung dieser Fragen sind jedoch subtile Maßstäbe anzulegen. So können paranoide Syndrome bei Funktionären eines totalitären Systems zwar auftreten, man kann aber nicht behaupten, daß diese Funktionäre sich nicht wirklich in Gefahr befänden (St. Haas, 1972). Auch die ätiopathogenetische Beurteilung von Psychosen und Neurosen überhaupt muß auf den Umstand Rücksicht nehmen, daß die eigentlich maßgebliche, durchaus **aktualistische Erkrankungsursache** oft okkult bleibt, bis sie schließlich aufgedeckt wird. Langwierige, aber verdeckte Liebeskonflikte und -unfähigkeit, noch im Erwachsenenalter weiterlaufende Eltern-Kind-Spannungen, berufliche Probleme sind die häufigsten, oft nur schwer aufzudeckenden Hintergründe von Depressionen, schizoaffektiven, paranoiden oder sogar paranoid-halluzinatorischen Erkrankungen. Bei den reaktiven Psychosen im Sinne der skandinavischen und anglo-amerikanischen Literatur werden **langdauernde Lebensbelastungen** als Quellen für die Entstehung psychotischer Erkrankungen anerkannt. Auch bei überwiegend anlage- und entwicklungsbedingten Erkrankungen ist dieser unter Umständen subtil mit der Psychose verzahnte soziale Hintergrund unbedingt zu beachten, denn das soziale Leben der Kranken in der Familie, in der größeren Gruppe, im Beruf, wird auf jeden Fall durch die Psychose beeinträchtigt, gleich, ob der soziale Faktor primär oder sekundär ungünstig einwirkt.

Auch bei **reaktiven Erkrankungen** ist die Psychose eine mathematische Katastrophe, die unter Umständen über Jahre eine adäquate Verarbeitung des Erlebnisses oder einer Reihe von solchen blokkiert. Als Alarmreaktion, die die Intervention eines Heilers herbeiführt, die auch das soziale Gefüge der Familie verändert, kommt den Psychosen noch eine weitere Bedeutung zu. Sie machen dramatisch auf Mißstände im Zusammenleben der Familie oder der Gruppe aufmerksam. Der Kranke ist nun also, wie besonders die moderne Kinder- und Jugendpsychiatrie erkannt hat, der **Symptomträger** eines gestörten Lebens der gesamten Gruppe. Diese Auffassung fordert die Entwicklung einer Familientherapie, welche die Interdependenzen systematisch aufgreift und zur Abklärung des Störungstyps und seiner Behebung heranzieht. Auch die Erwachsenenpsychiatrie geht mehr und mehr zu familientherapeutischen Konzepten und ätiopathogenetischen Auffassungen über, darf aber darüber nicht schicksalsprägende und genetische Faktoren vergessen.

Auch bleibt der Kranke als einzelne Person der ärztlichen Hilfe bedürftig, seine Angst vor der Alarmiertheit bedarf der Beruhigung, der Wiedereinordnung in das Gesamt der organismischen Funktionen und der vorsichtig deutenden Analyse des sozialen Hintergrundes.

Einen weiteren Sinn der Manifestation von Psychosen und ihrer Vorstufen wie auch von Neurosen entdecken wir im Blick auf die erkrankende Person in ihrem sozialen Spannungsfeld. Hier wird nicht nur die Wahrscheinlichkeit von äußeren Gefahren, sondern auch das Ausmaß der **Eigengefährdung** als Zeitdauer und Schwere der Überlastung gemessen. Das Instinktsystem hat nicht nur die Funktion, Gefahren zu orten und sie abzuwehren, sondern auch, vor ihnen zu warnen. Eine langdauernde Überbelastung durch Arbeit, mangelhafte Selbstfürsorge, Ausbeutung des eigenen Organismus, ungesunde und ungedeihliche Lebensführung können zu einer stufenförmigen Aktivierung von **Warnhinweisen**, die wiederum von den Instinktschablonen ausgehen, Veranlassung geben. Erschöpfungs- und Kollapszustände, Magenulzera, Kopfschmerzen, Angstattacken, Hörstürze und Herzinfarkte können als erste, als **zweite Warnung** usw. auftreten und bei richtiger Auswertung der Gefahrenlage durch den von Krankheit bedrohten Menschen oder seine therapeutischen Helfer das Einschalten schwerer Reaktionen noch verhüten. Oft sind die Vorläufer psychosomatische Krankheitsbilder, die schon deutlich machen wollen, daß der bisherige Lebensstil nicht ohne schwereren Schaden für das Gesamtsystem fortgesetzt werden kann. Die ätiopathogenetische Bedeutung dieser Warnhinweise wird wiederum dadurch herabgesetzt, daß derartige Entwicklungen am ehesten bei krankheitsveranlagten Menschen auftreten. Zur schon klassischen Anamnese der endogenen Depressionen nach Tellenbach gehört die Selbstüberlastung, die Selbstausbeutung, das zwanghafte Arbeiten und Ordnen, deren Aktivierung letztlich auf das „Endon" zurückzuführen sind. Jedem Alarmzustand, sei er psychosomatischer, neurotischer oder psychotischer Natur, kommt die Kraft zu, **verhängnisvolle Entwicklungen zu stoppen und Hilfe zu aktivieren**. Nur dann, wenn dies wahrgenommen und Hilfe geleistet wird, hätte die mathematische Entgleisung einen finalen Sinn. Bleibt solches aus und der Psychosekranke sich selbst überlassen, bekommt seine Gefährdungsberechnung recht, in vollkommener Weise dann, wenn er Suizid begeht. In Wahrheit ist also die mathematische Katastrophe der Wahrscheinlichkeitsberechnung die Gefahr selbst, die dem Kranken droht: Sein innerer Zusammenbruch, sein Strukturverlust wird realisiert und führt zu den gleichen Erscheinungen wie eine reale äußere Todesbedrohung.

12. Das menschliche Instinktsystem und sein pathologischer Funktionswandel

Die Frage, ob der Mensch wie die Tiere über Instinkte verfüge, ist seit der Antike umstritten (s. Band I, S. 77 f.). Die moderne Verhaltensforschung gesteht einige Instinkte zu, diese sind jedoch nur auf wenige Gebiete begrenzt. I. Eibl-Eibesfeldt (1984) erkennt einen Kampf- und einen Unterwerfungsinstinkt an. P. Leyhausen (1969) hält es für ausgeschlossen, Art und Anzahl der menschlichen Instinkte aus den Emotionen und Affekten abzuleiten. A. Gehlen (1950) glaubt ebenfalls, daß die Aufstellung von Instinktkatalogen eine hoffnungslose Mühe sei. Die menschlichen Antriebe würden im Zusammenhang mit Lebenssituationen und kulturellen Prozessen in bestimmter Weise gelenkt. Der Mensch verfüge nur über Instinktresiduen, vor allem auf dem Gebiet der Sexualität und des Säuglingsverhaltens.

McDougall (1933) zählte dagegen 18 Grundtriebe auf, darunter Neugier, Behaglichkeit, Wandertrieb und Geselligkeit. Ein amerikanischer Autor, Bernard (1924), trug bei mehreren hundert Autoren 14046 menschliche instinktive Aktivitäten zusammen. K. Leonhard entwickelte aus den sexuellen Verhaltensstörungen des Menschen ein System von 22 Instinkten, 12 Urinstinkten und zusätzlich 4 Trieben. Unter den Urinstinkten findet sich der des Würgegriffs. Leonhard leitete seine Begriffe unmittelbar aus Verhaltensradikalen bei sexuellen Deviationen ab, berücksichtigte aber nicht die Psychosen und die übrigen Neurosen. D. Ploog erkannte 1958 eine strukturelle Ähnlichkeit zwischen den menschlichen Psychosen und den Instinkten der Tiere.

Der Begriff Instinkt geht auf das lateinische Verb instinquere = anstacheln, antreiben, zurück und wird als Fähigkeit von Tieren und Menschen, mit Hilfe ererbter Koordinationssysteme des zentralen Nervensystems bestimmte vorwarnende, auslösende und richtende Impulse adäquat zu verarbeiten und mit lebens- und arterhaltendem Verhalten zu beantworten. Auch bei Tieren wird eine Instinkthierarchie angenommen, bei dem übergeordnete Zentren die untergeordneten anregen oder hemmen können. Eine Instinkthandlung hemmt die andere, zwischen beiden kommt es zum Übersprung (K. Lorenz, 1971; I. Eibl-Eibesfeldt, 1967; M. Tinbergen, 1952). Bei der Durchsicht dieser und anderer Arbeiten über das menschliche Instinktproblem fällt auf, daß die Autoren Schwierigkeiten haben, emotional unterlegbare oder regelmäßig emotional unterlegte menschliche Handlungsformen von wirklichen Instinkten zu unterscheiden. Da so gut wie jede menschliche Tätigkeit mit Erregung und Gefühl ausgeübt werden kann, scheint es völlig beliebig zu sein, welche Verhaltensweisen als Hinweis auf die Existenz eines bestimmten Instinktes gewertet werden. Aus dieser Beliebigkeit wird der Schluß gezogen, daß eine Instinktlehre beim Menschen scheitert, da Art und Anzahl der menschlichen Instinkte aus den qualitativ unterscheidbaren Grundemotionen und -affekten nicht bestimmbar seien (Leyhausen), ähnlich A. Gehlen.

A. Gehlen war ein Freund von H. Bürger-Prinz, meinem Lehrer. Es wird mir immer unverständlich bleiben, wie Bürger-Prinz die trieb- und instinktfeindliche philosophische Lehre von Gehlen akzeptieren konnte, denn er kannte die Psychopathologie wie kaum ein anderer.

Außer E. Kretschmer, S. Freud, G. E. Störring d. Ä. und H. Ey ist eben kaum ein Psychiater auf den Gedanken gekommen, aus der Psychopathologie Rückschlüsse auf das Ganze des Menschen, auf den gesunden Menschen zu ziehen. Kretschmer hatte erkannt, daß bestimmte Temperaments- und Wesenseigentümlichkeiten von gesunden Menschen mit einzelnen Psychopathieformen Ähnlichkeit besitzen und diese wiederum mit bestimmten Psychosen. So setzte er das zyklothyme Temperament, den zykloiden Psychopathen und den manisch-depressiven Kranken in eine Intensitätsreihe. Die meisten Psychiater lehnten eine Beziehungssetzung zwischen Gesunden und Kranken jedoch als spekulativ ab. Man ging von der Vorstellung aus, daß die psychischen Krankheiten die davon Betroffenen befallen, während die Gesunden über derartige Erbanlagen nicht verfügen. Die Tötung von psychisch Kranken durch die nationalsozialistischen Machthaber ist aus dieser Trennung von Gesunden und Kranken ebenso erwachsen wie die Antipsychiatrie, die aus den Patienten Gesunde machen wollte, die durch ein soziales System von sich selbst entfremdet worden seien.

Allein der Psychoanalyse von S. Freud blieb es vorbehalten, ein Strukturmodell zu entwerfen, dessen krankhafte Varianten zu Psychosen und Neurosen führen, das jedoch in harmonischer Funktionsweise für das Verhalten des Gesunden maßgeblich ist. Der „psychische Apparat" ist das bisher einzige fundierte Strukturmodell von universellem Anspruch. Sodann hat auch H. Ey ein Strukturmodell entwickelt, das schon unmittelbarer aus den Psychosen abgeleitet wird. Ey ging jedoch von einer „Destruktion des Bewußtseinsfeldes" aus und gelangte dadurch zwar zu einer Pathologie der Freiheit, jedoch nicht zu einer Herausarbeitung tieferer Strukturen in ihrer auch phylogenetisch bedeutsamen Andersartigkeit. Konsequenterweise kritisierte er S. Freud, der versucht habe, das Unbewußte um jeden Preis dem Bewußtsein gegenüber autonom zu machen. Die schlichten empirischen Gegebenheiten würden aber gegen eine derart radikale Autonomie des Unbewußten sprechen. Letztlich ende das Unbewußte nach Freud in einem Sein ohne Qualität und Grund.

Tatsächlich nahm Freud an, im Bereich des Unbewußten herrsche ein Chaos, das durch Lustprinzip und Todestrieb in gewisser Weise geordnet würde und außerdem durch die Einwirkung des Zensors wenigstens an seinem Ausgang kontrollierbar wäre.

Die klassische Psychiatrie der ersten Hälfte des 20. Jahrhunderts lehnte die Freudsche Lehre ab. Die Frage nach der Herkunft der Psychosen war tabuiert, eine Verbindung zu den Gesunden durfte nicht hergestellt werden. Die endogenen Psychosen waren sogar lästig. K. Schneider schrieb 1946, „daß es außer den abnormen Spielarten seelischen Wesens und den durch Krankheit begründbaren seelischen Abnormitäten auch noch diese ‚endogenen Psychosen' gibt, ist das *Ärgernis* der Human-Psychiatrie. In der *Veterinär*-Psychiatrie ist das anders: Es gibt nur das erste und das zweite".

D. v. Zerssen meinte 1984, die endogenen Psychosen seien wie Unkraut, eine Theoriebildung sei ihretwegen nicht möglich. Nach meiner Überzeugung erlauben gerade die endogenen Psychosen die Entschlüsselung des „delphischen Orakels" (K. Kolle), weil sie die Annahme von humanspezifischen, z.T. aber primatenanalogen Instinkten fordern, wenn man Systematik betreibt und die übrige Psychopathologie dagegen hält.

Welche Hinweise gibt es auf das **Referenzsystem** der Gesunden, aus dem Neurosen und Psychosen hervorgehen? Wir kennen heute bereits 11 Gruppen von Argumenten, die für diese Zusammenhänge sprechen:

a) Übergangsreihen

Zwischen Gesunden und Kranken gibt es lückenlose Kontinua. Mit Kretschmer finden wir Übergangsreihen zwischen temperamentsmäßigen Veranlagungen bei Gesunden, schon mehr einseitigen Formen mit häufiger oder zuweilen übertriebener Affektivität in depressiver oder hyperthymer Richtung, deutlich hyperthyme, subdepressive oder zykloide Psychopathen, leichteste, leichte, mittelschwere und schwere Formen der affektiven Psychosen. Das gleiche gilt für Verbindungen zwischen Gesunden und Schizophrenen, Gesunden und Kranken mit organischen Psychosyndromen, amnestischen Syndromen und Korsakow-Syndromen. Auch die Oligophrenie geht durch ein lückenloses Kontinuum in die Intelligenzstufen bei Gesunden über, analog die Bewußtseinsstörungen in das Bewußtsein.

b) Rückgliederungsreihen

Unter der Behandlung werden die Psychosen zunächst gemildert und gehen dann stufenlos in den gesunden Zustand über. Dabei ist strukturell zwischen dem Wiederanwachsen der gesunden Persönlichkeitsanteile und der Wiederherstellung der Personalität als Ganzer und einem graduellen Rückgang der psychotischen Anteile und dem

Wiedereinbau der Schablonen in die gesamte Persönlichkeit zu unterscheiden.

c) Modellpsychosen

So gut wie jede Form einer Psychose oder eines Achsensyndroms ist durch die Anwendung chemischer Substanzen auch bei Gesunden zu imitieren. Im Vordergrund stehen die psychotomimetischen Substanzen, wie Lysergsäurediätylamid, Psilocybin und Meskalin, in diese Gruppe gehören jedoch auch Cannibinole, Amphetaminderivate, Ephedrinderivate, atropinähnliche Substanzen, Cocain, Coffein.

Auch die frühere Insulinkur brachte wie eine Modellpsychose alle Arten von exogenen Krankheitsbildern im antagonistischen Verhältnis zur Manifestation der zu behandelnden endogenen Psychose hervor. Durch die Erforschung der Modellpsychosen kann als bewiesen gelten, daß bei jedem Menschen die unterschiedlichsten psychotischen Schablonen und Achsensyndrome auszulösen sind. Neurosen können experimentell hervorgerufen werden; dies gelingt im Tierversuch. Es gibt aber auch vereinzelte Berichte von menschlichen experimentellen Neurosen.

d) Familiäre und sporadische Fälle

Die funktionellen oder endogenen Psychosen kommen zwar familiär gehäuft vor, es gibt jedoch eine große Zahl sporadischer Fälle, die als einzige in ihrer Familie an Schizophrenie oder Depressionen erkranken. Aus gesunden Familien können also kranke Familienmitglieder hervorgehen, die Anlage findet sich auch bei ihnen. Die genetische Verursachung ist beim sporadischen Individuum die gleiche wie bei familiären Vorkommen.

e) Exogen-symptomatische und endogene Psychosen

Körperliche Erkrankungen außerhalb und innerhalb des zentralen Nervensystems können zu symptomatischen Psychosen Veranlassung geben, die eine „endomorphe" Psychopathologie aufweisen. Exogen-symptomatische und endogen-funktionell verursachte Erkrankungen sind dabei psychopathologisch nicht zu unterscheiden. Nur bestimmte somatische Befunde, wie der Giftnachweis oder die Feststellung einer Entzündung oder von Tumorerkrankungen, können die Differentialdiagnose der unterschiedlichen Ätiopathogenese aufklären helfen.

f) Die Reaktionen Gesunder

Die Reaktionen Gesunder weisen eine Programmähnlichkeit mit den spontan entstehenden Neurosen und Psychosen auf. Paranoide, depressive oder hypomanische Reaktionen greifen auf die gleichen Programme zurück wie die schwereren Formen der Neurosen und die noch schwereren der Psychosen.

g) Abortivformen

Abortive Formen der Psychosen treten in larvierter Gestalt höher auf den Abbaureihen gelegener Psychosyndrome in Erscheinung. Blande Schizophrenien können als Depressionen erscheinen, schizophrene, manisch-depressive und depressive Erkrankungen als Psychopathie bzw. Borderline-Erkrankung, alle diese Formen auch als neurotische Störungen. Auch als reaktive Erkrankungen können sich in den Abbaureihen tiefer eingeordnete Erkrankungen zunächst zu erkennen geben, aber auch beim Abklingen wieder in diese Abortivformen übergehen.

h) Psychosemaskierung und -demaskierung

Durch pharmakotherapeutische Eingriffe können noch weiter laufende Psychosen vollständig maskiert werden. Die Kranken wirken wie Gesunde oder klagen über verhältnismäßig leichte Beschwerden. Durch Absetzen der Therapie kommt es zur Demaskierung der noch weiter im Untergrund arbeitenden Psychose und zur vollen Remanifestation. Bei opiatgewöhnten Psychosen, die im Rahmen der damals noch geübten Opiumkur ebenfalls symptomlos geworden waren, genügte die Injektion eines Opiatantagonisten, um eine Psychosedemaskierung innerhalb von 30 bis 60 Minuten für einige Stunden auszulösen (J. M. Burchard, 1958). Nach dem Absetzen von Benzodiazepinderivaten treten gegenregulatorische Rebound-Phänomene auf, wobei auch die zuvor mitigierte Psychose mit exazerbiert wird. Diese komplexen Abläufe sind nicht als bloße Abstinenzerscheinungen deutbar. Ähnliche Beobachtungen machen wir beim Absetzen anderer wirksamer Psychopharmaka bei noch bestehender Erkrankung. Auch können schwere Erkrankungen, gemessen an den Ab- und Aufbaureihen, zur Auslöschung der Manifestation von in diesen Reihen höher gelegenen Störungen herangezogen werden.

Dies war bei den Schocktherapien der Fall. In der Insulinkomatherapie entstand eine exogene Bewußtseinsstörung, zum Teil eine exogene Psychose, nach deren wiederholter Hervorrufung die zu behandelnde Psychose für längere oder kürzere Zeit in der Manifestation ausblieb. Bei der Elektroschocktherapie wird ein großer epileptischer Anfall mit komatöser Bewußtseinslage ausgelöst. Für einige Tage bis Wochen kann schon nach einem Elektrokrampf die Manifestation der Psychose ausbleiben. Auch exogene Komplikationen von Pharmakotherapien können die Programme von funktionellen Psychosen vorübergehend maskieren. Dies ist auch bei deliranten Komplikationen von Antidepressivabehandlungen der Fall.

i) Rückschlüsse aus der Systematik der Syndrome

Die Rekonstruktion der Ab- und Aufbaureihen der Psychosen und Neurosen sowie der Achsensyndrome lassen den Schluß auf eine stufenweise Reduktion der gesunden Ausgangspersönlichkeit zu, die in allen Einzelheiten beschreibbar ist. Im Wiederaufbau wird das gesamte Gebäude der Person wieder errichtet. Die jeweils tieferliegenden Schichten sind in die höheren eingeschlossen (Inklusion), beim Abbau werden höhere Schichten von der Manifestation ausgeschlossen (Exklusion). Aus diesen Veränderungen ergibt sich der Schluß auf eine Ableitung der Abbaustufen aus dem Ganzen der menschlichen Person.

j) Anlage-Umwelt-Verzahnung

Der Organismus steht in einem homöostatischen Verhältnis zu seiner Umwelt. Die Umwelt des Gesunden erweist sich als Ergebnis einer Überlagerung von schicht- und syndromspezifischen Umwelten, an denen die Staffelung des Gesamtaufbaues ebenso zu verfolgen ist wie an den „inneren“ psychopathologischen Phänomenen. Die erlebbaren Objekte und ihre Konstellationen sind von der Struktur der einzelnen Schichten oder Schablonen vorgeschrieben. Diese Strukturen spielen auch beim Gesunden eine Rolle. Umwelt und Anlage verzahnen sich beim Kranken wie beim Gesunden.

k) Schwankungen

Manche Tagesschwankungen gehen so weit, daß der Depressive sich abends völlig normal fühlt, „Bäume ausreißen“ oder „eine Weltreise unternehmen“ könnte. Die Psychose ist also eine Befindensänderung, die jederzeit in einen Normalzustand des Individuums zurückschlagen kann. Auch schwere psychotische Bilder, selbst solche chronischen Charakters, können augenblicklich in einen normalen Zustand kürzerer oder längerer Dauer umschlagen.

*

Die Psychosen und Neurosen erfüllen die Definitionen, die auch für **Instinkte** gültig sind. Sie sind die Quelle einer speziellen Antriebsform und mit einem Verhaltensmuster versehen, daß auf innerlich vorgegebene und äußerlich wiederzufindende Objekte ausgerichtet ist. Sie besitzen die Fähigkeit, spezifische Objekte zu orten, vor ihnen zu warnen oder sie abzuwehren. Sie sind artspezifisch, indem vor allem die höheren von ihnen, wie wir oben bereits gesehen haben, humanspezifische Lebensräume beschreiben.
Auch muß berücksichtigt werden, daß die Säugetiere und die uns am nächsten verwandten **Primaten** über Instinktausstattungen verfügen. Die Ähnlichkeit der Mimik zwischen Mensch und Schimpanse wurde schon erwähnt. Die mimischen Bewegungen gelten seit Darwin als angeborene Instinktbewegungen. Auch die Ergänzung von Instinktprogrammen durch Lernteile ist bereits bei Tieren nachgewiesen und beschränkt sich nur bei einigen Instinkten auf einen einmaligen Vorgang der Prägung.
Rätselhaft bleibt dennoch, warum Philosophie, Psychologie und Psychiatrie „im Instinkt fast immer nur die Beschränkung der individuellen Anpassungsfähigkeit" gesehen haben (P. Leyhausen, 1968). Man sprach von niederen Trieben im Gegensatz zu den höheren Regungen des Menschen. Eine eingehende Untersuchung über dieses Thema legte A. Gehlen in seinem philosophischen Werk „Der Mensch, seine Natur und seine Stellung in der Welt" (1950) vor. Mit A. Portmann nimmt Gehlen einen Antriebsüberschuß bei Homo sapiens an, der in Zusammenhang mit seiner Unspezialisiertheit stehe. Der Mensch könne so gut wie jeder Umwelt gerecht werden und kanalisiere die Antriebe in Bedarfsfelder. Der Antriebsüberschuß stehe mit der sehr langen Kindheit, diese wiederum mit dem sekundären Nesthockertum aufgrund einer zu frühen Geburt im Vergleich zu den nahe verwandten anthropoiden Affen in Verbindung. Einerseits wird von Gehlen eine Instinktreduktion, aus der Instinktresiduen entstehen, angenommen, auf der anderen Seite sei der Mensch zu einer permanenten Sexualisierung aller Antriebssysteme und umgekehrt auch zur Durchdringung der sexuellen Aktivität mit ständig wechselnden Motiven in der Lage.

Psychopathologie und Psychosomatik lehren demgegenüber, daß die Kulissen wesentlich enger gestellt sind als solche Philosophien der grenzenlosen Freiheit, aber auch Geilheit. Wir haben erlebt, daß Menschen zwar in der Lage sind, mit einer Rakete um die Erde oder zum Mond zu fliegen. Die Astronauten bezahlen diese Ausflüge aber mit **Todesangst** und leben mit permanenten Pulsfrequenzen um 180 Schläge pro Minute. Auch die Unspezialisiertheit will nicht einleuchten. Die menschlichen Hände sind zwar nicht zu Hufen oder Flossen umgewandelt, die menschliche Hand ist aber extrem hochspezialisiert für Feinbewegungen und außerordentlich komplizierte Bewegungsfolgen, wie das Spielen von Musikinstrumenten oder das Bedienen einer Schreibmaschine zeigen. *Der Mensch ist* eher *ein hochspezialisierter Universalkünstler.*

Das Haupthindernis vor der Errichtung einer Instinktlehre des Menschen dürfte die enorme Schichtdicke seiner lernfähigen Systeme sein, die durch das hochentwickelte Assoziationsorgan Großhirn verkörpert wird. Dieses steht jedoch eng mit thalamischen Strukturen, der Brücke und dem Kleinhirn in Verbindung, an seiner Basis sorgt das limbische System für Instinktprogramme und auch für den Antrieb, so daß die **menschliche Hochbegabung** nicht nur Geist, sondern auch Bewegungen und Koordination, also Arbeit, Kunst, Spiel und Selbstdarstellung heißt. Die Schichtdicke des geistigen Bereiches mit seinen motorischen und Wahrnehmungskomponenten befähigt den Menschen, die meisten seiner Handlungen aufgrund willensgesteuerter Programme abzuwickeln, die ihrerseits auf erlernten und selbst ausgearbeiteten Tätigkeitsbeschreibungen beruhen. Der gesunde Mensch kann sich über weite Strecken freimachen vom Einfluß instinktiver Verhaltensanweisungen, wenn er in einer gesicherten Situation in der Lage ist, ausschließlich solchen höheren Tätigkeiten nachzugehen. Diese Welt mutet jedoch ein wenig steril und utopisch an, denn im realen Leben spielen doch **emotionale Komponenten,** die auf die Aktivierung von Instinktschablonen hinweisen, eine beträchtliche Rolle. Auf den Arbeitsstellen wuchert der Neid, das Mißtrauen, die Gehässigkeit, ein permanenter Machtkampf hält bestimmte Ängste wach. In den Familien sind ebenfalls Machtkämpfe unvermeidlich, Konflikte, Zorn, Streit, Verzweiflung. Zigaretten, Alkohol und Beruhigungstabletten werden benötigt, um die allzu hochgehenden Wogen zu glätten. In der Nachbarschaft leben Neid, Neugier, heimliche Missetaten gegenüber Nebenwohnenden, sexuelle Begehrlichkeit, Haß und Rache, Selbstmord- und Mordfälle erschüttern.

Im Straßenverkehr findet täglich ein Kampf auf Leben und Tod statt. Wer überholen kann, hat gewonnen, wer den anderen zur Seite drängt und lebensgefährlich bedroht, steht im Grunde kurz vor einer Tötungshandlung. Durch das Automobil werden Größe und Glorie dargestellt. Bei jeder Gelegenheit wird geprahlt, gelogen, getäuscht und betrogen. Dazu kommt das Spiel mit dem Tod durch Atomraketen. Von Instinktreduktion kann hier keine Rede sein, sie gilt wohl am ehesten für Katheterphilosophen und andere Euphemisten selbst.

Freilich ist der Mensch in der Lage, Instinkthandlungen aufzuschieben oder sie durch eine **Ersatzhandlung** abzulösen. Auch die Instinktdämpfung durch Selbsthemmung oder pharmakologische Hilfen gehört zu unseren Verhaltensweisen. In der Askese werden weitere Abstriche gemacht.

Zur Schichtdicke der humanspezifischen neokortikalen Leistungen gehört auch die Instinktentfremdung durch zivilisatorische Einflüsse. Sie geht in erster Linie von einer Gefährdungsleugnung aus, besonders beim modernen Menschen. Alkohol, Arbeitsüberlastung, Streß, Tabak, Völlerei, Autoraserei, Drogen, Bewegungsarmut, hemmungslose Sexualität und die Vermeidung geistiger Tätigkeiten leugnen die **Schutzfunktion** der instinktiven Gefahrenwarnsysteme. Manche Menschen tun fast alles, um ihrem Leben vorzeitig ein Ende zu setzen. Vielfach kommt dann eine Wende, wenn doch plötzlich Alarmzustände einsetzen, in dem geschilderten Verhaltensensemble am ehesten ein Prädelir, ein epileptischer Anfall, ein Unfall, eine Geschlechtskrankheit oder Lungenkrebs.

Zu den humanspezifischen Besonderheiten gehört also eine **Instinktunsicherheit**, die jedoch früher oder später ihren Preis fordert. Die „neurotoiden Züge des Jetztmenschen" (vgl. Band II) können zu einer zivilisatorischen Kümmerform führen, die uns gleichgültig bleiben könnte, wenn sie nicht häufig für das Auftreten psychischer und gefährlicher psychosomatischer Krankheiten verantwortlich wäre.

Die menschlichen Instinkte sind wie gewaltig potente *Kraftpakete unter einer dicken Schicht von Hemmsystemen* und immer in Gefahr, durch Künstlichkeit des menschlichen Verhaltens von ihrer Überwachungsaufgabe abgedrängt zu werden. Homo sapiens hat wohl schon immer seine Rauschgifte gefunden. Die ethnologisch universelle Verbreitung von Alkohol, Stimulantien, Halluzinogenen, pflanzlichen Sedativa (wie Opium und Rauwolfia), von Sympathiko- und

Parasympathikomimetika zeigt: Wo der Mensch ist, da findet er auch seine Gifte. Die Menschen haben es schon immer versucht, ihr teils schwer beherrschbares, zum anderen zu stark gehemmtes Gefühlsleben zu manipulieren. Insofern scheint die **Psychopharmakologie** zu den ältesten Künsten der Menschen zu gehören. Das menschliche Instinktsystem ist überlagert und verdeckt, die Einstellung der Person kann sich den instinktiven Einflüssen widersetzen, aber auch nach ihrer Pfeife tanzen.

Dies ist besonders bei gestiegener Instinktladung der Fall. Erregung und die psychischen Krankheiten führen zu **Kongruenzerscheinungen** in den höheren Schichten, diese werden mitgerissen und gleichzeitig in ihrer Schichtdicke vermindert. Dies finden wir bei allen Psychosen, in denen noch höhere Schichten erhalten bleiben, bis hinunter zu den leichteren Delirformen.

Zu den Spielregeln der menschlichen **Gruppensoziologie** dürften auch das Beherrschen und das Verbergen von Instinktregungen gehören. Wer sich erregt zeigt, setzt sich erniedrigenden und schädigenden Angriffen aus. Eine der besten Anpassungsmöglichkeiten besteht deshalb darin, auch den wildesten Haß, die brutalsten Aggressionen und auch die größte Angst geschickt zu verbergen, um wiederum die anderen Gruppenmitglieder auf Schwächen heimlich beobachten zu können. Auch positive Aspekte, gemeinsames Arbeiten und Wohnen, der Friede der Gemeinschaft und seine schützende Kraft werden aus der Zurückstellung, aber auch Einlullung von instinktiven Warnhinweisen gewonnen.

Eine besondere Bedeutung in der Sublimation instinktiver Tendenzen kommt der **Sprache** zu. Dieses zweite Signalsystem (I. P. Pawlow) modifiziert, fängt ab, drückt aus, bremst und symbolisiert die emotionalen Komponenten, die Ängste, die Befürchtungen, aber auch die Aggressivität, den Kampf und unter Umständen den Vernichtungswillen. Bei Oligophrenen fehlt ab einem bestimmten Grad von Minderbegabung die entlastende Funktion der Sprache. Diese Menschen drücken sich gestikulierend, mit heftigen emotionellen Regungen aus. Ähnliches finden wir bei anthropoiden Affen, denen die Entlastung der Motorik durch die Sprache versagt bleibt. Daß sie symbolisierungsfähig sind, wurde durch das Erlernen der Taubstummensprache bei einzelnen Tieren nachgewiesen. Daß Haustiere, wie Hunde, Pferde und Vögel, die menschliche Sprache verstehen, ist nicht zu bezweifeln.

Die **Existenz der Psychosen und Neurosen** belehrt über die ungebrochene Kraft instinktiver Systeme auch beim Menschen. Bei den höhergelegenen Syndromen spielen sprachliche Gehalte noch eine bedeutende Rolle, sie können auch hier den Grad der Gefährdung, die Angst ausdrücken. Dies ist bei Neurosen, Depressionen, Manien und sprachreichen Schizophrenien der Fall. Bei einigen Schizophrenieformen entfällt bereits die Funktion der Sprache weitgehend, so bei der Katatonie und bei der einfachen Schizophrenie, wo der geistige Bereich mitunter völlig versandet. Auch andere Schizophrenieformen neigen zum **Sprachverlust**. Auf diesem Niveau beginnen dann die sprachlich nicht mehr thematisierungsfähigen Syndrome, wie die schweren amentiellen Bilder, die ähnlich strukturierten Delirien und die tiefer gelegenen Achsensyndrome. Die menschliche Psychopathologie erfaßt also das **humanspezifische Obergeschoß,** in dem die Sprache regiert, und stellt dadurch unter Beweis, daß auch diese Definition, ein Instinktsystem müsse artspezifisch sein, von unserem **gestaffelten System** erfüllt wird. Das Grübeln der Depressiven, der ideenflüchtige, prahlerische Rededrang der Maniker, die sprachlichen Stereotypien und akustischen Halluzinationen der schizophrenen Kranken legen hiervon Zeugnis ab.

Welche Funktionen erfüllt das **hierarchisch gegliederte Instinktsystem beim Gesunden?** Die Antwort auf diese Frage ist eigentlich nicht schwer:

Auf den untersten Etagen ist es bei jedem Gesunden ständig aktionsbereit. Wer einen kleinen Glassplitter in seinem Essen findet, spuckt diesen unverzüglich aus. Wer von einem Insekt angefallen wird, versucht es augenblicklich zu erschlagen, wegzuwischen oder zu fangen. Wer in einen Schwarm von Insekten gerät, schlägt um sich, versucht zu fliehen. Der Autofahrer reagiert blitzartig bei der Korrektur von Schleuderbewegungen seines Fahrzeuges, er versucht, seine homöostatische Situation im Raum wiederherzustellen. Angstmachende Erlebnisse werden von jedem Gesunden sogleich mit Angst beantwortet. Ein kaltes Kribbeln läuft über Nacken und Rücken, Herzklopfen kann auftreten, Schweißausbruch, Blässe, ein Zupacken der Hände. Plötzliche, unvermutete Angriffe werden mit einer sofortigen Wutreaktion abgewehrt. Wer hält schon die andere Backe hin, wenn er auf die eine geschlagen worden ist? Unvermutete Niederlagen werden mit plötzlich einsetzender Bedrücktheit beantwortet, erfreuliche Nachrichten rufen ein expansives Verhalten, ein Hochgefühl hervor.

Die Auswirkungen der gestaffelten Instinktschablonen durchziehen also das ganze menschliche Leben. Sie haben die Aufgabe, Gefahren zu erkennen und zu orten, sie meiden zu helfen oder sie abzuwehren. In ihrer Gesamtheit stellen sie ein **Lebensrettungssystem** dar. Die Lokalisation der Gefahr geschieht in den unteren Etagen wie in einem Automaten, schnell und zuverlässig, die geeignete Verhaltensweise wird ebenfalls augenblicklich zur Verfügung gestellt. Die erfolgreiche Betätigung einer instinktiven Verhaltensweise ruft Zufriedenheit und Entlastung hervor, das Selbstbewußtsein steigt, das Auftreten gegenüber anderen Menschen wird sicherer. Ein Mißerfolg wird als Frustration bezeichnet, wenn ein Schlag weggesteckt werden mußte, ohne angemessen darauf reagiert haben zu können. Natürlich kennen wir auch ein völliges Fehlgehen instinktiver Reaktionen mit falscher Programmwahl, kläglichem Scheitern. Am besten wird dies von Komikern gezeigt.

Die Reduktion der Instinkte, welche A. Gehlen behauptete, besteht also tatsächlich in einem nicht geringen Umfang in der Möglichkeit der Instinktverschiebung, -leugnung und -unterdrückung, kurz gesagt, in der **Suspendierbarkeit von Instinkthandlungen.** Häufen sich solche Suspendierungen, werden wiederum andere Instinktsysteme wachgerufen, wie die depressive, die angstneurotische oder die paranoide Schablone, die Vulnerabilität steigt. Eigentlich liegt also eine Instinktreduktion nicht in dem Sinne vor, daß der Mensch weitgehend von solchen Schutzmechanismen frei sei. Die Menschheit wäre sicherlich längst ausgestorben, wenn dies wahr wäre.

Die Manifestation der Neurosen und Psychosen in der beobachtbaren Heftigkeit und Dauer spricht nun dafür, daß der menschliche Instinkt auch bei „richtiger“ Programmwahl außerordentlich in die Irre gehen kann. Bei den Kranken liegt zweifellos eine hohe Ladung und gute Ausstattung mit instinktiven Bereitschaften vor. Diese können aber nicht ins Ziel gebracht werden und sind nicht an die Realität adaptiert. Der **pathologische Funktionswandel** ist ein klassisch-psychiatrischer Begriff aus der ersten Jahrhunderthälfte und wird für die Ableitung neuropsychiatrischer Strukturen aus physiologischen Abläufen in Anspruch genommen, vor allem bei K. Goldstein und K. Conrad. Wir können diesen Begriff auch auf die Analyse der Umwandlung von Instinktveranlagungen zu Psychosen und Neurosen anwenden.

Die genetische Mitverursachung der meisten funktionellen Psychosen und Psychopathien weist daraufhin, daß an der Wurzel des pathologischen Funktionswandels der Instinkt häufig eine familiär bedingte oder sporadisch entstehende **angeborene Überaktivität**, eine zu hohe Ladung einzelner Instinktmodule vorliegt. In manchen Familien werden mehrere verschiedene Psychosen gehäuft vererbt, so gleichzeitig depressive und paranoide Krankheitsbilder und ihre Abortivformen. In anderen Familien finden sich ausschließlich weitgehend identische Formen, wobei die Veranlagung familiär genetisch weitergegeben wird.

Schon durch diesen genetischen Ladungsfaktor der einzelnen Module wird der Vorgang, welcher den pathologischen Funktionswandel bedingt, angestoßen: Die regulatorische Einpassung in Lebenslauf und Umwelt gelingt nicht. Beim Gesunden müssen wir eine **kybernetisch gesteuerte Anwendung der Instinktmodule** annehmen. Sie werden aktiv und produzieren ihr Programm soweit, daß es mehr oder weniger stark die Verhaltenssteuerung übernimmt, in Abhängigkeit von der Stärke der abzuwendenden Gefahr. Bei einem leichten verbalen Angriff auf einen Menschen genügt eine Unmutsmiene oder ein Wort zu Abwehr. Bei einem körperlichen Angriff mit der Waffe dagegen kann nur ein massiver Gegenangriff zur Kampfunfähigkeit oder vollständigen Entwaffnung führen.

Zur **Definition der seelischen Gesundheit** gehört also die an der Realität gemessene und auf diese abgestimmte **gestufte Aktivierung** der instinktiven Abwehrmöglichkeit, zum zweiten aber auch die Fähigkeit, diese Erregung, diesen Aktionismus nach Beendigung der Gefahr auch **wieder abklingen zu lassen.** Zu beiden Leistungen sind die psychisch erkrankten Menschen nicht in der Lage. Ihre instinktive Erregung, die dann als präpsychotische Symptomatik imponiert, kann sich schon an Alltagsereignissen, die einen Gesunden gar nicht aufregen würden, entzünden und gewinnt im Verlauf der Krankheitsentwicklung immer höhere Grade der Manifestation des schablonenspezifischen Verhaltens, ohne daß eine angemessene Abwehr- oder Kampfsituation besteht. Es liegt also kein regulatorisches Verhältnis zu den Umweltgegebenheiten in bezug auf die Einsatzstärke des Instinktverhaltens vor.

Auch das andere Charakteristikum der Instinktmanifestation finden wir bei den Kranken: Sie können sich nach reaktiver Auslösung gesteigerter Erregung nicht rasch beruhigen (s. Abb. 8). Dies beruht auf einer angeborenen und durch Lernvorgänge gesteigerten Monoaminproduktion und/oder einer *Schwäche, Stoffe wie Dopamin und Noradrenalin wieder zu inaktivieren.*

Durch die gesteigerte Erregung und die damit verbundene Manife-

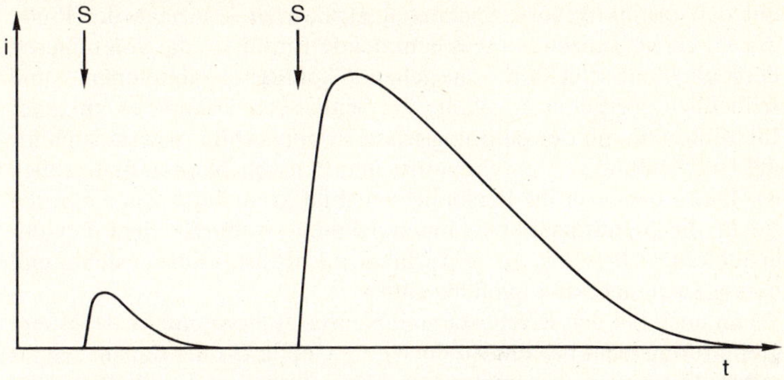

Abb. 8. Stärke und Dauer der Erregung nach einem Stimulus bei Gesunden (links) und Kranken (rechts). Schematische Darstellung. S = Stimulus; t = Zeit i. Erregungsmaß; i = Intensität.

stationsbereitschaft des Objektteils der Instinktschablonen kommt ein weiteres Merkmal der Psychosekranken zustande: Objekte, die einmal im Rahmen des psychotischen und neurotischen Erlebens wichtig geworden sind, bleiben lange oder für immer übergewichtig. Dadurch wirken diese überdeterminierten **Objektkonstellationen**, die syndromspezifisch sind, ebenfalls in Richtung der Aufrechterhaltung der krankhaften Erregung. Die Instinktschablone ist mit der Umwelt verzahnt und findet entweder geeignete Objekte oder bringt diese hervor. Der Gegensatz zwischen endogenen und reaktiven Erkrankungen ist also nicht existent, vielmehr handelt es sich um ein Kontinuum mit in Richtung der reaktiven Depressionen ansteigender Bedeutsamkeit von Umweltereignissen und mit einer in Richtung der Endogenität ansteigenden vorgegebenen Hochladung der angeborenen Instinktschablone.

Der pathologische Funktionswandel von der Instinktgrundlage zur manifesten psychischen Erkrankung beruht also auf der Regulationsstörung, die eine Abstimmung mit der Realsituation unmöglich macht, auf der Entwicklung von Dauererregungen, welche auf die primäre Vulnerabilität und die Unfähigkeit, Erregungen abklingen zu lassen, zurückgeht und auf einer wachsenden Überdeterminiertheit bestimmter real erlebter oder projektiv erstellter Umweltkonstellationen. Ein vierter Faktor ist die mit dem wachsenden Erregungsgrad zunehmende Kongruenz höherer Persönlichkeitsschichten

mit den instinktiv vorgezeichneten Strukturen, ein nach der Pfeife der Psychose Tanzen, so daß hemmende Einflüsse, die von höheren Persönlichkeitsschichten ausgehen könnten, abnehmen und schließlich fortfallen (s. Abb. 9). Schließlich kommt es zu einer **Identifikation** mit der pathologischen Erlebnisweise, wie sie auch für die Entwicklung von psychopathischen Persönlichkeiten maßgeblich ist. Diese bauen in ihr Persönlichkeitsbild krankhafte Züge ein, die sie in ihr Identitätserleben hineinnehmen, wodurch diese Persönlichkeiten nicht selbst korrekturfähig, nicht distanzierungsfähig und häufig auch nicht therapiefähig sind.

Wenn auch bei den Psychosen und Neurosen meist eine reale äußere Gefährdung nicht besteht, so doch eine **Gefahr für die Person aus ihr selbst**. Die innere Anspannung und Erregung, Angst und Alarmiertheit haben ganz erhebliche Anpassungsstörungen und eine Häufung von Fehlern zur Folge. Die Situation der Person wird unhaltbar. Sie ist sozial nicht mehr erfolgreich, läßt in der Arbeitskraft nach, verliert an Kontaktmöglichkeiten, erlangt immer weniger die begehrte

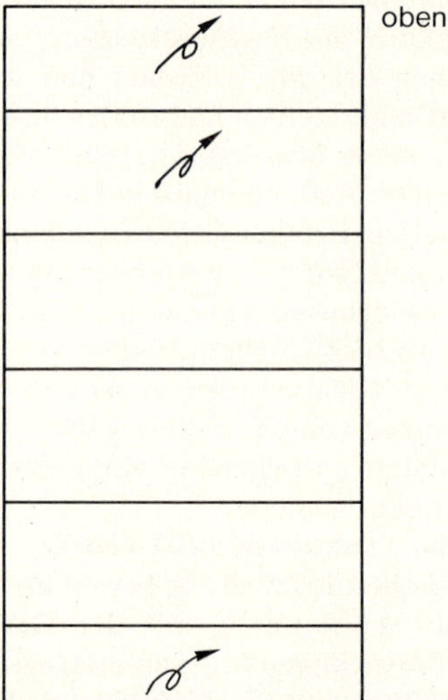

Abb. 9. Kongruenzerscheinungen höherer Schichten auf tiefliegende Strukturen in einer Instinktschablone: die höhere Struktur tanzt nach der Pfeife des Instinkts.

Liebe von anderen, wird durch die wachsende Erschöpfung als unvermeidliche Folge der Dauererregung immer mehr in die Ecke gedrängt. Auch diese innere Gefährdung wird von der Auszählung bedrohlicher Erlebnisse erfaßt und führt zuletzt fast zwangsläufig zum Auftreten der Psychose. Die gleiche Wirkung haben zusätzliche körperliche Schädigungen, wie Krebserkrankungen, Operationen, Unfälle oder die Auswirkungen von Alkoholabusus wie auch von mangelhafter Nahrungszufuhr. Je länger die **Dauererregung** währt, je tiefer sie das Wesen des betroffenen Menschen umgestaltet, um so rascher wachsen auch diese **sekundären und tertiären Folgen** an und tragen schließlich zur Manifestation der Erkrankung bei. Auch eine rein exogene Ätiologie führt zu allen Erkrankungsformen von der reaktiven Erkrankung über Neurosen, Psychopathien, Depressionen, Manien, schizophrene Krankheitsbilder und exogene Psychosen bis zu den schweren Achsensyndromen des apallischen Syndroms und des Komas. Hier wird eine Bedrohung des Gesamtbestandes der Person, in die das Wohl der Organe des Organismus und des Ganzen einbezogen ist, zum Auslöser für eine Alarmreaktion. Die Bedrohung ist hier buchstäblicher und materieller, kann aber in gestufter Form die gleichen Schablonen wie bei der funktionellen Ätiologie auslösen. Wir beschäftigen uns mit diesen beiden Wegen zur Psychoseentstehung in einem späteren Kapitel. Der exogen-somatische Entstehungsweg erfordert ebenfalls eine Rücknahme des Individuums aus dem Lebenskampf, um die Chancen zum Erwerb weiterer Noxen zu mindern. Die größte Gefahr, welche auszumachen ist, hat dabei Vorrang.

Aus diesem letzten Satz können wir eine Theorie der **Wirkung von Schocktherapien** ableiten. Das während der Insulinkomatherapie auftretende Koma, ebenso das durch eine Elektrokrampftherapie hervorgerufene Koma sind eine weit größere Bedrohung für den Gesamtbestand der Person als die in der funktionellen Psychose gewähnte Gefährdung des Ichs durch die Person selbst (bei der Depression) oder der Person durch den übermächtigen Zugriff anderer Menschen (beim manischen, paranoiden und paranoid-halluzinatorischen Syndrom). Die vitale Bedrohung, durch eine äußere Noxe komatös gemacht zu werden, inaktiviert die höher liegenden psychotischen Programme und führt zu einer vorübergehenden Pseudoremission. Anhaltende Heilerfolge sind nur dann möglich, wenn es sich ohnehin um phasische Erkrankungen handelt. Schon bei chronischen Depressionen muß die Elektrokrampftherapie immer wiederholt werden. In amerikanischen Nervenarztpraxen geschieht dies in etwa vierwöchigen Abständen. Eine biochemische Destabilisierung der Transmittersysteme durch Schock und Koma ist natürlich anzunehmen.

Ähnlich können wir uns die Entstehung von **postoperativen Depressionen und Psychosen** erklären. Die Operation wird als eine so schwere Bedrohung des Organismus verstanden, wie sie es tatsächlich ist. Juristisch ist jede Operation am Menschen eine Körperverletzung, die strafrechtlich verfolgt wird, wenn sie nicht dem höheren Ziel seiner Heilung und Lebensrettung untergeordnet ist. Der Organismus kümmert sich indessen um diese Rechtfertigung des Chirurgen durch das Jus nicht und nimmt die Bedrohung so ernst, wie sie ist, wenn mit dem Messer tief in den menschlichen Körper hineingeschnitten wird. Die gleiche auslösende Wirkung haben Krebserkrankungen, schwere Traumen, akute Allgemeinerkrankungen. Am häufigsten werden depressive Syndrome hierbei ausgelöst, paranoide und paranoid-halluzinatorische Erkrankungen kommen jedoch ebenfalls vor.

Das menschliche Instinktsystem arbeitet oft so treffsicher in der Gefahrenmeidung, daß ihm von vielen Menschen **wunderbare und transzendentale Eigenschaften** zugeschrieben werden. Es mutet wie Vorsehung an, wie ein Erhörtwerden, wenn das im Unbewußten arbeitende System sicherer und vorsichtiger als das so enge Bewußtsein eine Gefährdung im voraus ausrechnet und meiden hilft. Wir müssen davon ausgehen, daß dem unbewußten Lebensrettungssystem größere Klugheit als dem willensgesteuerten bewußten Bereich der Person zukommt.

Mit dem im Unbewußten eingebauten Lebensrettungssystem ist ein individuell sehr unterschiedliches **Wertsystem** verbunden, das die gedankliche Verbindung zu den instinktiven Regungen halten hilft. In seinen einfachsten Formen enthält dieses Wertsystem lebensnotwendige Verbote, Warnungen, wie etwa die Vorschriften für eine ungiftige Ernährung. In seinen höheren Anteilen verkörpert das Wertsystem Denkinhalte und auch emotionale Komponenten, die vor Kollisionen mit der Realität des Lebens anderer Menschen schützen soll. Auch innerhalb dieses Systems finden wir Inklusionen, eine Werthierarchie, die unweigerlich nach höchstem und einem allerhöchsten Wert verlangt. Der menschliche Organismus ist im Kontakt zum Kosmos herangewachsen und in immer neue Räume vorgestoßen und setzt sich selbst eine allerhöchste Grenze und

Macht, in der die überindividuellen, vom einzelnen kaum mehr zu verstehenden Gesetze verkörpert sind. Nach dem Alten Testament, Moses Buch 1, sind wir Gott ebenbildlich. Also muß Gott menschenebenbildlich sein. Dieser Satz muß für uns unbegreiflich bleiben, es sei denn, wir empfinden uns als winzigen Teil einer alles umfassenden Schöpfung. In uns allen steckt ein Stück Schöpfer.

Das in jedem Menschen eingebaute **Lebensrettungssystem** enthält nicht nur die Alarmzustände der Psychosen und Neurosen, sondern auch die Zurücknahmen auf Schonhaltungen, auf die regressiven **Achsensyndrome.** Auch der Rückgang auf eine Ohnmacht, auf eine infantile Schutzhaltung, nimmt das Individuum aus der Kampflinie zurück. Es wird unfähig gemacht, weitere Fehler zu begehen, sich in noch stärkerem Maße als bisher schon zu exponieren. Gleichzeitig sind die Achsensyndrome mit den Alarmzuständen strukturell untrennbar verbunden und stellen die Persönlichkeitsvolumina für die schablonenspezifischen Aufgabenstellungen bereit. Diese vereinfachten psychotischen und neurotischen Programme beschreiben oft, auf welcher Stufe die Entwicklung eines Menschen stehengeblieben ist. Dem menschlichen Nervensystem scheint eine ähnliche Aufgabe wie Computern zu eigen zu sein: sie akzeptieren einen Programmschritt nach dem anderen, aber keine **Auslassung von wesentlichen Programmschritten.** Die therapeutische Durchdringung von Psychosen führt nicht selten zu einer Entwicklungsstufe zurück, in der auch aufgrund der erhebbaren Kindheitsanamnese das Scheitern der Entwicklung des Individuums eingesetzt hat.

Sowohl die Psychoanalyse als auch die Verhaltenstherapie haben diesen zentralen Gesichtspunkt des auf den Zeitpunkt des wesentlichen Lernens hinweisenden Stehenbleibens der Entwicklung erkannt. Das **ontogenetische Alter des Symptoms** weist auf den Zeitpunkt seiner Entstehung hin. Die Entwicklungshemmung setzt während der Schädigung ein und läßt alle Vollzüge, die später dennoch getätigt wurden, unsicher, labil, verfallsbereit sein. Auch bei psychotischen Patienten, die durch sorgfältige psychopharmakologische Behandlung therapiefähig gemacht worden sind, können diese ausgebliebenen Entwicklungsschritte rekonstruiert werden. Führt die Entwicklungshemmung zur Rücknahme auf ein tiefliegendes Achsensyndrom, dann fällt auch die psychotische Verhaltensänderung entsprechend schwer aus und wird Psychotherapie unmöglich.

Die **Achsensyndrome** sind nicht nur durch eine Negativsymptomatik charakterisiert. Auch die Infantilität, nimmt man sie hinzu, reicht nicht zur Beschreibung aus. Im Achsensyndrom ist gleichzeitig eine tiefe Beängstigung in Verbindung mit Unterlegenheitsgefühlen enthalten. Die Kranken fühlen sich klein und hilflos, jeder Mensch flößt ihnen Angst ein. Die bescheidenste Raumpflegerin ist ihnen turmhoch überlegen, sie können nicht das Bett verlassen oder im milderen Falle nicht das Haus. Wir haben in einem früheren Kapitel schon herausgearbeitet, daß die Achsensyndrome selbst Instinktcharakter besitzen und in Verbindung mit den psychotischen und neurotischen Verhaltensprogrammen manifest werden können, aber auch ohne die Aktivierung komplexer Gefahrenabwehrprogramme in Erscheinung treten können. Die Achsensyndrome verrichten ihre Schutzaufgabe durch Exklusionen mehr oder weniger weiterer Bereiche der Persönlichkeit und durch Opferung dieser Fähigkeit. Damit bewirken sie eine Bereitstellungsreaktion für die Nacharbeitung früher Entwicklungsschritte, die infolge der frühkindlichen Familiensituation nicht ordnungsgemäß, d.h. vertrauenbildend absolviert werden konnten.

Hier stoßen wir also wieder auf einen Verlust an Regulationsfähigkeit, das Volumen des Ichs wird nicht auf die aktuellen Aufgabenstellungen einreguliert. Der Gesunde kann auseinandergehen wie jener Dicke, der in dem Grimmschen Märchen „Sechse kommen um die Welt“, einen ganzen See austrinken und ganze Berge essen konnte. Der Gesunde kann sich auch klein machen, sei es, um sich zu entspannen, oder um eine angemessene Unterwürfigkeit vorzuführen. Der Verfall der Kranken an bestimmte Achsensyndrome ohne Anpassungsbreite scheint dabei eng mit der Suizidgefahr zusammenzuhängen. Läßt man den Kranken ihre schwere Regression, können sie dies ganz gut aushalten. Überfordert man sie durch Krankheitsleugnung und Antreiben zu höheren Leistungen, begehen gerade schizophrene Kranke außerordentlich brutale und unvorhersehbare Selbstmorde, **besonders nach Liebesentzug**, der nicht selten durch das krankhafte Verhalten selbst angestoßen wird.

Der pathologische Funktionswandel des menschlichen Instinktsystems läßt sich also klar durch den Verlust der Regulationsfähigkeit, durch das Zurückschalten auf frühere Programmschritte, durch die Entwicklung von Dauererregungen und das Überwertigwerden von Umweltkonstellationen beschreiben. Ähnlich wie beim pathologischen Funktionswandel der Sprache zur Aphasie gehen wir dabei von naturgegebenen, physiologischen Bausteinen des Organismus aus und versuchen, aus allgemeinen Krankheitsgesetzen die Entwicklung der pathologischen Psychosyndrome zu begreifen. Der Sinn solcher pathologischer Lebensformen ist oft nicht zu fassen. Denken wir an die **akute tödliche Katatonie** nach K. Stauder (1934), bei der wir wirklich keine lebenserhaltenden Sinn mehr erkennen können. Auch die vielen mit **Suizid** endenden Krankheiten konfrontieren uns mit dem Unbegreiflichen, wenn auch ihre Bedeutung sein mag, uns Überlebende auf unser Verfehlen der Wahrheit in dieser Welt hinzuweisen.

13. Das Referenzmodell

Der Einbau des gestaffelten Instinktsystems in die Organisation des gesunden Menschen ist noch unbekannt. Wir müssen die Existenz dieses Systems für wahrscheinlich oder sogar für bewiesen halten, können aber über seinen Aufbau nur Vermutungen anstellen. Es verhält sich wie ein **schwarzer Kasten,** dessen Ein- und Ausgänge in gewissem Umfang erfaßt werden können, dessen Schaltung aber noch geheim ist. Auch ist die neuroanatomische Struktur, in der das Referenzsystem eingebaut ist, noch unbekannt. Wir verstehen unter dem Referenzsystem oder -modell die in jedem Menschen vorhandene Instinkthierarchie, auf die wir als Ergebnis der systematischen und strukturalistischen Psychopathologie schließen müssen.

Bedeutung, Funktion und Bau dieses Systems können nur in der Psychiatrie erforscht werden. Nur in ihrem Teilgebiet der Psychopathologie werden die Programmänderungen des menschlichen Verhaltens, die von hoher transkultureller und interindividueller Konstanz sind, feststellbar und analysierbar. **Die Erkenntnis, daß ein in jedem Menschen angelegtes Instinktsystem die Grundlage der Psychosen und Neurosen wie für Vorgänge der Lebensrettung beim Gesunden abgibt, kann eine kulturelle Änderung, einen Neubeginn im Verhältnis zum psychisch Kranken in der Gesellschaft einleiten.** Der instinkterregte Kranke wird mehr Verständnis erlangen, wenn er einen Spezialfall einer allgemeinen menschlichen Veranlagung darstellt, als wenn diese Kranken die Mißratenen und Gebrandmarkten bleiben, bei denen, und nur bei denen, diese Krankheiten nisten.

Wahrscheinlich ist das Riechhirn und in ihm das limbische System der Sitz von Koordinationszentren, die das instinktive Verhalten integrieren. Auch das Mittelhirn kommt für tiefliegende Strukturen als Sitz in Frage, wie das apallische Syndrom und ein serotoninerges Schlafzentrum in der Raphe, ebenso das Rautenhirn und der Hirnstamm für das Koma. Aufgrund der systematischen und strukturalistischen Psychopathologie sind folgende Eigenschaften des Referenzsystems zu postulieren:

a) Programme

In der funktionellen Gehirnorganisation sind wenigstens 14 unterschiedliche **Instinktmodule*** enthalten. Wir setzen den Begriff des Moduls ein, wie er in elektronisch gesteuerten Geräten gebraucht wird: Als ein Bauteil, das ein bestimmtes Programm koordiniert. Ein Teil dieser Programme dürfte sehr umfangreich sein, da auf einer Ebene zahlreiche Aufgaben zu bewältigen sind. Von der untersten Schicht aufsteigend finden wir

1. Anale, urethrale und genitale Programme
2. das Programm der Atmung
3. Orale Programme
4. Handprogramme
5. Programme der multiplen redundanten Objekte
6. Szenische Programme
7. Belagerungsprogramme
8. Akustische Programme
9. Wahnprogramme
10. Programme der Haut
11. Manische Programme
12. Depressive Programme
13. Neurotische Programme
14. Psychosomatische Programme.

Besonders die psychosomatischen und neurotischen Programme dürften besonders umfangreich sein, da vielfältige Störungstypen und die unterschiedlichsten topologischen Qualitäten bearbeitet werden müssen. Aber auch bei anderen Stufen des gestaffelten Systems müssen sehr vielfältige Module vorhanden sein, die Zahl der Entscheidungsschritte, die Wahrnehmungs-, Abwehr- und Meidungsstrategien ist zahlenmäßig groß. Die Module müssen untereinander vernetzt sein und mit den Sinnesorganen, dem retikulären System, dem motorischen System und dem Großhirn kurze Verbindungswege besitzen. Die anatomische Struktur muß sicherstellen, daß die Auswahl zwischen den Modulen und ihrer Aktivierung in sehr kurzer Zeit erfolgen können. Folgende Eigenschaften müssen

* E. Kretschmer nannte sie „Schablonen“

nach unseren Rückschlüssen aus der Psychopathologie ebenfalls in jedem einzelnen Modul oder in enger Verbindung damit der Gesamtheit der Instinktschablonen zugeschrieben werden:

b) Topologische Funktionen

Eine Analyse der psychopathologischen Syndrome ergibt syndrom- und damit schablonenspezifische topologische Verhältnisse der Lage, Entfernung und Art des Objektes. Die genaue Ortung eines gefährlichen Objektes ist die Voraussetzung für die richtige Wahrnehmung, die angemessene Abwehr oder Meidung. Aufgrund der Erfahrungen mit anderen Sinnesgebieten wie der optischen und der akustischen Wahrnehmung nehmen wir an, daß die topologischen Funktionen der einzelnen Module durch Lernvorgänge gefestigt werden, primär aber vorgegeben sind. Für das Verhalten von Psychosekranken ist es von ausschlaggebender Bedeutung, wo sich ein gefährdendes Objekt befindet. Auch die Wahl des Syndroms entscheidet sich zunächst einmal über den Ort der Projektion und umgekehrt. Die Dringlichkeit von Abwehrmaßnahmen, der Grad der Erregung, die Gefährlichkeit der Kranken selbst für ihre Umgebung hängen von diesen topologischen, also ortenden Funktionen ab. Entscheidend für die Struktur der von den Modulen produzierten Verhaltensweisen ist die Erreichbarkeit des Objektes mit den motorischen und sensorischen Möglichkeiten des Organismus.
Da es sich bei den Instinktmodulen um Gefahrenabwehr- und -meidungssysteme handelt, ist die Ortung wahrscheinlich derjenige Vorgang, welcher die kürzeste Laufzeit hat. Eine falsche Lokalisation eines realen gefährlichen Objektes kann den Tod bedeuten.

c) Volumetrische Funktionen

Die sensumotorische Antwort auf ein geortetes Objekt erfordert einen bestimmten Umfang an Bereitstellungsreaktionen, der durch das dabei höchstzulässige Persönlichkeitsvolumen angegeben wird. Je näher das Objekt ist, je gefährlicher es damit auch für den Bestand des Organismus ist, um so blitzartiger muß die Abwehr- oder Meidungsreaktion sein und um so kleiner muß das Persönlichkeitsvolumen gehalten werden, um nicht durch umständliche und langwierige höhere Prozesse, die außerdem noch fehlgehen könnten, die Rettungsaktion scheitern zu lassen. Je höher die Integrationen sind, um so unzuverlässiger sind sie auch. Fragt man einen Menschen nach einer sichtbaren Gegebenheit, so wird man in der Regel eine richtige

Antwort erhalten. Fragt man dagegen Menschen nach ihrer Meinung über andere, so wird man ebenso viele Antworten wie befragte Personen kennenlernen. Aus diesem Grund wird bei Alarmierung das Volumen an Beteiligung höherer Zentren strikt limitiert. Auf den untersten Stufen des gestaffelten Systems sind ohne bewußte Beteiligung ablaufende sensumotorische Integrationen ausreichend, um einer Gefahr Herr zu werden; andere Erbkoordinationen sorgen automatisch für Statik, Gang, Koordination, Diadochokinese usw., ohne bewußtes Zutun. Auf dem Korsakow-Niveau des Persönlichkeitsvolumens etwa beginnen sprachliche Gehalte, hierbei stehen aber noch rein assoziative kurze geistige Akte zur Verfügung. Bei der Bearbeitung paranoider Probleme dagegen ist eine zwar umfangreiche, wenn auch deutlich auf ein Zusammenhangdenken eingeengte geistige Tätigkeit erforderlich. Ähnliches gilt für das Denken in der Depression, das ebenfalls deutlich begrenzt ist. Hier wird ein Fehler gesucht, der objektiv nicht zu finden ist, sonst wäre die Depression nicht notwendig und die Person könnte sich selbst helfen. Immerhin werden hier noch umfangreichere Reflexionen angestellt als im paranoiden Syndrom.
Die Bereitstellung von Volumen geschieht instinktiv, kann blitzartig vor sich gehen und wird erst bei den höheren Modulen der endomorphen Psychosen und der Neurosen deutlich größer und reichhaltiger, zugleich auch variabler. Beim Gesunden schließlich müssen wir ein regulatorisches Verhalten des Persönlichkeitsvolumens annehmen, das ihm je nach Aufgabenstellung zur Verfügung steht. Auch er kann blitzartig seinen Umfang verkleinern, um schnell reale naheliegende Gefahren zu beseitigen. Der größte Persönlichkeitsumfang wird wahrscheinlich im zwischenmenschlichen Kontakt benötigt.

d) Temporale Funktionen

Wir haben bereits oben erwähnt, daß nach den Ergebnissen der Psychopathologie von einem Sukzessionsbeiwert aller Engramme und zusätzlich von der Existenz eines Bekräftigungshäufigkeitsbeiwertes, die mit den Engrammen eingelagert werden, ausgegangen werden muß, also von Zeitbeiwerten. Die Instinktmodule besitzen offensichtlich lebenslange Funktion und registrieren alle relevanten Vorgänge während des gesamten Lebens. Die zeitliche Einordnung, ihre Lage in der Aufeinanderfolge der Ereignisse und die seit dem Auftreten von relevanten Ereignissen verstrichene Zeit werden offensichtlich in Form kleiner Zeiteinheiten gezählt. Bei der Therapie psychisch Kranker kann man beobachten, daß diese sich in ihrem Krankheitserleben diese Zeitreihe vor Augen zu führen versuchen, auf die Aufeinanderfolge größten Wert legen und sich beruhigen und ein Bild machen können, wenn der gesamte Ablauf rekonstruiert worden ist. Die bereits abgelaufene Zeitdauer einer krankhaften Störung, die früher im Untergrund arbeitete und allmählich an die Oberfläche drang, scheint in einem engen Zusammenhang mit der späteren Manifestation der Krankheit zu stehen. Leichte Beeinträchtigungen, die keinen wesentlichen Zuwachs erfahren haben, können nach Jahrzehnten doch noch zur Manifestation einer Erkrankung anläßlich einer geringfügigen Auslösungssituation beitragen. Man hat den Eindruck, daß die Dauer der Gefährdung sehr wohl registriert und bei der Dauer der Auslösung eines Alarms auch berücksichtigt wird. Belastungen werden offensichtlich gezählt und addiert, wie aus der Auslösung psychischer Krankheiten nach multiplen und vor allem lang dauernden Belastungssituationen erkennbar ist. Lebensphasen und Todeszeitpunkt dürften von temporalen Steuerungen abhängig sein. Auch die Manifestationsdauer von Psychosyndromen dürfte gemessen werden.

e) Periodische Funktionen

Eine Anzahl von psychischen Krankheiten manifestiert sich periodisch, allen voran die monopolar manischen, monopolar depressiven und bipolar manisch-depressiven Psychosen, aber auch episodische und schubweise Verlaufsformen der Schizophrenie, schizoaffektive Psychosen, zum Teil auch neurotische Störungen. Periodische Funktionen sind dem Organismus von den primitivsten und kleinsten Funktionseinheiten an aufwärts eigen. Schon die Schlagfrequenz der Cilien der Bronchialepitelien ist periodisch, ferner die Herzaktion, die Darmperistaltik, die hirnelektrische Tätigkeit, der Tag-Nacht-Rhythmus, der weibliche Zyklus. Die periodische Manifestation von Psychosen könnte darauf hinweisen, daß diese geschieht, um in bestimmten Abständen immer wieder Störprogramme aufzurufen, damit ein neuer Anlauf gemacht werden kann, eine unerkannte Gefährdung abzuwehren. Die Periodik dieser Erkrankungen hängt natürlich auch von ihrem therapeutischen Management ab, und manche Erkrankung verläuft blande chronisch, nachdem sie einmal psychopharmakologisch eingestellt ist, so daß wir die ausgesprochen periodischen Verläufe bei monopolaren Depressionen gegenwärtig immer seltener zu sehen bekommen. Die meisten dieser Patienten werden langzeitbehandelt. Bei einigen der zyklothymen Kranken liegt eine Jahresperiodik vor, bei der im Winter Depressionen und im Sommer Hypomanien (und umgekehrt) auftreten. Im nördlichsten Europa sollen sich allerdings ganze Populationen so verhalten. Die Lichtabhängigkeit ist möglicherweise auf das Zirbeldrüsenhormon Melantonin zurückzuführen.

Der periodische Aufruf von Störprogrammen könnte also bei Kranken, bei denen die anderen Annahmen nicht zutreffen, durchaus die rezidivierend-periodische Erscheinungsweise erklären. Es ist, als ob man immer wieder einmal an ein Problem dächte, das noch ungelöst ist, bis schließlich die Antwort vor Augen steht. Das zu erledigende Problem bei den überwiegend endogen-funktionellen Erkrankungen wäre die wechselnd ausgeprägte, aber letztlich permanente Übererregtheit und Angstbereitschaft, die auch im Intervall weitere Manifestationen heraufbeschwört.

f) Probabilistische Funktionen

Mit der Wahrscheinlichkeitsproblematik haben wir uns oben bereits auseinandergesetzt. Die Einschätzung der Wahrscheinlichkeit des Eintretens einer Gefahr muß deshalb angenommen werden, weil ja das tatsächliche Eintreten von Gefahren bei der Psychosemanifestation erst mit dem Ausbruch der Erkrankung selbst erlebt wird, wenn halluzinatorische, paranoide oder emotionale Projektionen in Gang kommen. Das Gefahrensicherungsverhalten dürfte insgesamt von der Einschätzung von Wahrscheinlichkeit abhängen. Eine erfolgreiche Meidung ist dann möglich, wenn bestimmte Objekte höherwahrscheinlich als andere eingestuft werden, wie dies auch im realen Leben der Fall ist. Wenn ich die Wahrscheinlichkeit eines Auffahrunfalles zu gering einschätze, werde ich zu nah an vor mir fahrende Fahrzeuge herankommen und eines Tages tatsächlich auffahren. Halte ich die Wahrscheinlichkeit aufgrund schlechter Erfahrungen jedoch für sehr hoch, werde ich immer bemüht sein, einen genügenden Abstand zu halten. Das gleiche gilt zum Beispiel für zwischenmenschliche Beziehungen, wo es nicht um die Manifestation eines erneuten Zusammenstoßes, sondern um die Abschätzung der Wahrscheinlichkeit eines solchen geht, wenn ich vorbeugende Maßnahmen gegenüber bestimmten Personen ergreife.*

Letztlich ist ja das Verhalten auf die Vermeidung von Kampf und

* bei dissozialen Personen liegt oft ein gegenteiliges Verhalten vor

Gefährdung ausgelegt. Die Wahrscheinlichkeitsrechnung der einzelnen Module dürfte sich aus dem Verhältnis von primärer Ladung der einzelnen Schablonen, späteren spezifischen Informationsprozessen und ihrer zeitlichen Häufigkeit sowie aus der für diese Gefahrenart vorliegenden Aktualsituation zusammensetzen. Diese Wahrscheinlichkeitsrechnungen müssen keineswegs der Wirklichkeit entsprechen. Vielmehr dürfte es charakteristisch für Homo sapiens sein, daß er ständig neue Anläufe macht, diese Schätzungen zu verbessern, aber auch immer wieder ein Verfehlen der richtigen Leistung erlebt. Immer wieder wird man von seinen eigenen Fehleinschätzungen bestimmter Gefährdungen verblüfft. „Ich hätte das nicht für möglich gehalten." Das wird wohl niemandem fremd sein. Die Wahrscheinlichkeitsberechnung in bezug auf die Zukunft würde ja eine Extrapolation aus schon bis zur aktuellen Situation laufenden **probabilistischen Rechnungen** bedeuten. Bekanntlich kann niemand auch nur das Wetter von morgen sicher voraussagen. Dennoch beobachtet man ein sehr umfangreiches Sicherungsverhalten in bezug auf die Zukunft bei vielen Menschen. Unfall- und Lebensversicherungen werden abgeschlossen, man versucht, etwas zurückzulegen für schlechte Zeiten, Schutzwälle aller Art werden errichtet, um möglichen gefährdenden Situationen gewachsen zu sein. Der Gang zum Wahrsager liegt uns nicht so fern, die Kristallkugel hat ihre Anhänger, auch das Handlesen. Was mir heute passieren wird, kann ich aus dem Zeitungshoroskop entnehmen. Diese Beobachtungen verleiten zu der Annahme, daß Horoskope eine sorgfältige Zukunftsprüfung vortäuschen und dadurch beruhigen. Sie sollen nicht etwa kritisiert werden, sondern nur zur Beweisführung für die Existenz von Wahrscheinlichkeitsberechnungsprozessen beim Menschen dienen, die auf Meidung hoher Wahrscheinlichkeiten von Todesgefahren hinausläuft.

g) Energetische Faktoren

Die Wahrscheinlichkeit des Auftretens einer Gefahr, ihre Größe und Nähe, die Dringlichkeit ihrer Meidung oder Abwehr beeinflussen die energetische Mobilisierung von Erregung und Alarmiertheit. Das energetische Niveau steigt über mehrere Stufen. Der Übergang zum nächst höheren Energieniveau wird durch die Vergeblichkeit der Bemühungen auf dem vorherigen hervorgerufen. Bei den funktionellen Psychosen genügt das Fortbestehen des Erkrankungszustandes, um beim Ausbleiben wirksamer Hilfe immer höhere energetische Stufen anzuregen. Die leichte Beunruhigtheit und Konzentrationsstörung im Vorfeld der Erkrankung geht über in eine stärkere, die schon das Arbeiten unmöglich macht, weiter über eine Stufe, in der Schlafstörungen beginnen, und eine solche, in der nicht mehr nur ängstigende Träume, sondern schon eine Unfähigkeit zu schlafen vorliegt. Weitere Aktivierungsstufen umfassen eine Unruhe auch am Tage mit zunächst innerlicher Erregung, dann auch äußerer bis zu immer höheren **energetischen Stufen der psychischen Erregung**. Das maximale Niveau ist die agitierte Psychose, darauf folgt noch die verworrene und amentielle Psychoseform. Inneres Bekümmertsein schlägt um in klagende Äußerungen bis zu lautem Jammergeschrei, Gereiztheit geht über in Angriffslust und schließlich massive, für andere gefährliche Aggressivität. Angedeutete Todesgedanken wandeln sich in deutliche Todeswünsche, Selbstmordpläne, -versuche und schließlich massive und gelingende Suizidhandlungen. Aus zahlreichen Symptomreihen kennen wir diese fast beliebig hoch zu treibenden Steigerungen des energetischen Niveaus mit immer größerer Verdeutlichung von Warnungen, Appellen, aber auch Mechanismen der Herausnahme des Individuums aus der Möglichkeit, sich weiter in Gefahr zu begeben. Auch die Pulsbeschleunigung, Blutdruckhöhe und Temperatursteigerung können bis zur maximalen Erregung in der akuten perniziösen Katatonie ansteigen. Ähnliche vegetative Erregungen finden wir bei Delirien, die auch von hoher energetischer Geladenheit sind. Es geht hierbei nicht um Antriebssteigerungen, sondern um Erregung, Spannung, Angst, enthemmte Motorik und eine progrediente Ausschaltung der sinnvollen Tätigkeit höherer Persönlichkeitsschichten mit wachsender Erregung. Nicht selten beobachten wir, daß die Erregungssteigerung sinnvoll ist, wenn bisher ergriffene Behandlungsmaßnahmen nicht zum Erfolg führen und der Kranke sich nun heftiger erregt, stärker suizidgefährdet, deutlicher paranoid als zu Beginn darstellt. Umgekehrt bringt die gelingende Therapiesituation nicht nur durch die psychopharmakologische Mitigierung, sondern auch durch die begründete Aussicht auf Heilung Hilfe in der **Herabschaltung der energetischen Stufen**. Der Persönlichkeit des Arztes kommt hierbei große Bedeutung zu. Allerdings ist die Wirkung der Neuroleptika und eines Teils der Antidepressiva und auch der Beruhigungsmittel unmittelbar auf eine Absenkung des energetischen Niveaus auf therapiefähige Grade angelegt, und stellt eine chemische Direktinformation der Module sicher.

h) Informationsfaktoren

Den Instinktmodulen kommt die Fähigkeit zu gezielter, programmspezifischer Informationsaufnahme und -auswahl zu. Die Informationen werden gezählt, zeitlich eingeordnet und für Wahrscheinlichkeitsrechnungen herangezogen. Die Informationsaufnahme erfolgt über die Sinnesorgane, aber auch durch innere assoziative Prozesse im Bereich des Denkens und Urteilens. Informationen führen zu Engrammen, die nach systematischen Gesichtspunkten eingelagert werden. Wir verfügen über eine Programmbibliothek (s. Band I), die nach Haupt- und Untergebieten, nach Kategorien und nach Inhalt geordnet sein dürfte. Dies ergibt sich aus der Psychopathologie der Gedächtnisphänomene, vor allem aus der Psychopathologie des Korsakow-Syndroms und des organischen Psychosyndroms. Informationsprozesse spielen auch bei der Identifikation gefährlicher Objekte und bei deren Projektion eine entscheidende Rolle. Ähnliche, wie die selbst gefährlichen Objekte, werden als Symbole genommen, die auf das baldige Erscheinen der Gefahr hinweisen können. Eine Steigerung dieser Symbolisierungen finden wir bei der Schizophrenie in Verbindung mit einer Abnahme des Abstraktionsvermögens.

Je höher der Grad der Erregung ist, um so weniger Informationen können aufgenommen werden, um so größer ist die Bereitschaft zur Reproduktion von bereits eingelagerten Informationen (Engrammen). Mit wachsender Erregung werden auch immer leichter unspezifische Informationen mit in das Programm einzelner Instinktschablonen hineingenommen und pars pro toto als Bestätigung bevorstehender oder bereits eingetretener Gefahren genommen. Im Rahmen der **lebenslangen Schablonenprogramme** werden auch über Jahrzehnte Informationen gesammelt. In der Therapie der Psychosen ist die Aufarbeitung dieser Informationssammlung von großer Bedeutung, weil ein ungenügendes Durcharbeiten die Remanifestation der Psychose nach ihrer zunächst erfolgenden Ausheilung fördern könnte. Sowohl bei den Neurosen, bei denen dieses wohl bekannt ist, aber auch bei den Psychosen finden wir hochdeterminierte Informationsverbindungen, die auch irrige Überzeugungen der Bedrohung durch bestimmte Konstellationen enthalten. Dies gilt nicht nur für Wahnkranke, sondern auch für rezidivierend manisch Kranke, Depressive und für jede Art von neurotischem Syndrom. Auch psychopathische Persönlichkeiten legen Informationssammlungen an, die von den krankhaften Programmen diktiert sind und diese dadurch stärker und manifestationsbereiter machen.

Die Therapie strebt nach einer Beendigung des Ausbaues der pathologischen Informationssammlung und will ein neues Lernen anbahnen, um die **Wahrscheinlichkeit einer Änderung** des Zustandes zu steigern. Mit wachsendem Informationsgehalt auf dem neu gestifteten therapeutischen Programm wächst die Bereitschaft, noch mehr Informationen in dieser Richtung aufzunehmen. Der Wiederaufbau des Ichs im Rahmen einer rekonstruktiven Psychotherapie kann in Gang gebracht werden.

Die unterschiedlichen Psychoseprogramme enthalten auch jeweils **spezifische Arten von Informationssammlungen** und -prozessen. Diese können nur mit Hilfe der Kenntnis ihrer Struktur aufgeschlüsselt und umgearbeitet werden.

Die neuen, in der Heilung der Psychosen eingeführten Lernprogramme zielen sämtlich auf eine Stärkung des personalen, eigengewichtigen Anteils, während die pathologischen Programme im Grunde apersonal sind. Ihre zum Teil phylogenetisch alte Struktur, die bei der **Schizophrenie** bis an die Grenze zur Sprachlosigkeit heranreicht, ist doch im Vergleich der Kranken untereinander verhältnismäßig stereotyp. Je tiefstehender das Achsensyndrom ist, um so mühsamer sind neue Informationsprozesse in Gang zu bringen. Am schwierigsten ist dies bei schwer veränderten Schizophrenen, die nicht nur sprachlich verkümmern, sondern auch gedanklich vielfach unbeweglich geworden sind. Sie weisen erstaunliche Ähnlichkeiten zu Korsakow-Patienten auf. Manche schwer veränderten Schizophrenen legen sich ähnlich wie diese in fremde Betten, gehen an fremde Nachttische, laufen dem Personal nach und wirken abhängig wie kleine Kinder. Die durch Pharmakotherapie und therapeutisches Klima später entladenen Instinktmodule werden wieder eingeordnet, dabei gibt der Therapeut „normale" spezifische Informationen, die dies bekräftigen. Mit Schizophrenen sprechen wir vor allem über ihre Sozialkontakte im Rahmen kognitiver Therapien.

i) Kybernetische Faktoren

Dem pathologischen Funktionswandel von Instinktschablonen, welche mit ihren spezifischen Lernprogrammen zusammen eine Einheit bilden, zu manifesten Psychosen, Neurosen und Achsensyndromen liegt eine Störung der Regulation zugrunde. Die Einstellung der, wie wir gesehen haben, sehr komplexen Instinktmodule auf die Realität des biografischen Ablaufes mit immer neuen Lebensstationen will bei den Kranken nicht gelingen.

Die Organismen und mit ihnen der Mensch sind kybernetische Systeme, in denen durch Regelkreise jede ihrer Funktionen vom Prozeß der Zellteilung über den intermediären Stoffwechsel bis zur Regulation der Organsysteme und den Funktionen des Nervensystems alles durch Rückkoppelungskreise kontrolliert wird. Oberbegriff ist die Homöostase, das Aufrechterhalten der regulierten Strukturen des Organismus gegenüber den aus der Umwelt drohenden Zerfallstendenzen. Die regulatorischen Aufgaben des Nervensystems beginnen mit Reflexbögen und gehen über multineuronale Rückenmarksreflexe zu komplizierten homöostatischen Organen, wie dem Kleinhirn, den Brückenkernen, dem Zwischen- und dem Großhirn. Bei intakter kybernetischer Funktion liegt eine Geborgenheit im Sein vor. Auch die Instinktschablonen werden durch kybernetische Mechanismen in ihrem Einsatz gesteuert. Gesund ist, wer diese Grundausstattung reguliert ins Ziel bringen kann und dadurch Gefahren meidet oder sie anderweitig neutralisieren kann. Die Regulationsqualität der Instinktmodule stützt sich auf die Informationsprozesse, die Wahrscheinlichkeitsrechnung, die Zeitzuordnung, sicherlich auch auf die Effektuierung von bereits geleisteten Abwehrmaßnahmen, auf die vorhandene energetische Situation und auch auf die anderen Merkmale des Referenzsystems, die wir oben behandelt haben. Die Zusammenfassung aller Teilfunktionen in einem Rückkoppelungssystem ist bei Gesunden bisher noch in keiner Weise bekannt. Die **Selbstheilungskräfte**, die der einzelne Mensch an sich wirksam werden läßt, die ihm vielleicht auch ohne sein eigenes Zutun aus autoregulatorischen Absicherungen zufließen, die heilenden Einflüsse der Kontaktnahme mit anderen Menschen, der Einfluß übergeordneter politischer Ereignisse – alles dieses müßte in eine Gesamtrechnung eingehen, die über den Einsatz von Gefahrenprogrammen entscheidet. Die Auflistung der Maßnahmen, welche einer Lerntherapie etwa bei Depressionen dienlich sind, belehrt über die Vielzahl autoregulatorischer und zwischenmenschlicher Vorgänge, deren sich Kranke bedienen können, um aus einer Depression herauszukommen, die aber auch bei Gesunden wohl in Aktion sein dürften. **Das eigentliche Rätsel ist für uns ja nicht, warum Kranke krank werden, sondern, wie sich die Gesunden gesund erhalten.**

Bei Hirnerkrankungen hängt die verbleibende Regulationsgüte von dem noch möglichen Integrationsniveau ab. Das gleiche gilt für die Erregungsprozesse der funktionellen Psychosen, bei denen das Persönlichkeitsvolumen stufenweise herabgeschaltet wird. Die Folge psychischer Erkrankungen und von Hirnprozessen ist also nicht nur die Hervorbringung von psychopathologischen Syndromen, sondern gleichzeitig auch eine **Lähmung der selbstregulierenden Fähigkeiten** mit der Folge des Ausbleibens autotherapeutischer Mechanismen. Beim Ausbruch einer Psychose sinkt die Regulationsgüte massiv ab, die Informationsaufnahme schrumpft auf die wenigen noch zugänglichen, spezifisch gewerteten Informationen, die Realität wird nur noch nach Maßgabe der verbliebenen Möglichkeiten berücksichtigt. Die Alarmverfassung hat nur noch ein Ziel, den pathologischen Zustand voll zum Durchbruch zu bringen, alle anderen Verhaltensmöglichkeiten weitgehend zurückzudrängen und eine soziale Reaktion zu veranlassen. Wir betrachten also die **Verbringung eines Kranken zum Psychiater** in die Praxis oder in die Klinik, zum Heiler, nicht etwa als ein neumodisches Tun, das sich in den letzten Jahrhunderten allmählich eingebürgert hat, sondern als ein **soziales Merkmal von Homo sapiens** seit sicher sehr langer Zeit, seit hunderttausenden von Jahren. In der ausbrechenden Psychose kann dementsprechend wohl die Autoregulation auf bestimmte reale Gefahrenobjekte nicht mehr geleistet werden, der soziale Appell, ein deutliches „Ihr seht doch, ich kann nicht mehr" wird auf jeden Fall noch geleistet. So sind auch die meisten psychisch Kranken, an welchem Syndrom sie auch erkrankt sein mögen, einer freundwilligen, ärztlichen und pflegerischen Hilfe sehr gut zugänglich und neigen, wenn dies nur irgend möglich ist, zur Remission, wenn sie auch im unbehandelten Zustand oft alles zu tun scheinen, eine Änderung des instinktiven Krankheitszustandes zu verhindern. Der Ausweg aus der inneren Not der Dauererregung wird also beschritten über eine Aufgabe der autoregulatorischen Anpassung, die noch kurz zuvor möglichen Leistungen werden aufgegeben, eine massive Änderung des Sozialverhaltens wird in der einen oder anderen Weise vorgetragen. So gesehen dienen die Psychosen, Neurosen und Achsensyndrome doch einer Aufgabenerfüllung: Sie veranlassen eine Hilfsmaßnahme. Wenn in unmenschlichen Zeiten Psychosekranke in Gefängnisse geworfen, auf Scheiterhaufen verbrannt oder anderweitig hingerichtet wurden, so besagt dies noch nicht, daß es der Neuzeit vorbehalten geblieben sei, den Kranken wirklich Hilfe angedeihen zu lassen. Ethnopsychiatrische Untersuchungen ergeben doch eindeutig, daß dem psychisch Kranken in den unterschiedlichsten Gesellschaften eine ökologische Nische zugewiesen wurde, daß seine Regression, Verzweiflung oder ekstatische Verfassung respektiert wurde.

Das Referenzsystem übernimmt die Verhaltenssteuerung immer dann, wenn eine rationale Problemverarbeitung wenig aussichtsreich oder bereits gescheitert ist. Bevor noch die **endogenen Notprogramme** die Persönlichkeitsanteile vollständig in ihren Bann zwingen, findet bei geringerer Gefährdung eine höher angesetzte Emotionalisierung statt. Von einem gewissen Grad an Emotion wird die rationale Sicherheit so stark untergraben, daß kühl bleibende Gruppenmitglieder, z. B. bei Diskussionen, ein leichtes Spiel mit dem aufgeregten Diskutanten haben. Das emotionalisierte Gruppenmitglied wird in diesem Beispiel also dümmer zugunsten einer stark unterstrichenen Selbstdarstellung. In anderen Fällen kann aus unter Affektdruck ablaufenden Denkprozessen die rettende Erkenntnis, die Wahrheit gefunden werden. L. Ciompi (1982) sucht ebenfalls nach „kognitiv-affektiven, d. h. spezifisch affektlogischen Schemata oder Vorstellungen". Die Affektstruktur sei untrennbar mit der kognitiven verbunden, eine Einheit der mehr körperlichen Emotionen mit den mehr immateriellen Denkvorgängen müsse jedoch erst gefunden werden. Ciompi nimmt jedoch an, daß die „äquilibrierten affektiv-kognitiven Schemata als typische Strukturen bzw. Systeme so aufgefaßt werden sollten, daß sie einerseits aus dem Umgang mit der begegnenden Wirklichkeit entstanden sind und andererseits den Umgang mit ihr konditionieren". Die für die affektlogischen Schemata relevante Information scheine beim Menschen nur in relativ geringem Maße in angeborenen Reflexen und Instinkten, zum größeren Teil dagegen in den erworbenen Assoziationsbahnen niedergelegt zu sein, die durch Aktion fixiert werden. Diese innerpsychischen Strukturen würden in der Kindheit internalisiert.

Ciompi versucht also, die Psychosen und Neurosen aus erlernten Assoziationen abzuleiten. Wir nehmen dagegen an, daß das **Referenzsystem bei jedem Menschen angeboren** ist. Seine Arbeitsweise wird durch Erziehung und Lernvorgänge von der frühesten Kindheit an modifiziert, seine Themata sind jedoch invariant. Sie beeinflussen den gesunden Menschen in vielfältiger Weise. Schon die erwähnte **Emotionalisierung des Denkens** zeigt einen gegenüber dem Ruhezustand wachsenden Einfluß auf höhere Prozesse. Im Vergleich zu psychisch Kranken ist jedoch diese Emotionalisierung nur geringgradig. Schon bei Neurosekranken, deutlicher bei Depressiven, Manikern und Schizophrenen werden die der Realität entnommenen Denkgesetze entkräftet. Das Denken verläuft jetzt in instinktiv vorgezeichneten Bahnen. Die Variabilität der Einstellungen und Äußerungsformen des Gesunden entzieht sich dem Einfluß und der Reichweite der Psychopathologie. Wir wollen nicht in den Fehler der alten Trieblehren verfallen, die für jede emotional unterlegte menschliche Handlungsweise einen passenden Instinkt sucht, d.h. ihn sich konstruiert. Bei K. Leonhard finden wir solche Versuche, wenn er den Beherrschungsinstinkt, den Erwerbsinstinkt, den Machtinstinkt, einen Sexualenthaltungstrieb, einen Sammeltrieb und schließlich einen Urinstinkt der sexuellen Farbwirkung annimmt. Wir ziehen es in unserer theoretischen Arbeit vor, nur die **harten Daten aus den Psychosen, Neurosen und Achsensyndromen** zu berücksichtigen. Diese **weisen eindeutig auf die Tätigkeit eines im Unbewußten liegenden Systems hin, dessen pathologische Varianten einerseits von sehr großer Stereotypie sind, durch ihre individuelle Formung und aufgrund der erheblichen Verlaufsunterschiede auf ihre Einbettung in das menschliche Lebensschicksal hinweisen.**

14. Theoretische Rückschlüsse aus der Psychopharmakologie

Die psychopharmakologische Erforschung der Abbaureihen* hat in den vergangenen 5 Jahrzehnten unsere Kenntnisse über den Aufbau des psychoseerzeugenden Systems im Menschen erheblich erweitert. Schon die in den dreißiger Jahren eingeführte Insulinkomatherapie (Sakel, 1933) ließ den Antagonismus zwischen exogenen Psychosen, die durch das Insulin hervorgerufen werden, und endogenen Psychosen, die Gegenstand der Behandlung mit Insulin waren, erkennen. Die Intensität des provozierten exogenen Bildes war dosisabhängig. Die Cardiazolschocktherapie (Meduna, 1934) ebenso wie die Elektroschocktherapie (Zerletti und Bini, 1938) beruhten in ihrer Wirkung auf dem gleichen Antagonismus zwischen einer tiefen Bewußtseinsstörung, die im großen epileptischen Anfall bis zum Koma geht, und den mit diesen Therapien behandelten funktionellen Psychosen.

Die Entwicklung der psychopharmakologischen Therapie in den fünfziger Jahren hat eine bis dahin nicht vorstellbare Manipulierbar-

* vgl. J. M. Burchard, 1969

keit der funktionellen Psychosezustände sowohl im Querschnitt wie im Rahmen von Langzeittherapien erbracht. Eine Vielzahl von Methoden beeinflußt die unterschiedlichen biochemischen Transmitter und Erregungssysteme. Schon die 1844 veröffentlichte Opiumkur (H. Engelken) beruhte in ihrer Wirkung auf einer Dosisabhängigkeit, wodurch sowohl leichte Krankheitsbilder wie schwere, erregte Formen einer Therapie zugänglich wurden. Erst vor wenigen Jahren wurde eine Begründung für die Wirkungsweise der Opiumtherapie gefunden, als man die Endorphine entdeckte und damit einen Beweis für die Existenz von Opiatrezeptoren, welche dopaminerge Neurone dämpfen.

Schon seit 1826 (Balard) war die Wirksamkeit von Bromsalzen als Sedativa, Schlafmittel und Antipsychotika bekannt. Der Wirkungsmechanismus ist ein Eingriff an den Chloridkanälen in der Zellmembran, die durch die Bromide blockiert werden können. Ähnlich wirkt das Lithium (Cade, 1949) an den Natriumkanälen. Hohe Dosen von **Lithium** oder **Brom** führen zu Bewußtseinsstörungen, im Extremfall zur völligen Ausschaltung des Gehirns und damit zum Tod, niedrige Dosen zu den therapeutischen Effekten. Niedrig dosierte Lithiumtherapien wirken prophylaktisch bei rezidivierenden depressiven, manischen und manisch-depressiven Krankheiten, aber auch bei einem Teil der schizophrenen Kranken.

Die Chemotherapeutika im engeren Sinne, die niederpotenten typischen **Neuroleptika** vom Chlorpromazintyp, die hochpotenten Neuroleptika vom Typ des Reserpins, der Butyrophenone und des Fluphenazins, die **Antidepressiva**, wie die MAO-Hemmer und die tri- und tetrazyklischen Substanzen erreichen jeweils mehrere biochemische Systeme. Die Neuroleptika wirken auf adrenerge, dopaminerge, serotonerge und GABAerge Synapsen, die Antidepressiva auf azetylcholinerge, dopaminerge, adrenerge und eine Reihe weiterer Rezeptoren. Den Benzodiazepinderivaten wird eine selektive Wirkung auf Benzodiazepinrezeptoren und die mit ihnen verbundenen Chloridkanäle zugeschrieben. Diese werden jedoch gleichzeitig durch einen GABArezeptor kontrolliert.

Am Wirkungsspektrum des Sulpirid konnte nachgewiesen werden, daß es in niedrigen Dosen bei Neurosen und psychosomatischen Erkrankungen, in mittleren Dosen bei Depressionen und in hohen Dosen bei Schizophrenieerkrankungen eine gute therapeutische Wirkung besitzt (vgl. Abb. 10).

Zur Erklärung der Wirkungsweise von **Sulpirid** bei Depressionen

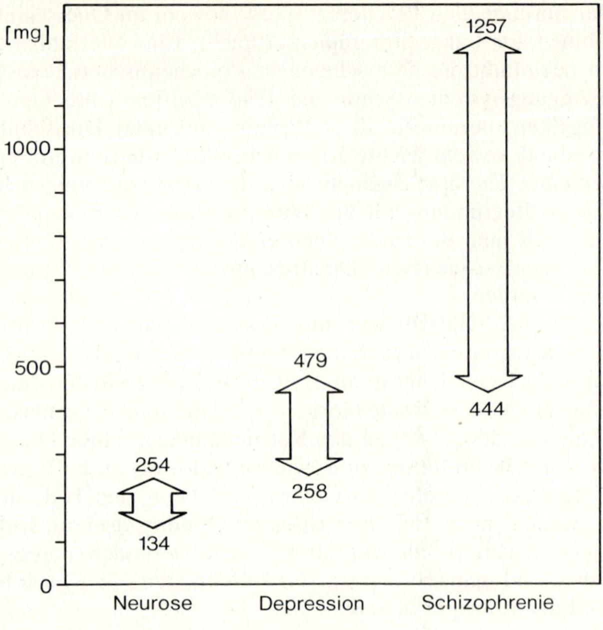

Abb. 10. Dosierungsbereiche von Sulpirid; links bei Neurosen und psychosomatischen Krankheiten, Mitte bei Depressionen, rechts bei schizophrenen Psychosen.
Aus: J. M. Burchard: Zur Frage der Rückschlüsse aus der Korrelation von Dosierung und Zielkrankheit am Beispiel von Dogmatil auf die Rekonstruktion einer nosologischen Systematik. In: O. Benkert (Hrsg.): 15 Jahre Erfahrung mit Dogmatil. Zuckschwerdt, München–Bern–Wien 1984.

einerseits und schizophrenen Erkrankungen andererseits wurde angenommen, in niedrigeren Dosen wirke es auf die präsynaptische Transmitterproduktion, bei Schizophrenien auf die postsynaptische Phase bzw. auf den Dopaminrezeptor. Im Vergleich zu Dosisunterschieden auch bei anderen zentralwirkenden Pharmaka ist jedoch die Annahme wahrscheinlicher, daß die Entgleisung zerebraler Erregungsvorgänge von unterschiedlicher Intensität ist und wachsende Dosierungshöhen, die entsprechend ansteigende Gewebespiegel bestimmter Pharmaka hervorrufen, in der Lage sind, immer mehr Rezeptoren zu blockieren.

Auch bei den **Benzodiazepinderivaten** finden wir in Abhängigkeit von der Dosis sehr unterschiedliche Wirkungen. In niedrigen Dosen kommen anxiolytische, muskelrelaxierende Effekte zustande, bei etwas höheren Dosen Sedation und Schlafmittelwirkung, sehr hohe Dosen, wie 200 mg Diazepam, dienen zur Mitigierung schizophrener Krankheitsbilder. Mittlere Dosen von Diazepam können auch einen Status epilepticus unterbrechen.

Auch die Wirkung von **halluzinogenen Substanzen** ist dosisabhängig. Niedrige Dosen von Mescalin verursachen einen typischen Rauschzustand mit optischen Illusionen, geringgradiger Inkohärenz, emotionalen und Antriebsveränderungen. Eine etwas höhere, intravenös applizierte Dosierung kann ein akutes, verworrenes, schwer psychotisches Bild mit hochgradiger Erregung, massiven Halluzinationen und Angstzuständen provozieren. Ähnlich wurde bei Alkoholvergiftungen eine Blutspiegelabhängigkeit der Ausfallserscheinungen nachgewiesen (H. H. Wieck, 1956). Die **biochemische Erforschung der menschlichen Hirntätigkeit** kann heute noch nicht als abgeschlossen gelten. Zu den schon bekannten Überträgersystemen kommen noch Peptide und Lipide hinzu. Wachstumshormon und Prolaktin spielen eine Rolle. Auch eine Beeinflussung der Reaktionsbereitschaft durch Nebennieren- und Zirbeldrüsenhormone werden erforscht, ferner Steroidhormone und Melatonin.

Aus diesen Erkenntnissen können wir bislang folgende Schlüsse ziehen:

1. Die unterschiedlichen Gruppen der bisher entdeckten psychopharmakologischen Substanzen veranlassen Veränderungen der chemischen Arbeitsweise des Nervensystems, die wir bisher nicht eindeutig überblicken können. Die Wirkungsbereiche überschneiden sich.
2. Bislang konnte nicht befriedigend erklärt werden, warum chemisch nah untereinander verwandte Derivate aus den einzelnen Psychopharmakafamilien so unterschiedliche Haupt- und Nebenwirkungsmuster hervorrufen.
3. Bestimmte psychopathologische Syndrome können mit den verschiedensten Gruppen von Psychopharmaka wirkungsvoll behandelt, d.h. mitigiert werden.
4. Die Wirkung der verschiedenen Psychopharmaka ist zu einem wesentlichen Teil charakteristisch für die einzelne Substanz, jedoch auch stark dosisabhängig. Dadurch können mit der gleichen Substanz die unterschiedlichsten Syndrome, je nach der Dosierung, mitigiert werden.

5. Die psychopharmakologischen Gruppen und ihre einzelnen Vertreter halten sich nicht an die Grenzen der nosologischen Einteilung. Antidepressiva wirken bei Schizophrenien, Neuroleptika wirken auf Depressionen, Manien und schizophrene Psychosen. Ein Antiepileptikum wie **Carbamazepin** verhindert sowohl epileptische Anfälle wie Verstimmungs- und Erregungszustände bei Epilepsie, aber auch die Remanifestation von phasischen affektiven Psychosen.

*

Diese kritischen Einwände gegen geläufige Einteilungen und Zuordnungen lassen sich mit der klinischen Erfahrung einer **individuellen Einstellung und Dosierung** für den einzelnen Kranken in Einklang bringen. Die Ermittlung einer geeigneten psychopharmakologischen Behandlung hat heute noch weitgehend experimentellen Charakter. Sie kann zwar in vielen Fällen auf Anhieb gelingen, die Wirksamkeit, Verträglichkeit, Kombinierbarkeit, Dosierungsdauer und -höhe werden für jeden einzelnen Patienten neu ausgearbeitet. Diese Erfahrungen weisen insgesamt darauf hin, daß weder die nosologische Zuordnung noch das psychopathologische Syndrom sichere Hinweise auf die anzuwendende psychopharmakologische Therapie noch diese wiederum auf die zu vermutende zugrundeliegende biochemische Störung zulassen. Die Möglichkeit der indirekten Ermittlung der biochemischen Störungen im ZNS werden auch noch durch individuelle Unterschiede der Resorption und des Eindringens von Substanzen in das Nervensystem unübersichtlicher.
Probebehandlungen bei solchen unklaren Fällen gehören in den Bereich der **Pharmakognostik** welche die Erforschung, der Zusammenhänge rein empirisch angeht. Wir wissen nicht, ob das Auftauchen typischer Erkrankungszustände mehr einen qualitativen biochemischen Hintergrund hat oder einen quantitativen, oder ob beide Möglichkeiten ineinander greifen. Gleichzeitig ist die Aktivierung einer Mehrzahl von biochemisch jeweils spezifischen Leitungssystemen wahrscheinlich. Aus den zum Teil indirekten Erkenntnissen über die Hirnbiochemie sind heute weder eine nosologische Ordnung, aber auch keine psychopathologischen Korrelate eindeutig abzuleiten. Gesichert erscheint jedoch, daß höhere Dosen bestimmter Pharmaka bei größerer Erregung wirksam sind, während niedrige Dosen bei geringer Enthemmung bereits ausreichen. Dies geht sowohl aus dem Vergleich verschiedener Patienten, als auch aus der **Verlaufsbeobachtung** an einzelnen Kranken hervor. Daraus können wir mit Si-

cherheit auf eine stärkere Ausschüttung von Erregungsstoffen und wahrscheinlich auch auf eine stärkere Blockade hemmender Systeme bei **stufenförmig anwachsender Erregung** schließen. Die Grenzen des nosologischen Systems werden dabei überschritten.
Diese Rückschlüsse enthalten Argumente für die Konzeption der **Einheitspsychose**. H. Neumann (1860) nahm an, daß die verschiedenen Erscheinungsformen des Irreseins nur typische aufeinanderfolgende Stadien und nicht unterschiedliche Krankheitseinheiten seien. H. Rennert spricht in diesem Zusammenhang von einer „Universalgenese der Psychosen". Der Begriff der Einheitspsychose ist wiederum nosologisch gemeint. Er interessiert uns hier nur, weil er strukturell gefaßt auf das gestaffelte System und seine intensitativen Verzweigungen hinweist. Nicht die Ätiopathogenese der Psychosen kann einheitlich sein, sondern die unterschiedlichsten Hilfsfaktoren können an dem stets gleichen, **gestaffelten System** unterschiedlich schwere und auch verschiedenartige Reaktionen zur Auslösung bringen, wie zuerst K. Bonhoeffer bei den exogenen Syndromen nachweisen konnte (1908, 1910).

15. Zwei Arten der Entstehung von Psychosen

Die zentraleuropäische klassische Psychiatrie ging von zwei unterschiedlichen Wegen der Entstehung von psychischen Krankheiten aus. K. Schneider (1946) unterscheidet 1. abnorme Spielarten seelischen Wesens (abnorme Verstandesanlage, abnorme Persönlichkeiten, abnorme Erlebnisreaktionen) und 2. die Folgen von Krankheiten und Mißbildungen, unter denen wir sowohl die exogenen Psychosen wie die endogenen Krankheiten Zyklothymie und Schizophrenie finden. Schneider nennt dies einen empirischen Dualismus. Auch bei der ersten Gruppe können körperliche Veränderungen zugrunde liegen, man vermutet sie aber am ehesten in Variationen der morphologischen oder funktionellen Struktur. Bei der zweiten Gruppe sei die Diagnostik grundsätzlich zweispurig, wobei eine somatologische (ätiologische) Ordnung einer psychologischen (symptomatologischen) Ordnung gegenübersteht. In der ICD findet man dagegen eine dreifache, rein symptomatologische Einteilung, bei der sich Psychosen und Demenzen in einer Gruppe finden, in einer zweiten nicht psychotische psychische Störungen wie Neurosen, Psychopathien und in der dritten Oligophrenien.

Wir wollen die Frage in diesem Kapitel unter dem Gesichtspunkt der Gefahrenwahrnehmung und ihrer Umsetzung in systemische Antworten untersuchen. Danach ergeben sich zwei grundsätzlich verschiedene Arten der Psychoseentstehung:
a) Die **innere Gefahrenwahrnehmung** und **Gefährdungswahrscheinlichkeit in Verbindung mit Erregungssteigerung** wächst bis zu einem solchen Maße an, daß eine Alarmreaktion auftritt.
b) Der Organismus ist durch eine **körperliche Erkrankung** verändert. Diese wird ebenfalls als Gefährdung wahrgenommen und führt zur Auslösung eines Alarmzustandes.

zu a) Die klassische Psychiatrie hat eine Reihe von Begriffen für die Entstehungsweise und Auslösung von Psychosen gebildet: Man sprach von **reaktiven, psychogenen, neurotischen, psychopathischen und endogenen Erkrankungen.** Diese pathogenetischen Begriffe meinen jedoch nicht etwa unterschiedliche Erkrankungsformen, sondern sind untereinander eng verflochten, sowohl hinsichtlich der Entstehungswege wie in bezug auf die Krankheitsbilder. Insbesondere sind die reaktive und die endogene Depression durch ein Kontinuum von Übergangsformen miteinander verbunden. Das gleiche gilt für die neurotische und die endogene Depression. Unter „psychogen“ wurde ein weniger durch ein massives Erlebnistrauma verursachtes Erkranken als mehr ein übertriebenes Reagieren verstanden. Erstaunliche diagnostische Kunstfiguren beschrieb die klassische klinische Psychiatrie bei der Diagnose solcher Zustände im Bereich der Hysterie, wo schlechterdings alles durch den **hysterischen,** psychogenen Entstehungsweg verursacht werden konnte. Auch halluzinatorische Psychosen, Bewußtseinstrübungen und länger dauernde Stuporen wurden dazu gerechnet. Als ätiologische Hilfsvorstellung wurde eine psychopathische Veranlagung angenommen. Auch die Primitivreaktionen von E. Kretschmer waren von beträchtlicher Reichweite hinsichtlich der Schwere der Krankheitsbilder.
Die moderne psychiatrische Behandlung hat dazu beigetragen, die Verflechtungen der **funktionell-endogenen Psychosen** mit der Lebens- und Schicksalsentwicklung klarer, als dies früher möglich war, aufzudecken. Der psychopharmakologisch mitigierte oder in einen quasinormalen Zustand überführte Psychosekranke kann die Entwicklung seiner Persönlichkeit und seiner häufig neurotisch oder psychopathisch geprägten Vorgeschichte sehr viel klarer berichten,

als dies früher möglich gewesen wäre. Eine systematische psychopathologische Untersuchung und Ordnung aller dieser Früh- und Vorstadien schwererer psychotischer Erkrankungen zusammen mit der Beobachtung eben solcher Abortivformen im Intervall zwischen psychotischen Zuständen wie auch die Feststellung der gleichen abgeschwächten Formen im Verlauf der Heilungsprozesse ergibt das Bild eines sehr engen Zusammenhanges der reaktiven, neurotischen und psychopathischen Formen mit den einzelnen psychotischen Maximalausprägungen der jeweiligen Phänomenreihen. Auch der Vergleich verschiedener Kranker untereinander ergibt einen **stufenlosen syndromalen Übergang** zwischen den psychopathologischen Formen der reaktiven, neurotischen und psychopathischen Formen zu den „endogenen" Krankheitszuständen.
Zur ätiopathogenetischen Erklärung dieser unterschiedlichen Formen bedürfen wir nur einer einzigen Grundstörung, deren unterschiedlich starke Ausprägung und Reichweite innerhalb der Persönlichkeit zu den verschiedenen Krankheitsbildern führt. Dieses Postulat lautet: Die angeborene Instinktschablone kann sich von ihrem Ruhezustand über verschiedene **Aktivierungsstufen** in unterschiedlichen Krankheitsbildern exprimieren und damit im Verhalten niederschlagen. Die **Expression der Schablonen** steht dabei in einem engen Zusammenhang mit dem biografischen Zeitpunkt der entscheidenden Lernvorgänge, die zur Aktivierung des Moduls führen und mit der Intensität der Ladung, die sich in der gesamten Lebenszeit bis zum gegenwärtigen Zeitpunkt angesammelt hat und damit auch mit der genetisch vorgegebenen Vulnerabilität und Ladung. Zur Entstehung einer **reaktiven Erkrankung** bedarf es je nach der Intensität der aktualistischen traumatischen Einwirkung einer mehr oder weniger deutlichen Vorerregung der durch den Stimulus zur Manifestation gebrachten Schablone. Je massiver der aktualistische traumatische Eingriff ist, um so geringer braucht die im bisherigen Leben eingetretene Vulnerabilität zu sein.
Die **neurotische Manifestationsform** kann in ihrer Zeitdauer sehr kurz sein und, ähnlich wie die reaktive Störung, nur unter aktualistischem Druck zur Manifestation gebracht worden sein; in vielen Fällen zieht sich ihre Symptomatik jedoch über Jahre und Jahrzehnte hin. Die Störung greift hier tiefer als bei der reaktiven Störung und beeinflußt das Verhalten weitgehender; eine Persönlichkeitsstörung liegt bereits vor. Desinformationsprozesse schon in früher Kindheit und Anlagefaktor haben zur Entstehung beigetragen. Die Störung

kann Spitzenwerte mit gesteigerter Erregung unter dem Druck zusätzlicher aktualistischer traumatischer Erlebnisse annehmen.

Die **psychopathische Erkrankungsform** bedeutet eine ebenfalls sehr frühe Manifestation und damit Laufzeit über Jahrzehnte, im Grunde also lebenslang, in Verbindung mit noch weitergehenden Persönlichkeitsveränderungen, wobei eine aus den Psychosen entnommene Teilsymptomatik in das Persönlichkeitsgesamt eingebaut wird. Zusätzlich treten beim Psychopathen neurotische und reaktive Störungen auf, in Spitzenzeiten psychosenähnliche Erregungen.

Bei allen **Psychosen** finden wir reaktive, neurotische, psychogene und psychopathische Vor- und Abortivstadien. Die Vorgeschichte späterer Depressionen, schizoaffektiver Erkrankungen oder schizophrener Krankheiten ist oft gleichzeitig als **neurotisch-psychopathische Entwicklung** (im Sinne der Jaspersschen Unterscheidung zwischen Entwicklung und Prozeß), **alternativ aber auch als Abortivsymptomatik** der später erscheinenden Psychose zu deuten. Die Vorgeschichte der endogenen Melancholie nach Tellenbach bedeutet gleichfalls eine solche Untrennbarkeit entwicklungshafter und abortiv-psychotischer Bewertungen.

Die Reihe der reaktiven, der neurotischen, der psychopathischen und der psychotischen Erkrankungen läßt sich durch eine fortlaufende Steigerung der Manifestationsstärke und -zeit bestimmter Verhaltenssysteme in Verbindung mit bestimmten Persönlichkeitsvolumina und -niveaus erklären. Auf dem Weg zu den einzelnen Psychosen, wie der monopolaren Depression, der manisch-depressiven Erkrankung, der schizoaffektiven Psychosen und der Schizophrenien ergeben sich dabei unterschiedliche Abortivformen, die wir im folgenden Kapitel systematisieren wollen. Eine verstärkte **Veranlagung im Sinne einer genetisch bedingten Regulationsstörung der Einordnung der einzelnen Instinktmodule** ist bei der Entstehung der einzelnen Formen methodologisch nicht einwandfrei von einem besonders intensiv empfundenen **Druck von Umweltereignissen** zu trennen. Wir sprechen deshalb von einer **Verzahnung,** die sich bei den menschlichen Instinkten ebenso findet wie bei den tierischen. Instinkthandlungen ohne Objekt sind scheinbar sinnlos, werden jedoch bei hoher Erregung im Leerlauf abgewickelt.

Bei diesen funktionellen Störungen, wie wir sie zusammenfassend nennen können, gehen die grundsätzlich und auch tatsächlich erzielbaren Heilerfolge bis zur Wiederherstellung eines normal-gesunden Zustandes. Sogar ein Teil der schizophrenen Erkrankungen heilt ohne jedes Residuum aus. Aus den verbleibenden Residualzuständen ergibt sich kein zwingender Schluß auf eine organische Erkrankung des Gehirns. Tatsächlich finden sich aber bei prognostisch ungünstigen Verläufen gehäuft Hirnsubstanzminderungen in den subkortikalen Gebieten, wie G. Huber schon vor Jahrzehnten nachgewiesen hat. Demnach liegt hier ein **Übergang zu den Oligophrenien** vor, bei denen Hypoplasien des Gehirns neben Mißbildungen die wesentlichen Ursachen darstellen.

Durch unsere Theorie vereinigen wir hier die bei K. Schneider noch getrennten Bereiche der „abnormen Spielarten seelischen Wesens" mit den endogenen Psychosen. Diese Vereinigung entspricht einer Entwicklungsrichtung in der Psychiatrie, die als Kern, gewissermaßen als Achse der Auslösung von Psychosen nicht so ausschließlich die okkulte Anlage annimmt, sondern die gleich wie bedingte **Entwicklungsstörung.** Diese kann ebenfalls **anlagebedingt** sein, wird aber durch frühkindliche Traumen und nachfolgende Lernstörungen weiter geformt. Die durch die Entwicklungsstörung bedingte Retardiertheit löst in **Belastungssituationen** die Erkrankung als **Alarmreaktion** aus. Nach dieser Hypothese ist also das Achsensyndrom im Grunde genommen führend für die Pathogenese. Bei den einzelnen Kranken werden Retardierungen, neurotische Züge und psychotische Merkmale nebeneinander registriert. Es kommt nicht mehr auf eine **Differentialdiagnose zwischen Neurose und Psychose,** sondern auf die Erfassung der Art und Stärke der jeweiligen Anteile an. Auch diese differenziertere Sicht wurde erst durch die psychopharmakologische Mitigierung freigelegt und war früher hinter den dramatischen und auch für unheilbar gehaltenen Krankheitsbildern verborgen.

zu b) Eine grundsätzlich andere Ätiopathogenese liegt bei körperlichen „exogenen" Erkrankungen vor. Wir können drei Arten von solchen somatischen Krankheiten feststellen: Allgemeinerkrankungen, bei denen das Gehirn mit beeinträchtigt wird oder als ein Organ unter anderen erkrankt. Hierbei spricht man von **symptomatischer Psychose**. Die zweite Gruppe sind **organische Erkrankungen** des Nervensystems und seiner Hüllen, also Tumoren, Entzündungen, Speicherkrankheiten, Durchblutungsstörungen, Atrophien. Eine dritte Gruppe sind die **exogenen Psychosyndrome im engeren Sinne**, bei denen durch Sauerstoffmangel, Luftdruckabfall, Gift oder Trauma eine wirklich von außen kommende (exogene) Beeinträchtigung vorliegt.

Das angeborene gestaffelte Instinktsystem reagiert auf diese Schädigungen oder Noxen nicht prinzipiell anders als im Falle der funktionellen Erkrankungen, jedoch ist der ätiopathogenetische Weg grundverschieden: Die körperliche Erkrankung führt zu einer partiellen Abschaltung von Gehirnstrukturen durch eine diffuse leichtere oder schwerere Schädigung des Gehirns. In beiden Fällen wird das zentrale Nervensystem durch am Gewebe selbst angreifende Faktoren gezwungen, auf eines der angeborenen Notprogramme zurückzuschalten. Hierbei gilt die Regel der **Abbauresistenz,** nach der ontogenetisch und phylogenetisch jüngere Schichten weniger widerstandsfähig sind als ältere, so daß durch die **größere Wirkung der exogenen Noxen** im Vergleich zu den endogen-funktionellen Faktoren hier massivere Herunterschaltungen eintreten. Um ein Überleben zu ermöglichen, wird auf noch funktionierende Strukturen zurückgegriffen, die z. B. beim Koma eine Erhaltung des Lebens durch Beibehalten von Atmung und Kreislauffunktionen garantieren.
Die exogenen Psychosen werden durch eine überwiegende Schädigung höherer Zentren erzwungen. Charakteristisch für den exogenen Weg zu pathologischen Psychosyndromen ist hierbei, daß zwar auch leichtere Erkrankungsformen auftreten können, die ebenso bei der funktionellen ätiopathogenetischen Entstehung im Vordergrund stehen, wie Reaktionen, Neurosen, Psychopathien, Depressionen, Manien und schizophreniforme Krankheitsbilder, jedoch geht die Bandbreite der exogenen Psychosen noch darüber hinaus und umfaßt Krankheitsbilder aus dem Bereich der tieferliegenden deliranten Schablonen, so das szenische Delir, das Delir der multiplen redundanten Objekte und das Einzelobjektdelir sowie die schwereren Achsensyndrome organisches Psychosyndrom, amnestisches Syndrom, Korsakow-Syndrom, apallisches Syndrom, tiefe Benommenheit und Koma, Sopor und Somnolenz.
Die schwersten der exogenen Achsensyndrome und exogenen Psychosen sind lebensbedrohlicher als bei der funktionellen Entstehungsweise und führen zur Exklusion wesentlich größerer Anteile der zentralnervösen Funktionsstruktur. Der Charakter des Alarms ist jedoch bei den exogenen Psychosen ebenso wie bei den funktionellen, endogenen Psychosen unübersehbar vorhanden. Auch diese Psychosen erfüllen einen Sinn: Auf jeden Fall macht ein Delir die mitmenschliche Umgebung auf eine bestehende **Notsituation** aufmerksam und verhindert wirkungsvoll die weitere Selbstzufügung

von Schädigungen, sollte es sich um die Aufnahme von Giften, wie etwa die von Alkohol, oder vergiftete Nahrung handeln. Auch auf andere schwere Krankheitszustände machen eine delirante Psychose oder eine Bewußtseinstrübung aufmerksam.

Die Entstehungsweise der exogenen Psychosen durch reversible oder irreversible, teilweise topisch gebundene oder diffuse Schädigungen gehorcht trotz der Unterschiede zu der Entstehungsweise der funktionell-endogenen Psychosen den gleichen Gesetzen. Auch hier finden wir eine Regression des Gesamtaufbaus, die nur noch deutlicher ist und den Typus der schwereren Achsensyndrome verkörpert. Bei der Auslösung von Depressionen oder schizophreniformen Erkrankungen bei Hirngeschädigten, bei denen etwa ein organisches Psychosyndrom i.e.S. besteht, weisen diese engen Beziehungen zur Entstehung funktionell-endogener Psychosen hin. Nur wird beim organischen Psychosyndrom der regressive Zustand durch eine Hirnschädigung erzwungen, während er bei der funktionellen Entstehungsweise durch eine Entwicklungshemmung, durch eine Retardierung oder eine angstbedingte Zusammenziehung der Persönlichkeit auf ein depressives, schizoaffektives oder schizophrenes Achsensyndrom ausgelöst wird. Wir sind also hier von einer „Universalgenese der Psychosen" (Rennert) nicht so weit entfernt, meinen damit jedoch nicht eine Identität der Ätiopathogenese, sondern aus strukturalistischer Sicht *die unterschiedliche Auslösbarkeit von Störungen am immer gleichen „psychischen Apparat", der von uns im geschichteten System der angeborenen Instinktschablonen erblickt wird.*

Die exogenen Psychosen aller drei Arten, also die symptomatischen, organischen und exogenen Psychosen i. e. S., werden in vielen Fällen durch reaktive, psychogene, neurotische, psychopathische und endogene Zusatzfaktoren ausgelöst. Diese Faktoren sind Vulnerabilitäten des Organismus, die bereits bestehen, wenn die exogene Noxe ihr schädigendes Werk verübt. Dies wird schon bei der Entstehung von Erregungszuständen im Alkoholrausch deutlich. Normalerweise wirken hohe Alkoholdosen narkotisch, bei erregten Menschen jedoch auslösend für einen Erregungs- oder Dämmerzustand, für eine Selbsttötungshandlung oder einen depressiven Zustand. Bei der Entstehung von exogenen Achsensyndromen müssen wir diese funktionellen Vulnerabilitäten ebenso in Rechnung stellen wie bei der Auslösung exogener Erregungszustände und Psychosen. Dies ist auch verständlich, da die Erregung sowohl im biochemischen wie im neurophysiologischen und schließlich auch im psychopathologischen

Sinne die gleiche ist, aus welcher Quelle sie auch immer stammt. Ein Ansteigen der Transmittersubstanzen oder eine gesteigerte neuronale Entladungsbereitschaft in einem oder mehreren der biochemischen Systeme dürfte in allen Fällen das materielle Korrelat der Erregung sein. Die Erregung „fragt" nicht danach, ob sie aus exogener oder reaktiv-neurotisch-psychogen-psychopathisch-endogener Quelle stammt. Die Ab- und Aufbaureihen der Psychosen, die sich aus den beiden Entstehungswegen ergeben, sind im oberen Teil identisch, die Tiefe der funktionell auslösbaren Psychosen endet jedoch auf dem Niveau etwa des szenischen Delirs. Die schwersten schizophrenen Krankheitszustände sind prinzipiell ähnlich strukturiert wie das szenische Delir, wobei Personen leibhaftig optisch, akustisch und taktil erlebt werden können. Auch die Achsensyndrome gehen bis zu diesem Niveau parallel, wobei jedoch die durch funktionelle Zurücknahmen des komplexen Aufbaues bedingten Achsensyndrome anders ausfallen als die exogen erzwungenen. Ein psychopathologisch erfahrener Psychiater wird in der Regel ohne große Schwierigkeiten zwischen einem organischen Psychosyndrom i.e.S. und einem schizophrenen Achsensyndrom mit Denkstörungen, gewissen Gedächtnisstörungen, emotionalen und Antriebsveränderungen zu unterscheiden wissen. Es gibt jedoch Fälle, in denen diese Differentialdiagnose auch dem Erfahrenen mißlingt. Auch die Unterscheidung zwischen **oligophrenen Minderungen der Persönlichkeit** und **schizophrenen Achsensyndromen** kann schwierig oder unmöglich sein. In den letzten Jahren werden zunehmend oft im kranialen Computertomogramm **frühkindliche Hirnschäden**, besonders am Stirn- und Schläfenlappen bei Schizophrenen gefunden. Wahrscheinlich liegt damit die Entstehung der „Vulnerabilität" auf dem Tisch.

Die Unterscheidung zwischen schizophrenen und exogen bedingten Achsensyndromen ist durch die psychopharmakologische Mitigierung des psychotischen Anteils bei den schizophrenen Kranken erschwert worden. Früher war es einfach, einen schwer denkzerfahrenen, nichts mehr behaltenden, praktisch nicht mehr orientierten schizophrenen Kranken an seiner bizarren Haltung, seiner Paramimie, seiner affektiven Steifheit zu erkennen. Heute sehen wir aber nicht wenige schwer schizophrene Kranke, die wie Korsakow-Patienten in fremde Betten gehen, fremde Nachttische ausplündern, stumpf und entleert wirken. Das von H. Rümke beschriebene „Praecox-Gefühl" will sich durch die sehr weitgehende Wirksamkeit der neuroleptischen Behandlung oft nicht mehr zur Feststellung der Negativsymptomatik und des Achsensyndroms hinzugesellen, kommt aber manchmal doch noch über subtile expressive Psychosereste zustande. Weil es aber so schwer sein kann, Schizophrenie psychopathologisch zu diagnostizieren, hat sich vielerorts der Begriff **„bekannte Psychose“** eingebürgert: Man weiß, daß der Patient früher typisch schizophren erkrankt war.

Tatsächlich sind die Ausfälle bei organischen Psychosyndromen, amnestischen Syndromen und Korsakow-Syndromen sehr ähnlich denen bei schwerer schizophrener Grundsymptomatik, soweit man die Massivität der Fehlleistungen vergleicht. Die Schizophrenen unterscheiden sich jedoch in einem grundsätzlich von den exogenen Kranken mit Achsensyndromen: Der Schizophrene ist im höheren Maß als der exogene Kranke zur **Auforganisation** fähig. Sein Niveau ist nicht derartig festgeschraubt, er kann im Gespräch angehoben werden, seine kognitiven Leistungen, seine Merkfähigkeit durch Ermunterung rasch aufbessern. Dies hängt mit der **angstbedingten Regression des Schizophrenen** zusammen, während in der Entstehung eines Korsakow-Syndroms auf organischer Basis die Angst keine Rolle spielt. Die Kranken sind wohl in der Lage, Angst zu erleben, aber diese bedingt nicht ihre Ausfallserscheinungen, die durch massive Störungen des Gehirngewebes verursacht werden.

Bei den Psychosen kann die **Unterscheidung zwischen funktioneller und exogener Verursachung schwierig** sein. Eine akustische Halluzinose, etwa bei Alkoholabusus, ist von einem paranoid-halluzinatorischen schizophrenen Krankheitsbild nicht sicher zu unterscheiden. Die Aufdeckung eines organischen Psychosyndroms i.e.S. mit im Vordergrund stehenden Merkstörungen, einer weniger gespannten als vielmehr nivellierten Gemütsverfassung, also die Unterscheidung der Achsensyndrome kann jedoch zur Differentialdiagnose beitragen. Das gleiche gilt für **exogen bedingte Manien** und ihr endogenes Pendant, ebenso ist es mit den Depressionen. Differentialdiagnostisch von Wert sind neurologische Befunde und Anzeichen des Vorliegens eines organischen Psychosyndroms. Bei der **progressiven Paralyse** ist die Differentialdiagnose häufig nur durch die Feststellung der Pupillenstarre auf Lichteinfall (Argyll-Robertson-Phänomen) möglich. Auch Artikulationsstörungen bei Paralytikern können hilfreich sein. Der Beweis kann letztlich nur durch die Liquor- und Blutuntersuchungen erbracht werden.

Da es bei den neurotischen Erkrankungen auf exogener Basis nur um sehr leichte gesundheitliche Beeinträchtigungen des Gehirns geht, sind sie von funktionell entstandenen Neurosen praktisch nicht zu unterscheiden. Nur eine eingehende Durchuntersuchung kann organische Schäden aufdecken bzw. eine Befragung von Umgebungspersonen, wenn es sich um einen Abusus toxischer Substanzen handelt. In anderen derartigen Fällen liegt ein beginnender Hirnprozeß vor.

Auch bei **postoperativen Psychosen** kann vielfach eine funktionelle mit einer exogenen Ätiopathogenese zusammenwirken. Die Operation wird im Unbewußten als schwerer Angriff auf das Leben bewertet, gleichzeitig können die Auswirkungen der vorliegenden Erkrankung, die Komplikationen im Operationsgebiet und andere Faktoren eine Psychose auslösen. Bei nicht wenigen Fällen ist aber die Entstehungsweise überwiegend funktionell, wenn die Narkose, der Operations- und Heilungsverlauf unkompliziert sind. Manche Patienten bekommen erst nach wiederholten Operationen in kürzerer Zeit, so wenn Nachoperationen erforderlich werden, eine Depression. Auch hier steht dann wieder nicht die organische Schädigung im Vordergrund, sondern die wiederholte Bedrohung durch den Operationsvorgang, der im Unbewußten als Gefährdung von hundertprozentiger Wahrscheinlichkeit gewertet werden muß. Die wiederholten Operationen haben ja tatsächlich stattgefunden.

Auch Psychosen bei **Krebserkrankungen** und anderen schweren Allgemeinleiden können überwiegend funktionell entstehen, wobei das unbewußt arbeitende Instinktsystem den Grad der Gefährdung des Lebens erkennt und in einen Alarmzustand umsetzt. Anscheinend wird hierbei gleichzeitig die bereits eingetretene allgemeine Schwächung zusammen mit der Bedrohlichkeit des Prozesses selbst bewertet. So sahen wir eine schwere Depression bei einer Kranken, die anscheinend erfolgreich an einem Kolonkarzinom operiert war. Nach der psychopharmakologisch-psychotherapeutischen Ausheilung der Depression wurde eine kindskopfgroße Metastase im kleinen Becken entdeckt. Die Kranke wurde bestrahlt und geheilt, die Depression trat nicht wieder auf. Sie hing wahrscheinlich mit der Bedrohung durch die riesige Metastase zusammen.

Beim Nachweis einer schweren und unter Umständen lebensbedrohlichen **extrazerebralen Erkrankung** ist die Unterscheidung zwischen einer symptomatischen und einer funktionellen Psychose schwierig bzw. unmöglich. Entscheidend ist nur, daß auch endomorph aussehende Erkrankungen nur dann für funktionell gehalten werden dür-

fen, wenn eine Ausschlußdiagnostik durchgeführt wurde. Insbesondere bei jeder Ersterkrankung an Psychose sollte eine vollständige Durchuntersuchung mit Screening-Verfahren und eventuellen Zusatzuntersuchungen, besonders aber eine kraniale Computertomographie und ein Elektroenzephalogramm durchgeführt werden.
Beide Arten der Entstehung von Psychosen sind also im Delirbereich voneinander unterscheidbar, in einem weiten Feld bestehen aber untrennbare Überschneidungen, wo die Wahrscheinlichkeit des Eintretens einer Gefährdung sowohl aus somatischen Änderungen wie auch aus einer gesteigerten autochthonen Erregung abgeleitet werden kann. Für die Behandlung beider Arten von Psychosen ergeben sich erhebliche Unterschiede. Die Möglichkeit einer Ausheilung des schädlichen somatischen Vorganges erfordert nur kurzzeitige psychopharmakologische und Psychotherapien. Dagegen verlangt die Behandlung der funktionellen Erkrankungen heute bei immer mehr Kranken eine Langzeitbehandlung.
In der gesamten Medizin gilt der Satz, daß mit der Zunahme des Ausmaßes einer äußeren Schädigung die Notwendigkeit, eine besondere Disposition oder Vulnerabilität anzunehmen, sinkt. Er gilt auf dem Gebiet der Psychiatrie sowohl für psychotraumatische Schädigungen als auch für materielle Noxen. Eine Reihe leichterer Störungen des inneren Milieus mit Fernwirkung von Organen auf das Gehirn läßt eine klare Trennung zwischen dem funktionellen und dem exogenen Weg zur Psychose oft nicht zu. So sind endomorphe Erkrankungsformen bei endokrinen Erkrankungen ebenso schwer einzuordnen wie andere metabolische Änderungen, die Psychosen auslösen. Auch die ausgeprägt anlagebedingten funktionellen Psychosen gehen mit gewebsendokrinen Veränderungen, den vermuteten Unter- oder Überproduktionen von Transmittern und vor allem mit Funktionsänderungen verschiedener Hormondrüsen, wie Hypophyse, Schilddrüse und Nebenniere, einher. Die Grenzziehung zwischen den beiden Entstehungswegen liegt also nicht in der Entscheidung, ob ein materieller Mediator auftritt oder nicht, sondern in der Frage einer Schädigung des Hirngewebes. Der Nachweis solcher Hirnschäden ist bei der Schizophrenie gelungen, während ein prozeßhaftes Fortschreiten der Ausfälle noch nicht gesichert worden ist.
Der empirische Dualismus geht bereits auf E. Kraepelin (1883) zurück, der sein Lebenswerk unter die strikte methodische Trennung von Hirnpathologie und Psychopathologie gestellt hatte. In seiner Systematik der Krankheitseinheiten allerdings hielt sich Kraepelin

selbst nicht an diese Differenzierung und nahm letztlich die „Zustandsverlaufseinheiten" als Hinweise auf zugrundeliegende somatische Krankheiten. In den über 140 Jahren seit Griesingers Lehrbuch „Pathologie und Therapie der psychischen Krankheiten" (1843) blieb die Psychiatrie eingespannt in das **scheinbar unlösbare Rätsel der endogenen Psychosen,** besonders der Schizophrenie, welches zu der Annahme eines somatischen Prozesses förmlich verleitet. Angesichts der Tatsache, daß ähnliche Krankheitsbilder auch durch exogene Ursachen hervorgerufen werden, daß Übergangsformen existieren und unter Beachtung der Nichtabgrenzbarkeit der Psychosen gegenüber dem Gesunden und der akzidentellen Erkrankungsfähigkeit fast jedes Menschen an ähnlichen Symptomen, ist es **unbegreiflich, daß das Enigma der Psychosen ein Dogma wurde.**

Diese Rechnungen gehen schließlich aber doch auf, wenn wir die endogenen Psychosen mit einem eigenen Krankheitsmodell versehen: Sie sind **krankhafte Entgleisungen eines bei jedem Menschen angeborenen Instinktsystems.** Dann lassen sich auch die leichteren, abortiven Manifestationsformen einordnen, dann ist die Erkrankungsfähigkeit jedes Menschen verständlich und dann wird auch erklärlich, warum nicht ein pathologischer Prozeß im Nervensystem gefunden werden muß, sondern daß die Annahme einer genetisch gesteigerten Übererregbarkeit von Teilen des Systems bereits ausreicht, um die Entstehung langdauernder Krankheitszustände abzuleiten. Auch die gemeinsame Wurzel von psychopathologischen Reaktionen, Neurosen, Psychopathien und endogenen Psychosen wird durch unsere Theorie, es handele sich um unterschiedliche Aktivierungsgrade, begreifbar. Ein weiteres Problemfeld stellt das Vorkommen von atypischen Psychosen, die sich keinem der großen Formenkreise zuordnen lassen. Wir gestehen heute jedem Patienten seine eigene Gesundheits- und Individualnorm zu, ebenso wie seine eigene Psychose nach Verlauf, Syndromen, Pharmakognostik, Therapieansprechbarkeit. Vor allem sehen wir bei jedem Kranken ein individuelles Schicksal und seine persönliche Form der Instinkterregung.

Nach H. Mitsuda (1974) sind atypische Psychosen häufiger als solche, die dem idealisierten Merkmalskatalog der Formenkreise der manisch-depressiven Erkrankung, der Schizophrenie und der Epilepsie Genüge tun. Sie entziehen sich der Unterbringung im „Prokrustesbett eines künstlichen Einteilungssystems" (C. Wernicke, 1899).

16. Das natürliche nosologische System der Zustands-Verlaufs-Einheiten

Eine nosologische Diagnose ist in der gesamten Medizin an die Feststellung einer materiellen Krankheitsursache gebunden, die einzelne Syndrome oder eine Reihe von ihnen hervorbringt und psychische somatische Folgeerscheinungen der materiellen Noxe erkennen läßt. Im Bereich der Psychiatrie muß dieser Grundsatz mit der gleichen Radikalität angewandt werden, um ihren Anspruch auf Wissenschaftlichkeit zu erhalten. Obgleich zu Beginn des Jahrhunderts von A. Hoche und K. Bonhoeffer der Nosologismus von Kraepelin abgelehnt wurde, lebt doch die Psychiatrie bis heute in ihren Klassifikationen von der Illusion, es bei den Formenkreisen der endogenen Psychosen mit nosologischen Einheiten zu tun zu haben, obgleich der Nachweis einer jeweils einheitlichen Ursache auf der ganzen Linie gescheitert ist. Nicht einmal die genetische Forschung hat eine Klärung geschaffen, da sie zwischen reaktiven und endogenen Erkrankungen keine klare Trennungslinie ziehen konnte (J. Angst, 1966), sich auch in der Verwandschaft von depressiven und manisch-depressiven Kranken Schizophrenieerkrankungen und umgekehrt finden und da neben familiärer Häufung auch sporadisches Auftreten als gesichert gelten kann. Geblieben ist eine selbst nicht faßbare Krankheitsdisposition, eine gesteigerte Vulnerabilität, die zur Hervorbringung einer Krankheit aber eine Anzahl von Hilfsfaktoren entwickungshafter, streßpsychologischer und vielfach somatischer Natur benötigt. Nachdem nun auch die endogene Ätiopathogenese die gleichen Krankheitsbilder hervorbringen kann wie die exogene, bei der eindeutige somatische Erkrankungsursachen gefunden werden, bleiben als Grundlage der Krankheitseinteilung in der Psychiatrie nur die tatsächlich beobachtbaren Zustands-Verlaufs-Einheiten, also Abfolgen von Syndromen, Residualzuständen, Remissionsformen, Abortivformen und zum Teil auch Heilungsvorgängen, wobei wir wieder K. Kahlbaum (1874) und E. Kraepelin (1885) folgen können.

Das traditionelle nosologische Einteilungsprinzip geht von sich gegenseitig überschneidenden Formenkreisen aus, die einen Teil der Symptome gemeinsam besitzen. Gehen wir jedoch von einem stufenförmig dekompensierten System als Grundlage der psychischen Erkrankungen aus, gelangen wir zu einem „nosologischen" Einteilungssystem, das den tatsächlich vorkommenden Formen gerecht

werden kann. K. Jaspers (1913) hatte bereits die später sog. „Schichtregel“ aufgestellt, nach der die Diagnose sich an den jeweils schwersten Krankheitserscheinungen zu orientieren hat. So ist es wenig sinnvoll, einen Menschen mit neurotischen Störungen psychotherapeutisch zu behandeln, die von ihm aber außerdem erlebten akustischen Halluzinationen unberücksichtigt zu lassen. Ebensowenig sinnvoll ist es, sich mit der psychopharmakologisch-psychotherapeutischen Behandlung einer Depression zu begnügen und darüber hinwegzusehen, daß ein langsam wachsender Hirntumor vorliegt. Auch die vielen Fälle von Kranken mit manischen Phasen, deren Leiden nicht auf eine Behandlung mit dem irrtümlich für nosologisch spezifisch gehaltenen Lithium anspricht, bei denen die vertiefte Untersuchung ein Wahnsystem ergibt, gehören hierher. Vielfach werden also Abortivformen pars pro toto genommen. Dabei hat die moderne psychopharmakologische Behandlung eine wachsende Zahl von abortiven Formen hervorgebracht, deren Einordnung in ein nosologisches System sich gegenseitig überschneidender Kreise schlecht möglich erscheint. Wir schlagen deshalb die folgende Einteilung vor, in der alle Abortiv- wie auch typischen Formen untergebracht werden können (Abb. 11):
Das Schema stellt eine Vereinigung zwischen den Grundsätzen der Jasperschen Schichtregel und den Ab- und Aufbaureihen der Psychosen, Neurosen und Achsensyndrome dar. Die beiden Abbaureihen können parallel zum stufenförmigen nosologischen Schema geschrieben werden.
Das aus der strukturalistischen Psychopathologie entstandene Einteilungsschema benötigt nur zwei unterschiedliche Grundannahmen zu seiner Konstruktion:
1. Die unterschiedlichen psychiatrischen Krankheiten variieren hinsichtlich ihres Schweregrades von maximaler Ausprägung über abortive Formen bis zu normalgesunden Grundverfassungen und folgen dabei den In- und Exklusionsregeln der Ab- und Aufbaureihen der Psychosen/Neurosen und Achsensyndrome. Mit dem Schweregrad wächst die Zahl der möglichen Abortivformen.
2. Die Thematik der Intensitätsreihen, als die sich die Zustands-Verlaufs-Einheiten erweisen, entstammt nicht einer nosologischen Klasse, sondern je nach Schweregrad aus dem gestaffelten System der Instinktmodule.
Waagerecht finden wir die jeweils untereinander ähnlichen oder identischen Verfassungen entsprechend der Legende. Senkrecht er-

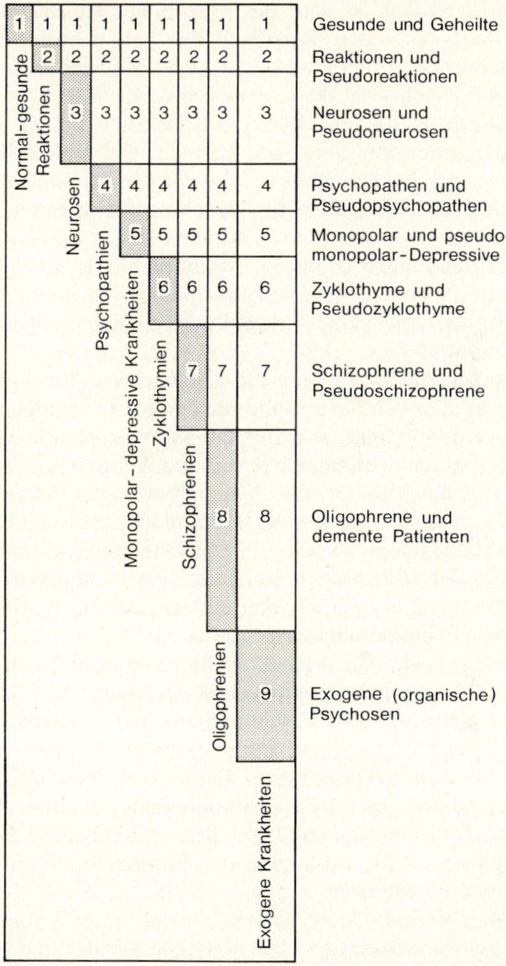

Abb. 11. Natürliches „nosologisches" System der Zustands-Verlaufs-Einheiten. 1 = normal-gesund; 2 = reaktive Störungen; 3 = neurotische Syndrome; 4 = psychopathische Syndrome; 5 = depressive Syndrome; 6 = manische Syndrome; 7 = schizophrene Syndrome; 8 = dementive und oligophrene Zustände; 9 = schwere exogene Psychosen und Achsensyndrome

geben sich 9 Säulen, welche die prinzipielle **Reichweite der Zustands-Verlaufs-Einheiten** darstellen. Die punktierten Felder von 1 bis 9 symbolisieren die jeweils für typisch gehaltenen Syndromgruppen, die gleichzeitig die jeweils schwerste Ausprägung der Erkrankungsform darstellen. Die weiß belassenen Felder mit Zahlen sind die atypischen und abortiven Formen. Die senkrechten Säulen bedeuten von rechts nach links: Exogene Erkrankungen (9 bis 1), oligophrene Erkrankungen (8 bis 1), schizophrene Erkrankungen (7 bis 1), manisch-depressive Erkrankungen (6 bis 1), monopolar-depressive Erkrankungen (5 bis 1), psychopathische Störungen (4 bis 1), Neurosen (3 bis 1), reaktive Erkrankungen (2 bis 1), normal-gesunde Personen, die keine Erkrankungsneigung aufweisen (punktiertes Feld mit 1).

In der Waagerechten bedeuten die Zahlen 1 von links nach rechts: Die eben schon erwähnten gesund bleibenden Gesunden finden sich im punktierten Feld links, daneben die Normalzustände bei reaktiver Erkrankung, bei neurotischer Erkrankung, bei psychopathischer Erkrankung (die heute therapeutisch in nicht wenigen Fällen erreichbar sind), bei monopolar-depressiver Erkrankung, bei manisch-depressiver Krankheit, bei Schizophrenie, bei Oligophrenie (prinzipiell erreichbar bei der frühzeitigen Behandlung von angeborenen Stoffwechselstörungen, etwa Phenylketonurie) und die Normalzustände bei exogenen Erkrankungen.

In der zweiten Zeile bedeuten die Felder mit einer 2 von links nach rechts: Die typischen **reaktiven Krankheitsbilder**, die reaktiven Störungen bei Neurosen, bei Psychopathien, bei monopolar-depressiven, bei manisch-depressiven, bei schizophrenen, bei oligophrenen und bei exogenen Erkrankungen. Diese Zeile beschreibt also alle möglichen und auch tatsächlich vorkommenden reaktiven und pseudoreaktiven Krankheitsbilder. Die Differentialdiagnose einer reaktiven Erkrankung müßte also eine der Formen herausarbeiten und sieben andere ausschließen.

In der dritten Zeile bedeuten die Felder mit einer 3 von links nach rechts die für **Neurosen** typischen Krankheitsbilder der Neurotiker, die neurotischen Störungen bei Psychopathien, die pseudoneurotischen Krankheitsbilder bei monopolarer Depression, die pseudoneurotischen Zustände bei manisch-depressiver Erkrankung, die pseudoneurotische Schizophrenie nach Hoch und Polatin (1949), pseudoneurotische Zustände bei Oligophrenen und pseudoneurotische Erkrankungen auf exogener Grundlage, wie etwa das organische

Hysteroid von Mayer-Gross oder den organischen Zwang nach Bürger-Prinz und Mayer-Gross (1928). Die Diagnose einer Neurose würde also den Ausschluß von sechs pseudoneurotischen Krankheitsbildern bedeuten, die auch tatsächlich im Rahmen natürlich entstehender Krankheitsverläufe vorkommen.

In der vierten Zeile finden wir links die charakteristischen **psychopathischen Zustands- und Krankheitsbilder** bei Psychopathie. Rechts davon die monopolar-depressiven Pseudopsychopathen, pseudopsychopathische Zustände bei manisch-depressiver Erkrankung, schizophrene Pseudopsychopathen, oligophrene pseudopsychopathische Zustände, wie Salonblödsinn, und rechts schließlich Pseudopsychopathie auf organischer Grundlage bei Hirntraumatikern, Postenzephalitikern, Chorea Huntington und vor allem bei Alkoholikern. Die Diagnose einer Psychopathie erfordert also den Ausschluß von fünf pseudopsychopathischen Krankheitsbildern.

In der fünften Zeile finden wir links die depressiven Krankheitsbilder bei **monopolarer endogener Depression**, rechts davon die depressiven Bilder bei manisch-depressiver Erkrankung, bei Schizophrenie, bei Oligophrenen (solche werden sehr häufig in entsprechenden sonderpädagogischen Einrichtungen beobachtet) und schließlich die exogenen, organischen und symptomatischen Depressionen.

In der sechsten Zeile finden wir links die manischen Krankheitsbilder bei **manisch-depressiver Erkrankung**, rechts davon manische Syndrome bei Schizophrenie, anschließend manische Zustände bei Oligophrenie (diese werden gleichfalls häufig in den Einrichtungen diagnostiziert und behandelt) und manische Krankheitsbilder bei exogener Erkrankung (insbesondere bei progressiver Paralyse beobachtet). Die Diagnose einer Manie erfordert also den Ausschluß von drei anderen Erkrankungen.

In der siebten Zeile finden wir links die ausschließlich bei **schizophrener Erkrankung** vorkommenden schizophrenen Krankheitszeichen, wie Wahn, Halluzination und katatone Symptome, hierunter natürlich auch die Symptome ersten Ranges von K. Schneider. Rechts davon die Pfropfschizophrenie (schizophrene Krankheitsbilder bei Oligophrenie), und ganz rechts die exogene Pseudoschizophrenie, wie die akustische Halluzinose und naheliegende Krankheitsbilder bei chronischen Intoxikationen und Hirnprozessen.

In der achten Zeile symbolisiert das punktierte Feld links die schwersten **oligophrenen Zustände**, wie apallische Idioten und andere

schwere Behinderungsformen, rechts die schweren exogenen Achsensyndrome des amnestischen und des Korsakow-Syndroms und die dazugehörigen deliranten Psychosen, die über den schizophrenen Bereich hinausgehen (Delir der multiplen redundanten Objekte, Beschäftigungssyndrom) sowie die schweren dementiven Formen auf dem Korsakow- und apallischen Niveau und das Einzelobjektdelir.
In der letzten Zeile schließlich finden wir nur ein punktiertes Feld mit einer 9. Hier sind alle ausschließlich bei exogener Erkrankung auftretenden Syndrome versammelt wie das Koma und die tiefe Benommenheit.
In waagerechter Richtung denkend betreiben wir also eine **nosologische Differentialdiagnose**, in senkrechter Richtung eine **psychopathologische Differentialdiagnose**. Die mit einer Ziffer bezeichneten waagerechten Zeilen beinhalten entsprechend der Zugehörigkeit zu den verschiedenen senkrechten Zustands-Verlaufs-Einheiten oder nosologischen Gruppen unterschiedlich gefärbte Krankheitsbilder. So können in der dritten Zeile differentialdiagnostisch die bei monopolarer Depression auftretenden neurotischen Bilder oft deutlich von den bei Zyklothymie auftretenden und diese wiederum von denen bei Schizophrenie und von denen bei exogener Erkrankung auftretenden pseudoneurotischen Syndromen unterschieden werden. Dies ist aber nicht an allen Fällen verläßlich so. Das gleiche gilt für die vierte Zeile der psychopathischen und pseudopsychopathischen Zustandsbilder wie auch für alle anderen Pseudoformen. Eine korrekte Terminologie würde also bei der manischen Form der Schizophrenie „pseudomanisches Krankheitsbild bei Schizophrenie" lauten. Bei einzelnen dieser Gruppen ist bereits eine sorgfältige Differenzierung der untereinander ähnlichen klinischen Bilder aus verschiedenen nosologischen Gruppen erfolgt, wie bei den depressiven Krankheitsbildern nach P. Kielholz. Er forderte: „Die Voraussetzung für eine erfolgversprechende Therapie der Depressionen ist aber eine exakte nosologische und phänomenologische Diagnostik. Obwohl es Übergangsformen in allen Schattierungen gibt, sollte bei jedem depressiven Zustandsbild versucht werden, die Schwerpunkte der multifaktoriellen Genese differentialdiagnostisch zu klären." Er unterschied organische, endogene und psychogene Depressionen. Unter den organischen Depressionen nannte er die organische und die symptomatische Depression, unter den endogenen die schizophrene, die zyklische, die periodische und die Spätdepression, unter den psychogenen die neurotische Depression, die Erschöpfungsdepression und die reaktive Depression (1972).

Im ganzen ergibt das dreieckige Schema **9 Gruppen von „typischen" Erscheinungsformen** (mit Einschluß der **Gesunden**), die in punktierten Feldern am unteren Ende der jeweiligen „nosologischen" Säulen eingetragen sind, und **28 Pseudoformen**, wenn wir die in der ersten Zeile auftretenden **8 normal-gesunden Varianten** auslassen. Es wäre auch nicht notwendig, eine Differentialdiagnostik der Gesundheit auszuarbeiten, da schon der praktische Bezug fehlt: Die Gesundgewordenen stellen sich kaum beim Psychiater vor und diejenigen, die erkranken werden, kommen ebenfalls nicht im noch-gesunden Zustand zum Arzt.
Die jeweiligen **Achsensyndrome** sind in die einzelnen Felder mit eingeschlossen. Ihr isoliertes Auftreten als Residualzustand oder Defektsyndrom bedingt keine über die systematisch-nosologische Einteilung hinausgehenden Gesichtspunkte. Die typischen schizophrenen Achsensyndrome finden wir unter Nummer 7 (punktiert). Hierbei wird auch wieder deutlich, daß oligophrene und exogen bedingte Defizienzzustände differentialdiagnostisch bei der Feststellung eines schizophrenen Achsen- oder Defektzustandes berücksichtigt werden müssen.
Die zwischen der manisch-depressiven Erkrankung und der Schizophrenie angesiedelte **Gruppe der schizoaffektiven Psychosen bedarf keiner eigenen senkrechten Säule,** da sich die Symptomatik aus den beiden benachbarten Gruppen rekrutiert. Würde man sie dennoch in das Schema eintragen, kämen statt 9 dann 10 Krankheitssäulen zustande, wenn wir dabei bleiben, aus systematischen Gründen die gesundbleibenden Gesunden als eine eigene nosologische Identität zu zählen. Die Einführung der schizoaffektiven Psychosen in das Schema würde also bedeuten, daß ein punktiertes Feld 7 jetzt die typischen schizoaffektiven Krankheitsbilder bei schizoaffektiver Psychose bedeuten wird, rechts davon pseudoschizoaffektive Krankheitsbilder bei Schizophrenie, pseudoschizoaffektive Zustände bei Oligophrenie und ebensolche bei exogener Erkrankung berücksichtigt werden müßten. Die schizoaffektive Säule würde wiederum manische, depressive, psychopathische, neurotische, reaktive und gesunde Zustände umfassen. In der Literatur besteht jedoch Einigkeit über den zusammengesetzten Charakter der typischen schizoaffektiven Krankheitsbilder (s. J. M. Burchard: The importance of schizoaffective psychoses within the psychopathological and nosological systematics, 1983).
Das vorgelegte natürliche nosologische System macht auch klar, daß

die psychiatrische Forschung bereits die **Mehrzahl der ätiopathogenetischen Einheiten** zumindest ursächlich aufgeklärt hat, wenn auch die ätiologischen Zwischenglieder vielfach nicht bekannt sind. Prinzipiell für aufgeklärt können wir alle exogenen Psychosyndrome halten, ebenso die oligophrenen Erscheinungsformen. Mit diesen beiden Gruppen sind hunderte von Krankheiten beschrieben, die sich im Bereich der Psychopathologie durch Hirnstörungen zu erkennen geben können. Die Erforschung der Ursachen ist meist nicht eine Angelegenheit der Psychiatrie, sondern wird in der Neurologie, soweit es um Hirnprozesse geht, in der Pädiatrie (angeborene Stoffwechselstörungen) und in anderen Fächern vorangetrieben. Unaufgeklärt sind eigentlich nur die endogenen Ätiologien der Psychopathien und Psychosen, vielleicht auch die genetischen Grundlagen der Neurosen. Aus unserer Theorie ergibt sich hier ein **Ätiologiepostulat, das mit einer multifaktorell verstärkbaren Übererregbarkeit von Teilen der angeborenen Instinkthierarchie auskommt.**
Unter den mit 1 bezeichneten **normal-gesunden Fällen** verstehen wir entsprechend der theoretischen Konzeption dieses Buches nicht unauffällige, erscheinungsfreie Menschen, sondern die ganze Manifestationsfülle des lebenden, liebenden und leidenden Menschen mit seinen Höhen und Tiefen, Freuden und Ängsten, Gehemmtheiten und Überschwenglichkeiten, der Erschöpftheit, Wiederausgeruhtheit, des Mißtrauens und der Vertrauensseligkeit. Auch die **Dummheit** hat hier ihren Platz. Sie ist aufs Ganze gesehen überwältigend. Wie konnte es den Menschen bis zur geistigen Großtat des Kopernikus entgehen, daß die Erde eine Kugel ist? Jeder alte Grieche, der einen Berg bestieg, konnte doch die fernliegenden Inseln aus dem Meer aufsteigen sehen! (Aristarchos v. Samos [um 250 v. Chr.] erkannte tatsächlich das heliozentrische System.) Vielleicht ist der heutige wissenschaftliche Glaube an den Urknall nicht weniger dumm.

17. Reaktionen und Selbstheilung Gesunder

Für die Beschreibung der psychiatrischen Erkrankungsformen des Menschen steht uns eine riesige Anzahl phänomenologischer Begriffe zur Verfügung, für die theoretische Begründung und die praktische ätiologische und pathogenetische Aufklärung der Entstehung dieser Erkrankungen verfügen wir ebenfalls über ein großes Begriffsinventar. Die psychiatrische Forschung hat jedoch die Beschreibung der Reaktionen Gesunder und die Aufklärung der **Frage, warum Gesunde gesund bleiben**, weitgehend vernachlässigt. Mit Ausnahme weniger theoretischer Ansätze, wie der von E. Kretschmer vertretenen Konstitutionslehre, gab es nur wenige Versuche, die Verbindung zwischen Gesunden und Kranken herzustellen. Der psychisch Kranke wurde nicht nur aus der Gesellschaft ausgesondert und zu Zeiten der großen Anstalten außerhalb der Wohnbereiche untergebracht, sondern auch wie ein Verfluchter erlebt, dem die psychische Krankheit wie ein Kainszeichen anhaftet, während die Gesunden damit nichts zu tun haben wollen. Noch vor etwas mehr als 4 Jahrzehnten wurden hunderttausende von psychisch Kranken ermordet, um den Volkskörper von diesem vermeintlichen Erbübel zu befreien.

Unsere Theorie der psychischen Krankheiten verbindet die Kranken und die Gesundbleibenden durch die Annahme, daß es sich **bei den psychischen Krankheiten um instinktive Erregungen** handelt. Ihre Manifestation zeigt an, daß das Individuum gefährdet ist, und ihr Sinn erfüllt sich in der **mitmenschlichen Hilfe**, die in unserer Zeit bis zur wissenschaftlichen Aufklärung der Ursachen dieser zu vermutenden Gefährdungen fortgeschritten ist, gleich, ob es sich um okkulte körperliche Krankheiten oder das eigentümliche Phänomen der inneren Gefährdungswahrscheinlichkeit im Sinne der Endogenität handelt.

Nach dem heutigen Stand unserer Kenntnisse können wir nicht hoffen, aus dem Leben und dem Gesundbleiben Gesunder Rückschlüsse auf geeignete Hilfs- und Heilungsmaßnahmen bei psychisch Kranken ziehen zu können. Vielmehr müssen wir umgekehrt herauszufinden versuchen, **welche Rückschlüsse das psychische Krankwerden auf das Gesundbleiben erlaubt**, um dieses Erfahrungsfeld zunächst einmal für die Psychiatrie zu erschließen. Wir gehen an eine zunächst nur theoretische Untersuchung mit der Erwartung heran, daß die Gesunden über eigene Mechanismen verfügen, um sich von ihren angeborenen Instinkten warnen zu lassen, Gefährdungen zu orten und durch aktive Abwehr oder Meidung zu neutralisieren oder zu vernichten.

Es kann hier nicht unsere Aufgabe sein, die unübersehbare Fülle menschlicher Aktivitäten zur Vorbeugung und Vorsorge, zur Sicherung gegenüber Gefahren zu beschreiben. Auch die große Zahl der Formen der Gruppenbildung wie auch die der kämpferischen Auseinandersetzung, der Intrige, des vielfältigen Bemühens um materielle Sicherung entziehen sich gerade aus der Sicht der Psychiatrie einer Darstellung, die über die bloße Erwähnung ihrer Möglichkeit hinausginge. Wir müssen mit einer unübersehbar großen Zahl von sozialen Vorgängen, kulturellen Bildungen und individuellen Lernprozessen rechnen, die alle letztlich auch im Dienste der Angstabwehr und des Ausschlusses von Bedrohungen stehen können. Ein Teil der Vorgänge gehört auch in den Bereich der Politik. *Die Psychopathologie kann zwar Einschränkungen der Freiheit beschreiben, aber nicht diese Freiheit selbst definieren.* Psychopathologische Aussagen haben immer nur partielle Gültigkeit für den Menschen. Psychohygiene ist eine heute weltweite Bewegung unter der Aufsicht der World Federation for Mental Health, die für eine Freiheit von Angst und Beschwerden eintritt.

Einige Hinweise auf die gesunderhaltenen Mechanismen können jedoch aus der psychiatrischen Therapie entnommen werden. Es geht in erster Linie um Möglichkeiten der Selbststeuerung und -behandlung, die vielen psychisch Kranken offensichtlich nicht zur Verfügung stehen, und auch der Erlangung von zwischenmenschlicher Hilfe, die gleichfalls in vielen Fällen psychischer Krankheit versagt bleibt oder unzugänglich erscheint. Bei der Aufarbeitung von Negativsymptomatik stoßen wir auf solche elementaren Mängel der Beziehung zu sich selbst und anderen. Die Kranken können sich nicht selbst versorgen, aber auch nicht selbst motivieren, belobigen, trösten, unterhalten, korrigieren, informieren, beruhigen, beeinflussen, zufriedenstellen, beschäftigen, betrachten, sich nicht selbst schätzen und lieben. Auch können die Kranken sich nicht ernähren, kleiden, zu trinken geben, ihre Umgebung in Ordnung halten, sie mögen nicht lesen, nicht sprechen, nicht telefonieren, nicht einkaufen, nicht spazierengehen, keine Besuche machen, sich nicht unterhalten. Im Zusammenleben mit dem Partner kommen die gleichen und viele andere Unfähigkeiten zum Zuge, so die Unfähigkeit zum Dialog, sich für den anderen zu interessieren, sich dem anderen innerlich und äußerlich zu nähern, gemeinsam zu arbeiten, Verständnis zu suchen und zu finden, den seelischen Zustand mitzuteilen, über Sorgen und Ängste zu sprechen, Tröstung zu erteilen oder entgegenzunehmen. Das Gefühl von Liebe und das von Vertrautheit können vollständig abwesend sein.

Wir müssen annehmen, daß diese und eine Reihe weiterer Vorgänge beim Gesunden sehr wesentlich dazu beitragen, daß die **Homöostase**

der stets wachsam bereitliegenden Instinkte mit den Gefahrensituationen in einem ausgewogenen Verhältnis gehalten wird. Ein nicht geringer Teil der Aktivität Gesunder ist tatsächlich auf die permanente Ausräumung und Vermeidung sowie auf die Vorbeugung der Gefahren gerichtet. Die ganze Sorgfalt des Umgangs mit Nahrungsmitteln und Getränken, mit tierischen Schädlingen, mit Schmutz und der eigenen Körperhygiene, die Vorsicht bei Bewegung und Ortsveränderung, die Fülle der Maßnahmen, um die Intentionen anderer Menschen richtig einzuschätzen, womöglich vorauszuberechnen und diese in dem einen oder anderen Sinne zu manipulieren, die vielen Möglichkeiten der Verheimlichung und des Sichverbergens, der Lüge, der Vortäuschung von Harmlosigkeit und Freundwilligkeit, aber auch die Mitteilungsformen von Sympathie und Liebe können hier nur erwähnt werden.
Die **Reaktionen Gesunder** auf dem Gebiet des einen oder anderen Instinktes zeichnen sich durch Gezieltheit und kurze Dauer aus. Andere Persönlichkeitstypen bevorzugen ein systematisches Nichtreagieren, ein Verbergen der eigenen Betroffenheit, ein stilles Leiden, ein heimliches Hassen oder vielleicht auch eine immerwährende Unsicherheit über das, was zu tun wäre. Die meisten Gesunden glauben beim Zusammentreffen mit einem Psychiater, dieser würde jetzt bei ihnen etwas finden. Meist sind damit wohl die **verheimlichten Instinktregungen** gemeint. Wer sich in dieser Beziehung durch allzu deutliche Reaktion bloßstellt, läßt seine wahren Absichten oder seine Verletzlichkeit erkennen. So dürfte es typisch für Homo sapiens sein, seine instinktiven Regungen sorgfältig zu verbergen, um das Kräftespiel nicht allzu offenkundig werden zu lassen, damit andere aus diesen Aggressionen und Ängsten keinen Vorteil ziehen können.
Die heute aus der Mode gekommene **Charakterologie** hatte eine ganze Anzahl von Persönlichkeitstypen mit sehr unterschiedlichem Affekt- und Abwehrverhalten beschrieben. Der Sanguiniker machte aus seinem Herzen keine Mördergrube, er ließ seinen Gefühlen freien Raum. Die anderen Temperamente des Hippokrates waren der Melancholiker, der Choleriker und der Phlegmatiker. Kretschmer unterschied den Zyklothymiker mit hypomanischen, syntonen und schwerblütigen Varianten, den Schizothymiker mit hyperästhetischen, schizothymen und anästhetischen Persönlichkeitstypen und schließlich den viskösen Temperamentstyp, der ein wenig an die epileptische Wesensänderung erinnerte.

Auch die Auflistungen der **Psychopathietypen** geben in milderer Form bestimmte Abwehrhaltungen wieder, wie die von K. Schneider, der hyperthymische, depressive, selbstunsichere, fanatische, geltungsbedürftige, stimmungslabile, explosible, gemütlose, willenlose und asthenische Persönlichkeiten unterscheidet. Bei anderen Autoren kommen noch hinzu die anankastischen, autistischen, dysphorischen, dysthymen, emotiven, epileptoiden, heboiden, hypochondrischen, hypothymen, kriminellen, launischen, paranoiden, phlegmatischen, poikilothymen, querulatorischen, schizoiden und die sensitiven Psychopathen. Bei diesen Zusammenstellungen werden die instinktiven Grundlagen schon deutlicher in ihrem Einfluß auf die Persönlichkeitshaltung. Wer für bestimmte unangenehme Haltungen bekannt ist und gewissermaßen bürgt, bleibt von mancher Behelligung durch andere frei. Wenn auch die psychoanalytische Behandlung der abnormen Persönlichkeit als wenig aussichtsreich gilt, so werden doch heute viele durch die Einnahme von Tranquilizern und durch die allgemein verbreitete Neigung, ein eher konformes Persönlichkeitsbild zu zeigen, entschärft und unauffälliger gemacht. Zweifellos hat jedoch auch heute noch die Einnahme einer psychopathischen Persönlichkeitshaltung einen kaum zu übertreffenden **Präventivwert gegenüber sozialen Zwängen.**

Ungeachtet dieser Abwehrfunktionen bleibt doch der ausgeprägtere **Psychopathiefall** eine Krankheitsform, die sich durch den Einbau pathologischer Merkmale in das Persönlichkeitsbild auszeichnet. Die **protektive Wirkung gegenüber Gefahren** kann hierbei, wie wir gesehen haben, durchaus erhalten bleiben. Dies gilt auch für die neurotische Form der leichteren Beeinflussung des Verhaltens durch aktivierte instinktive Fähigkeiten. Die Unsicherheit, Ängstlichkeit und Ambivalenz, das Meiden bestimmter Lebensräume haben bei leichterer **neurotischer Manifestation** einen erheblichen protektiven Wert gegenüber Gefahren, der freilich mit Leidensdruck bezahlt werden muß. Nicht grundsätzlich kommt also der neurotischen Störung oder ihrer noch milderen Verwandten, der neurotoiden Verfassung, ein Krankheitswert mit Therapiebedürftigkeit zu.

Ängstliche **Schutzhaltungen** dürften überhaupt die mildesten Manifestationsformen instinktiver Mechanismen sein und sind eigentlich jedermann vertraut. Sie dienen der Unterteilung des Lebensraumes in gefährliche Bereiche und solche, die positive Entfaltung und Lustgewinn versprechen.

Ein wesentlicher Teil der selbstheilenden Mechanismen Gesunder geschieht über Nacht im **Schlaf**. Viele Sorgen, die man sich abends macht, haben sich am nächsten Tage schon verflüchtigt, erscheinen übersichtlich oder werden sogar vergessen. Eine der besten Anweisungen für das Verhalten in Not lautet: „Wenn du im unklaren bist, unternimm nichts." Die heute so häufig empfohlene Aussprache über Probleme mit dem Partner ist nicht in jedem Fall möglich, vielfach auch nicht der richtige Lösungsversuch. Seine Überstrapazierung würde zu einer Unterdrückung der Selbsthilfe führen.

Auch der Meditation und dem Gebet werden mit Recht heilende Wirkungen zugeschrieben. Schon die damit verbundene Selbstzuwendung, aber auch das transzendierende Aufsuchen höherer Ebenen lassen Konfliktbelastungen übersichtlicher erscheinen und einer Lösung näherbringen.

Obgleich wir also genügend Anhalte für die Annahme einer ganzen Reihe von **Selbstheilungsmechanismen** und -möglichkeiten beim gesunden Menschen finden können, müssen wir doch einräumen, daß gegenüber einer starken Veranlagung zur Erkrankung an einer endogenen Psychose die selbstheilenden Kräfte erst dann eingesetzt werden können, wenn eine moderne psychopharmakologische Therapie bereits zur Eindämmung der erregten Alarmiertheit geführt hat. Die Zahl der Patienten, die nach der Erstmanifestation einer **Langzeitbehandlung** bedürftig sind, wächst im Verlauf der Zeit immer weiter an, nachdem die Neigung, rein schicksalsmäßig gewertete Rezidive in Kauf zu nehmen, in unserer Zeit in Abnahme begriffen ist. Bei den langzeitbehandelten Patienten spielt das Erlernen von normalen Reaktionsmöglichkeiten und gesunden Selbstheilungskräften eine bedeutende Rolle. Vielfach haben die Kranken in ihrer Jugend wegen der schon immer vorhandenen Übererregtheit in Verbindung mit dem Aufwachsen bei einem kranken oder gestörten Elternteil oder im Falle der Erkrankung sogar beider Eltern keine ausreichende Gelegenheit und auch kaum die Fähigkeit gehabt, diese autoprotektiven Vorgänge zu entwickeln und bei sich selbst und anderen anzuwenden. Sorgfältige Behandlungen etwa einer psychotisch erkrankten Mutter mit mehreren Kindern und einem sekundär in den Krankheitsprozeß einbezogenen und von ihm auch geformten Ehemann führen heute nicht selten zu einer vollständigen Umstrukturierung der Familie, nachdem die Reaktionsbereitschaft und Selbsttherapiefähigkeit der Patienten wieder hergestellt worden ist. Der Ehemann oder die Ehefrau können in solchen Familien wieder unbesorgter ihrem Beruf nachgehen, die Kinder werden wieder an

die Eltern herangeführt, legen die schon aufgetretenen Verhaltensstörungen wieder ab, die ganze Familie blüht auf.
Neben der genetischen Veranlagung zu bestimmten Erkrankungsformen kommt der artefiziellen Provokation der gleichen und schwererer Psychosesyndrome durch Alkohol, Stimulantien, Halluzinogene und andere Drogen eine große Bedeutung zu. Etwa 5% der Bevölkerung sind alkoholkrank. Zusammen mit den schizophrenen und anderen endogenen Psychosen, den oligophrenen, den gerontopsychiatrischen Fällen und den sonstigen Suchtkranken sind etwa *10% der Bevölkerung psychiatrisch behandlungsbedürftig*. Eine ungewisse Zahl von Personen wird mit Beruhigungsmitteln zum Schlafen und zur Angstreduktion behandelt. Angesichts einer so großen Zahl von Menschen, die zur Selbstregulation ihres seelischen Lebens nicht mehr in der Lage sind, steht die Psychiatrie unter einer um so höheren *Verpflichtung, gesunderhaltende Fähigkeiten zu erforschen und auch zu propagieren*.

18. Psychopathologie und das Ganze des Menschen

Psychopathologische Veränderungen führen immer zu einer Verkleinerung des Modells Mensch. Die Wirkung der aktivierten Instinktschablonen sorgt für eine gezielte Einengung auf bestimmte, wenn auch oft imaginäre Umweltausschnitte und Themen. Der Wert eines Menschen, seine Würde und seine **Ganzheit** bleiben aber auch in der schwersten psychopathologischen Alteration erhalten. Das Ganze des Menschen kann niemals mit dem psychopathologischen Begriffsinventar erfaßt werden. Nicht nur, daß uns viele Kranke erst nach Jahren den wahren Grund ihrer Angst, ihrer Verzweiflung, die sich in der Krankheit äußerten, offenbaren. Immer bleibt etwas Geheimnisvolles, über den Sichtbereich des Psychiaters Hinausweisendes erhalten. Selbst beim Bewußtlosen müssen wir seine menschliche Würde respektieren. Tatsächlich können wir nicht wissen, in welchem Bewußtseinszustand der scheinbar so reglose Mensch sich befindet. Manche dieser Menschen erleben ihren Eintritt in das Paradies, während der Arzt die Diagnose eines Komas stellt.
Auch bei minderschwerer Störung kann der Arzt nie wissen, welche Wesenszüge, welche Anteile der Persönlichkeit ihm verborgen bleiben. Immer muß ein Erhaltenbleiben eines gesunden Persönlich-

keitsanteiles selbst dann unterstellt werden, wenn er nicht erkennbar zu sein scheint. Der Arzt behandle den Kranken deshalb stets mit Respekt und halte ihn wenigstens für seinesgleichen. Die Kranken empfinden eine solche Haltung mit dankbarer Erleichterung, sie spüren die **Dimensionen der Menschlichkeit und Liebe** in der Therapie. Gerade die seit ihrer Kindheit geringschätzig behandelten, ja geknechteten Seelen der psychiatrischen Patienten erleben eine menschenwürdige, achtungsvolle und auf religiösen Grundlagen ruhende Behandlung wie eine Erlösung, wie eine Verheißung der Freiheit. Auch die Annahme ihrer Krankheit, die ernste Registrierung aller Qualen und nicht etwa ein Bagatellisieren oder Leugnen der Schwere der Krankheit werden von den Kranken mit Erleichterung aufgenommen. Als antipsychiatrische Behandlungsmethoden um sich griffen, wurde vielen Kranken ihre Not gar nicht mehr abgenommen. Dadurch fühlen sich die Kranken jedoch nicht etwa befreit, sondern der tiefere Sinn der Psychose, vom anderen ernst genommen zu werden und ihn zu einer Hilfsaktion zu motivieren, wird verfehlt. Die Kranken fühlten sich in solchen Behandlungen verlassen, vielfache Suizide waren die Folge.
Auch bei der Nagelprobe auf die psychiatrische Wahrheitsfindung, im **forensischen Gutachten**, muß berücksichtigt werden, daß der Psychiater mit seiner Begriffswelt niemals das Ganze des Menschen erfassen kann. Der Gutachter sollte deshalb einen sorgfältigen Ausschluß krankhafter Störungen, soweit dies vertretbar ist, vornehmen und sich davor hüten, im Vorbeigehen eine Persönlichkeitsdiagnostik zu betreiben. Ein Täter muß dann als schuldfähig gelten, wenn krankhafte Störungen nicht vorgelegen haben und nicht nachweisbar sind. Einige Gutachter erliegen aber der Versuchung, mehr zu sagen als ihnen zusteht, und glauben bei Taten, die definitionsgemäß mit Erregtheit verbunden sind, wie Tötungshandlungen, einen krankhaften Zustand und damit eine Exkulpierung feststellen zu sollen. Auch die sogenannte kriminalbiologische Prognose gehört zu den Bereichen, über die zuverlässige psychopathologische Aussagen nur schwer zu machen sind. Werden gefährliche kriminelle Handlungsweisen für den Ausdruck einer Krankheit gehalten und wird der Täter daraufhin in einem psychiatrischen Krankenhaus untergebracht, liegt auch die Einholung einer medizinischen Prognose über die Rückfallgefährdung nahe. In den letzten Jahren hat es sich jedoch immer häufiger gezeigt, daß die Prognosen der Ärzte nichts taugten und einem Teil der Täter Gelegenheit zu Wiederholungsver-

brechen gaben. Zu den Aufgaben der Gutachter gehört es deshalb, schon im ersten Verfahren mit vollem Ernst zu prüfen, ob der Angeklagte überhaupt in den **Zuständigkeitsbereich der Psychiatrie** gehört. Wird dies verneint, kann auch ein Irrtum in der Prognose nicht mehr unterlaufen. Der Mensch als Person und als Geschöpf ist transzendent. Dies sollte in unserer Lehre stärker beachtet werden.

19. Folgerungen für die Erziehung

Die Feststellung von instinktiven Veranlagungen beim Menschen, die auf die Wahrnehmung und Abwehr von Gefahren aufgrund einer langen Stammesgeschichte gerichtet sind, fordert eine Erziehung der Kinder, die zu einer Verbesserung der Gefahrenwahrnehmung und -einschätzung beiträgt. Erziehungsformen, die zu einer Bagatellisierung von Gefahren neigen, sind demnach ungeeignet. Die Eltern müssen auf allen in Frage kommenden Gebieten ein **systematisches Gefahrentraining** durchführen. Die meisten Mütter und Väter sind hierzu auch durchaus in der Lage. Dem Kind wird gelehrt, daß man nicht Pflanzenteile wahllos in den Mund steckt, da die Mehrzahl der Gartengewächse und viele der **Pflanzen**, die am Wege wachsen, giftig sind. Der Umgang mit Tieren erfordert die gleiche Sorgfalt. Fremde Hunde und Katzen, Insekten, kranke, wilde **Tiere**, die sich vom Menschen einfangen lassen, **Tierkadaver** dürfen nicht berührt werden. Kein Kind weiß von sich aus, daß der niedliche Igel, den es draußen gefunden hat, voller infektionsträchtiger **Parasiten** ist. Das Gefahrentraining muß auch den Umgang mit **Feuer**, Haushaltsgeräten, **Elektrizität** und viele andere naheliegende Gefährdungen des modernen Lebens umfassen. Zentral ist die **Gefahrenwahrnehmung im sozialen Bereich**. Die Kinder sollen früh lernen, Freund und Feind zu unterscheiden, sich zu wehren, sich durchzusetzen, ihren Willen in die Sprache umzusetzen. Von besonderer Gefahr für Kinder sind der moderne **Straßenverkehr** und verbrecherische Individuen, die sich an Kindern vergehen. Weder soll man kleine Kinder allein in der Wohnung lassen noch sollen sie allein durch unbewohnte Gegenden gehen. Kinder sollen besonders abends gebracht und abgeholt werden. Die Verkehrserziehung wird bereits in der Schule betrieben. Ferner ist eine eindeutige Gefahrenschulung gegenüber **toxischen psychotropen Substanzen** aller Art unabdingbar. Auch die **Sexualität**, die **Partnerwahl**, das **Verhalten in Gruppen** und viele andere Bereiche sind grundsätzlich unter dem Gesichtspunkt des Gefahrentrainings in die Erziehung einzubeziehen.

Gegenstand dieser Erziehungsprozesse ist nicht die Gefahrenwarnung als isoliertes Element, sondern die Steigerung der Selbständigkeit des Kindes in der Einschätzung und Bewältigung von Gefährdungen. Hierzu trägt auch die Freisetzung **emotionaler Möglichkeiten** im Erziehungsstil bei. Die Kinder sollen lernen, Emotionen nicht nur nonverbal, sondern auch sprachlich umzusetzen und wenigstens eine **Sportart** auszuüben. Der emotionale Pegel der Familie darf nicht zu niedrig gefahren werden, Aggressionen müssen in einem bestimmten Umfang erlaubt sein. Von besonderer Bedeutung ist darüber hinaus die verbale Umsetzung von Konfliktinhalten, von emotionalem Erleben überhaupt. Die Konfliktbewältigungsstrategien der Eltern werden von den Kindern zum Modell eigener, neuer Entwicklungen genommen. Eine systematische Sprachschulung in der Familie ist erforderlich.

Insgesamt muß die Erziehung der **Erhaltung und Steuerung instinktiver Fähigkeiten** des Menschen dienen. Eine kulturelle Überformung, in weiten Bereichen auch eine Unterdrückung, wird ohnehin vom Leben abverlangt, eine Kultivierung und Verfeinerung sollte daher von den Eltern ebenfalls angeboten werden. Eine **Verwöhnung** der Kinder wird vermieden durch Gefahrentraining, eine **Verängstigung** durch das gleichzeitige Einüben von Meidungs- und Abwehrstrategien. In der **Pubertät** kommt es zum Instinktwandel (E. Kretschmer) mit einer Ablösung der instinktiven Kind-Eltern-Bindung und einer Ausweitung der zwischenmenschlichen Beziehungen in Verbindung mit der sexuellen Reifung. Das Erwachsenenalter wird nur mit Hilfe transzendierender Kräfte bewältigt. Eltern sollen sich deshalb mit ethischen und religiösen Fragen auseinandersetzen.

20. Die Anatomie der menschlichen Seele

Der Entdeckung, daß es sich bei den psychischen Krankheitsformen des Menschen um aus der Regulation geratene Instinkte handelt, folgt die Notwendigkeit, eine Anthropologie zu entwerfen, die von der Existenz eines hierarchisch aufgebauten Instinktsystems ausgehend eine strukturalistische Lehre vom Bau der menschlichen Seele liefert. In dieser Lehre ist der gewaltige phänomenologische und strukturelle Erfahrungsschatz der Psychiatrie nicht mehr ein Sprachsystem, das die Welt der Kranken beschreibt, sondern enthält Aussagen über den Menschen, wie er mit seinen angeborenen Instinkten seine Existenz behauptet. Die Psychiatrie ist nun keine Angelegenheit der Psychiater und ihrer Kranken mehr allein, sondern **Aussage über den Menschen** in seiner Verletzlichkeit, in seiner Verzweiflung, in seinem Scheitern, in seinem Untergang. *Die Psychiatrie bricht damit aus ihrem Ghetto aus.* Der psychisch Kranke erweist sich als ein Mensch, der Seele zeigt und dabei nicht selten auf die Grenzen der Menschlichkeit oder das Wirken von Unmenschlichkeit hinweist. *Psychopathologische Symptome haben keinen Wert an sich, aber sie sind als Mitteilungen von Not und als Ruf nach Hilfe zu verstehen.*

Die Determination des Verhaltens der Menschen innerhalb eines nahezu unermeßlichen Raumes freier Entfaltung wird thematisiert und begrenzt durch ein im Menschen **eingebautes Überlebenssystem**. Wir können das menschliche Leben mit einer Expedition in ein unbekanntes, wüstes Land vergleichen. Die Reise kann nur so weit gehen, wie die Vorräte und Kräfte reichen. Der Grenzenlosigkeit der menschlichen Fantasie und des Lernvermögens steht ein Ich gegenüber, welches von seinen **Todesängsten** definiert und dimensioniert wird.

Der Aufbau des menschlichen Ichs folgt den Entwicklungsmöglichkeiten eines stufenförmig angelegten Systems, das seine Komponenten aus der Evolution bezieht und sie in der Ontogenese des einzelnen Menschen nacheinander aktiviert. Die Besetzung der elementaren Lebensräume wird von entsprechend großen Entfaltungen oder Zusammenziehungen der Person begleitet, die in unmittelbarem Zusammenhang mit lebenserhaltenden gefahrenortenden und ihre Abwehr vorbereitenden sensumotorischen Verhaltensschablonen steht. Der Aufbau der menschlichen Psyche folgt dabei einem konservativen evolutionären Gesetz, das altbewährte Strukturen zäh beibehält und bestimmte Vorgänge durch Bewahrung ineinandergreifender Regulationen absichert. In der psychoanalytischen Strukturtheorie von S. Freud wird diese Regel berücksichtigt. Freud lehrte eine stufenweise hierarchische Gliederung des Psychischen und seiner Dynamik. Er unterschied orale, urethrale, anale und sexuelle Stadien der Persönlichkeitsentwicklung, deren Manifestation mit bestimmten primitiven Verlaufsgesetzen verbunden ist.

Der Rückschluß von den Ab- und Aufbaureihen der Psychosen/Neurosen und der der Achsensyndrome auf ein geschichtetes Instinktsystem bei jedem Menschen, das wir operational als **„Referenzsystem“** bezeichnet haben, ergibt eine noch differenziertere Gliederung als die von Freud aus dem Über-Ich, dem Ich und dem Es entworfene Instanzenlehre. Der „psychische Apparat" erweist sich als vierzehnfach gegliedert. Grundlage jeder der **14 Schichten** ist ein Verhaltenssystem, das der Gefahrenortung und -abwehr in Verbindung mit der Bereitstellung eines für diese Aufgabe spezifisch geeigneten Persönlichkeitsanteils dient. Die Abwesenheit von Gefährdungen bedeutet dabei auf jeder der Stufen die Ermöglichung der Entfaltung der Lebenstriebe, die sich auf den gleichen Ebenen angesiedelt finden. Der Gefahrenausschluß ermöglicht, von unten aufsteigend, die Entfaltung der sexuellen Lust, freies, entspanntes Atmen, Nahrungs- und Flüssigkeitsaufnahme, die positive Gestaltung des unmittelbar leibnahen und dann auch etwas weiter entfernt gelegenen Lebensraumes, die Annäherung an Menschen, den Aufbau sozialer Beziehungen, die Darstellung der eigenen Person, den Aufbau einer eigenen geistigen Welt, das Leben von Liebe.

N. Tinbergen (1966) definiert den Begriff des Instinktes als „hierarchisch organisierten nervösen Mechanismus, der auf bestimmte vorwarnende, auslösende und richtende Impulse, sowohl innere wie äußere, anspricht und sie mit wohl koordinierten, lebens- und arterhaltenden Bewegungen beantwortet". Die von uns in diesem Buch aufgedeckten Funktionen der den Psychosen zugrundeliegenden Instinktschablonen erfüllen exakt diese Definitionen. Der von der operationalen Psychologie, wie bei P. R. Hofstätter (1959), tabuierte menschliche Instinkt kann und muß also wieder anerkannt werden. Bei den meisten Autoren, die **Instinkthierarchien** entwarfen, war auch nicht die Psychopathologie das Feld der Erfahrung, aus dem die Hinweise auf Instinkte entnommen wurden. So kam es zu unmäßig hohen Zahlen, von denen Hofstätter schrieb: „Es scheint so, als hätte man von altersher jedes Verhalten, das in einer bestimmten Gesellschaftsform als selbstverständlich galt, als den Ausschluß der menschlichen Struktur schlechthin und damit als anlagemäßig und instinktiv begründet angesehen" (1959).

Die aus der menschlichen Psychopathologie abgeleiteten Instinktschablonen erweisen sich auch als für die **Spezies Homo sapiens** spezifisch. In den unteren Rängen dürften sie mit den Instinkten anderer Säugetiere weitgehend identisch sein. Aber schon beim szenischen Instinkt, den wir aus dem szenischen Delir ableiten, beginnt das **Hören von menschlichen Stimmen** als Ausdruck des humanspezifischen kognitiven Verbalsystems. Auf dem gleichen Niveau liegen die am tiefsten verankerten schizophrenen Schablonen. Sie dienen der Sicherung des Individuums im sozialen Raum und dürften beim

Menschen ein hohes phylogenetisches Alter besitzen. Eine Anzahl von bei Säugetieren gut bekannten Instinkten findet sich hier, wie das Totstellen, die Unterwerfungshaltung, das lautlose beobachtende Verharren, die blitzschnelle Aggressionshandlung, das intuitiv-instinktive Wahrnehmen sozialer Bedrohung. Alle in aufsteigender Richtung gelegenen Schablonen, die in den Psychosen manifest werden, beschreiben weitere Lebensräume und Dimensionen des Ichs gleichzeitig. Auch eine Parallelität zur Individualentwicklung erscheint hierbei gesichert. Psychoanalytisch geht die Depression auf eine Angst vor dem Verlassenwerden durch die Mutter im oralen Stadium zurück. Die schizophrene Erlebnisweise deutet auf einen Ursprung in embryonalen Entwicklungsstadien hin. Nur die Neurosen entsprechen späteren, postinfantilen Entwicklungsstufen. Dadurch wird die Annahme von A. Portmann, der Mensch komme unreif zur Welt, stark relativiert. Es besteht zwar eine motorische Unreife, unmittelbar nach der Geburt beginnt jedoch der Aufbau von Ich-Strukturen, die später die Grundlage des sozialen Existierens bilden. Das Sprachverständnis beginnt bereits kurz nach der Geburt. Das Neugeborene ist sensorisch voll aufnahmefähig und kann die individuellen Gesichtszüge der Mutter nach wenigen Tagen bereits memorieren.

Die Unreife des menschlichen **Neugeborenen** hat also wahrscheinlich eine andere Bedeutung. Sie dürfte einmal mit der Begrenzung des Hirnvolumens durch die Größe der Öffnung im kleinen Becken der Mutter bedingt sein. Die entsprechende Kleinheit des Neugeborenengehirns hindert aber nicht eine spezifisch menschliche Entwicklung von Anfang an. Die frühere Behauptung, die Entwicklung des Kindes liefe bis zum Erreichen des ersten Geburtstages etwa dem von jungen Schimpansen parallel, ist völlig unhaltbar. Die motorische Unreife dürfte mit der Notwendigkeit, die instinktiven Grundlagen der Bewegung und den **aufrechten Gang** durch Lernvorgänge funktionsreif zu machen, zusammenhängen. Der Mensch beginnt mit einer Körpergröße von etwa 90 cm seinen aufrechten Gang. Die phylogenetische Forschung hat bei etwas über einen Meter großen Individuen des Australopithecus afarensis bereits hochentwickelte Fähigkeiten des aufrechten Ganges festgestellt, so daß der Beginn des aufrechten Gehens bei **Menschenvorfahren** gelegen haben muß, die knapp 100 cm groß waren. Auch das Sprechen beginnt bei Kindern nach dem Erreichen einer Körpergröße von 80 bis 100 cm, wie dies bei entsprechend großen Individuen auch phylogenetisch eingetreten sein muß. Der Paläanthropologe D. Johanson (1981) nimmt eine Entstehung der menschlichen Familie im Zusammenhang mit einer Änderung des Sozialverhaltens, bei dem die Männer zu Nahrungslieferanten der Frauen und Kinder werden, schon in der Frühphase bei Körpergrößen um 100 cm an. Die Humanisierung von Sozialinstinkten, ihre Koppelung an sprachliches Verhalten geht demnach in eine Zeit vor ca. 5 Millionen Jahren zurück. Das Auftreten akustischer Halluzinationen in Form des Stimmenhörens beweist, daß es eine **instinktive Grundlage des Sprechens** in Verbindung mit einem Gefahrenortungs- und -abwehrsystem beim Menschen gibt. Halluzinationen sind ein sicherer Hinweis auf die Tätigkeit eines angeborenen Instinktmoduls. Schon bei Tieren werden in den Leerlaufhandlungen die angeborenen Objekte projiziert, wie das Nest beim Höckerschwan; das Verhalten wird auf dem Eis der noch zugefrorenen Seen um ein imaginäres Nest herum produziert. Halluzinatorische Projektionen bedeuten, daß eine im Individuum liegende Struktur einen externalen, objekthaften Anteil hat. Durch Lernvorgänge werden solche Strukturen, wie die vergleichende Ethologie zeigt, nicht hergestellt.

Die Humanspezifität der paranoiden, der manischen, der depressiven und der neurotischen Schablonen müssen wir ohnehin für gesichert halten, da Sprache und Denken wesentliche Bestandteile der hier von den Kranken verhältnismäßig uniform reproduzierten Verhaltensschablonen sind. Das **Grübeln der Depressiven** muß also einem angeborenen Fehler-Suchverhalten entstammen. Wir müssen daraufhin also **instinktive Grundlagen des Sprachdenkens** und der Sprache annehmen.

Auch aus der Tatsache, daß untrügliche Anzeichen menschlichen instinktiven Verhaltens in der Psychopathologie untergebracht wurden und dort allein nötig zu sein schienen, während der „normale" Mensch von solchen Regungen freigehalten werden sollte, läßt Rückschlüsse auf die Anatomie der menschlichen Seele zu. Der voll entfaltete, **gesunde Mensch** verfügt demnach über die Fähigkeit, seine instinktiven Bereitschaften unauffällig arbeiten zu lassen, sie zu verstecken, sie wie eine **Geheimwaffe** im sozialen Leben zu benutzen. Man spricht von Intuition, von Ahnungen, von einem schlechten oder guten Gefühl, auch von Menschenkenntnis, wenn man die sorgfältig gefilterten Äußerungen des menschlichen Gemütslebens schildern will. Homo sapiens setzt seinen Stolz in die vollständige Beherrschung der Lebenstriebe und wachen Instinkte, auf höheren kulturellen Niveaus wird die Kommunikation sorgfältig im Bereich der Sprachlogik, der Rationalität, strengster gesellschaftlicher Konventionen und auf das genaueste eingeengter emotionaler Kanalisierungen gehalten. Nicht das Alkoholtrinken ist verpönt, sondern die Unfähigkeit, sich in alkoholintoxiziertem Zustand ebenso rigide gesteuert zu benehmen wie ohne Alkoholeinfluß. Homo sapiens hält sein Unbewußtes wie ein Reiter sein Pferd am Zügel, er sitzt im Sattel.

Dies gilt nicht für alle kulturellen Niveaus. Auf der Szene, in der Kneipe, im Trubel der Fete, im Vollzug der Orgie kann der Filter abgenommen werden, darf Gefühl gezeigt werden. Die Schauspieler führen in kunstvoller Nachahmung die instinktiven Äußerungen vor, die Kunst überhaupt ist ein Ventil für diese Bereiche. Auch im Leben der Familien wird unverhüllter an positiven wie an negativen Seiten der menschlichen Instinkte mehr gezeigt, als Außenstehende ahnen dürfen.

Homo sapiens in seiner Würde und Größe weiß sich dem Geist, dem Gott verpflichtet. Aber besonders im Krieg, mitten unter uns aber auch bei Tötungshandlungen wird die Maske der Kultur fallen gelassen, die Menschen wandeln sich in grausam aggressive, mordlustige, sexuell gierige, raubende und plündernde Wesen um. Noch heute würden Hunderttausende zusammenlaufen, um eine öffentliche Hinrichtung zu sehen. Als vor Jahren bei Hamburg ein Flugzeug auf die Autobahn stürzte, eilten Tausende herbei, um Leichen oder Leichenteile zu sehen. Es ist noch nicht lange her, daß psychisch Kranke zur öffentlichen Belustigung mißbraucht wurden.

Unter einer Anatomie der menschlichen Seele wollen wir eine Lehre verstehen, die ein Modell des psychischen Aufbaus beschreibt und aus diesem ihre Aussagen ableitet. Die Entdeckung und Beschreibung eines Modells der psychischen Funktionen wird die Psychiatrie aus ihrem **Dornröschenschlaf der Unwissenschaftlichkeit** erlösen. Das epistemologische Problem der Psychiatrie rührt von der Unkenntnis der Struktur her. Eine Strukturaufklärung des psychischen Aufbaues wird uns zu einer wissenschaftlichen Herleitung des Wesens, der Entstehung, des Verlaufs und der Heilung von Psychosen und Neurosen befähigen. Wir werden durch eine solche Strukturlehre in die Lage versetzt sein, Voraussagen über Verhaltensweisen zu machen, die als Folge therapeutischer Eingriffe erscheinen werden. Eine solche Lehre wäre gleichzeitig eine **Theorie der Psychiatrie.** Jede andere medizinische Disziplin steht und fällt mit der

Kenntnis derjenigen Strukturen, deren Modifikationen sich in den Krankheiten des Fachgebietes äußern. Jede weitere Aufklärung der Struktur bringt jeweils neue Erklärungsmöglichkeiten für bis dahin noch unverständliche pathogenetische und phänomenale Gegebenheiten, für bereits bekannte therapeutische Effekte, für die Zusammenhänge unterschiedlicher Krankheitserscheinungen, deren Verbindung rätselhaft bleiben mußte.
Eine ähnliche Verbesserung der Lage der Psychiatrie durch die Weiterentwicklung einer strukturierten Lehre vom Aufbau der menschlichen Seele können wir erwarten. Das Rätsel der Endogenität wird seiner Aufklärung zugeführt werden können. Die methodologischen Probleme der Psychiatrie, zwischen biologischen, psychodynamischen und soziogenen Faktoren und ihrem rätselhaften Zusammenwirken ausgespannt, werden klarer. Die systemtheoretische Gesamtkonzeption läßt alle diese Bereiche einer einheitlichen Theorie unterordnen.
Zentrale Aussage der Theorie der Psychiatrie, die wir in diesem Buch vorlegen, ist die Erkenntnis, daß die bisher geleugneten menschlichen Instinkte existieren, sich unverhüllt im Bereich der Psychopathologie zeigen, jedoch in ihrer Existenz und Wirksamkeit auch beim gesund bleibenden Menschen nachzuweisen sind. Die menschlichen Instinkte sind wie die der Tiere, angeborene Verhaltensweisen, die die Aufgabe haben, die gestaffelten Lebensräume des Menschen von Gefahren freizuhalten, um die produktive Fülle des Lebens und der Liebe zu ermöglichen. Sie dienen der Erhaltung des Lebens des Individuums und der Vermehrung der Art. Auch die Instinktmanifestationen im Bereich der Psychopathologie weisen auf ihre lebenserhaltende teleologische Funktion hin: *Der psychisch Kranke ist ein Mensch in höchster Not.*
Den Begriff „Anatomie der menschlichen Seele" gebrauchen wir hier zur Verdeutlichung der theoretischen Position. Er darf nicht mißverstanden werden als eine anatomische Strukturierung. Die Sprache der Neuroanatomie, -pathologie, -physiologie, -pathophysiologie, -biochemie und -pathobiochemie kann zur Sprache des funktionellen seelischen Aufbaues, unter der wir die „Anatomie der menschlichen Seele" verstehen, parallel geschrieben werden. Die Psychopathologie kann und muß ihr Denksystem hirnanalog entwerfen, aber sie darf die materielle mit der psychologischen Sprache nicht vermengen. In der Psychophysiologie bleiben ebenfalls beide Sprachsysteme getrennt, sie können aber bis zur gegenseitigen Be-

deutungserläuterung verbunden werden. So besagt der Befund der Hypofrontalität bei Schizophrenen, daß er an die partielle Ausschaltung höhere Persönlichkeitsschichten erinnert bzw. diese zu erklären vermag. Die beim Gesunden so **große Schichtdicke der Gedanken- und Sprachwelt**, die dem Schizophrenen abgeht, bedingt wohl eine Blässe und Entferntheit der menschlichen Angst- und Triebobjekte beim Gesundbleibenden, kann aber auch bei ihm jederzeit von alarmierten Schablonen durchschlagen werden. S. Freud fand in diesem Zusammenhang eine einleuchtende Erklärung von Witzen: Ihre zündende Wirkung rühre aus einer Verkürzung des Entladungsweges der Libido her. Freud nannte die Entferntheit „Verdrängung". Man könnte auch eine kurze Instinkterregung bestimmter Tönung annehmen.

Die strukturalistische Theorie der psychiatrischen Erkrankungen bleibt nicht ohne Auswirkungen auf die Diagnostik und die Therapie.

Der vorgelegten **Strukturtheorie** kommt in der Praxis die Bedeutung eines beweglichen, universell einsetzbaren Modells zu. Wie in der psychoanalytischen Theorie und Praxis werden die Phänomene am Modell simuliert und führen zu einem übersichtlichen und kontrollierbaren Konzept vom Krankheitsbild. Die Diagnostik sucht bei dem Kranken nicht mehr primär nach der Wiederentdeckung bestimmter klinisch-psychiatrischer Stereotype, damit eine nosologische Zuordnung möglich sei, sondern kann sich *frei von nosologischen Zwängen der syndromalen Struktur zuwenden.* Damit wird gleichzeitig der Weg zu einer idiografischen Erfassung freigemacht. Die nomothetischen Zwänge fallen bei strukturalistischer Untersuchung und Verlaufbeobachtung fort, wenn die Konzeption nicht darauf abgestellt ist, den Befall mit einer bestimmten Krankheit nachzuweisen, sondern die *Modifikation der vorgegebenen Struktur durch einen krankmachenden Vorgang strukturanalytisch zu erfassen.* Das Wesen der Primärpersönlichkeit, ihre entwicklungshaften neurotischen oder psychopathischen Eigentümlichkeiten, die im früheren Verlauf aufgetretenen Prodrome oder Vorpostensyndrome, die reaktiven Zuflüsse – das strukturalistische Krankheitsmodell nimmt alle diese Einflußgrößen auf. Die Deutung der verschiedenen Einflußgrößen und Veränderungen ergibt sich aus der Theorie: Psychopathologische Manifestationen sprechen für einen bestimmten erlebten Gefährdungsgrad durch die bekannten exogenen, endogenen, reaktiv-aktualistischen, neurotogenen und existentialen Einflußrichtungen und -größen. Zur Erklärung noch *fehlende Bestimmungsstücke können vorausgesagt und gezielt gesucht werden*, wenn andere Einflüsse nicht ausreichend erscheinen, um den vorliegenden Alarmzustand zu erklären. Die Arbeitsweise muß sich dabei der **Prinzipien der kybernetischen Modellmethode** bedienen: Das jeweils erarbeitete Modell steht zur Überprüfung und Modifikation fortwährend bereit. *Nicht die vorgegebene Annahme einer bestimmten Krankheitseinheit, sondern die vorzufindenden Strukturveränderungen sind Ziel der diagnostischen Bemühungen.*

Die Identifizierungsarbeit des vorliegenden Störungstyps wird während der gesamten Behandlungsdauer fortgesetzt. Manche bedeutsamen Aspekte können erst nach Monaten und Jahren ausgemacht werden, die Weiterentwicklung des Verhaltens unter der Einwirkung therapeutischer Maßnahmen belehrt auch über manchen Entstehungsmechanismus, der Jahrzehnte zurückliegen mag. Die Absicherung einer **mehrdimensionalen Diagnostik** (E. Kretschmer, 1919) wird in gleichem Maße möglich, wie diagnostische Stereotype durch den Abbau der Entfremdung mit wachsender Strukturerkenntnis ausgeschaltet werden. K. Birnbaum forderte schon 1919 ein **strukturanalytisches Vorgehen**, unterschied zwischen pathogenetischen und pathoplastischen Einflüssen und nahm einen hierarchischen Aufbau der Psychose an. Diese Einstellung ist der von E. Kretschmer nahe verwandt. Es ist kein Zufall, daß Kretschmer unter den nicht freudianischen Psychopathologen am weitesten ging in bezug auf die Strukturanalytik. Er beschrieb die von ihm plastisch erlebten motorischen und psychischen Schablonen, in denen er die Grundlagen der Psychosyndrome erblickte. Der noch jahrzehntelang nach Kretschmer und Birnbaum anhaltende **Streit um die nosologischen Einheiten** ist im Grunde unbegreiflich.

Eine strukturalistische Psychopathologie kennt **keine atypischen Bilder**, sondern läßt jedes psychopathologische Störungsbild in seiner Geschichte und seinem therapeutischen Verlauf eigengesetzlich und von individueller Geprägtheit typisch für die Phasen sein. International kommt einer solchen Auffassung heute die Entwicklung multiaxialer Diagnosensysteme entgegen.

Die therapeutische Umsetzung der strukturalistischen Psychopathologie und der Instinkttheorie des Menschen fordert die Entwicklung eines **Therapiekonzeptes für jeden einzelnen Kranken**. Standardbehandlungen sind im Grunde von Übel. In der Klinik bildet vielfach eine individuell zugeschnittene Pharmakotherapie eine grundlegende

Rolle, um den Kranken psychotherapiefähig zu machen. Die **Psychopharmakotherapie** selbst ist Psychotherapie, man könnte diese Medikamente ebenso auch als Psychotherapeutika bezeichnen. Die modernen Psychopharmaka führen zu einer Reihe von Veränderungen, die in Band I ausführlich geschildert sind: Mitigierung, Maskierung und Demaskierung von Psychosen, Soforteffekte, Rehabilitationseffekte, den schon erwähnten Psychotherapieeffekt und den Mimikry-Effekt im Rahmen von Kurz- und Langzeittherapien. Eine gut geleitete, meist aus mehreren Pharmaka kombinierte medikamentöse Therapie wird bei Psychose-Patienten parallel laufend mit einer **Psychotherapie** verbunden, deren Methoden sich erst aus der fortlaufenden Untersuchung und Behandlung ermitteln lassen. Ausgebaute derartige Psychotherapien bei Psychosekranken umfassen Gesprächstechniken in der Einzelsituation und im Familiengespräch, verhaltenstherapeutische und kognitive Lernteile, analytische Anteile zur Aufklärung der Frühgeschichte, traumdeutende Anteile, fokale Therapien von primären oder sekundären Konflikten, Beschäftigungs- und Übungstherapien, Arbeitsplatztherapien, Rehabilitationsbehandlungen. Eine multimodale Behandlungskapazität (s. Band I, S. 132) des Arztes ist erforderlich, um keine wesentliche der erforderlichen Behandlungsstrategien und -maßnahmen auszulassen. Mit Hilfe der strukturalistischen Psychopathologie kann der Wiederaufbau der Persönlichkeit systematisch betrieben und am Modell verfolgt werden. Voraussagen von Therapieschritten und -effekten erscheinen möglich. Vielleicht kann die **Prognostik der Psychosen** verbessert werden, wenn das Ausmaß der Strukturverformung differenzierter als mit nosologischen Konzepten verfolgt wird.

Eine rekonstruktive Psychotherapie liegt dann vor, wenn ein multimodaler Therapieansatz dieser Art zur Anwendung gelangt. Nach meinen Erfahrungen neigt jeder erfahrenere und an seinem Beruf hinreichend interessierte Psychiater im Verlauf seiner Entwicklung früher oder später zu einem ähnlichen Diagnostik- und Therapiekonzept. Nur fehlte es bislang an der theoretischen Begründbarkeit. Von verschiedener Seite ist eine bessere theoretische Begründung der psychiatrischen Praxis gefordert worden, so von dem Psychologen U. Baumann (Salzburg) 1984 in Tübingen und 1985 in Wien. Cohen forderte 1984 in Tübingen ein Interpretationsmodell für die disparaten Ebenen der Psychiatrie.

Wie weit der hier vorgelegten Theorie eine mathematische Konstruktvalidität zukommt, erscheint mir selbst nicht klar, da das Modell gut beschreibbar ist, aber kaum dadurch verständlicher werden kann, daß man es in Formeln umschreibt. Ich verstehe die Arbeit an dieser Theorie als **Vollendung des verheimlichten klassisch-psychiatrischen Strukturtheorems**, das letztlich jeder in der Psychiatrie Tätige im Verlauf der Zeit entwickelt, dessen Spuren sich auch in der Literatur hier und da verfolgen lassen, das aber in klarer Form nur selten gewagt wurde.

21. Rekonstruktive Psychotherapie

Die Psychiatrie kann zwar nicht das Ganze des Menschen erfassen, sie erfüllt aber ihren Auftrag der Heilung psychisch kranker Menschen nur, wenn sie die Ganzheit als zum Sein gehörig, als Teil der Schöpfung betrachtet. Es gibt nicht ein Wissen im Sinne wissenschaftlicher Werke, aus denen die Ganzheit zu erlernen wäre, aber das Handeln des heilenden, psychotherapeutischen Arztes richtet sich nach der Wegweisung, das Ganze, Heile zu suchen. Der Weg zur rechten Therapie wird in der ersten Annäherung in einer Richtung gesucht, die auf die **Personalität des Kranken** ausgerichtet ist. In den Krankheitszuständen der schwersten, in der Ab- und Aufbaureihe unten gelegenen Achsensyndrome, in den deliranten, schizophrenen, schizoaffektiven, manisch-depressiven und depressiven Psychosen kann in dem Zustand der Akuität des Krankheitsbildes eine Wahrnehmung der Person durch den Arzt unmöglich erscheinen. Der Kranke kann sich auch vielfach nicht mitteilen, kommuniziert auch im nonverbalen Bereich nur schwer verständlich und kann nicht transzendieren. Seine Untersuchung und Behandlung, das Gespräch mit ihm, können sogar zu weiterer Erregung, Entstellung und zu einer Steigerung der Rätselhaftigkeit des Zustandes führen.
In voller Kenntnis der strukturalistischen Psychopathologie, wie sie auch von C. Scharfetter und U. Benedetti gelehrt wird, sind indessen auch die am tiefsten desintegriert erscheinenden Krankheitszustände verständlich und einfühlbar. Wir vertreten den prinzipiellen methodologischen Standpunkt der Verständlichkeit und Einfühlbarkeit jedes psychopathologischen Zustandes, auch den des Komas und des apallischen Syndroms. Das Verstehen wird durch eine modellhafte Vorstellung des Syndroms erreicht, welche fortlaufend durch weitere Beobachtungen verbessert und angepaßt wird. Ein bloßes Hineinversetzen in den Zustand des Kranken wäre unsinnig und würde ein Miterkranken des therapeutischen Arztes bedeuten können. Mitun-

ter geschieht derartiges bei beginnender psychischer Erkrankung von Ärzten, daß sie sich von bestimmten Kranken nicht lösen können und über einen Empathie- und schließlich symbioseartigen Zustand selbst in eine behandlungsbedürftige Erkrankung hineingleiten. Auch aus diesem Grunde sollten sich nur diejenigen, welche hinreichend gesund sind, zur Ausübung des menschlich sehr anstrengenden und oft einen letzten Kräfteeinsatz fordernden psychiatrischen Heilkunde entscheiden.

Wenn auch die Personalität in hochakuten Krankheitszuständen zunächst mehr unterstellt als wahrgenommen werden kann, so ist sie doch in einem **transzendierenden Akt** zu ahnen, zu fühlen oder sagen wir es doch klarer: zu glauben. Auch aus den schwersten Krankheitszuständen ist eine vollständige Wiederherstellung der Person möglich, es sei denn, daß schwere destruktive Veränderungen am zentralen Nervensystem abgelaufen sind. Aber auch bei organisch-defektuösen Verläufen ist der transzendentale Charakter der Person des Kranken zu achten und bei allen Maßnahmen zu bedenken. Dies muß auch auf Intensivstationen gelten.

In den meisten psychiatrischen Fällen jedoch ist eine deutliche Zweiteilung der Phänomenologie, die beim Kranken wahrgenommen wird, vorhanden: Ein **gesunder Anteil**, von dem aus Ratlosigkeit und Angst, Verzweiflung und Todesgedanken empfunden und mitgeteilt werden können, und ein **kranker Anteil**, der die psychotischen, neurotischen oder achsensyndromatischen Strukturen enthält, die wir im Rahmen der Ab- und Aufbaureihen systematisieren können. Je schwerer die Erkrankung, um so kleiner ist der gesunde, noch wahrnehmbare Anteil und um so größer und deutlicher exprimiert ist der kranke Teil. Auf dem Wege zu den maximalen Ausprägungen der einzelnen Psychoseformen kennen wir jeden Übergang zwischen der noch voll erhaltenen Person, welche über bestimmte Beschwerden klagt, und ihrem völligen Untergang durch die Machtübernahme der psychotischen Schablonen und der Achsensyndrome. Auch kennen wir jeden Übergang zwischen der nur verbal mitgeteilten Empfindung von Informationen aus dem Strukturbereich einzelner Schablonen und ihrer Einflußzunahme, welche zunächst im inneren Erleben besteht und später mehr und mehr auch die Verhaltenssteuerung übernimmt. Dies finden wir bei Depressiven, die zunächst über innere Unruhe klagen und bei steigender Akuität auch motorisch unruhig, agitiert werden, wie auch bei Schizophrenen, von denen leicht erkrankte Personen über phobische oder paranoide Ängste klagen,

während zunehmend schwerer erkrankte Menschen mehr und mehr auch das Verhalten eines Verfolgten und von feindseligen Menschengruppen überwältigenden Opfers annehmen.
Die neurophysiologische, neuroanatomische und ethologische Forschung der letzten 30 Jahre hat zu einer Erkenntnis der Gehirnfunktionen und ihrer Auswirkung auf Erleben, Befinden und Verhalten geführt, die es uns heute erlaubt, neben das psychopathologische Strukturmodell der Ab- und Aufbaureihen der Psychosen/Neurosen und der Achsensyndrome ein neurophysiologisch-neuroanatomisch-neurobiochemisches Modell wenigstens in Form einer Skizze zu stellen. Dadurch besitzen wir 2 Modellvorstellungen, die sich gegenseitig erläutern, die parallel aufgeschrieben werden können und die uns helfen, die Verantwortung, welche uns durch die psychopharmakologischen Eingriffe aufgebürdet wird, mit wenigstens teilweisem Verständnis zu tragen.
Von entscheidender Bedeutung für die Funktionsänderungen des Gehirns im Rahmen von Neurosen, Psychosen und Achsensyndromen ist das Zusammen- und Wechselspiel von Althirnanteilen und dem phylogenetisch jüngeren Neocortex. Am **Althirn** werden Archi- und Paläocortex unterschieden und dem Neocortex gegenübergestellt. In der Evolution ist nach MacLean (1970) von einer Dreiteilung des Endhirns bei Wirbeltieren auszugehen. Der älteste und zuinnerst gelegene Teil ist ein protoreptilisches Gehirn. Um dieses herum entwickelt sich das paläomammalische Gehirn. Dieses wird während der Evolution der Säugetiere im Neozoikum zunehmend zu einem von Neuhirnanteilen überwucherten, in sich antriebsreichen und hocherregbaren Subsystem und ist mit dem limbischen System identisch. Das limbische System erfaßt Teile des Riechhirns, den Mandelkern, Strukturen nahe der Mittellinie wie die Area entorhinalis, den Hippocampus, das Indusium griseum, den Gyros cinguli und steht in enger Beziehung mit dem aufsteigenden retikulären System, dem Hypothalamus, dem Corpora mammilaria und dem Tractus olfactorius. Diese Strukturen sind durch Faserverbindungen kreisförmig angeordnet (Papez-Kreis) und weisen bestimmte funktionelle Eigentümlichkeiten auf.
Das **limbische System** wird durch Stimulation aus dem aufsteigenden retikulären System angeregt, neigt jedoch dazu, diese Erregung in sich kreisen zu lassen, so daß eine physiologisch-neuronale oder künstliche elektrische Stimulation zu einer sogenannten Nachentladung führt. Erst ab einem gewissen Grad an Erregtheit des limbi-

schen Systems kommt es zur Effektuierung in Form von Instinkthandlungen oder epileptischen Phänomenen. Die Lokalisation der einzelnen Instinktschablonen ist noch nicht geklärt, durch elektrische Reizungen, u.a. Selbstreizungsanordnungen bei Versuchstieren, Abtragungs- und Ausschaltungsversuche sowie durch Verhaltensbeobachtungen ist jedoch bekannt, daß besonders in der päoptischen, septalen Region eine Häufung von kleinen neuronalen Kernen vorhanden ist, deren Reizung zu aggressiven Handlungen, Angstverhalten, Bewegungsdrang, sexuellen Aktionen, Funktionsänderungen vegetativ innervierter Organe wie des Herzens, der Blutgefäße, der Blase, des Darms, der Gallenblase, der kleinen Muskeln, die die Haare der Haut aufrichten, der Pupille und der Hypophyse führen. Man spricht in diesem Zusammenhang vom limbischen System als einem viszeralen Gehirn. Auch Schlucken, Lekken, Defäkation, Miktion, Kauen, Speichelfluß, Erbrechen können von anderen Teilen des limbischen Systems her ausgelöst werden. Das mittelliniennahe und vom Großhirn überwucherte System hat enge Verbindungen zum Hypothalamus und ist in der Lage, das Großhirn in seiner Gesamtheit zu aktivieren, indem die Erregung im limbischen System absinkt, und umgekehrt, die *Großhirntätigkeit herunterzuschalten, wenn die Erregung oder Nachentladung im limbischen System steigt.*

Mit dieser Steuerung ist eine hohe Sicherheit für das Überleben des Individuums und seiner Art, die auch für den Menschen voll zutrifft, gegeben. Entweder funktionieren höhere Systeme, die kognitiver, perzeptiver, koordinativer oder lokomotorischer Art sind und aus der im Verlauf der Individualentwicklung angelegten Programmbibliothek stammen oder diese höhere Tätigkeit wird stufenweise abgeschaltet und phylogenetisch alte, angeborene Sicherungssysteme nehmen aufgrund bestimmter Wahrnehmungen die Führung an sich und beeinflussen das Verhalten mehr oder weniger maßgeblich. Beim Menschen, den Menschenaffen und wahrscheinlich auch bei den Delphinen und Walen, die über eine ähnlich hohe Großhirnorganisation verfügen wie Primaten, liegt in keiner Weise eine besonders anfällige Struktur infolge der enormen Schichtdicke der neocorticalen, lernfähigen Systeme vor. Vielmehr sind diese Tierarten und der Mensch überaus erfolgreich. Die Menschenaffen freilich sind vom Menschen selbst gewaltig zurückgedrängt worden und stehen vor ihrer Ausrottung, ebenso leider die großen Meeressäuger. Aber der Mensch als der Verursacher dieser genoziden Aktionen, die auch

uns nahverwandte Säugetierpopulationen und nicht nur menschliche Völker erfassen, erweist eine unerhörte Überlebenskraft und behauptet sich auf dieser Erde.
Wir müssen also davon ausgehen, daß das Zusammenspiel zwischen paleo- und archicorticalen einerseits und neocorticalen Anteilen des Nervensystems über dutzende von Millionen Jahren erprobt ist. Bei den primitivsten Säugetieren findet man eine nur sehr kleine neocorticale Schicht, deren isolierte Betrachtung nicht ahnen lassen würde, daß das **Geistesorgan Großhirnrinde** aus ihr hervorgehen wird. Aber im Schöpfungsplan ist dieser Weg vorgesehen. Die Aufgabenstellung des Menschen ist die Erfassung des Alls und der zu ihr gehörenden Erde mit ihrer Lebenswelt durch die geistigen Funktionen, welche wir auch bei den uns nahestehenden höheren Säugetieren in kleinerem oder größerem Maße feststellen können. Die Einzigartigkeit des Menschen besteht in seiner Sprache. Über die Ausschließlichkeit des Erlebens transzendentaler Größe über den Menschen hinaus können wir schon nichts Sicheres sagen. Wir wissen nicht, wie der Haushund und andere Haustiere den Menschen erleben. Vielleicht stehen sie zu uns in einem ähnlichen Verhältnis wie die Religionen dies dem Menschen gegenüber Gott vorschreiben. Hundesliebe wäre dann Hundesglaube, oder spüren sie über uns etwas Höheres?
Kehren wir nun zur funktionellen Beeinträchtigung des Althirn-Neuhirn-Systems beim Menschen in Gestalt der Neurosen, Psychosen und Achsensyndrome zurück. Die Althirnanteile treiben das Großhirn an oder nehmen es aus seiner Aktivierung zurück. Bei den Kranken ist der Schlaf-Wach-Rhythmus, welcher in wunderbarer Weise 24stündlich abläuft, gestört. Darüber hinaus liegt eine für die jeweiligen psychotischen Schablonen spezifische Erregungssteigerung der Althirnanteile vor, gleichzeitig eine volumenmäßige Verkleinerung der neocorticalen Aktivität, die in der sog. Hypofrontalität bei Schizophrenen auch schon nachgewiesen werden konnte. Im Rahmen dieser stufenförmig auseinander hervorgehenden **Proportionsänderung zwischen Alt- und Neuhirnanteilen** des Großhirns, die in der Psychiatrie bisher noch zu wenig beachtet werden, da man Achsensyndrome leicht übersieht, stehen phänomenologisch im Vordergrund die Verhaltensänderungen aufgrund der Instinktschablonen, welche im limbischen System und anderen Althirnanteilen lokalisiert sind. Einige tiefliegende Programme sind im Mittelhirn, im Rautenhirn und im verlängerten Mark zu lokalisieren, wie wir bei den einzelnen Syndromen bereits erörtert haben.

Die Aufgabe der therapeutischen Psychiatrie ist es, bei gleich welcher Proportionsverschiebung und Programmänderung die Verursachung der Krankheit zu ermitteln und Wege zur **Wiederherstellung der Ganzheit des Menschen** zu suchen. Es geht dabei nicht um die Wiederherstellung von Menschen gemäß gesellschaftlichen Konventionen, wie eine politisch engagierte Antipsychiatrie behaupten wollte. Vielmehr ist in der Psychiatrie seit über 150 Jahren festes Wissensgut und gesicherter Bestand die Erkenntnis, daß die dem einzelnen Menschen gemäße Entfaltungsmöglichkeit gesucht werden muß, um ihn aus seiner Todesangst, die wir immer als Hintergrund jedes psychischen Krankheitsbildes suchen müssen, zu befreien. Das **Maß des einzelnen Menschen** zu finden, ist die schwierigste Aufgabe der therapeutischen Psychiatrie. Es kann in einer Zurücknahme auf eine passive Rolle des stillen Hausgenossen, der in seiner Familie lebt, ohne größere Beiträge zu leisten, bestehen. Die Bestimmung des Patienten kann es aber auch sein, mit Hilfe der Behandlung seine Abschlußprüfung, sein Abitur, seine Lebensbelastungen auszuhalten und zu bestehen und seiner Entwicklung entsprechend eine **Individualnorm**, die immer hier und heute noch ungewiß ist, aber wie eine transzendentale Bestimmung über dem einzelnen Menschen liegt, zu finden. Entscheidend ist das Nichtwissen des Psychiaters um die Bestimmung seines Kranken.

Keine einzelne psychotherapeutische Technik kann für sich in Anspruch nehmen, der einzig richtige Weg zur Wiederherstellung dieser individualgemäßen Lebensform zu sein und diesen aufzeigen zu können. Aber an der Struktur orientierte **Psychotherapie**, die die unbekannte transzendentale Bestimmung des einzelnen Menschen anstrebt, auf sie hofft, nach ihr sucht, auf sie wartet, um sie betet, kann diesen Weg weisen. Eine Verhaltenstherapie moderner Prägung kann dies ebenso sein wie eine orthodoxe oder neoanalytische Behandlung, eine Gesprächstherapie, eine Gruppenbehandlung, die Zugehörigkeit zu einer Selbsthilfegruppe oder das in seiner Vielfältigkeit nicht näher zu beschreibende ärztliche Gespräch zwischen dem Nervenarzt und seinem Kranken.

Unter Psychotherapie verstehen wir grundsätzlich auch die **Psychopharmakotherapie**. Die in ihr eingesetzten chemischen Substanzen können wir auch als Psychotherapeutika bezeichnen, denn sie richten sich auf psychische Vorgänge, die der seelischen Einflußnahme durch die Person des Therapeuten und seiner Helfer mehr oder weniger weitgehend oder auch vollständig entzogen sind. Die psychotischen Strukturen, deren Zugehörigkeit zum Althirn als gesichert betrachtet werden darf, weisen eine biochemische Spezifität der Subsysteme, die in ihm eingeschlossen sind, auf, deren Verschachtelung und gegenseitige Beeinflussung uns zwar noch nicht völlig durchschaubar ist, deren chemische Beeinflußbarkeit jedoch als gesichert angesehen werden kann.

Die Behandlung der psychisch Kranken hat die Rekonstruktion ihrer ganzen, in ihrem Entwicklungsziel und ihrer Bestimmtheit noch unbekannten und deshalb transzendentalen Person des Kranken zum Gegenstand und zum Vorsatz. Die modernen Behandlungsmethoden haben sich so entwickelt, daß fast bei allen Kranken, mit Ausnahme leichterer Fälle von Neurose und Reaktionen, eine **Doppelbehandlung** mit psychischer und pharmakologischer Psychotherapie durchgeführt wird. Die **chemischen Botschaften** richten sich direkt an die Instinktschablonen in den Althirnanteilen, die **psychische Beeinflussung** richtet sich gleichfalls auf diese, welche durch die chemische Beeinflussung mehr und mehr aufnahmefähig gemacht werden, vor allem aber an den wachsenden gesunden Anteil, in den die neocorticalen Funktionen mehr und mehr eingeschlossen werden.

Die Psychopharmakotherapie bedeutet also eine Informationsübermittlung, die sich chemischer Botschaften bedient. Ihre wirksamste Anwendungsform ist die individuell dosierte Pharmakotherapie mit einer dem Patienten angemessenen Behandlungsdauer und die Gleichzeitigkeit konvergenter psychologisch-psychotherapeutischer Maßnahmen.

Der Umfang sowohl der pharmakotherapeutischen Maßnahmen wie der psychologisch-psychotherapeutischen Behandlung entzieht sich jeder vereinfachenden Beschreibung. Beide Sprachen, die **psychologische und die chemische Sprache**, müssen individuell auf den Erkrankungszustand, die Verlaufsdauer und -richtung des Kranken abgestimmt werden. Die besten Behandlungserfolge werden mit einer individuellen Gestaltung und Dosierung, Anwendungsdauer und Kombination von Psychopharmaka und einem gleichzeitig bereitstehenden Katalog psychotherapeutischer Maßnahmen im psychologischen Sinne erzielt.

Dabei geht es nicht nur um eine „Supportivbehandlung“, also um eine Unterstützung der chemischen Mitteilungen an die Althirnstrukturen, sondern um ein Handeln therapeutischer Art, das die Wiedererlangung der vollen Personalität des kranken Menschen zum Ziel hat. Aus diesem Grunde sind monothematische Psychotherapien bei Psychosekranken, über die wir hier in erster Linie nachdenken, nicht ausreichend. Eine psychoanalytische Behandlung ist bei psychotischer Erkrankung in reiner Form nicht durchführbar, jedoch können wir **analytische Anteile** einbringen, wenn wir die Entwicklung, vor allem die frühe Kindheit des Patienten bearbeiten und mit ihm und den Angehörigen zusammen aufzuklären und auszuwerten suchen.

Ein weiterer Anteil fällt unter den Begriff der verhaltenstherapeutischen Maßnahmen, ist jedoch nicht identisch mit einer reinen Verhaltenstherapie, wie sie bei Zwangskranken, Spielsüchtigen und Phobikern unter Vermeidung chemotherapeutischer Maßnahmen vorgenommen wird. Der **verhaltenstherapeutische Anteil** gibt sich im Beginn und bei schweren Krankheitsbildern sehr bescheiden und besteht in der Verhaltensregulierung auf Station, in aus dem Bett aufstehen, Waschen, Baden, Haare machen, Zähne putzen, Ankleiden, zu Tisch gehen, Essen, zu Bett gehen, Medikamente einnehmen, Gespräche führen, Spielen, Spaziergänge machen, balneotherapeutische Maßnahmen wahrnehmen, an der Beschäftigungstherapie und an gruppentherapeutischen Maßnahmen teilnehmen. Auch die stufenförmige Wiederaufnahme des Kontaktes zur Familie, Beurlaubungen und die Entlassung gehören zu den verhaltenstherapeutischen Maßnahmen, die in vielfältiger Weise der rekonstruktiven Therapie zuarbeiten.

Auch die Gesprächstechnik, aber nicht eine eigentliche Gesprächstherapie im Sinne von Rogers-Tausch, spielt eine bedeutende Rolle im Rahmen der rekonstruktiven Psychotherapie. Das **Gespräch** mit den Schwerkranken sucht Worte als Folgen, die vom Kranken verstanden und aufgenommen werden können, vermeidet dagegen sprachliche und nonverbale Anteile, die ihn überfordern, ängstigen, in seine Krankheit tiefer hineintreiben.

Bei der Behandlung Schwerkranker bis zur vollständigen Gesundung können viele Stufen der Gesprächsführung durchlaufen werden, bis zuletzt ausgedehntere Gespräche wie unter Freunden geführt werden können. Erst in den späteren Gesprächsstadien können ernsthaft die analytischen Anteile angewandt werden, um dem Kranken seine eigene **Früh- und Jugendentwicklung** verständlich zu machen und Rückschlüsse auf notwendige Verhaltensmodifikationen und Ansätze neuen Lernens zu ziehen.

Auch in der Nachbehandlung, einem eigentlich schon überholten Terminus (besser: Weiterbehandlung), wird die Gesprächsführung neben der ggf. notwendigen Fortsetzung der Chemotherapie mit Sorgfalt an das jetzt wieder stärker eigenverantwortliche Leben des Kranken angepaßt. Das Gespräch mit seiner **Familie**, seinen **Freunden** und **Kollegen** bleibt ein ständig wahrzunehmender Teil der sehr großen Aufgabe, die Person des Kranken rekonstruieren zu helfen. Nicht mehr als eine Hilfe kann jede Art therapeutischer Bemühung sein, um das Ganze der Person wiedererstehen zu lassen. Der behandelnde Arzt hat oft das Gefühl, eine kleine Pflanze in kalter Jahreszeit in neue Erde zu setzen, ihr Wärme, Feuchtigkeit, Nährstoffe und Licht zukommen zu lassen und ihr anfangs sehr zartes und langsames Wachstum zu behüten und zu besorgen. Mit zunehmendem Wuchs wird die Pflanze immer kräftiger und muß immer weniger vor den Einwirkungen von Wind, Kälte, Hagel und Regen geschützt werden.

Ich selbst pflege gerne Pflanzen und versuche, ihren Bedarf an Wasser, an Dünger, an Licht und Wärme zu verstehen, soweit sie Topfpflanzen sind. Die im Freien aufgezogenen Blumen, Büsche, Bäume und Hecken können früher ihrer eigenen Kraft überlassen werden.

So erblicken wir im psychotherapeutischen Nervenarzt einen **Gärtner der menschlichen Seele,** einen **Besänftiger der erregten Instinkte**, einen Menschen, der wie mit der Goldwaage die innere Äquilibrierung unterstützt. In der Chemotherapie der Psychosen wird jedes Milligramm mehr oder weniger bedacht und ist täglich die Entwicklung des so beeinflußten Nervensystems neurologisch und psychopathologisch zu untersuchen und zu werten. Oft erscheinen die Nebenwirkungen, wenn man schon nicht mehr mit ihnen rechnet, oder solche, die gar nicht zu erwarten wären. Immer muß sich der Arzt der methodologischen Grundlage seines therapeutischen Handelns klar bleiben: er hat es mit einem höchst komplexen probabilistischen System zu tun. Alle Einzelheiten der Behandlung müssen aus einer Ahnung, aus einem Hoffen auf die nie versagende Kraft der Ganzheit hervorgehen. Die Kunst der psychiatrischen Praxis besteht darin, die rechte Art von Aufhilfe zu entdecken, um den innewohnenden **Selbstheilungs- und Ganzheitstendenzen** zum Durchbruch zu verhelfen.

Der psychisch Kranke ist immer der auf Notprogramme Zurückgenommene. Also gilt es, seine **Not** zu erkennen, d.h. die Ursache und Natur der **Erregung** zu diagnostizieren. Nicht nur nach der Art der Krankheit, sondern auch nach ihrer Ursache richtet sich die Behandlung. Die Fülle der Einflußgrößen von Psychotraumen bis zu massiven exogenen **Noxen**, die aber schwer zu entdecken sein können, ist so groß, daß die Aufgabe jeden einzelnen Arzt eigentlich überfordert. Immer wieder wird es geschehen, daß ein **Hirnprozeß** übersehen wird, daß ein den Kranken zum **Suizid** veranlassender Partnerkonflikt unter der Behandlung einer Psychose unentdeckt bleibt, daß der Wahn eines Patienten über den guten Willen des Behandlungsteams obsiegt. Auch der **therapeutische Eifer** wird immer wieder fehlgehen. Niemand kann grundsätzlich vermeiden, Kranke zu überfordern, ebenso wenig, ihnen zu wenig zuzutrauen.

Nur der **Glaube**, daß die Bestimmung des Menschen unbekannt und in einer höheren Ganzheit des Seins aufgehoben ist, kann den rechten Weg in dem multifaktoriellen, extrem probabilistischen kybernetischen Gesamtgeschehen weisen. Auch die Verfehlung des Weges kann noch bei genügender Vorsicht zur Rettung des Kranken genutzt werden. Die ständige eigene Befragung des Gewissens gehört zu den Aufgaben der psychotherapeutischen Ärzte. Schon auf dem Heimweg, kann der Arzt noch umkehren, die Klinik wieder betreten und im letzten Moment die Flucht eines Kranken in den Selbstmord verhüten. Aber unvermeidbar scheint es zu sein, auf dem Lebenswege eines Psychiaters die traurigen Zeugen seines Scheiterns zu sehen. Jeder von uns trägt die Last derjenigen Kranken, die sich trotz seiner Bemühungen oder gerade aufgrund der Behandlung das Leben genommen haben.

Das **Scheitern** gehört wie der wunderbare Erfolg zu diesem Beruf. Das Bemühen in der eigenen Erziehung der psychotherapeutischen Ärzte wie auch in der Aus- und Weiterbildung und in der Forschung kann nur dahin gehen, die Möglichkeiten, Scheitern vorauszusehen, weiter zu vergrößern. Denn eines ist gewiß: Der Mensch ist kein unendliches, sondern ein endliches Biosystem. Wenn es dem Menschen möglich ist, den Kosmos bis in seine fernsten Bereiche zu erforschen, warum soll er nicht sich selbst verstehen lernen? Die systematische und strukturalistische Psychopathologie und eine aus ihr hervorgehende theoretische Durchdringung der Psychiatrie gehören auf den Weg zur Erkenntnis des Wesens der Menschen. Die Selbstaufklärung der Struktur des menschlichen Wesens ist durch kein Dogma zu verbieten, obgleich mir bewußt ist, welches Wagnis das Aussprechen dieser Gedanken enthält. In der täglichen Arbeit der **rekonstruktiven Psychotherapie** ist der Beweis anzutreten, ob wir in der Lage sind, über uns und andere Menschen richtig zu denken, zu hoffen und für uns und sie zu beten.

22. Zusammenfassung

1. Das Krankheitssystem der Psychiatrie ist in der Medizin einzigartig. Im Gegensatz zu den nosologischen Ordnungen anderer medizinischer Disziplinen werden die psychiatrischen Krankheiten, besonders die endogenen, nicht von physiologischen Strukturen abgeleitet, aus denen sie hervorgehen können. Anstelle einer solchen Herleitung bevorzugt die Psychiatrie eine tautologische Erklärungsweise der Identität und Beweiskraft des Krankheitsbegriffes, wie etwa: „Schizophrene Symptome sind beweisend für Schizophrenie". Eine ähnliche Bedeutung hat das Konzept der Symptome ersten Ranges von K. Schneider, darüber hinaus zielt aber das gesamte Konzept der nosologischen Spezifität von Krankheitssymptomen, dem die psychiatrische Praxis gläubig anhängt und auf das sie ihr Diagnosensystem stützt, auf eine tautologische Fundierung ab.
Ein weiterer solcher Schluß ist der von zur Manifestation einer Psychose auf die Veranlagung. Durch die Vielzahl der Ursachen für einzelne Psychosyndrome und die Tatsache, daß schwere Psychosyndrome bei jedem Menschen ausgelöst werden können, wie die experimentelle Psychiatrie lehrt, wird aber die Annahme einer psychosefähigen Struktur bei jedem Menschen, die bestimmter Faktoren zur Manifestation bedarf, gefordert. Eine Ausdehnung der Bonhoefferschen Reduktionsregel von der Unspezifität der Psychosyndrome auf alle Psychosen ist erforderlich.

2. In den Arbeiten von Pawlow, Freud, Jaspers, Kretschmer, K. Conrad, H. Ey. u. v. a. erkennen wir die Entwicklung eines klassisch-psychiatrischen Strukturtheorems, welches eine Beurteilung des Schweregrades und der Rang- und Reihenfolge im Verlauf der psychopathologischen Zustände erlaubt. Die klarste Formulierung finden wir in der Schichtregel von Jaspers. Außerhalb der Psychiatrie entwickelten sich gleichzeitig Schichtsysteme bei N. Hartmann, E. Rothacker und F. Sander. Eine breite Strömung in der Psychiatrie des 20. Jahrhunderts, angeführt wiederum von K. Jaspers, lehnte jedoch gleichzeitig die Entwicklung einer Strukturtheorie ab. Das eine Art von Intuitionsgrundlage darstellende klassische psychiatrische Strukturtheorem wurde deshalb nicht explizit diskutiert und auch nicht soweit entwickelt, daß es als physiologische Grundlage für die Entstehung der psychopathologischen Syndrome durch pathologischen Funktionswandel hätte dienen können. Gleichzeitig wurde

auch die Strukturtheorie von Freud abgelehnt und wirkte sogar abschreckend als zu einfaches Modell.

3. Ein Strukturmodell der psychischen hierarchischen Funktionen ist unerläßlich für die Ableitung der psychopathologischen Syndrome. Hinweise auf den Aufbau eines solchen Modells sind aber wiederum ausschließlich aus der menschlichen Psychopathologie zu entnehmen, da die normale Psychologie durch die gewaltigen Hemmungs- oder Verdrängungsmechanismen beim Menschen eine Strukturaufschlüsselung kaum erlaubt. Um hier weiterzukommen, haben wir die systematische Psychopathologie entwickelt, die nach systematischen und systemischen Zusammenhängen fragt, das gesamte psychopathologische Material unter diesen Gesichtspunkten ordnet und dabei allgemeine Aufbauprinzipien ableitet. Das Ergebnis dieser Forschungen über die psychiatrische Systemtheorie ist die Rekonstruktion der Ab- und Aufbaureihen der Psychosen und Neurosen und der Achsensyndrome.
Ab- und Aufbaureihen geben zunächst einmal die gesetzmäßige Abfolge psychopathologischer Syndrome bei aufbauenden und abbauenden Prozessen wieder, gleichzeitig eine Gliederung in Gesamtzustände und Achsensyndrome. Achsensyndrome sind Persönlichkeitsvolumina mit Berücksichtigung der noch entfalteten oder zurückgebildeten höheren Schichten. Die beiden Reihen ergeben Hinweise auf Bauprinzipien und Spezifikationen des Strukturmodells.

4. Beim Übergang von der Phänomenologie, die in der systematischen Psychopathologie einer Ordnung zugeführt wird, zur strukturalistischen Psychopathologie werden die einzelnen Syndrome und die beiden Ab- und Aufbaureihen, welche auch zahlreichen Einzelleistungen enthalten, einer kritischen strukturellen Analyse unterzogen. Hierbei ergibt sich eine topologische Spezifität jeder einzelnen psychopathologischen Schicht, die noch in sich in eine Zahl von Syndromen gegliedert ist. Die syndrom- und schichtspezifischen Umwelten sind wie Zwiebelschalen um das Individuum herum angeordnet und inkludieren sich gegenseitig. Insgesamt finden wir 14 solcher Schichten, beginnend mit protostomialen Syndromen, fortgesetzt in Atmungssyndromen, oralen Syndromen, mikrohalluzinatorischen Syndromen, szenischen Syndromen, Belagerungssyndromen, akustischen Halluzinosesyndromen, Wahnsyndromen, Syndromen der Haut, manischen Syndromen, depressiven Syndro-

men, neurotischen Syndromen und psychosomatischen Syndromen. Am Ende dieser Reihe finden wir Syndromformen, die den Menschen als Ganzen und seine soziale Einordnung zum Gegenstand haben.

Außer topologischen ergibt die Strukturanalyse noch weitere Funktionen, die bei jeder dieser psychopathologischen Schablonen in systematischer Weise variiert sind: Periodische, Volumenfunktionen, Zeitfunktionen, Wahrscheinlichkeitsfunktionen, energetische Funktionen, Informations- und kybernetische Funktionen. Eine Berücksichtigung dieser 8 Grundfunktionen erlaubt eine genauere Bestimmung von psychopathologischen Syndromen.

5. Die Psychosen und Neurosen sowie die Achsensyndrome erscheinen nach dieser Analyse als ein festgefügtes, in jedem Menschen bereitliegendes Reaktionssystem, das durch Art, Schwere und Anzahl auslösender Faktoren zur Manifestation gebracht wird. Das System muß sich also auch im Gesunden finden. Wir bezeichnen diese physiologische, ebenfalls geschichtete Struktur, die alle Merkmale der Psychopathologie in regulierten Subsystemen enthält, als Referenzsystem. Wir meinen damit ein Bezugssystem für die Entstehung der psychopathologischen Syndrome durch Funktionswandel einerseits, und einen Ort für die auch beim Gesunden vorhandenen und in ihm wirkenden Reaktionsbereitschaften. Bis zur Entschlüsselung dieses Referenzsystems müssen wir es methodisch als schwarzen Kasten behandeln.

6. Nach den Instinktlehren von K. Lorenz, N. Tinbergen und P. Leyhausen erfüllen die in dem System der Psychopathologie festgestellten Schichten oder Syndromfamilien und deren Funktionen die Definitionen eines hierarchisch gegliederten Instinktsystems. Die einzelnen Schichten erscheinen als Gliederung zusammengehöriger Instinktschablonen (E. Kretschmer), deren Formen von der maximalen Ausprägung in schweren Psychosen über blande und Übergangsformen mit den Reaktionen gesunder, neurotischer und psychopathischer Persönlichkeiten und den Intervallbefindlichkeiten von Psychotikern in enge Verbindung zu bringen sind. Unter Instinkt verstehe ich besonders die überindividuelle, angeborene Gestalt und Verlaufsform, die Rhythmik und Periodik der Abläufe, das Vorkommen von Auslösereizen, die gegenseitige Löschung der einzel-

nen Instinkthandlungen, die definierte Topologie und Aufgabenstellung. Instinkte sind im ZNS angelegte Erbkoordinationen, die jedoch einen ausbaufähigen Lernteil beinhalten. Dieser ist bei Homo sapiens größer als bei Tieren, wie die Psychopathologie lehrt – ich erinnere an pathoplastische Anteile, komplizierte Verflechtungen von Schicksal und Psychose und besonders an die Einbeziehung des Bewußtseins in den Ablauf der Psychose, wobei dieses nach der Pfeife der Psychose tanzt.

D. Ploog schlug bereits 1958 eine „biologisch orientierte Psychosetheorie" im gleichen Sinne vor und machte auf hierarchische Eigenschaften aufmerksam. Schon McDougall (1928, 1937) nahm ein vielgliedriges Instinktsystem beim Menschen an, ähnlich K. Leonhard, während andere Autoren (A. Gehlen, H. Schelsky) die menschlichen Instinkte als verkümmert ansahen. In der Psychiatrieliteratur wird der Trieb- oder Instinktbegriff meist nur verschämt am Rande erwähnt oder unterschlagen. Nach unserer Theorie verfügt der Mensch über ein sehr stark entwickeltes, reich gegliedertes, bisher beim Gesunden noch weitgehend unerforschtes Instinktsystem, das sich besonders deutlich in den psychopathologischen Erscheinungen äußert. Auch S. Freud, A. Adler und C. G. Jung nahmen Instinkt- bzw. Triebstörungen als Grundlage der menschlichen Psychopathologie an. Es bedeutet einen Brückenschlag zur Psychoanalyse, wenn wir wie diese zu einer modellhaften Grundlage der Psychopathologie finden. Die menschlichen Psychosyndrome erscheinen als Zustände subkortikaler Übererregung, welche in den geordneten Bahnen, die die Instinktschablonen vorschreiben, entfaltet sind. Die Eigenarten des limbisch-hypothalmischen Systems, in dem die Schablonen überwiegend lokalisiert sind, erklären die Eigenart der psychopathologischen Verläufe, u.a. das verzögerte Einsetzen, die zeitversetzte Hochschaltung in Zusammenhang mit der Neigung des limbischen Systems zur Nachentladung. Nach diesen Erkenntnissen können wir also ein menschliches Instinktsystem nicht mehr leugnen, sondern finden es in der Psychiatrie in mehr oder weniger voller Manifestation, während es bei Gesunden unauffälliger hinter den Kulissen einer enormen kortikalen Schichtdicke Regie führt und dadurch eine Instinktreduktion (A. Gehlen) vortäuscht. Aufgabe ist in der psychopathologischen wie in der gesunden Manifestationsform die Ortung und Abwehr von gefährdenden Objekten, Situationen und Personen, aber auch ihre Meidung. Das Instinktsystem ist humanspezifisch und enthält sprachliche Anteile, wie besonders depressive, ma-

nische und schizophrene Syndrome zeigen. Da auch Haustiere ein dem depressiven Verhalten ähnliches zeigen, nehme ich humanspezifische Zuwächse der angeborenen Instinktschablonen an.
Die Patienten werden von ihren in bezug auf Ladung unterschiedlich stark angeborenen Programmen mehr oder weniger vollkommen beherrscht und sind oft gar nicht motiviert, ihren erregten Zustand aufzugeben, je mehr man in einer Art von Wegwerf-Haltung nosologisch behandelt. Behandle ich sie dagegen als gestörte Menschen, sind sie eher bereit, sich bei der rekonstruktiven Ich-Reparatur helfen zu lassen.

Das Kraepelinsche nosologische System befriedigt nicht länger. Es muß durch eine hierarchische Ordnung menschlicher Instinkte und ihrer Manifestations- bzw. Dekompensationsformen ersetzt werden. Die Instinktmanifestation findet statt, wenn eine Gefährdung des Individuums durch somatische Prozesse, durch peristatische, überwiegend soziale Faktoren, durch wachsende Erregung und Alarmiertheit bei genetischer Disposition oder durch die eigene Entwicklungsdynamik auftritt. Die menschlichen Instinkte haben die Aufgabe, die Person selbst und ihre mitmenschliche Umgebung zu alarmieren und Hilfe einzuleiten. Manche Erkrankungsformen gehen jedoch so weit, daß sie den Tod des Individuums zum Ziel haben.
Aus den Ab- und Aufbaureihen ergibt sich ein fortgeschrittenes nosologisches System (s. Abb. 11). In diesem Schema haben wir die Jaspersche Schichtregel und die Ab- und Aufbaureihen vereint. Es zeigt sich, daß die dort gezeigten 8 Krankheitsgruppen den einzelnen klassischen psychiatrischen Krankheitsgruppen in ihren Inklusionen gleichen und sich durch den Schweregrad der Dekompensation unterscheiden. Maßgeblich für den Erkrankungstyp (die Krankheitseinheit nach Kraepelin) sind die Tiefe der Dekompensation, das Ausmaß der Erregung und Alarmiertheit, der Grad des Abbaus höherer Persönlichkeitsschichten und die Dauer der Instinkterregung. Die instinktive Gefahrabwehr nimmt also immer schwerere Zustände in Anspruch und legt gleichzeitig immer größere Teile der Person lahm.
Die Aufgabe der psychiatrischen Behandlung ist die Wiedereingliederung der herausgefallenen, dekompensierten Instinktschablonen in ihre geordnete Arbeitsweise im Rahmen des Referenzsystems, das beim Gesunden Sicherungsaufgaben erfüllt. Die Aufgabe der rekonstruktiven Therapie ist also nicht so sehr die Behandlung von Krank-

heiten, sondern die Besänftigung und Reorganisation von dysregulierten und erregten Instinkten und der Wiederaufbau der aufgelösten hierarchischen Struktur mit dem Ziel, das Ganze der Person wieder entstehen zu lassen.

Wir glauben dabei nicht, wie Jonas und Jonas, daß es sich bei den psychotischen Patienten um Individuen handelt, die im Archaischen, Vorkulturellen hängengeblieben sind und sich so verhalten wie die Menschen vor hunderttausend Jahren. Vielmehr glauben wir, daß das menschliche Instinktsystem eine sehr lange Entwicklungsgeschichte hat, alle vormenschlichen Entwicklungen einschließt und durch seine geordnete Arbeitsweise seit jeher zum sozialen Leben von Homo sapiens beigetragen hat und durch seine Alarmzustände bei gesteigerter energetischer Ladung als Notfallprogramm auch in extremen Situationen zum Überleben beiträgt. Die Phänomene der Psychopathologie sind mit denen des menschlichen Instinktsystems und seines Zusammenwirkens mit den höheren Persönlichkeitsschichten identisch. Diese verhalten sich um so mehr zu dem instinktiven Ablauf kongruent, je schwerer die Erregung ausgeprägt ist, je tiefer die Desorganisation des Aufbaus gerät.

Literatur

ABRAHAM, K.: The influence of oral eroticism on character formation (1924). In: Selected Papers on Psychoanalysis. London: Hogarth 1942.

ADLER, A.: Menschenkenntnis. 4. Aufl. 1930.

AKERT, K., P. HUMMEL: Anatomie und Physiologie des limbischen Systems. Basel: Ed. Roche 1963.

ANGST, J.: Zur Ätiologie und Nosologie endogener depressiver Psychosen. Monographien aus dem Gesamtgebiet der Neurologie und Psychiatrie. Berlin, Heidelberg, New York 1966.

BAEYER, W. v., H. HÄFNER, K. P. KISKER: Psychiatrie der Verfolgten. Berlin, Göttingen, Heidelberg: Springer 1964.

BAEYER, W. v., W. BINDER: Endomorphe Psychosen bei Verfolgten. Monographie aus dem Gesamtgebiet der Psychiatrie. Berlin, Heidelberg, New York: Springer 1982.

BARAHONA FERNANDES, H. DE: Some problems of psychiatry. Acta psiquiatrica portuguesa 28: 111–116 (1982).

BAUMANN, U.: Psychologische Taxometrie. Bern: Huber 1971.

BENEDETTI, G., T. CORSI PIACENTINI, L. D'ALFONSO, C. LILIA, G. METRI, M. SAVIOTTI: Psychosentherapie. Stuttgart: Hippokrates 1983.

BERGER, H.: Über das Elektroencephalogramm des Menschen. Arch. Psychiat. Nervenkr. 87: 527–570 (1929).

BERNER, P.: Psychiatrische Systematik. 3. Aufl. Bern, Stuttgart, Wien: Huber 1982.

BERTALANFFY, L. v.: Theoretische Biologie. Berlin 1933.

BIRNBAUM, K.: Der Aufbau der Psychose. Berlin 1919.

BINSWANGER, L.: Grundformen und Erkenntnis menschlichen Daseins. Zürich 1942.

BLEULER, E.: Dementia praecox oder Gruppe der Schizophrenien. Leipzig, Wien 1911.

BRUNER, J. S.: Neural mechanisms in perception. Psychol. Rev. 64: 340–358 (1947).

BÜRGER-PRINZ, H.: Probleme der phasischen Psychosen. Stuttgart 1961.

BURCHARD, J. M.: Struktur und Soziologie des Transvestismus und Transsexualismus. Beitr. Sexualforsch. 21. Stuttgart: Enke 1961.

BURCHARD, J. M.: Untersuchungen zur Struktur symptomatischer Psychosen. Forum d. Psychiatrie Bd. 13. Stuttgart: Enke 1965.

BURCHARD, J. M.: Umweltbeziehung und Sozialfeld bei sexuellen Perversionen. Beitr. Ger. Med. (Wien) XXII: 66 (1963).

BURCHARD, J. M.: Zur Struktur deliranter Syndrome. Fortschr. Neurol. Psychiat. 30: 602 (1962).

BURCHARD, J. M.: Über die Struktur der optischen Wahrnehmung und ihrer krankhaften Störungen. Fortschr. Neurol. Psychiat. 33: 277–298 (1964).

BURCHARD, J. M.: Syndromspezifische Umwelten in der Psychiatrie. Nervenarzt 35: 256–260 (1964).

BURCHARD, J. M.: Zur Frage nach der Natur von Phantomerlebnissen bei angeborener Gliedmaßenverstümmelung (Peromelie). Arch. Psychiat. 207: 360–377 (1965).

BURCHARD, J. M.: Vergleichende Psychopathologie. Nervenarzt 37: 388–394 (1966).

BURCHARD, J. M.: Die Abgrenzung des Normbereiches gegen das Gebiet der sexuellen Perversionen. Landarzt 42: 853–856 (1966).

BURCHARD, J. M.: Problemes cybernetiques dans la psychiatrie. Proc. IV. Int. Congr. Cybernetic Med., Nice 1966.

BURCHARD, J. M.: (unter Mitarb. von E. SCHORSCH, E. ROESSLER, H. SPEIDEL): Troubles de la regulation de la perception chez les psychoses endogenes et chez les lesions organiques du cerveau. Proc. IV. Int. Congr. Cybernetic Med., Nice 1966.

BURCHARD, J. M.: A cybernetic theory of hallucinations. Atti del Terzo Congresso Internazionale di Medizina Cibernetica. Napoli: Francesco Gianni 1967.

BURCHARD, J. M.: Die Syndromatologie der somatogenen Psychosen. Schweiz. Arch. Neur. Neurochir. Psychiat. 101: 136–147 (1968).

BURCHARD, J. M.: Die psychopharmakologische Erforschung der Abbaureihen. Arzneimittelforsch. 19: 412–413 (1969).

BURCHARD, J. M., J. GROSS, P. KEMPE: Sensorische Deprivation, eine spezielle Form der Verhaltensforschung. Psychiat. Neurol. Neurochirurg. (Amsterdam) 73: 189–199 (1970).

BURCHARD, J. M.: Psychologie der Sucht. Therapiewoche 22; 35: 3242 (1972).

BURCHARD, J. M.: Hypothesen und einige Belege über die Ursachen der monopolaren endogenen Depressionen. Therapiewoche 23; 46: 4340 (1973).

BURCHARD, J. M.: Zurück zur Person. In: Trug der Drogen. BUCK, I. (Hrsg.). Hamburg: Siebenstern Verlag 1974.

BURCHARD, J. M.: Phänomenologie und Strukturalismus in der Psychiatrie. Zbl. Neur. Psychiat. 223: 419–420 (1979).

BURCHARD, J. M.: Menschliche Grundverhaltensweisen in Hans Bürger-Prinz Korsakow-Arbeiten. In: Erfahrungen vom Menschen in der Psychiatrie. J. GROSS (Hrsg.). München, Wien, Baltimore: Urban & Schwarzenberg 1980.

BURCHARD, J. M.: Lehrbuch der systematischen Psychopathologie, Bd. 1 und 2. Stuttgart, New York: Schattauer 1980.

BURCHARD, J. M.: The structural meaning of the role played by depressions in the evolution of psychiatric illness. Acta psychiat. portugues. 28: 117–123 (1982).

BURCHARD, J. M.: Necessitomos una psicopatologia sistematica?

Psicopatologia (Madrid): 2.1: 21–28 (1982).

Burchard, J. M.: (Hrsg.): Psychopathologie heute in Klinik und Praxis. Stuttgart, New York: Schattauer 1982.

Burchard, J. M.: Systematik der exogenen Syndrome unter besonderer Berücksichtigung des Parkinsonsyndroms. In: Psychopathologie des Parkinsonsyndroms. Fischer, P.-A. (Hrsg.). Basel: Editiones Roche 1982.

Burchard, J. M.: The importance of schizoaffective psychoses within the psychopathological and nosological systematics. Psychiatria clinica (Basel) 13: 109–125 (1983).

Burchard, J. M.: Systematics and system analysis in psychopathology and psychiatric nosology. In: Psychiatry. The State of the Art. Vol. 1. Pichot, P., P. Berner, R. Wolf, K. Thau (Hrsg.). New York, London: Plenum Press 1985.

Burchard, J. M.: Zur Frage der Rückschlüsse aus der Korrelation von Dosierung und Zielkrankheit am Beispiel von Dogmatil auf die Rekonstruktion einer nosologischen Systematik. 15 Jahre Dogmatil. Benkert, O. (Hrsg.). München, Bern, Wien: Zuckschwerdt 1984.

Burchard, J. M.: The Psychoses as Manifestations of a Human Instinct System. WPA. Regional Symposium, Copenhagen 1986. Book of Abstracts, p. 25.

Burchard, J. M.: Die psychiatrischen Krankheitsbilder als Manifestation einer gestaffelten Instinktsystems des Menschen. Zbl. Neur. Psychiat. 245: 657 (1986).

Burchard, J. M., E. Irrgang, B. Andresen: Das äußere Ohr des Menschen als schallverdoppelndes Organ. Sprache – Stimme – Gehör 9: 100–103 (1985).

Cade, J. P. F.: Lithium salts in the treatment of psychotic exitements. Med. J. Austr. 36/II: 349 (1949).

Cerletti, U., L. Bini: L'Electroshok. Arch. Gen. Neurol. Psichiat. 19: 266 (1938).

Ciompi, L.: Affektlogik. Über die Struktur der Psyche und ihre Entwicklung. Ein Beitrag zur Schizophrenieforschung. Stuttgart: Klett-Cotta 1982.

Conrad, K.: Die beginnende Schizophrenie. Stuttgart, 1958.

Conrad, K.: Die symptomatischen Psychosen. Psychiatrie der Gegenwart, Bd. II/2. 2. Aufl. Berlin, Heidelberg, New York: Springer 1972.

Darwin, Ch.: The descent of man and on selection in relation to sex. 2 Bände. London, 1871.

Dilthey, W.: Die geistige Welt. Einleitung in die Philosophie des Lebens. Ges. Schriften Bd. IV. 6. Aufl. Stuttgart, Göttingen, 1974.

Ditfurth, H. v.: Die affektiv-vegetative Kommunikation. Nervenarzt 28: 70: 103 (1957).

Ehrenfels, Chr. v.: Über Gestaltqualitäten. Vjschr. Philosoph. 14 (1890).

Eibl-Eibesfeldt, I.: Ethologie, die Biologie des Verhaltens. Handb. d. Biologie, Bd. II. Frankfurt a. M. 1967.

Eitinger, L.: The incidence of mental disease among refugees in

Norway. J. Ment. Sci. 105: 326–336 (1959).

Engelken, H. zit. n. J. M. Burchard: Die Opiatgewöhnung bei endogenen Psychosen. Nervenarzt 29: 103 (1958).

Ewald, G.: Lehrbuch der Neurologie und Psychiatrie. 2. Aufl. München, Berlin: Urban & Schwarzenberg 1948.

Ey, H.: Etudes psychiatriques, Tome I, II, III. Paris 1948, 1950, 1954.

Ey, H.: Das Bewußtsein. Kisker, K. P. (Übers.). Berlin: de Gruyter 1967.

Freud, A.: s. S. Freud.

Freud, S.: Ges. Werke in Einzelbänden. Hrsg. A. Freud u. a. Frankfurt a. M., Hamburg 1953 ff.

Gamper, E.: Bau und Leistungen eines menschlichen Mittelhirnwesens. (Arhinencephalie mit Ancephalocele). Z. Ges. Neurol. Psychiat. 104: 49 (1926).

Gehlen, A.: Der Mensch. Bonn 1950.

Goldstein, K., A. Gelb: Psychologische Analysen hirnpathologischer Fälle. Z. Psychol. 83.84.86 (1919–1920).

Griesinger, W.: Pathologie und Therapie der psychischen Krankheiten. 1. Aufl. Berlin: Hirschwald 1861.

Haeckel, E.: Systematische Phylogenie. 3 Bde. Leipzig 1894–96.

Häfner, H., H. Reimann: Special distribution of mental disorders in Mannheim. In: Hare, E., J. K. Wing (eds.). Psychiatric Epidemiology. London, New York, Toronto 1970.

Haldane, J. S.: Die Philosophie eines Biologen. (Deutsche Übers.). Berlin 1936.

Hartmann, N.: Der Aufbau der realen Welt. Berlin 1940.

Heidegger, M.: Sein und Zeit. 14. Aufl. Tübingen 1977.

Heimann, H.: Psychopathologie. In: Psychiatrie der Gegenwart, Bd. I/1. 2. Aufl. Berlin, Heidelberg, New York: Springer 1979.

Herrmann, Th.: Die Psychologie und ihre Forschungsprogramme. Göttingen: Hogrefe 1976.

Hoche, E. A.: Die Bedeutung der Symptomenkomplexe in der Psychiatrie. Z. Neur. 12: 540 (1912).

Hofstätter, P. R.: Sozialpsychologie. Stuttgart: Fischer 1956.

Huber, G., G. Gross, R. Schüttler: Schizophrenie. Eine verlaufs- und sozialpsychiatrische Langzeitstudie. Berlin, Heidelberg, New York: Springer 1979.

Huse-Kleinstoll, G., A. Boll, P. Götze: Angst und Angstbewältigung vor und nach operativen Eingriffen. In: Leitsymptom Angst. P. Götze (Hrsg.). Berlin, Heidelberg, New York, Tokyo: Springer 1984.

Jackson, J. H.: Selected Writings of John Hughlings Jackson. London 1931.

Janzarik, W.: Dynamische Grundkonstellationen in endogenen Psychosen. Berlin, Göttingen, Heidelberg: Springer 1959.

Janzarik, W.: Schizophrene Verläufe. Berlin, Heidelberg, New York: Springer 1968.

Jaspers, K.: Allgemeine Psychopathologie. 4. Aufl. Berlin, Heidelberg: Springer 1946.

JONAS, F. J., A. D. JONAS: Signale der Urzeit. Archaische Mechanismen in Medizin und Psychologie. Stuttgart: Hippokrates 1977.

JORDAN, P.: Verdrängung und Komplementarität. Eine philosophische Untersuchung. Hamburg: Stromverlag 1947.

JUNG, C. G.: Die Beziehungen zwischen Ich und dem Unbewußten. Darmstadt 1928.

KAHLBAUM, K. L.: Die Katatonie oder das Spannungsirresein. Berlin 1874.

KANDINSKI, V.: Kritische und klinische Betrachtungen im Gebiet der Sinnestäuschungen. Berlin 1885.

KANT, F.: Werke in 12 Bänden. W. Weischedel (Hrsg.). Werksausgabe Suhrkamp. Frankfurt 1977.

KISKER, K. P.: Der Erlebniswandel des Schizophrenen. Göttingen, Berlin, Heidelberg: Springer 1960.

KISKER, K. P.: Dialogik der Verrücktheit. Ein Versuch an den Grenzen der Verrücktheit. Den Haag 1970.

KLAGES, L.: Handschrift und Charakter. 11./13. Aufl. Leipzig 1929.

KLÜVER, H., P. C. BUCY: Preliminary analysis of functions of temporal lobes in monkeys. Arch. Neurol. Psychiat. (USA) 42: 979 (1939).

KOFFKA, K.: Principles of Gestalt Psychology. 1936.

KOLLE, K.: Psychiatrie. Ein Lehrbuch f. Studenten und Ärzte. München 1955.

KRAEPELIN, E.: Psychiatrie. Leipzig 1909.

KRETSCHMER, E.: Medizinische Psychologie. 13. Aufl. Stuttgart: Thieme 1971.

KÜBLER-ROß, E.: Interview mit Sterbenden. 10. Aufl. Stuttgart, Berlin: Kreuz-Verlag 1977.

LEMPP, R. (Hrsg.): Psychische Entwicklung und Schizophrenie. Die Schizophrenien als funktionelle Regressionen und Reaktionen. Berlin, Stuttgart, Toronto: Huber 1984.

LEONHARD, K.: Instinkte und Urinstinkte in der menschlichen Sexualität. Zugleich ein Beitrag zur Entwicklungsgeschichte menschlicher Instinkte. Stuttgart: Enke 1964.

LERSCH, PH.: Aufbau der Person. München 1951.

LLAVERO, F.: Symptom und Kausalität. Stuttgart: Thieme 1953.

LLOPIS, B.: La psychose pellagreuse et les problemes psychiatriques. Schweiz. Arch. Neurol. Psychiat. 66: 172 (1950).

LLOPIS, B.: Das allen Psychosen gemeinsame Axialsyndrom. Fortschr. Neurol. Psychiat. 28: 106–129 (1960).

LORENZ, K., P. LEYHAUSEN: Antriebe tierischen und menschlichen Verhaltens. Ges. Abhandlungen. München: Piper 1968.

MACLEAN, P. D.: The limbic system with respect to self-preservation and the preservation of species. J. Nerv. Ment. Dis. (USA) 127: 1 (1958).

MASTERS, W. H., V. E. JOHNSON: Human Sexual Response. Boston 1966.

MATUSSEK, P.: Psychotisches und nicht-psychotisches Bedeutungsbewußtsein. Nervenarzt 19: 372 (1948).

McDougall, W.: Aufbaukräfte der Seele. 2. Aufl. Stuttgart 1947.

Meduna, L. D.: Versuche über die biologische Beeinflussung des Ablaufes der Schizophrenie. Z. Ges. Neurol. Psychiat. 152: 235 (1935).

Miller, J. G.: General systems theory. In: A. M. Freedman, H. J. Kaplan, B. J. Sadock (eds.): Comprehensive Textbook of Psychiatrie. Baltimore: Williams and Wilkins 1975.

Minkowski, E.: Phénomenologie et analyse existentielle en psychopathologie. Évol. Psychiat. 4: 137 (1947).

Mitsuda, H.: Introductory remark: some note on the nosological classification of the endogenous psychoses with special reference to the so-called atypical psychoses. In: Schizophrenia and Schizophrenia-like Psychoses. H. Mitsuda, F. Fukuda (eds.). Stuttgart/Tokyo: Thieme/Igaku Shoin 1975.

Moruzzi, G., H. W. Magoun: Brain stem retricular formation and activation of the EEG. Electroenceph. Clin. Neurophysiol. (Canada) 1: 455 (1949).

Papez, J. W. A.: A proposed mechanism of emotion. Arch. Neurol. Psychiat. (USA) 38: 725 (1937).

Pawlik, K.: Modell- und Praxisdimensionen psychologischer Diagnostik. In: K. Pawlik (Hrsg.): Diagnose der Diagnostik. Stuttgart: Klett 1976.

Pawlow, I. P.: Conditional Reflexes. Oxford 1927.

Piaget, J.: Le structuralisme. Paris: Press Univ. France 1968.

Ploog, D.: Angeborenes Verhalten in endogenen Psychosen. In: Psychiatrie und Gesellschaft. H. Ehrhardt, D. Ploog, H. Stutte (Hrsg.). Bern, Stuttgart: Huber 1958.

Ploog, D.: Soziobiologie der Primaten. In: Psychiatrie der Gegenwart. Bd. I/2. Berlin, Heidelberg, New York: Springer 1980.

Portmann, A.: Die Tiergestalt. Studien über die Bedeutung der tierischen Erscheinung. Basel 1948.

Portmann, A.: Zoologie und das neue Bild vom Menschen. rde Bd. 20, 4. Aufl. 1960.

Rennert, H.: Die Universalgenese der endogenen Psychosen. Fortschr. Neurol. Psychiat. 33: 251–272 (1965).

Rohde-Dachser, C.: Angst und Angstbewältigung im psychotherapeutischen Prozeß. In: P. Götze (Hrsg.): Leitsymptom Angst. Berlin, Heidelberg, New York, Tokyo: Springer 1984.

Rothacker, E.: Die Schichten der Persönlichkeit. 4. Aufl. Bonn 1948.

Rümke, H. C.: Die klinische Differenzierung innerhalb der Gruppe der Schizophrenien. Nervenarzt 29: 49 (1958).

Sakel, M.: Pharmacological Treatment of Schizophrenia. New York, Washington 1938.

Sander, F., H. Volkelt: Ganzheitspsychologie. München 1962.

Scharfetter, C., G. Benedetti: Leiborientierte Therapie schizophrener Ich-Störungen. Schweiz.

Arch. Neurol. Neurochirurg. Psychiat. 123 (2): 239 (1978).

SCHELSKY, H.: Soziologie der Sexualität. rde Bd. 2. Hamburg: Rowohlt 1955.

SCHNEIDER, C.: Die schizophrenen Symptomverbände. Berlin: Springer 1942.

SCHNEIDER, K.: Klinische Psychopathologie. 11. Aufl. Stuttgart 1976.

SCHORSCH, E.: Die Sexualität in endogen-phasischen Psychosen. Beitr. Sexualforsch. H. 39. Stuttgart: Enke 1967.

SCHULTZ, J. H.: Das autogene Training. 12. Aufl. Stuttgart: Thieme 1966.

SPITZ, R. A.: Die Entstehung der ersten Objektbeziehungen. Stuttgart: Klett 1957.

SPOERRI, TH.: Sprachphänomene und Psychose. Basel, New York 1964.

SPOERRI, TH.: Nekrophilie. Basel, New York 1959.

SÜLLWOLD, L.: Symptome schizophrener Erkrankungen. Uncharakteristische Basisstörungen. Monogr. aus d. Ges. Gebiet d. Psychiatrie, Bd. 13. Berlin, Heidelberg, New York: Springer 1977.

SULZ, K. D., G. GIGERENZER: Psychiatrische Diagnose und nosologische Theorie. Untersuchungen zum individuellen Diagnosenschema des Arztes. Arch. Psychiat. Nervenkr. 232: 39–51 (1982).

TELLENBACH, H.: Melancholie. Berlin, Göttingen, Heidelberg 1961.

TINBERGEN, N.: Instinktlehre. Berlin 1952.

UEXKÜLL, J. v.: Lebenslehre. Potsdam, Zürich 1930.

WAGNER V. JAUREGG, J.: Die Einwirkung der Malaria auf die progressive Paralyse. Psychiat.-Neurol. Wschr. 20: 132, 251 (1918, 1919).

WEIZSÄCKER, V. v.: Der Gestaltkreis. 4. Aufl. Stuttgart 1950.

WERNICKE, C.: Grundlagen der Psychiatrie. Leipzig 1906.

WERTHEIMER, M.: Untersuchungen zur Lehre von der Gestalt. Psychol. Forsch. 1: 23 (1922).

WIECK, H. H.: Zur Klinik der sogenannten symptomatischen Psychosen. Dtsch. med. Wschr. 81: 1345 (1956).

WIENER, N.: Mensch und Menschmaschine. Frankfurt a.M. 1958.

ZERSSEN, D. v.: Mündl. Mitteilung. Klassifikationsprobleme in der Psychiatrie. Symposion Univ.-Klinik Wien. P. Berner, Ch. Simhandl, H. Luccioni (Ltg.). 17.6.1985.

Namensverzeichnis

Sachverzeichnis